面向“十二五”高职高专精品规划教材·经管系列

现代企业管理项目教程

杨　静　王凤君　主　编

清华大学出版社
北　京

内 容 简 介

本书从现代企业管理的实际需要出发，按照高职高专教学需要，全面而系统地阐述了现代企业管理的原理、思想、职能、方法及应用。将管理学原理和企业管理学的内容有机地融合在一起，使本书内容新颖、理论严谨、方法实用、难易适度，较充分地反映了当代企业管理领域的新进展。

本书主要内容包括：认识企业、职能管理、战略管理、营销管理、生产与运作管理、质量管理、物力管理、人力资源管理、信息管理等。为保证教学需要，各章有针对性地配备了习题和拓展训练，具有很强的可操作性。

本书既可作为各类高等院校的教材，也可作为现代企业管理人员的参考用书。

图书在版编目(CIP)数据

现代企业管理项目教程/杨静，王凤君主编. --北京：清华大学出版社，2014（2016.7 重印）
(面向“十二五”高职高专精品规划教材・经管系列)
ISBN 978-7-302-37176-2

Ⅰ. ①现…　Ⅱ. ①杨…　②王…　Ⅲ. ①企业管理—高等职业教育—教材　Ⅳ. ①F270

中国版本图书馆 CIP 数据核字(2014)第 152063 号

责任编辑：李玉萍　陈立静
封面设计：刘孝琼
责任校对：周剑云
责任印制：刘海龙

出版发行：清华大学出版社
　网　　址：http://www.tup.com.cn，http://www.wqbook.com
　地　　址：北京清华大学学研大厦 A 座　　**邮　　编**：100084
　社 总 机：010-62770175　　**邮　　购**：010-62786544
　投稿与读者服务：010-62776969，c-service@tup.tsinghua.edu.cn
　质 量 反 馈：010-62772015，zhiliang@tup.tsinghua.edu.cn
　课 件 下 载：http://www.tup.com.cn，010-62791865
印 刷 者：三河市君旺印务有限公司
装 订 者：三河市新茂装订有限公司
经　　销：全国新华书店
开　　本：185mm×260mm　　**印　　张**：16.25　　**字　　数**：393 千字
版　　次：2014 年 8 月第 1 版　　**印　　次**：2016 年 7 月第 3 次印刷
印　　数：4501～6000
定　　价：34.00 元

产品编号：060212-01

前　言

在市场经济条件下，面临日益加剧的市场竞争，企业要生存要发展必须依靠先进的管理。企业管理水平的高低，直接决定企业发展的快慢、好坏和持续性。企业只有加强内部管理、着力进行管理创新，才能适应新形势和新要求，获取更大的经济效益和社会效益。为了提高中国企业的管理水平，无论是管理专业还是非管理专业的人员都需要掌握和了解企业管理的相关理论和方法，以便在生产经营的各个环节加强管理。为适应这一需要，我们编写了本教材。本书亦可为从事企业管理工作的人士研读现代企业管理理论提供参考，同时也可供各类在职人员进行短期培训使用。

本教材以项目为主线，以就业为导向，以技能培养为目标，从岗位所需的知识与技能出发，强调基本知识和应用技能的融合。共构建了九个项目模块，介绍了企业管理的理论和方法，全面分析了企业管理相关岗位所需的能力和素质。书中内容在安排上突出职业性和岗位性，反映了高等职业教育的发展方向。

本书由天津现代职业技术学院杨静、王凤君担任主编、策划并统稿。其中杨静完成项目一、项目二、项目三、项目四、项目七、项目八、项目九的编写，王凤君编写项目五、项目六。周长青担任主审。

本教材通过项目教学、任务驱动、分层指导、综合评价的方式组织和开展教学活动，每个项目由“任务引入”、“任务分析”、“任务说明”、“相关知识”、“任务实施”、“项目小结”、“基本练习”、“拓展训练”八部分组成，为掌握现代企业管理相关知识提供了学习环境，实施“教学做一体化”的教学理念，重点培养学生的就业竞争力和发展潜力，逐步提升学生的职业素养，满足其劳动就业和持续发展的需要。

本书在编写过程中，除借鉴了国内外企业管理理论研究和教学优秀成果之外，还征求了高职院校有多年现代企业管理教学经验和实践经验的部分一线教师的意见，在此表示衷心的感谢。由于编者水平有限，书中如有不妥之处，欢迎读者批评指正。

编　者

目　录

项目一 认 识 企 业

【任务引入】

木桶定律

众所周知，一只木桶盛水的多少，并不取决于桶壁上最高的那块木板，而恰恰取决于桶壁上最短的那块木板。人们把这一规律总结成为“木桶定律”或“木桶理论”。

根据这一核心内容，“木桶定律”还有三个推论。

其一，只有当木桶壁上的所有木板都足够高时，木桶才能盛满水；只要这个木桶里有一块不够高度，木桶里的水就不可能是满的。

其二，比最低木板高的所有木板的高出部分是没有意义的，高得越多，浪费就越大。

其三，要想提高木桶的容量，应该设法加高最低木板的高度，这是最有效也是唯一的途径。

与木桶定律相似的还有一个链条定律：一根链条最薄弱的环节和其他环节一样承受着相同的强度，那么链条越长，薄弱的环节越多，强度就越差。

【任务分析】

对一个企业来说，构成企业的各个部分往往是参差不齐的，而劣质的部分往往又决定了企业的水平。“最短的木板”与“最弱的环节”都是企业中有用的一部分，只不过比其他部分稍差一些，你不能把它们当作烂苹果扔掉。因此，管理的真正意义就是去修补最短的那块木板。

【任务说明】

工作任务	知识目标	能力目标	操作流程
任务一　杭州中粮美特容器有限公司管理环境分析	1. 企业的环境； 2. 企业与环境的关系； 3. 环境对企业的影响	1. 能够分析企业所处的环境对企业的影响； 2. 能够针对环境的具体情况提出应对措施	1. 阅读案例； 2. 分组讨论； 3. 代表发言； 4. 总结案例
任务二　Microsoft：别具一格的文化个性	1. 企业文化； 2. 企业文化的功能； 3. 企业文化的结构	1. 能够分析企业文化的特征； 2. 能够指导企业发展有自身特色的企业文化	1. 阅读案例； 2. 分组讨论； 3. 代表发言； 4. 总结案例

【相关知识】

一、现代企业

1. 定义

对于中国而言，“企业”一词并非我国古代文化所固有的，它和其他一些现在广泛使用的社会科学词汇一样，是在清末变法之际从日本传来的。而日本又是在明治维新以后，在引进西方企业制度的过程中，从西文翻译而来的。因此，探寻“企业”这个词汇的来源，就要从西方语汇中寻找。

与“企业”相对应的词，英语中称为“Enterprise”，它由两部分组成，“enter”和“prise”，前者具有“获得，开始享有”的含义，可以引申为“盈利、收益”；后者有“撬起、撑起”的意思，引申为“杠杆、工具”。两个部分结合在一起，表示“盈利的工具”。

日本在引进该词时，意译为“企业”，从字面上看，“企”表示企图，“业”表示事业，“企业”顾名思义是企图事业，专用于商业领域，则表示企图冒险从事某项获取利润的事业。企业作为一种社会组织，是指“应用资本赚取利润的经济组织实体”。

美国《现代经济词典》把企业定义为：设在一定地点、拥有一个或一个以上的雇员的工厂、商店或办事机构。我国台湾学者认为：企业是集合生产要素，如土地、资本、劳动者，在创造的动机和承担风险的准备下，对某种事业作出的有计划、有组织、讲求效率的经营。《中国企业管理百科全书》将企业定义为：从事生产、流通等经济活动，为满足社会需要并获取盈利，进行自主经营，实行独立核算，具有法人资格的基本经济单位。企业是一个在负责贯彻合约的企业家管理下的层级组织，是“若干个人之间的一组契约关系的联系点”。这里的一组契约是在所有者、经营者、劳动者、产品消费者及物质投入的供应商之间建立起来的。

综合以上各种对企业的说法，我们将企业定义为：企业是指直接组合和运用各种生产要素(如土地和自然资源、劳动者、非人力形态的资本、技术、管理、信息等)，从事商品生产、流通或服务等经营活动，为社会提供产品或服务，以盈利为目的的经济组织。

对企业的概念的基本理解如下。

(1) 企业是在社会化大生产条件下存在的，是商品生产与商品交换的产物。

(2) 企业是从事生产、流通与服务等基本经济活动的经济组织。

(3) 就企业的本质而言，它属于营利性组织。

2. 企业的发展

从对企业产生的分析可见，企业既是社会生产力发展到一定历史阶段的产物，又是一个动态变化的经济单位，它随着人类社会的进步、生产力的发展、科学技术水平的提高而不断地发展、进步。纵观发展历史，企业的发展大致经历了以下三个时期。

1) 手工生产时期

手工生产时期主要是从封建社会的家庭手工业时期到资本主义初期的工场手工业时

期。封建社会后期，随着生产力的发展，社会分工的深化，家庭手工业开始发展起来。随着生产的发展，家庭手工业逐渐向手工业作坊过渡，但不是典型的企业。随着规模的扩大，以及商人和商人资本的应用，这些商人的家庭作坊就变成较大规模的手工工场，此时的工场手工业实际上已具有企业的雏形。

工场手工业与家庭手工业相比，已经有了很大的进步，两者的区别主要有：生产经营的目的不同；经营者的身份不同；经营者的性质、素质不同；生产的形式、规模不同等。

工场手工业虽然创造了比家庭手工业要高得多的劳动生产率，但是，工场和手工业的技术基础仍然是手工劳动和手工工具，因而它对提高劳动生产率所起的作用是有限的。为了适应市场对商品的日益扩大的需要和攫取更多的剩余价值，工场企业过渡到了大机器工厂企业。

2) 工厂生产时期

在工厂生产时期，工场手工业逐渐被工厂企业所代替。机器的出现是工业革命的起点，工业革命又推动了企业的发展。19 世纪 30 年代至 40 年代，西方各国相继进入工业革命时期，实现了大机器生产，工场手工业逐步发展到建立工厂制度。工厂制度的建立，是工场手工业发展的飞跃，它标志着企业的真正形成。

工厂企业与工场企业的区别主要有：工厂以蒸汽、电能等为动力，采用机器进行生产；随着科技广泛运用于生产，工艺和生产方法也发生了变革；工人的分工和协作受机器的制约；管理更加复杂，管理水平更加发展。

3) 企业生产时期

从工厂生产时期过渡到企业生产时期，是企业作为一个基本经济单位的最后确立和形成，也是企业成熟化的重要时期。19 世纪末至 20 世纪初期，工厂制度的建立顺应了商品经济发展的潮流，促进了生产力的大发展。其表现在以下六个方面：生产规模空前扩大，产生了垄断企业组织；建立了一系列科学管理制度，并产生了一系列科学管理理论；不断采用新技术、新设备，不断地进行技术革新，使生产技术有了迅速发展；企业的管理权与所有权分离；企业之间的竞争激烈，加速了企业间的兼并；企业的社会责任改变。这一系列变化正是工场生产时期过渡到企业生产时期的主要特征。

3. 现代企业与传统企业的关系

现代企业是指具有现代企业制度、采用现代化大生产方式、从事大规模产销活动的经济组织。

现代企业制度具有产权明晰、责权明确、政企分开、管理科学的基本特征。现代化大生产方式包括管理现代化的企业组织形式和技术现代化。

从事大规模产销活动表现为：规模经济、低成本、实行多元化经营。

1) 现代企业与传统企业的联系

传统企业是现代企业的基础；传统企业的经验为现代企业的形成和发展准备了条件；传统企业的教训为现代企业的形成和发展减少了弯路；现代企业是传统企业的继承和发展。传统企业内部条件的完善，使现代企业应运而生；传统企业外部环境的改善，使现代企业脱颖而出。现代企业和传统企业均应是经济组织，即现代企业和传统企业均应是商品或服务的提供者。

2) 现代企业与传统企业的区别

(1) 面临的外部环境不同。传统企业的外部环境偏紧，企业要看政府脸色行事；现代企业的外部环境轻松，企业根据市场需求行事。

(2) 所有者与经营者的关系不同。传统企业所有权与经营权合一；现代企业所有者的所有权和经营者的经营权分离。

(3) 企业管理方式不同。传统企业实行垂直式直接管理，企业没有自主权；现代企业实行扁平式间接管理，企业具有独立性。

4. 现代企业的特征

1) 与外部环境的联系密切

现代企业以社会生产力为基础，在产供销各个环节和技术、经济各方面都与外部有着密切的联系，任何企业都是受外部环境影响和制约的开放系统，企业应按照市场需要和国家宏观调控的要求组织生产经营，需要从外界获取所需的资源，企业的产品必须通过市场转移到用户手中，其使用价值才能得以实现。但是企业的外部环境是不断变化的，在商品经济高度发展、科技日新月异的现代社会中，企业要实现生存和发展，必须提高适应外界变化的能力，积极地投身于市场竞争中。

2) 所有者与经营者相分离

以“公司制”为主要组织形式的现代企业制度实行有限责任制度，并实现所有者的所有权和经营者的经营权相分离。

3) 拥有现代技术

技术作为第四生产要素，在企业中起着越来越重要的作用。现代企业生产要素的集合方式与传统企业不同：传统企业生产要素是土地、劳动力、资本和技术；而现代企业广泛地在生产全过程中应用现代最新科学技术，不仅把繁重的体力劳动交给机器去做，而且把重复的、例行的脑力劳动交给电脑去处理，人们将更多的精力投入在创造性的劳动上。

4) 拥有现代化的管理

现代企业内部生产社会化程度空前提高，使劳动分工更加精细，劳动协作更加严密，工作计划更加严谨。现代企业生产自动化程度的提高，要求有更严格的计划性、比例性和节奏性，因而要求在精细分工的基础上实行更加科学的管理。现代企业管理，是适应现代生产力发展的客观要求，运用科学的思想、组织、方法和手段，对企业的生产经营进行有效的管理，使之创造最佳的经济效益。

二、企业与环境

1. 企业的社会地位

企业的社会存在是由于它在资源合理配置中的突出作用。企业生产什么产品和提供什么服务、用什么方法来组织生产经营、采用什么样的资源分配形式，这些都是企业所面临的主要问题。企业要运用新的设备、进行新的业务拓展，进行更有效率的投资，并采用新技术，生产更多更好的产品提供给社会，满足消费者的需求。企业承担了提供商品和服务的社会功能，成为市场经济的活动中心，如图 1-1 所示。

图 1-1 反映了市场经济中企业、消费者、市场三者之间的相互联系，从中也可以看出企业在经济活动中的作用和地位。企业作为市场经济的主体，其发展使市场充满生机，但市场结构的变动和拓展也促使企业做出相应的变化。总之，企业受益于环境，也受制于环境。

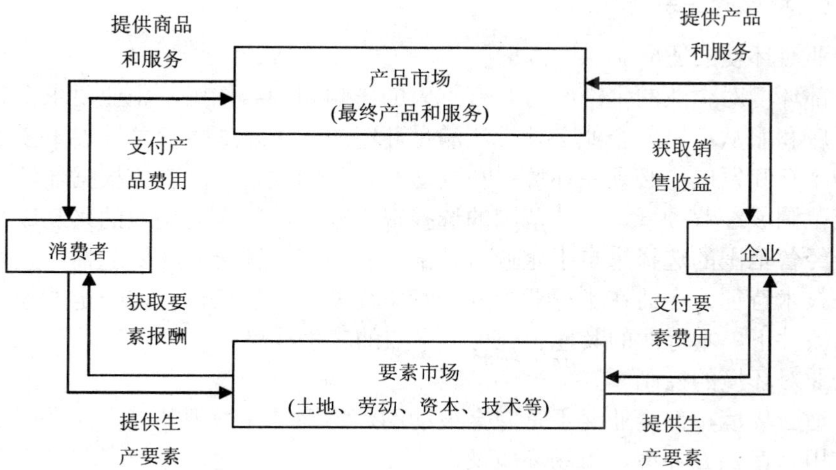

图 1-1　市场经济中的企业示意图

2. 企业的环境

企业环境是指存在于企业组织界限之外，并可能对企业行为和企业经营管理活动生产直接或间接影响的所有因素的总和。企业环境，从一般意义上说，是指企业的外部环境。但外部环境是无限的，包含企业组织以外的所有因素，而对企业能产生影响的环境，构成企业的经营环境，如图 1-2 所示。

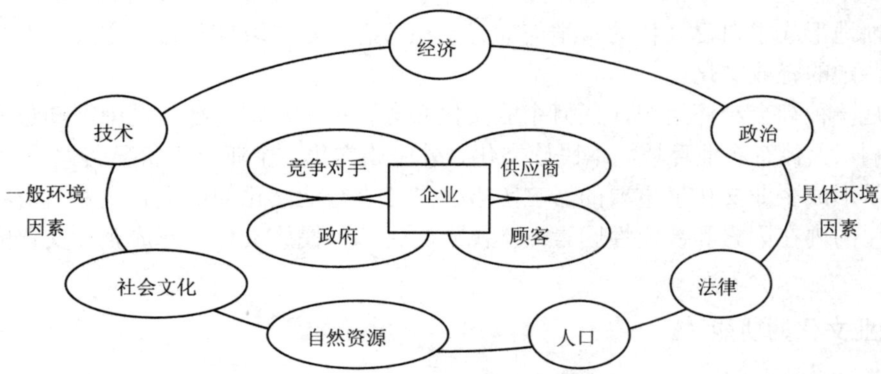

图 1-2　企业及其环境示意图

根据环境因素对企业影响的直接相关程度，可以将之划分为宏观环境和微观环境。宏观环境是指对某一特定社会中所有企业或其他组织都发生影响的环境因素。宏观环境的影响通常是泛指的，包括经济、政治、法律、社会文化、技术以及自然资源等方面的因素。微观环境因素指的是对这一特定企业构成影响的那些环境因素，包括竞争对手、顾客和供应商、替代产品或服务、政府等。与宏观环境因素比，微观环境因素能够直接地为一个企业提供更有用的情报信息，同时也更容易为企业人员所识别。宏观环境的变化和影响通过微观环境对企业产生作用力而表现出来，微观环境体现了宏观环境因素在特定领域、特定行业或市场对企业的综合影响。

3. 企业与环境的关系

1) 企业对环境的适应

由于外部环境对企业的生产经营具有重大的影响和制约作用，企业要求得到生存和发展就必须适应和服从环境。企业必须设法满足环境的要求才能生存并发展下去。企业要想得到长期的生存和发展，必须在环境中找到适合自己的位置，并实施根据环境的变化调整自己的经营范围或经营领域。经营范围的选择很大程度上决定着企业的兴衰成败和发展方向。而对于经营范围的选择来自于企业对外部环境的正确评价，主要包括：企业所属行业的基本经济技术特征；企业在本行业中赢得竞争需要具备的条件；在一定的经济、技术、社会和政治条件下，本行业的其他企业可以采取的竞争战略等。

2) 企业对环境的控制

企业要适应环境，但企业又不是完全被动的，特别是在微观环境中，企业可以发挥极大的能动作用。在供应环境、市场环境及政治和法律环境方面，企业尤其是大企业是确实可以有所作为的。为了增强自身生存的透明度，减少、中和甚至改变环境因素的不利影响，企业可以采取建立有利的外部环境、改变范围或创造新环境等基本策略，对外部环境加以管理或控制。

三、企业文化

1. 定义

对于一个企业而言，都有自己特殊的生存条件和历史传统，在长期的生产经营活动过程中，逐渐地形成了自己独特的哲学信仰、意识形态、价值取向和行为方式，即每个企业都有自己特定的企业文化。

企业是一种社会经济组织，任何企业文化必然存在于一定的社会之中，其形成受许多因素的影响，大体有企业环境、本民族文化、外民族文化、企业自身状况四大因素。其中，企业环境是形成企业文化最重要的影响因素，是建立企业文化的前提；企业自身状况是形成企业文化的内在因素和决定性因素；本民族文化和外民族文化是形成企业文化的外在因素和基础。

2. 企业文化的功能

1) 导向功能

企业文化通过培育员工的认同感和归属感，建立起员工与企业间的相互依存关系，是个人的行为、思想、感情、信念、习惯与企业有机地统一起来，形成相对稳固的文化氛围，凝聚成一种合力与整体的趋向，使企业各个部门、各个成员都共同指向企业目标，共同努力完成企业目标。

2)　约束功能

企业文化通过建立企业的价值体系，形成统一的思想和行为，对企业中每个成员的思想和行为都有约束和规范作用。对于刚刚进入企业的新员工来说，之前已形成的心理习惯、思维模式、行为方式与整个组织的不和谐或者矛盾冲突，就必须接受企业文化的改组、教化和约束，使他们的行为趋向企业的一致和谐。

3)　激励功能

企业文化的激励功能是指对企业共同价值观的认同，使企业成员从内心产生一种情绪高昂、奋发进取的工作热情。它通过企业的共同价值观不断地向个人价值观渗透和内化，以“看不见的手”操纵着企业的管理行为和实务活动。这种以尊重个人思想、感情为基础的无形的非正式控制，会使企业目标自动地转化为个体成员的自觉行动，达到个人目标与企业目标较高层次的统一。

4)　完善功能

企业在长期经营过程中形成的文化积淀，会随着企业经营实践的发展而不断地更新和优化，推动组织文化从一个高度向另一个高度前进。也就是说，企业文化不断地向好的方向发展，就会持续地推动企业的发展，企业的发展又会促进企业文化的丰富、完善和升华。

3. 企业文化的结构

从企业文化的定义可以看出，企业文化不可能离开一定的形态而存在，无论何种企业文化，总要通过一定的形态表现出来，这些形态可以是物质的、精神的，也可以是物质与精神的结合。从内涵的角度看，企业文化包括下列内容。

(1)　企业精神，是指企业在独立生产经营、独特生产经营和长期发展的过程中，在继承企业优良传统的基础上，适应时代要求，由企业家积极倡导、全体员工自觉实践而形成的代表职工信念、激发企业活力、推动企业生产经营及服务的团体精神。

(2)　企业文化行为，是指企业在经营思想、作风和价值观指导下的行为准则和规范，包括企业生产、企业经营、宣传教育、人际关系、问题活动等表现。

(3)　企业文化素质，是指企业由于受社会文化的影响，在其生产经营过程中所形成的一种“亚文化”，即企业在发展过程中形成的具有特色的经营哲学、伦理道德、精神风范、价值观念等意识形态的总和。它是企业物质、经营活动的反应，是企业的灵魂和精华。

(4)　企业文化外壳，是指企业文化的可视性象征，是企业文化的载体，包括理念形象、外表形象、产品形象、英雄形象、领导形象、员工形象、目标形象、经营形象、服务形象和公关形象等。

【任务实施】

任务一　杭州中粮美特容器有限公司管理环境分析

(1)　如表 1-1 描述，在中粮美特的发展过程中，受到了哪些环境因素的影响？

表 1-1　企业环境影响因素表

企业环境	环境描述	对企业影响
内部环境	1. 在收购初期，公司一直处于微盈利状态； 2. 以粮食贸易为主的中粮集团，包装实业处于半保留状态； 3. 投入产出率较低，被建议从包装行业退出	1. 公司发展前途的不被看好，直接导致员工士气低下、工作秩序混乱； 2. 在员工薪酬制度、各岗位作业规范等方面有待进一步细化； 3. 没有统一有力的企业文化，企业使命、服务对象、经营宗旨等都需进一步明确； 4. 管理层彻底更新，之前粗放式管理模式不利企业发展，企业管理模式需按当下企业情况进行更新和改进
外部环境	1. 产能过剩，盈利能力不高； 2. 市场竞争激烈、无序，外资国营纷纷退出，行业衰退； 3. 行业不景气，投资者对包装行业存在疑虑； 4. 产品同质化程度高，客户分散，订单不多； 5. 2002—2006 年，原料价格暴涨，企业生产成本挑战严峻	1. 供多求少，产能过剩，规模不大，在同类企业中未能脱颖而出； 2. 尚未建立自己稳固的客户群体，而原料价格的暴涨更是对企业存亡的巨大挑战； 3. 成本上涨，进一步缩小了盈利空间，而客源也会相应减少

(2)　面对各种环境影响因素，企业分别采取了哪些应对行为？

应对内部环境：

面对产业前景的担忧与员工士气——相信随着人们生活水平的提高、企业品牌意识的加强，包装行业市场广阔、前景美好，对该行业充满信心，从领导人员开始至员工，树立工作热情。

面对各项规范的粗制滥造——该粗放式管理模式为精细化管理体系。

①　2010 年上半年，形成企业新的薪酬制度和规范的人力资源管理制度手册。

②　用近一年的时间编制完成企业生产各岗位作业指导书和作业标准规范。

③　修订《程序管理制度》和《工作责任事故管理制度》。

④　重新修订业务流程，形成较为完善的生产作业系统基础管理体系。

⑤　2012 年上半年，形成企业营销管理制度手册和营销员手册。

面对企业价值观念的不明确——对企业自身文化梳理。

①　核心理念：“专业专心，追求卓越”。

②　企业使命：“美化产品形象，塑造缤纷世界”。

③　主营业务：为名牌企业的产品提供精美包装。

④　服务对象：具有知名品牌的成功企业和注重品牌、具备成功潜力的企业。

⑤　目标：成为中国最好的包装企业。

⑥　经营宗旨：服务顾客成功。

面对管理模式的不合理——经过几年探索形成方针目标管理模式：将总目标进行分解，层层落实，使每个部门、每个员工都有具体的、明确的工作目标，通过每个岗位的工作目标高质量地完成来保证公司总体目标的实现。

应对外部环境：

面对产能过剩，盈利能力不高——扩大销售规模：以充分利用产能，提高企业的盈利能力，消除投资者的疑虑。

面对产品同质化程度高，客户分散——建立自己企业稳固的客户关系群体，提出实行整体服务营销(TSS)模式，一对一营销，全员参与、全过程服务、全过程控制，与客户建立相互融合、密不可分的合作关系。

面对原材料价格暴涨——在内：

① 进行全面分析：既是挑战也是机遇；只有扩大规模，降低成本才能渡过难关；成功之路勇往直前。

② 改进技术、降低成本，从各个环节增收节支。

面对原材料价格暴涨——对外：

① 低成本扩张：低成本收购闲置的二手设备，租赁停产和开工不足的工厂，兼并休克的包装企业。

② 与供应商谈判：利用规模优势，协商把材料成本控制到最低。

③ 与顾客洽谈：与主要客户进行沟通，在锁定订单、保证客源的同时，说服客户分担部分涨价成本。

3. 管理者在其中起到了多大的作用？

管理者在本案例中起到了对企业环境和企业文化进行管理的作用，并在一定特殊时期代表企业形象，出面解决具体困难，如与供应商、主要顾客的洽谈。

对企业环境的管理：

① 对企业环境的定位——中粮美特包装公司管理者意识到包装行业现在的不景气，但也预见到了随人们生活水平的提高和企业品牌意识的加强，包装行业的美好未来，并充分认识到了未来道路上的困难，以辩证的眼光为企业找到了合适的定位。

② 对环境因素的影响作出相应的反应——中粮美特包装公司管理者能就现在所处的企业环境，仔细分析，通过制定细化员工规范、建立 TSS 营销模式等积极面对，适应并改善生产经营环境。

对企业文化的管理：

通过加强企业员工的素质、倡导良好的企业文化对内部环境进行管理。通过确立企业使命、核心理念、服务对象、目标等，树立自身文化理念、明确和统一企业价值理念。

问题：

1. 杭州中粮美特容器有限公司的环境对其发展有什么影响？

2. 该企业采取的应对策略合理吗？

(资料来源：百度文库，http://wenku.baidu.com/link?url=EtiqynBHYbKh10HlDI2DpAf7Cq12G-dYH-sKzyaeGW44nRHfhOIrC6CbPM_QTrocsrJuGq8SET45pCDPg0cqip8Ae-LZlnAhN6bGMrE6tPW)

任务二　Microsoft：别具一格的文化个性

1975 年，保罗・艾伦(Paul Allen)和比尔・盖茨(Bill Gates)合伙创建微软公司，产品是微软 BASIC，雇员为 3 人，当年收入 16 000 美元。1977 年在日本推 BASIC，1982 年，在英国建立欧洲分部 1986 年，微软在 NASDAQ 上市。

微软公司是世界个人计算机软件开发的先导，目前是全球最大的电脑软件提供商。微软公司现有雇员 6.4 万人，2005 年营业额为 368 亿美元。其主要产品为 Windows 操作系统，Internet Explorer 网页浏览器及 Microsoft Office 办公软件套件等。微软控制了 PC 软件市场中最重要的部分——操作系统的 80%～85%份额。这些软件在操作系统上运行使用户能在计算机上执行特定的任务。没有哪一个与计算机或信息技术有关的行业和用户不受到微软及其产品的影响。

微软从最早卖程序设计语言，到出售操作系统，再到向零售店出售各种应用软件产品，从国内到国外，不断地获得发展。但微软始终保持着公司早期结构松散、反官僚主义、微型小组文化等特性的基本部分，从而与顾客更接近，更了解市场的需要。

面对市场和技术方面的挑战，微软总是奉行最基本的战略，向未来进军。它拥有出色的总裁和高级管理队伍，以及才华过人的雇员，拥有高度有效和一致的竞争策略和组织目标，组织机构灵活，产品开发能力强、效率高。微软人有一种敢于否定自我、不断学习提高的精神。当然，在其优点和成绩之后也潜藏着很多弱点。但微软正是在克服弱点和发挥优势的过程中不断向前发展。

微软公司令人吃惊的成长速度，引起世人的广泛关注。通过辉煌业绩，我们不难发现其成功不仅在于科技创新和优异的经营管理，更重要的是创设了知识型企业独特的文化个性。

1. 比尔・盖茨缔造了微软文化个性

比尔・盖茨独特的个性和高超的技能造就了微软公司的文化品位。这位精明的、精力充沛且富有幻想的公司创始人，极力寻求并任用与自己类似的既懂得技术又善于经营的经理人员。他向来强调以产品为中心来组织管理公司，超越经营职能，大胆实行组织创新，极力在公司内部和应聘者中挖掘同自己一样富有创新和合作精神的人才并委以重任。比尔・盖茨被其员工形容为一个幻想家，是一个不断积蓄力量和疯狂追求成功的人。他的这种个人品行，深深地影响着公司。他雄厚的技术知识存量和高度敏锐的战略眼光以及在他周围会集的一大批精明的软件开发和经营人才，使自己及其公司矗立于这个迅速发展的行业的最前沿。比尔・盖茨善于洞察机会，紧紧抓住这些机会，并能使自己个人的精神风范在公司内贯彻到底，从而使整个公司的经营管理和产品开发等活动都带有“盖茨色彩”。

2. 管理创造性人才和技术的团队文化

知识型企业的一个重要特征就是拥有一大批极有创造性的人才。微软文化能把那些不喜欢大量规则、组织、计划，强烈反对官僚主义的 PC 程序员团结在一起，遵循“组建职能交叉专家小组”的策略准则授权专业部门自己定义他们的工作，招聘并培训新雇员，使工作种类灵活机动，让人们保持独立的思想性；专家小组的成员可在工作中学习，从有经验的人那里学习，没有太多的官僚主义规则和干预，没有过时的正式培训项目，没有“职业化”的管理人员，没有耍“政治手腕”、搞官僚主义的风气。经理人员非常能干且平易近人，从而使大多数员工认为微软是该行业的最佳工作场所。这种团队又为员工提供了有趣的、不断变化的工作及大量学习和决策机会。

3. 始终如一的创新精神

知识经济时代的核心工作内容就是创新，创新精神应是知识型企业文化的精髓。微软人始终作为开拓者——创造或进入一个潜在的大规模市场，然后不断地改进一种成为市场标准的好产品。微软公司不断进行渐进的产品革新并不时有重大突破，在公司内部形成了一种不断地新陈代谢的机制，使竞争对手很少有机会能对微软构成威胁。其不断改进新产品、定期淘汰旧产品的机制，始终使公司产品成为或不断成为行业标准。创新是贯穿微软经营全过程的核心精神。

4. 创建学习型组织

世界已经进入学习型组织的时代，真正创建学习型组织的企业，才是最有活力的企业。微软人为此制定了自己的战略，通过自我批评、信息反馈和交流而力求进步，向未来进军。微软在充分衡量产品开发过程的各要素之后，极力在进行更有效的管理和避免过度官僚化之间寻求一种新平衡；以更彻底地分析与客户的联系，视客户的支持为自己进步的依据，系统地从过去和当前的研究项目与产品中学习，不断地进行自我批评、自我否定；通过电子元件建立广泛的联系和信任，盖茨及其他经理人员极力主张人们保持密切联系，加强互动式学习，实现资源共享；通过建立共享制影响公司文化的发展战略，促进公司组织发生变化，保持充分的活力；建立学习型组织，使公司整体结合得更加紧密，效率更高地向未来进军。

问题：

1. 微软企业文化的核心精神是什么？
2. 知识经济时代的知识型企业的文化有何特点？与传统企业有何区别？
3. 企业家往往是企业文化的创始人，比尔·盖茨同样也是微软的文化领头人吗？

【项目小结】

本项目由《木桶定律》引入，讨论了什么是企业、企业的发展历史，什么是现代企业、现代企业与传统企业的关系、现代企业的特征，企业文化的定义、功能、结构，以及企业的社会地位、企业的环境、企业与环境的关系等内容。

本项目包括两个任务，分别从杭州中粮美特容器有限公司和微软公司着手分析，认识上述企业环境及文化对企业的影响，以及引导企业作出应对的策略和措施。

【基本练习】

1. 什么是企业？
2. 什么是现代企业？现代企业与传统企业的区别有哪些？
3. 现代企业的特征有哪些？
4. 简述企业与环境的关系。
5. 什么是企业文化？
6. 企业文化的功能有哪些？

【拓展训练】

拓展任务一

忙碌的生产部长

金星公司是南方一家专门生产住宅建筑上用的特殊制品的合资企业。王雷是该厂的生产部长，他的直接上级是公司总经理。张立是装配车间的主任，归王雷领导。张立手下有7名工人负责装配住房中的各种用锁。

夏季的一天上午，公司总经理打来电话对王雷说："我们收到好几次客户投诉，说我们的锁装配得不好。"王雷对此事很快做了调查，然后来到总经理办公室，向上司汇报说："我可以放心地跟您说，对那些蹩脚的锁的装配，没有我的责任。那是装配车间主任张立的失职，他没有检查手下的工人是否按正确的装配程序工作。"

王雷同时向总经理汇报了他在这个星期所做的几件重要的工作：A 对工厂的下半年生产进度与人员使用做了初步安排；B 在装卸码头指导搬运工人们使用一台新买的起重机；C 对一位求职者进行面试，填补厂里质量管理职位的空缺；D 包装生产线上一位操作工去看病，他顶班在生产线上干了大半天；E 将生产系统中有关人员间的关系做了一些调整，让工程师们以后直接向工厂的总监汇报工作，不必再通过总工程师；F 与总会计师一起查阅报表，检查厂里上半年的经费开支和生产情况。

王雷还向总经理说明了他个人对企业盈利情况的分析。他认为目前的形势已不容乐观，所以他计划下半年要在监督和激励工人方面再下点功夫，宁可多花点钱，也要确保将废品控制在50件以内，不过总产量也许会跌到1900件。他估算了一下，劳动力成本会从6000万元上升到6100万元，但原材料耗费自然会随着报废品的减少而降低，其他开支保持不变。王雷认为，采取这一措施是明智的，因为它在预期的开支与看来可能达到的成果之间是均衡的，因此，此举将使企业的盈利得到改善。王雷将自己的计划意见交给了总经理，由他定夺是否采取新的方案。

那天从总经理那里汇报回来，王雷抓紧时间办妥了几件事：一是与工会处理了一桩劳资纠纷；二是向厂里的基层管理人员解释了在工伤赔偿政策上打算做哪些改动；三是同销售部经理讨论了产品的更新换代问题；四是打电话给一家供应厂商，告诉他们有一台关键的加工机器坏了，无法修理，请他们速来换一台；五是考虑如何改进厂里的制造工艺。待办完这些事，他一看表才知早已过了下班的时间。

(资料来源：百度知道，http://zhidao.baidu.com/link?url=l6Q9EVHjpiJAXPXmy98p7ju46QCOTD8AyZAEOlJcZK6k-4MPmABX5jJxu4OmRZKE_X4iqyrND2h2ZjvF8wzPk_)

问题：

1. 王雷和张立分别是这家企业哪一层次的管理人员？(　　)

A. 高层和中层的　　B. 中层和基层的

C. 高层和基层的　　D. 都是中层的

2. 关于锁装配不善问题，公司总经理应该首先责成谁负起最终责任？这依据的是什么原则？(　　)

A. 装配车间主任，监督职责明确原则

B. 装配车间的工人们，执行职责明确原则

C. 生产部长，责任的不可下授原则

D. 依据责权对等原则，没人该对此负责

3. 王雷向总经理汇报说他这星期做了几件重要的工作，请在下列空格里依次写下这些工作所体现的活动或职能性质。

A. ________________ B. ______________ C. ______________

D. ________________ E. ______________ F. ______________

4. 打电话请供应厂商来换一台同目前用坏的机器一样的设备，这是设备简单替换问题，需要的管理技能主要是(　　)。

A. 概念技能和技术技能　　B. 人际技能和技术技能

C. 技术技能　　D. 人际技能和概念技能

5. 劳资纠纷的处理和工伤赔偿政策的解释都共同需要何种管理技能？(　　)

A. 人际技能　　B. 技术技能

C. 概念技能　　D. 根本不需要管理方面的技能

6. 产品更新换代和制造工艺改进都对管理工作的职能和技能有哪些要求？(　　)

A. 它们都是技术方面的问题，与管理工作无关

B. 它们都涉及管理中的决策职能，所以只要具备概念技能就可做好该类工作

C. 它们是纯粹技术领域内的业务决策，做好该项决策需要有一定的管理技能，但主要限于技术技能方面

D. 技术领域的决策是一项富有挑战性的管理工作，要求同时具备概念技能和技术技能，甚至有时还需要人际技能

拓展任务二

升任公司总裁后的思考

郭宁最近被所在的生产机电产品的公司聘为总裁。在准备接任这一职位的前一天晚上，他浮想联翩，回忆起他在该公司工作20多年的情况。

他在大学时学的是工业管理，大学毕业后就到该公司工作，最初担任液压装配单位的助理监督。他当时真不知道该如何工作，因为他对液压装配所知甚少，在管理工作上也没有实际经验，他感到几乎每天都手忙脚乱。可是他非常认真好学，一方面仔细参阅该单位所订的工作手册，努力学习有关的技术知识；另一方面监督长也主动指点他，使他渐渐摆脱了困境，胜任了工作。经过半年多的努力，他已有能力独担液压装配的监督长工作。可是，当时公司没有提升他为监督长，而是直接提升他为装配部经理，负责包括液压装配在内的四个装配单位的领导工作。

在他当助理监督时，他主要关心的是每日的作业管理，技术性很强；而当他担任装配部经理时，他发现自己不能只关心当天的装配工作状况，他还得作出此后数周乃至数月的规划，还要完成许多报告和参加许多会议，他没有多少时间去从事他过去喜欢的技术工作。

当上装配部经理后不久，他就发现原有的装配工作手册已基本过时，因为公司已安装了许多新的设备，引入了一些新的技术。这令他花了整整一年时间去修订工作手册，使之切合实际。在修订手册的过程中，他发现要让装配工作与整个公司的生产作业协调起来是有很多讲究的。他还主动到几个工厂去访问，学到了许多新的工作方法，他也把这些吸收到修订的工作手册中去。由于该公司的生产工艺频繁发生变化，工作手册也不得不经常修订，郭宁对此都完成得很出色。他工作了几年后，不但自己学会了这些工作，而且还学会如何把这些工作交给助手去做，教他们如何做好，这样，他可以腾出更多的时间用于规划工作和帮助他的下属工作得更好，可以花更多的时间去参加会议、批阅报告和完成自己向上级的工作汇报。

在他担任装配部经理 6 年之后，正好该公司负责规划工作的副总裁辞职应聘于其他公司，郭宁便主动申请担任这一职务。在同另外 5 名竞争者较量之后，郭宁被正式提升为规划工作副总裁。他自信拥有担任此职位的能力，但由于此高级职务工作的复杂性，仍使他在刚接任时碰到了不少麻烦。例如，他感到很难预测 1 年之后的产品需求情况。可是一个新工厂的开工，乃至一个新产品的投入生产，一般都需要在数年前作出准备。而且，在新的岗位上他还要不断处理市场营销、财务、人事、生产等部门之间的协调，这些他过去都不熟悉。他在新岗位上越来越感到：越是职位上升，越难于仅仅按标准的工作程序去进行工作。但是，他还是渐渐适应了，并做出了成绩，以后又被提升为负责生产工作的副总裁，而这一职位通常是由该公司资历最深、辈分最高的副总裁担任的。到了现在，郭宁又被提升为总裁。他知道，一个人当上公司最高主管领导之时，他应该自信自己有处理可能出现的任何情况的才能，但他也明白自己尚未达到这样的水平。因此，他不禁想到自己明天就要上任了，今后数月的情况会是怎样的？他不免为此而担忧！

讨论：

1. 郭宁担任助理监督、装配部经理、规划工作副总裁和总裁这四个职务，其管理职责各有何不同？能概括其变化的趋势吗？请结合基层、中层、高层管理者的职能进行分析。

2. 你认为郭宁要成功地胜任公司总裁的工作，哪些管理技能是最重要的？你觉得他具有这些技能吗？

3. 如果你是郭宁，你认为当上公司总裁后自己应该补上哪些欠缺才能使公司取得更好的绩效？

【我的感悟】

____

____

____

拓展任务三

仓促上任的新车间主任张东升提拔后的困惑

张东升是平山矿业公司露天矿面修车间的一位维修钳工，正式技工学校毕业，今年 38 岁，正值年富力强。他干劲大，手艺强，肯负责，人缘好，还带了三名徒工做徒弟，同事和上级都挺喜欢他，车间主任李继明更倚他为骨干，常让他代表自己去矿上或公司开干部会，大家都说李主任的接班人非他莫属。

今天是周一，他正赶上白班，忽然听说李主任心脏病犯了，已经住院进职工医院了。李主任德高望重，深受大家的敬爱，就是身体不好。这回住院，人人都盼望他早日康复，以为又像往常那样，过几天就出院上班。不料傍晚传来噩耗，李主任病重，经抢救无效，已病逝在医院。大家都很悲痛，纷纷去向李师母表示悼念和慰问。

次日一早，分管人事的周副矿长来电话，要张东升暂时代理车间主任，行使权力，以不使工作受损；还特别关注车间正在维修的一台机器，问几时能修好，这可是矿上等着要用的急活儿。张师傅答应周四中午前一定修好交用。

星期三上午，周副矿长把张师傅叫去，正式通知他公司任命他继续任车间主任，并表示了祝贺和期望，然后张师傅就匆匆赶回车间，参加突击抢修那台机器去了。任务很重，他不放心，又跟着夜班工人继续干到晚上 9 点多，再三叮嘱夜班班长抓紧工作，才回家休息。

周四早上，张师傅特别早就到岗，发现昨晚矿上又有四辆自卸式载重卡车送来待修，而那台机器还未修好。张师傅赶忙把全车间的白班职工召到一起，说明了面临的修理任务如何重要、迫切和艰巨，号召大家群策群力，尽快完成任务。工人们纷纷表态要努力干活，如期修好这批机器。

张师傅略感松了一口气，就上备品库去检查库存是否足以应付这批抢修任务。这时，露天采掘队来电话，说他们一台主力设备——32 吨自卸卡车抛锚在现场，要求派人去抢修。张师傅知道如今人人手头的活都又多又紧，就自己背起工具箱，下现场去抢修了。

待他修好那台自卸卡车，回到车间，已经快中午了。他发现车间里乱糟糟一片：四辆待修自卸车中有三辆在停工待料，忙问这是咋回事。工人们说已故李主任以前定下的规矩，备件要主任签过字才能领取。这时，矿上又有两台故障车送去待修。张师傅刚办完接车手续，周副矿长又来电话要装载机了。听说还没修好，周副矿长老大不快，埋怨活儿抓得不紧，并强调这会给矿上带来很大损失。刚放下电话，公司常务副总经理又来电话，让张师傅马上去总部出席紧急干部会议。

本来张师傅知道自己被正式提升为车间主任，还挺高兴，也颇有信心当好这个主任，如今想法好像有些变了。他怀疑这次提升对自己究竟是不是一件好事，对能否胜任这主任一职，也变得不太有把握了。

(资料来源：百度文库，http://wenku.baidu.com/link?url=coKsDm_tbM3kqFwyxvLDv9jIXGQnUA70OZnSrcQ-bKgoCjtHN8jCkIg8MCQfBXYUHA_9NdKJ7c5t__7Se3LWjM99MKyAptlx0Pl9QWJ_ose)

根据案例所提供的情况，回答以下问题：

1. 造成张东升被提升为主任后头几天混乱的最主要原因是(　　)。
   A. 他还不具备担任基层管理干部所需的素质
   B. 他还没有认清干部与工人所应担当角色的不同
   C. 这一期间车间的任务恰好太多太重
   D. 上级交给他的任务过多而帮助过少
2. 优秀基层干部的主要特征是(　　)。
   A. 听从上级指示，坚决执行，任劳任怨

B. 跟群众打成一片，吃苦在前

C. 发挥好计划、组织、领导、监控等管理功能

D. 努力学习政治，有很强的进取心

3. 基层的和高层的管理工作在性质上的主要差别在于(　　)。

A. 基层管理干部被授予的权力较小，因而责任和风险也较小，高层管理工作则反之

B. 基层管理涉及工作较偏局部、短期和操作性；高层管理则偏全局、长期和决策性

C. 以上两点都属于基层和高层管理的主要差别

D. 以上两点都不属于基层和高层管理的主要差别

4. 事已至此，张东升师傅的当务之急是(　　)。

A. 毫不犹豫地向领导提出辞去车间主任的申请，仍回第一线去当工人

B. 从手下工人中挑选一两个能干而负责的来充当自己的助手

C. 先认真思考一下车间主任的工作要求，明确新岗位的责任与权力

D. 立刻向领导要求给予岗位指导和培训

5. 事到如今，张东升的直接上级应采取的首要措施应是(　　)。

A. 减少机修车间的工作量，适当放宽完工期限

B. 对张东升进行上岗培训，并对他的工作给予适当的指导和帮助

C. 马上打电话去鼓励他，增加其信心与责任感

D. 不必做什么特别的事，让他自行发展，摸索摔打，逐渐成熟起来

项目二 职能管理

【任务引入】

白鹭的复仇

树林里有一棵无花果树，无花果树上面飞来一位白鹭太太。它看见这里树影婆娑，就安下了家。下面的树洞里住着一条阴狠的黑蛇。它默默地等待着饱餐一顿的机会。机会终于来了，白鹭太太出去觅食。蛇蜿蜒爬上去，可怜的小白鹭还没有长出翅膀来，蛇就把它们吞掉了。

白鹭回到家里，只见孩子们零落的羽毛和蛇留下的口涎。它斗不过那个凶手，垂头落泪。

螃蟹看到它这副模样，对它说道："大嫂啊！你今天为什么这样伤心？"

白鹭说道："它大哥！我该怎么办呢？都怪我糊涂，把窝筑在了蛇的头顶上。我自己的亲生儿女，都给那个天杀的吃掉了。请你告诉我，有没有什么办法把这条毒蛇消灭掉呢？"

螃蟹心里琢磨：你活该啊！你吃我亲戚的时候怎么没有伤心呢？我想一个好办法，把你也治死，好绝了后患。于是它就说："大嫂啊！你把一块块的鱼肉从黑水獭的窝门口一路丢起，一直丢到蛇洞那里；黑水獭就沿着这条路走过去，把蛇吃掉了。"

白鹭没有多想，真的按照螃蟹的办法去做了。那只黑水獭果然沿着鱼块跟踪而去，把黑蛇吃掉了。接着，它又爬上树去，连带着把正在搭窝的白鹭也吃掉了。

【任务分析】

做任何事都要从纵横两个方面去思考。纵的方面，要求走一步看十步；横的方面，要求全方位地考虑所涉及的方面。寓言中的白鹭由于短识和片面，结果丢掉了性命。在企业管理中，制订计划是必然的。好的管理须制订出切实可行的计划。当然，计划的执行和贯彻也是管理必不可少的主要环节。计划的执行会引发一系列的边沿效应，这些边沿效应反过来又会影响计划的执行。因此，制订计划必须有一个科学的政策制定机制，而不能凭一时的灵感或者冲动。

【任务说明】

工作任务	知识目标	能力目标	操作流程
任务一　新宇化工公司目标管理	1. 计划的性质； 2. 计划工作的原理； 3. 制订计划的方法	1. 能够编制适合企业自身发展的计划； 2. 能够针对计划实施的情况有效地作出调整	1. 阅读案例； 2. 分组讨论； 3. 代表发言； 4. 总结案例

续表

工作任务	知识目标	能力目标	操作流程
任务二　松下电器公司的组织结构	1. 组织的定义； 2. 组织结构设计的原则； 3. 各种组织结构的特点	1. 能够分析出影响企业组织结构的因素； 2. 能够指导企业设计出适合企业的组织结构	1. 阅读案例； 2. 分组讨论； 3. 代表发言； 4. 总结案例
任务三　马云的孔雀型领导风格	1. 领导者； 2. 领导的权力； 3. 领导理论	1. 能够明确领导与管理的不同； 2. 能够运用领导理论分析领导行为	1. 阅读案例； 2. 分组讨论； 3. 代表发言； 4. 总结案例
任务四　深陷召回泥潭的丰田汽车	1. 控制的定义； 2. 控制的过程； 3. 控制的原理	1. 能够针对组织内部的管理活动进行有效校正； 2. 能够根据组织拟订的计划制定有效的控制过程	1. 阅读案例 2. 分组讨论 3. 代表发言 4. 总结案例

【相关知识】

一、计划

1. 定义

计划是对未来行动的规划。计划是管理的首要职能，是由欧洲古典管理理论的创始人法约尔提出的。他认为，计划“是所有管理职能中最基本的职能”，“是管理的基础”。管理者应对企业有影响的未来事态作出尽可能准确的预测，并制订一项指导未来决策行动的计划。

计划工作有广义和狭义之分。广义的计划工作是指制订计划、执行计划和检查计划执行情况三个紧密衔接的工作过程。狭义的计划工作则是指制订计划，也就是说，根据实际情况，通过科学的预测，权衡客观的需要和主观的可能，提出在未来一定时期内要达到的目标，以及实现目标的途径，它是组织中各种活动有条不紊地进行的保证。计划工作还是一种需要运用智力和发挥创造力的过程，它要求高瞻远瞩地制定目标和战略，严密地规划和部署，把决策建立在反复权衡的基础之上。

美国管理学家孔茨的解释是：“计划工作就是预先决定做什么，如何做和谁去做。计划工作就是在我们所处的地方和要去的地方之间铺搭路桥。”孔茨将组织的宗旨、方针政策、目标、程序、规章、预算等的制定和实施都纳入计划工作，使计划的含义广泛而丰富。

当今研究管理职能的学者，一致将计划列入管理的职能，并把计划看作主要的管理职能。

2. 性质

任何事物都有其特性。理解事物的性质是为了更好地把握事物发展的未来。计划工作的性质可以概括为六个主要方面，即目的性、首位性、完整性、强制性与应变性、持续性和创新性。

1) 目的性

每一个计划及其派生计划都是旨在促使企业或各类组织的总目标和一定时期目标的实现。计划工作是最明白地显示出管理的基本特征的主要职能活动。

2) 首位性

计划工作相对于其他管理职能来说处于首位。把计划工作摆在首位的原因，不仅因为从管理过程的角度来看，计划工作先于其他管理职能，而且因为在某些场合，计划工作是付诸实施的唯一管理职能。计划工作的结果可能得出一个决策，即无须进行随后的组织工作、领导工作及控制工作等。例如，处于一个是否建立新工厂的机会研究工作，如果得出的结论是新工厂在经济上是不合算的，那也就没有筹建、组织、领导和控制一个新厂的问题了。

计划工作具有首要性的原因，还在于计划工作影响和贯穿于组织工作、人员配备、指导和领导工作和控制工作中。计划工作对组织工作的影响是，可能需要在局部或整体上改变一个组织的结构，设立新的职能部门或改变原有的职权关系。例如，一个企业要开发一种重要的新产品，可能要为此专门成立一个项目小组，并实行一种矩阵式的组织形式和职权关系。计划工作对人员配备的影响可能是需要委任新的部门主管，调整和充实关键部门的人员以及培训人工等。而组织结构和员工构成的变化，必然会影响到领导方式和激励方式。

计划工作和控制工作是分不开的——它们是管理的一双孪生子。未经计划的活动是无法控制的，因为控制就是纠正脱离机会的偏差，以保持活动的既定方向。没有机会指导的控制是毫无意义的，计划是为控制工作提供标准的。此外，控制职能的有效行使，往往需要根据情况的变化拟订新的计划或修改原定计划，而新的计划或修改过的计划又被作为连续进行的控制工作的基础。计划工作与控制工作的这种继续不断的关系，通常被称为计划—控制—计划循环。

3) 完整性

组织内部的各子系统或部门，从自身的工作职能和责任范围考虑，应当有单独的计划，但这些单独的计划必须与组织的整体目标和宗旨相协调，成为组织整体计划中的一部分，同时也因与其他部门的计划密切配合而形成完整的体系。

4) 强制性与应变性

计划既有强制性又有应变性。计划在执行过程中，在没有发现其不适应或缺陷之前，执行人应该严格遵守，而不可以轻易变更或废止，这是计划的强制性。当然，计划也不是一成不变的铁律，当继续执行计划将会使组织遭受严重损害，或根本无法执行原计划时，应该在权衡利弊得失之后，不惜应有的损失，果断地修改原计划。这就是计划的适度弹性，以适应特殊情况。

5) 持续性

计划应当是承前启后地将组织的宗旨和目标贯穿其中，随时间的推移持续地体现出来，过去的计划可以作为现在计划的参考，现在的计划也必须与以后的计划衔接，这样才不至于前后冲突，难以推行。

6) 创新性

计划工作总是针对需要解决的新问题或可能发生的新变化、新机会而作出决定的，因而它是一个创新性的管理过程。计划有点类似于一项产品或一项工程的设计，它是对管理活动的设计。正如一种新产品的成功在于创新一样，成功的计划也依赖于创新。

综上所述，计划工作是一个指导性、预测性、科学性和创造性很强的管理活动，同时又是一项复杂而又困难的工作。当前，我国正面临着实现社会主义现代化的宏伟目标，我国企业在对外开放的方针下正面临世界市场的激烈竞争，形势要求我们迅速提高宏观的和微观的管理水平，而加强计划工作、提高计划工作的科学性是全面提高管理水平的前提和关键。

3. 任务

计划工作的任务可以概括为六个方面，简称为“5W1H”，如图 2-1 所示。

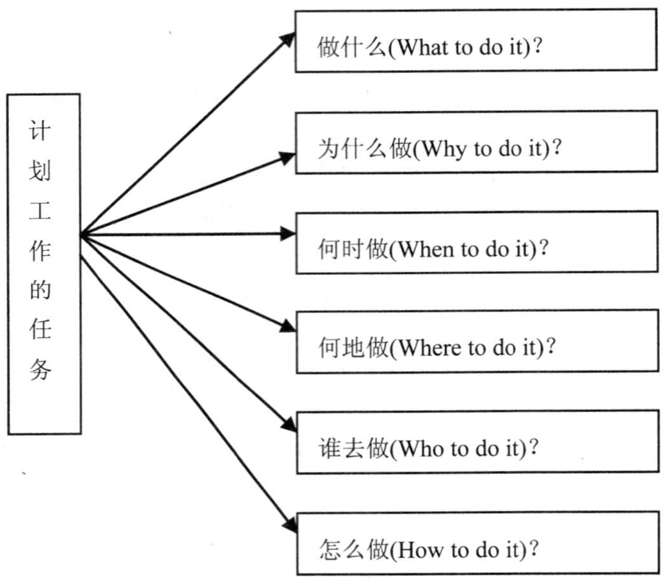

图 2-1 计划工作的任务

1) 做什么

“做什么”：要明确计划工作的具体任务和要求，明确每个时期的中心任务和工作重点。例如，企业生产计划的任务主要是确定生产哪些产品，生产多少，合理安排产品投入和产出的数量和进度，在保证按期、按质和按量完成订货合同的前提下，使生产能力得到尽可能充分的利用。

2) 为什么做

“为什么做”：要明确计划工作的宗旨、目标和战略，了解得越清楚，认识得越深刻，就越有助于他们在计划工作中发挥主动性和创造性。正如通常所说的“要我做”，和“我要做”的结果是大不一样的，其道理就在于此。

3)　何时做

“何时做”：规定计划中各项工作的开始和完成的进度，以便进行有效的控制和对能力及资源进行平衡。

4)　何地做

“何地做”：规定计划的实施地点或场所，了解计划实施的环境条件和限制，以便合理安排计划实施的空间组织和布局。

5)　谁去做

“谁去做”：计划不仅要明确规定目标、任务、地点和进度，还应规定由哪个主管部门负责。例如，开发一种新产品，要经过产品设计、样机试制和正式投产几个阶段。在计划中要明确规定每个阶段由哪个部门负主要责任，哪些部门协助；各阶段交接时，由哪些部门和哪些人员参加鉴定和审核等。

6)　怎么做

“怎么做”：制定实现计划的措施，以及相应的政策和规则，对资源进行合理分配和集中使用，对人力、生产能力进行平衡，对各种派生计划进行综合平衡等。

4. 分类

计划的种类很多，可以按不同的标志分类。了解计划的分类可以更好地运用计划指导工作。

1)　按计划期限分类

(1)　长期计划。

长期计划是指较长时间内(一般为 5 年)企业发展的计划。长期计划主要描述企业发展的长远规划。“人无远虑，必有近忧。”例如，一个企业在市场营销方面，没有开发新市场的长期计划，只满足目前已占有的市场，那该企业就会处于危机四伏的状态，随时将被其他企业排挤出市场。

(2)　中期计划。

中期计划是指由长期计划衍生而来，时间一般在 2～3 年。中期计划较长期计划而言，更具体、更贴近现实、可操作性更强。

(3)　短期计划。

短期计划是指较短时间内(一般为 1 年以内)企业发展的计划。短期计划主要描述企业发展的近期计划。

2)　按计划性质分类

(1)　战略计划。

战略计划属高层管理计划，其主要描述的是企业基本目标、基本政策、策略，企业获取资源及其配置组合的准则。战略计划更多地表现出主观判断和企业伦理价值观，及其市场定位。战略计划具有整体性。战略计划的制订需要更多的企业外部环境信息，含不确定成分较高。

(2)　战术计划。

战术计划属于中层和基层管理工作。战术计划是战略计划的具体化，带有职能性，是为实现战略计划而制订的更具体详细的计划。战术计划的制订需要更多的企业内部环境信息资料，以及历史资料，含不确定成分较少。

3) 按工作职能分类

这里的工作职能是指工作性质。企业计划可以分为：人力资源计划；生产制造计划；销售计划；售后服务计划；供应计划；新产品研发计划；财务计划；投资计划。

在一种职能计划中，通常包含着目标、政策、程序、规划、预算这些计划形式中的一种或多种。

将计划按职能进行分类，有助于人们更加精确地确定主要管理工作之间的相互影响关系，有助于估计某个职能计划执行可能出现的变化，以及对全部计划的影响，并有助于企业将有限的资源更合理地在各职能计划之间进行配置。

5. 原理

管理原理是从理论方面描述管理过程的一般规律。计划工作的原理则是对计划工作的一般规律的总括。在实践中，应将原理与实际状况密切结合，创新性地发挥，创新性地搞好计划工作。计划工作的主要原理有：限定因素原理、许诺原理、灵活性原理和改变航道原理。

1) 限定因素原理

所谓限定因素，是指妨碍组织目标实现的因素，也就是说，在其他因素不变的情况下，仅仅改变这些因素，就可以影响组织目标的实现程度。限定因素原理主要包括：主管人员越是能够了解对达到目标起主要限制作用的因素，就越能够有针对性地、有效地拟订各种行动方案。限制因素与计划有效性的关系如图 2-2 所示。

限定因素原理要求，主管人员在制订计划时，必须全力找出影响计划目标实现的主要限定因素或战略因素，有针对性地采取互补措施，确保计划能够实现。

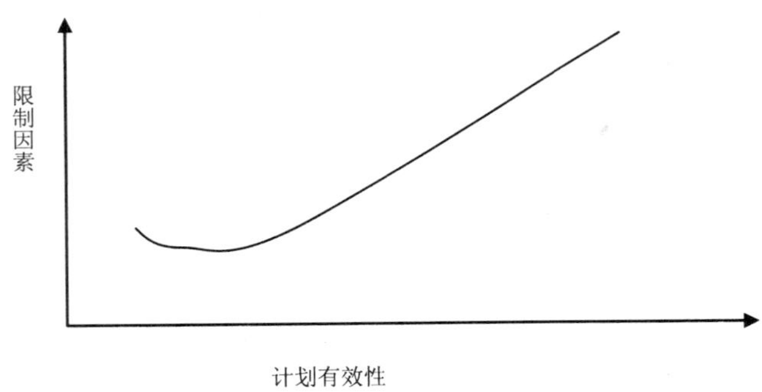

图 2-2 限制因素与计划有效性的关系

2) 许诺原理

许诺原理是指任何一项计划都是对完成各项工作所作出的许诺，因而，许诺越大，实现许诺的时间就越长，实现许诺的可能性就越小。因为计划期限过长，环境变化的可能性就越大，不可控的因素就越多，实现计划的可能性就会变化。这一原理涉及计划期限的问题。计划期限与实现许诺的可能性之间的关系如图 2-3 所示。

这一原理要求制订计划，首先要有计划期限，实际上计划期限是对计划最严格的要求。没有计划期限，就不是计划。其次，必须合理地确定计划期限。计划期限过长或过短都会影响计划的执行效果。在计划管理过程中，任意提前计划或延长计划都是不可取的。

3)　灵活性原理

计划必须具有灵活性，即当出现意外情况时，有能力改变方向而不必花太大的代价。灵活性原理可以表述为：计划中体现的灵活性越大，由于未来意外事件引起损失的危险性就越小。必须指出，灵活性原理就是制订计划时要留有余地，至于执行计划，则一般不应有灵活性。对主管人员来说，灵活性原理是计划工作中最重要的原理，在承担的任务重而目标计划期限长的情况下，灵活性便显示出它的作用。当然，灵活性是有一定限度的，它的限制条件是：不能总是以推迟决策的时间来确保计划的灵活性。因为未来的不肯定性事很难完全预料的，如果我们一味等待收集更多的信息，尽量地将未来可能发生的问题考虑周全，当断不断，就会坐失良机，招致失败。

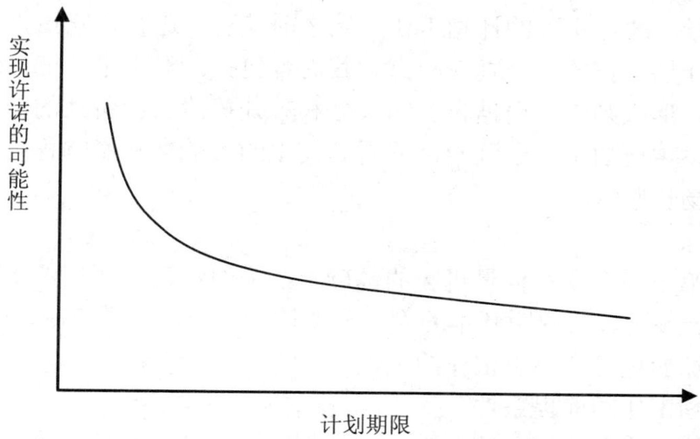

图 2-3　计划期限与实现许诺的可能性之间的关系

使计划具有灵活性是要付出代价的，甚至由此而得到的好处可能补偿不了它的费用支出，不符合计划的效率性。

有些情况往往根本无法使计划具有灵活性。即存在这种情况，某个派生计划的灵活性，可能导致全盘计划的改动甚至有落空的危险。例如，企业销售计划在执行过程中遇到困难，可能实现不了既定的目标。如果允许其灵活处置，则可能危及全年的利润计划，从而影响到新产品开发计划、技术改造计划、供应计划、工资增长计划、财务收支计划等许多方面，以致使企业的主管人员经过反复权衡之后，不得不动员一切力量来确保销售计划的完成。

为了确保计划本身具有灵活性，在制订计划时，应量力而行，不留缺口，但要留有余地。本身具有灵活性的计划又称为“弹性计划”，即能适应变化的计划。

4)　改变航道原理

计划制订出来后，计划工作者就要管理计划，促使计划的实施，而不能被计划所“管理”，不能被计划框住。必要时可以根据当时的实际情况做必要的检查和修订。因为未来情况随时都可能发生变化，制订出来的计划就不能一成不变。尽管我们在制订计划时预见了未来可能发生的情况，并制订出相应的应变措施，但正如前面所提到的，一来不可能面面俱到；二来情况是在不断变化；三是计划往往赶不上变化，总有一些问题是不可能预见的，所以要定期检查计划。如果情况已经发生变化，就要调整计划或重新制订计划。就像航海家一样，必须经常核对航线，一旦遇到障碍就要绕道而行。故改变航道原理就可以表述为：计划的总目标不变，但实现目标的进程(即航道)可以因情况的变化而随时改变。这个原理与灵活性原理不同，灵活性原理是使计划本身具有适应性，而改变航道原理是使计划在执行过程中具有应变能力，为此，计划工作者就必须经常检查计划，重新调整、修订计划，以此达到预期的目标。

6. 制订计划的程序

热河计划工作的程序，即工作步骤都是相似的，依次包括以下内容：估量机会；制定目标；确定计划工作的前提条件；拟订可供选择的方案；评价各种备选方案；选择方案；制订派生计划；编制预算。

1) 估量机会

对机会的估量，要在实际的计划工作开始之前就着手进行，它虽然不是计划的一个组成部分，但却是计划工作的一个真正起点。其内容包括：对未来可能出现变化和预示的机会进行初步分析，形成判断；根据自己的长处和短处搞清自己所处的地位；了解自己利用机会的能力；列举主要的不肯定因素，分析其发生的可能性和影响程度；在反复斟酌的基础上定下决心，扬长避短。

2) 制定目标

计划工作的第一步，是在估量机会的基础上，为组织及其所属的下级单位确定计划工作的目标。在这一步上，要说明基本的方针和要达到的目标，说明制定战略、政策、规则、程序、规划和预算的任务，指出工作的重点。

3) 确定计划工作的前提条件

计划工作的第二步是确定一些关键性的计划前提条件，并使设计人员对此取得共识。所谓计划工作的前提条件就是计划工作的假设条件，换言之，即计划实施时的预期环境。负责计划工作的人员对计划前提了解得越细越透彻，并能始终如一地运用它，则计划工作也将做得越协调。

按照组织的内外环境，可以将计划工作的前提条件分为外部前提条件和内部前提条件；还可以按可控程度，将计划工作前提条件分为不可控的、部分可控的和可控的三种前提条件。前述的外部前提条件多为不可控的和部分可控的，而内部前提条件大多是可控的。不可控的前提条件越多，不肯定性越大，就越需要通过预测工作确定其发生的概率和影响程度的大小。

4) 拟订可供选择的方案

计划工作的第三步是调查和设想可供选择的行动方案。通常，最显眼的方案不一定就是最好的方案。这一步工作需要发挥创造性。此外，方案也不是越多越好。即使我们可以采用数学方法和借助电子计算机的手段，还是要对候选方案的数量加以限制，以便把主要精力集中在对少数最有希望的方案的分析方面。

5) 评价各种备选方案

计划工作的第四步是按照前提和目标来权衡各种因素，比较各个方案的利弊，对各个方案进行评价。评价实质上是一种价值判断。它一方面取决于评价者所采用的标注；另一方面取决于评价者对各个标准所赋予的权数。显然，确定目标和确定计划作为前提条件，其工作质量直接影响到方案的评价。在评价方法方面，可以采用运筹学中较为成熟的矩阵评价法、层次分析法以及在条件许可的情况下采用多目标评价方法。

6) 选择方案

计划工作的第五步是选定方案。这是在前四步工作的基础上作出的关键一步，也是决策的实质性阶段——抉择阶段。可能遇到的情况是，有时会发现同时有两个可取的方案。在这种情况下，必须确定出首先采取的一个方案，而将另一个方案也进行细化和完善，并作为后备方案。

7) 制订派生计划

派生计划就是总计划下的分计划。总计划要靠派生计划来保证，派生计划是总计划的基础。

8) 编制预算

计划工作的最后一步是把计划转化为预算，使之数字化。预算实质上是资源的分配计划。预算工作做好了，可以成为汇总和综合平衡各类计划的一种工具，也可以成为衡量计划完成进度的重要标准。

7. 制订计划的方法

制订计划的方法有很多种，每一种都有特点和应用背景，下面介绍三种主要的方法。

1) 运筹学的方法

计划工作的最全面的分析方法之一，就是运筹学，它是“管理科学”理论的基础。就内容来讲，运筹学又是一种分析的、实验的和定量的科学方法，用于研究在物质条件(人、财、物)已定的情况下，为了达到一定的目的，如何统筹兼顾整个活动所有各个环节之间的关系，为选择一个最好的方案提供数量上的依据，以便能为最经济、最有效地使用人、财、物作出综合性的合理安排，取得最好的效果。

运筹学实际上起源于 20 世纪初叶的科学管理运动。像 F.W.泰罗和 F.B.吉尔布雷斯夫妇等人首创的时间和动作研究；H.甘特发明的“甘特图”，以及丹麦数学家厄兰于 1917 年对丹麦首都哥本哈根市电话系统排队问题的研究等，应当看作是最早的“运筹学”。二次世界大战中，为适应战争的需要，现代运筹学的一个最成熟的分支——线性规划诞生了，动态规划、整数规划、图论、排队论、对策论、库存论、模拟等一系列重要分支也逐步发展和完善起来。

在计划工作中应用运筹学的一般程序，包括以下主要步骤。

(1) 建立问题的数学模式。

首先根据研究目的对问题的范围进行界定，确定描述问题的主要变量和问题的约束条件，然后根据问题的性质确定采用哪一类运筹学方法，并按此方法将问题描述为一定的数学模型。为了使问题简化和突出主要的影响因素，需要做各种必要的假定。规定一个目标函数，作为对各种可能的行动方案进行比较的尺度，然后确定模式中各种参量的具体数值。

(2) 求解模型。

找出使目标函数达到最大值(或最小值)的最优解，也要编制计算机程序上机运算。20 世纪 50 年代和 60 年代是运筹学研究和应用的鼎盛时期，但也有一些管理学家对运筹学的作用提出怀疑。他们对运筹学的批评多集中在两个根本的问题上。

一是任何模型的应用都必须满足一定的条件，在究竟让模型适应问题还是让问题适应模型这一点，许多管理学家实际上是让管理问题“削足适履”。他们将原始问题加以抽象，直到数学难点或计划难点都被舍去为止，从而使问题的解答失去实际应用价值。

二是运筹学最终要得到问题的最优解，而从管理时间的角度来看，由于决策目标通常有多个，且各个目标间又存在冲突，因此，最终的解决方案只能是一种折中性的。因此只要能给出一个近似的比，不用数学方法简单而单靠经验和直觉所得出的结果还要好，就令人满意了。管理者实际需要的是这种“满意解”，而不是附加了各种假定条件的“最优解”。目前，批评者的观点正促使运筹学家们改进运筹学的方法。计算机模拟技术的发展和应用就是向着更加实用方向的一种巨大进步。不过，对计划工作人员有一点需要提醒注意的是，认为某个问题在本质上就是定性的，在未作定量分析的尝试之前就武断地认为不可能用数学模型来描述，同样是有害的，甚至是更有害的。

2)　滚动式计划方法

滚动式计划方法是一种编制具有灵活性的、能够适应环境变化的计划方法。其编制方法是：在已编制出的计划的基础上，每经过一段固定的时期(例如一年或一个季度等，这段固定的时期被称为滚动期)便跟定居变化了的环境条件和计划的实际执行情况，从确保实现计划目标出发对原计划进行调整。每次调整时，保持原计划期限不变，而将计划期限顺序向前推进一个滚动期。如图 2-4 所示是一个滚动式计划编制过程的示意图。

	2008	2009	2010	2011	2012	←第一个五年计划	
第二个五年计划→		2009	2010	2011	2012	2013	
第三个五年计划→			2010	2011	2012	2013	2014

图 2-4　滚动式计划编制过程示意图

这种计划发放最适合用于长期计划的编制。由于长期计划的计划期较长，很难准确地预测到各种影响因素的变化，因而很难确保长期计划的成功实施。而采用滚动式计划方法，就可以根据环境条件变化和实际完成情况，定期地对计划进行修订，使企业有一个较为切合实际的长期计划做指导。

3)　目标—规划—预算方法

这是 20 世纪 60 年代中期美国国防部在编制国防部预算时创造的方法。传统的预算是分部门编制的，编制预算时，首先由下级部门提交下年度的预算报告，然后由上级预算部门根据资源的数量经过平衡后批准下达。下级在编制预算时，大多是在上一年支出的基础上增列一笔数额，而上级部门在平衡预算时，通常采取不分青红皂白一律“砍一刀”的做法。这种传统的预算方法的缺点是预算既脱离组织的目标，又不反映计划实施的实际情况，因为计划是按项目实施的，而不是按职能部门实施的。因此，传统的预算方法难以做到按组织目标合理地分配资源。

目标—规划—预算方法完全是从目标出发编制预算的。计划开始时，首先由最高主管部门提出组织的总目标和战略，并确定实现目标的项目。例如，美国国防部根据国家的战略目标，确定武器系统的研制项目，这一步称为计划；其次分别按每一个项目的实施阶段时所需的资源数量进行测算和规划，并派出项目的优先次序；再次，在编制预算是从目标出发按优先次序和项目的实际需要分配资源，当资源有限时，应保证排在前面的项目的需要；最后，根据各部门在实施项目中的职责和承担的工作量将预算落实到部门。据报道，这种计划方法在美国国防部以及美国联邦政府和一些州政府的部门中推行，取得了极好的效果。

二、组织

1. 定义

就社会经济系统的角度来讲，组织是指按照一定的目标和要求建立起来的集体，是构成整个社会经济系统的基本单位。

在管理学中，组织具有两方面的含义。

(1) 作为实体本身的组织是人们为了一定目标的实现而进行合理的配置和协调，并具有一定边界的社会团体。它具有以下特征。

① 组织是若干人员组成的，也就是说，它是一个群体。

② 组织是有一定目标的，这是任何人类社会组织生产和存在的最基本的原因。

③ 组织是一个社会实体，也就是说，它与其环境既有互相依托的共性，又有相对独立的个性，内部的各个部门和成员之间也同样具有既互相依托又相对独立的特性。

④ 为了达到组织目标，必须进行协作，建立一定的协作关系，并通过一定的形式规范组织成员的行为。

⑤ 一定边界是指其与其他组织是有所区别的，也就是说任何一个人类社会组织，其成员在精神、行为、作风等方面都具有不同于其他组织的个性特征。

(2) 作为涉及活动过程的组织是为了实现组织目标对组织的资源进行有效的配置的过程。每一个组织为了实现其目标，必须具备一定的资源(人、财、物)，并对这些资源进行合理的安排，充分利用，才能有效地达到组织的目标。

2. 形成与作用

组织是人类集体协作的产物。人类在生存和发展的过程中会碰到许多复杂而艰巨的问题，这些问题只有通过集体协作才能够解决，靠个人的力量是无法克服的。

美国管理学家巴纳德将个人无法完成的原因分为两类：一是个人生理上的限制；二是个人所面对的自然环境的限制。

当两个人或多个人合作并获得成功后，人们就认识到两个或多个人的力量大于个人的力量，他们之间就会建立起一种协作关系。将这种关系固定下来，就形成了组织。因此，组织形成的原因是人类为了克服个人能力的限制而有意识进行集体协作的结果。当人们发现依靠集体的力量能够完成个人单独无法完成的目标和能够满足个人更多的需求时，就会通力合作，这样组织也就产生了。

组织之所以能够完成个人单独无法完成的目标，是因为组织能够按照与常规教学不同的逻辑发挥作用。从常规教学的角度看，一加一等于二，但从组织的角度看，一加一大于二。组织的这种作用被称为“协同作用”，即集体努力的结果比个人单独努力的结果总和要大。

协作有两个基本作用：第一，协作能够扩大或增强个人的能力，这就是说，协作能够完成个人想完成而又单独无法完成的任务；第二，协作可以缩短目标实现的时间。在许多情况下，由个人或少数人从事的任务，如果由具有一定规模的组织进行，在完成任务的时间上显然要经济得多。由于缩短目标完成时间而产生的“时间价值”，只有组织才能办得到。

组织的协同作用，可以用现代系统理论中的“系统功效大于各子系统功效之和”的原理来解释，由各子系统构成的新系统，具有不同于各个组成部分的新功效。这些都说明一定数量的人相互协作形成最佳组合的整体功效大于个体简单相加时的功效。

3. 任务

组织的目标确定之后，如何使这些目标得以顺利实现，就需要制定并保持一种职务系统，使组织中的每一个人都清楚自己在集体工作中应有的作用以及他们相互之间是怎样的关系，使他们能十分有效地在一起工作。

正是在这个意义上，我们把组织工作的任务看作如下几方面。

(1) 明确完成任务所需要的活动并加以分类。

(2) 对实现目标必要的活动进行分组。

(3) 把各个组分派给有必要权力的管理人员来领导。

(4) 对组织结构中的横向方面以及纵向方面制定关于协调的规定。

(5) 根据企业环境的变化和组织战略的发展对组织结构进行变革。

通过这些工作使人们明确谁去做什么，谁要对什么结果负责，并消除由于分工不清所造成的实施中的障碍，同时提供能反映和支持组织目标的决策信息和沟通网络。

4. 步骤

当一个管理者决定去组建一个组织或单位时，他们所要做的工作基本上是相同的。他们都要明确为实现组织目标所必须进行的重要活动，并把这些活动组合起来，还要把其中的一些活动委派给下属去进行，授予下属完成任务所必需的职权，并做好各项活动之间的配合工作。具体来说，组织工作的步骤如下。

1) 明确目标、计划和任务

组织工作的第一步是明确组织的目标和由目标派生出来的计划，并在此基础上进一步明确和归纳为完成这些目标和计划而必须从事的业务活动。对一个部门的主管来说也是这样，他首先要思考指派给本部门的任务是什么，以确定必须执行的主要工作有哪些。

2) 分工

组织工作的第二步是根据可用资源和利用它们的最佳途径划分各类业务活动。对组织的高层主管来说，这项活动表现为部门划分，就是将组织的各类业务活动分配给不同的部门。如果管理者所负责的业务活动的工作量还没有达到需要设立若干个部门的程度，则将工作直接指派给他的下属即可。

3) 配备人员

组织工作的第三步是为组织结构中的各个职位配备人员。对高层主管来说是为各个部门委派管理人员来负责相应的工作；对部门主管来说则是为非管理型职位配置人员。

4) 授予职权

组织工作的第四步是将进行业务活动所必需的职权授予各个部门的主管。对部门主管来说，则是决定应当授予下属多大职权才能使其完成任务。

5) 配合

组织工作的第五步是规定组织结构中的纵向和横向的相互配合关系。管理者不仅需要确定每个部门或每个人的业务活动，还需要将各个部门和个人的业务活动连成一体。

5. 组织结构设计

组织结构是现代管理中管理主体的组成形式，是现代管理活动中管理者行使管理职能、实现管理目标的组织保证。在实际中，无论是宏观的管理机构还是微观的管理机构，它们的共同特征都是由一批在社会分工中从事各种管理工作的、具有一定管理技能的、按照一定方式组织起来的人员集合体。这些人员(即管理者)在组织结构中，根据分工都有一定的职位、权力、责任和义务，代表管理机构行使管理的职能。因此具体地说，组织结构是一个组织内的构成要素之间确定的关系形式，或者说是一个组织内各要素的排列组合方式。而组织结构设计是指对一个组织的结构进行规划、构造、创新或再构造，以便从组织的结构上确保组织目标的有效实现。

组织结构的设计必须根据组织的复杂性、规范性和集权性程度，根据组织的目标和任务以及组织的规律和组织内外环境因素的变化来进行规划或再构造组织机构。只有这样，组织机构的功能和协调才能达到最优化程度，否则组织内的各级机构就无法有效地运转，也就无法保证组织任务和目标的有效完成和实现。

1)　影响组织结构设计的因素。

导致不同行业、不同部门在组织结构方面的差别的重要因素包括组织战略、组织环境、组织规模以及科学技术等，这些因素对组织结构有明显影响。因此在组织结构上一定要了解这些因素与不同组织结构之间的关系，从而合理地设计组织结构。

(1)　组织战略对组织结构的影响。

在影响组织结构的多种因素中，组织的战略是一个重要的因素。一个组织为了在竞争中取胜，争取本身在竞争中具有独特的优势，就要选择一个与自身条件相适应的战略，与此同时还需要在组织结构上有所配合，才能令组织战略更有效地得到执行。

一般来说，组织战略的变化先行，由此导致了组织结构的变化。例如，企业通常起始于单一产品的生产。简单的战略只要求一种简单、松散的结构形式来配合，这样决策可以集中在一个高层管理人员手中，组织的复杂化和正规化程度很低。当企业发展壮大以后，其战略变化了，扩大了活动范围，就需要重新设计组织结构。如果企业从单一经营战略发展到多种经营战略，就必然会产生横向组织结构的调整，如果企业采取纵向一体化战略时，就必然会产生纵向组织结构的调整。

(2)　组织环境对组织结构的影响。

环境对组织的绩效起着潜在的影响。组织不能自给自足，它必须同环境发生相互作用并受环境的影响，因为组织依赖环境作为投入的来源和产出的接受者。一个组织是一个与其环境相互依存、相互作用的系统。环境由于它的变化程度和复杂程度，铸就了它的不确定性。环境的不确定性是不可预料的，一个组织面临的环境不确定性越大，环境对组织选择和决定自身命运的自由的限制就越大。由此可见，环境也是影响组织结构的一个重要因素。稳定的环境，往往采用稳固的组织结构，管理部门与人员的职责界限分明，工作内容和程序经过严格规范，各部门的权责关系固定，等级结构严密；而多变的环境，则要求组织机构灵活，各部门的权责关系和工作内容需要经常做适应性的调整，等级关系不甚严密，组织设计中强调的是部门间的横向沟通而不是纵向的等级控制。

(3) 组织规模对组织结构的影响。

规模是影响组织结构的一个不可忽视的因素。一般的规律是，规模大的组织要比规模小的组织更趋向于高度的专业化和横向及纵向的分化，规则条例也更多。组织规模对于组织结构的复杂程度产生影响。组织规模增长意味着人数的增加，组织中劳动分工就越多、越细，这就导致水平差异的增加。然而劳动分工差异大，管理层就会通过提高垂直差异的方式来协调。同时规模的扩大也可以使地区差异扩大。组织规模扩大后，管理者或者采取加强直接控制的方法，即增加管理人员和减少管理幅度，但这样会导致管理成本的增加；或者采用正规化、规范化的方法，用严密的规章制度来规范组织成员的行为，这样就导致了组织结构规范化的提高。但是这种影响不是线性关系，而是规模对结构的影响程度在渐渐地减弱。也就是说，组织发展到一定程度之后，随着组织的再扩大，规模的影响也不重要了。

(4) 科学技术对组织结构的影响。

任何一个组织都需要应用一定的技术和反映一定技术水平的物质手段来进行，以便将投入转化为产出，组织的目标就是为了使该种技术在应用的过程中产生效益。因此在组织的运行过程中，采用什么样的技术和手段，将对组织结构产生一定的影响。技术以及技术设备的水平不仅影响组织活动的效果和效率，而且会作用与组织活动的内容划分、职务的设置和工作人员的素质要求。组织结构必须与采用的技术相适应，才能使组织运行更有效率。

2) 组织结构设计的原则

管理科学对于组织结构设计和建立原则的研究，经历了一个不断变化和发展的过程。尽管并没有适应所有组织的原则，但一般来说还是有一些应该遵循的基本原则。

(1) 任务目标原则。

任何一个组织都有其特定的任务和目标，组织结构设计的根本目的是为了保证组织任务和目标的实现。组织结构的建立也应以是否对实现组织目标有利为衡量标准。因此在进行组织结构设计时首先要明确组织确立的任务和目标是什么。因为目标是组织运行的核心。建立什么样的组织结构，主要取决于组织确立的目标以及准备如何实现目标。因此组织机构形式的选择、建立和变革，都必须从组织目标出发，坚持为实现管理目标服务的原则。

设计和建立组织机构，在首先明确管理目标的前提下，还必须进一步确定该组织机构的管理职能和担负的任务。因为只有明确了职能和任务，才能确定组织机构应设置哪些部门，选择什么样的管理人员，真正做到因事设人，而不是因人设事。

(2) 统一的指挥原则。

统一指挥原则是指组织中的任何下级不应受到一个以上的上级的直接领导。遵循这一原则可以避免不同人员对同一问题所下达的命令发生冲突，意在简化上下级关系。无论是在组织机构的设计还是在管理权限的划分方面，都应考虑到这一原则。有效地组织必须有统一的指挥，组织中的每个职务都要有人负责，每个人都应该知道他向谁负责，有哪些人要对他负责。各级管理组织机构必须服从其上级管理机构的命令和指挥，而且非常强调只能服从一个上级的命令和指挥，并对他负责。在指挥和命令上严格执行“一元化”、上下级之间的上传下达，都要按层次进行，不得越级，这就形成了一个“指挥链”，如果需要两个或两个以上领导人同时指挥的话，必须在下达命令前互相沟通，达成一致意见后再下达命令，否则下级就会无所适从，从而造成管理组织的混乱。

但是实行统一指挥原则，并不是要把一切权力都集中在组织的最高一级管理层，而是应该既有集权，又有分权，该集中的权力必须集中起来，该下放的权力就应当充分地下放给下级，这样才能加强部门的灵活性和适应性，才能充分调动各级管理者的积极性。因此无论在组织机构的设计还是管理权限的划分等方面，都应遵循统一指挥，分级管理的原则。

(3)　管理幅度原则。

在管理学中，所谓管理幅度，是指一个领导者能够直接而有效地领导其下属人数的限度。例如一名经理(厂长)能直接领导多少名处(科)长，一名车间主任能直接领导多少班组(工段)长等。由于每个人的精力和能力都是有限的。因此他所能够直接领导的人数是有限的。这就决定了任何组织机构都应有一定的管理幅度。正因为在客观上存在着一定的管理幅度，因此必然在组织结构上形成一定的管理层次。

在管理学中，所谓管理层次，是指组织结构中按垂直隶属关系划分的等级。一般来说，组织结构中的层次越多，权力越集中，组织越严密，但也容易造成机构重叠，拉长了高层领导同基层的距离，不利于信息快速有效地传递。因此，任何组织机构的层次也应是有限的、适当的。

(4)　权责一致原则。

权力是为实现组织的目标，管理者在规定职位上，指挥或命令下属行动的一种影响力，这是组织中的一种约束力。责任或职责是接受职位、职务的管理者应尽的义务。管理组织机构的设置，在很大程度上表现为对管理权限和职责的划分。在管理中，每个管理者和其所在的管理部门总要被赋予一定的职务和权力。与此同时，管理者和管理部门行使这些权力又必须相应承担一定的责任，其中包括对决策和计划执行结果所承担的责任。对下属的关心和培训所承担的责任、对管理目标的实现程度所承担的责任等。

管理者的权力和责任是相辅相成的关系。在管理机构的设置中，对于权力和责任的划分必须相一致，坚持有多大权力就要负多大责任，有什么权力，就要负什么责任的原则。否则如果有权无责，就会使管理者作出不负责任的决策；如果有责无权，管理者没有承担责任，他所担当的管理任务就难以完成。同时在现代条件下，除了权责一致外，还要考虑到利益，即有多大的权力，承担多大的责任，就应有相应的利益，绝对平均主义或责任大小、职务高低没有明显的利益差别，既不利于管理者认真履行自己的职责，也不利于管理者在行为上的自律。

(5)　精干高效原则。

精干高效既是组织设计的原则，又是组织联系和运转的要求。任何管理机构，不但要考虑管理目标达到的程度，还要考虑管理成本和组织成本。有效的管理应当是以尽可能少的管理成本和组织成本达到尽可能好的管理效果。要做到这一点，管理机构的设置就要坚持精干高效的原则。所谓精干就是机构尽量少，人员尽量精；所谓高效就是要尽量发挥每个人的积极性，有利于提高每个机构和人员的办事效率。精干不等于越少越好，而是不多不少，一个顶一个，效能包括工作效率和工作质量。队伍精干是提高效能的前提。精干高效原则要求“人人有事干，事事有人管，保质又保量，负荷都饱满”。

(6)　分工协作原则。

分工与协作是社会化大生产的客观要求。组织作为一个系统，各部门或各项职权都是其子系统，各部门或各项职权都不能脱离其他部门或其他职权而单独运行，必须经常相互协调，密切配合。在实现组织目标的过程中，必然要划分许多活动和职能。为使管理工作有成效并取得协调，就必须进行专业化分工与协作。分工是按照提高管理专业化程度和工作效率的要求，把组织的目标、任务进行合理的分解，明确规定各级、各部门及每个人的工作内容、工作范围及完成工作的手段、方式和方法。协作就是要明确部门之间、部门内部以及各项职权的协调关系与配合方法。

分工与协作是相辅相成的，只有分工没有协作，分工就失去了意义，而没有分工也就谈不上协作。因此在进行组织设计时，要同时考虑这两方面的问题。分工要注意粗细适当，尽可能按专业化要求设置组织机构。分工过细，提高效率的希望会因为协调困难而无法实现；分工太粗，专业化水平和效率就会降低，且容易产生推诿责任的现象。协作则要注意对协调中的各种关系应在运行过程中逐步加以规范和程序化，应有具体可行的协调配合方法以及违反规则后的处罚措施。

3) 组织机构设立的内容

管理组织的设计包括横向和纵向两个方面。横向的分工是根据不同的标准，将组织活动分解成不同的岗位和部门的任务，横向分工的结果，是部门的设置及部门化；纵向分工是根据管理幅度的限制，确定管理层次，并规定各层次管理人员的职责和权限，纵向分工的结果是管理权限的相对集中或分散。

(1) 部门划分。

部门是指组织中，管理人员为完成规定的任务，有权管辖的一个特殊的领域。部门化是指将工作和人员组合成可以管理的单位的过程。部门划分的基本方法不是彼此截然独立的，在实际的组织结构设计中，组织往往根据自己的情况，采取一些特殊变化，将多种形式混合起来进行组织部门的划分。例如，一个基本上按职能划分的组织，也有按产品、设备、用户或地区划分部门的内容。

(2) 管理层次划分。

在确定了组织的部门结构之后，实现了对工作的横向划分，这种横向的划分是以工作为中心的。为了便于协调各部门之间的关系，还需要划分纵向的管理层次。管理层次的划分是以人为中心的，它体现了组织内部纵向的隶属关心。随着人类社会的进步和科学技术水平的提高，管理者的管理能力日趋增强，但同时管理对象的复杂性也在日益增强。对于规模较大的组织来说，划分管理等级层次能在一定程度上消除管理对象系统的复杂性与管理者个人能力的有限性之间的矛盾。

4) 组织结构的类型

从不同的角度，对众多的组织结构可以进行各种各样的分类。管理学对于组织结构的划分，主要是从管理职能出发，目的是研究任何根据不同的管理对象，设计合理的结构，以有效发挥管理职能的问题。从这个角度出发，组织结构可以分为以下几种类型。

(1) 直线制。

直线制组织结构的特点是：管理的全部职能由单位的各级领导人负责，不另设职能或参谋机构，最多在最高领导层配备少数职能人员，协助最高领导人进行管理工作。单位内各级组织只接受上一级领导人的指挥。其组织结构如图 2-5 所示。

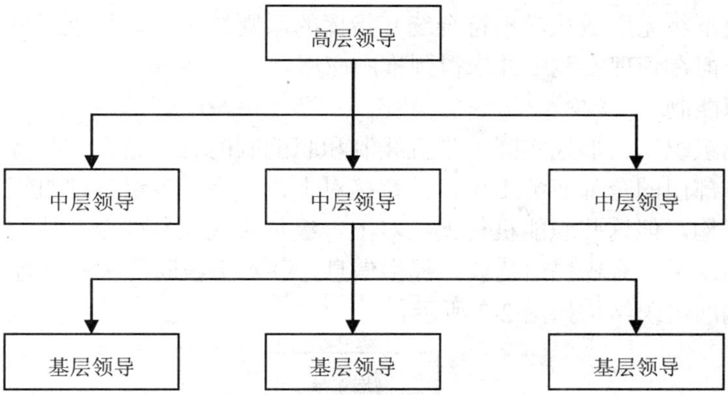

图 2-5　直线制组织结构

直线制组织结构简单，权力集中，职责明确，联系简捷，便于统一指挥，提高工作效率。但是它要求各级负责人具有较全面的业务知识，能亲自处理全部管理业务。因此这种组织结构形式只适用于规模不大，员工人数不多，管理工作比较简单的单位。

(2) 职能制。

职能制组织结构的特点是：组织内各级管理部门除领导人外，还建立了相应的职能结构。这些职能结构在自己所管辖的业务范围内，有权向下级组织下达指示和命令。其组织结构如图 2-6 所示。

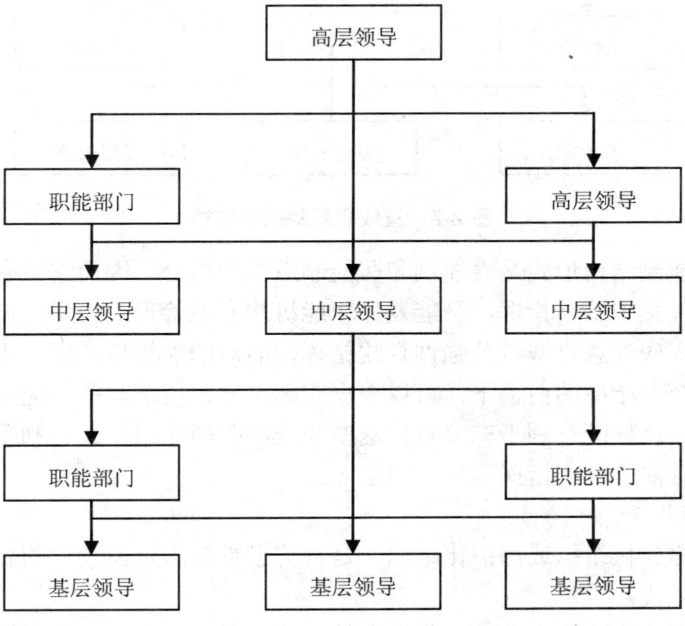

图 2-6　职能制组织结构

职能制组织结构的最大优点是将组织的管理工作按职能进行了分工，从而能大大提高管理的专业化程度，减轻各级领导者的工作负担。但是这种管理机构也存在缺点，即下级负责人除了接受上一级负责人的领导外，还要接受上一级各职能部门的领导，因而容易形成多头领导，使下级无所适从，不符合统一指挥的原则。所以这种组织形式在理论上有一定的指导意义，但在管理实践中并未得到推广应用。

(3) 直线职能制。

直线职能制组织结构形式实际上是直线制和职能制的有机结合。其特点是：各单位负责人统一负责本部门的全部业务工作，并直接对上级负责；各级管理组织根据实际需要设置必要的职能机构。但这些职能机构无权对下一级负责人发号施令，他们只是同级直线指挥人员的参谋和助手，有权提出建议，提供信息，并对下级职能机构进行业务指导。

直线职能制的组织结构如图 2-7 所示。

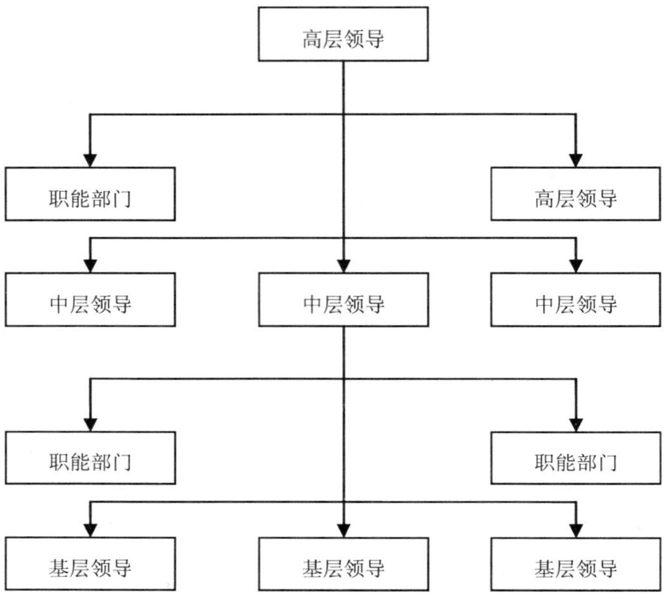

图 2-7　直线职能制组织结构

由于直线职能制结构形式是直线制和职能制组织的结合，因而它兼有这两种组织形式的优点：既能保证集中统一指挥，又能发挥职能机构专业管理的作用。但是采用这种组织形式，各级负责人应注意克服过分强调直线指挥，而对职能机构的职权不够重视的倾向。为此在帮助直线统一指挥的前提下，可以根据实际需要，授予某些职能部门一定的决策、协调、控制权力。这样既有利于充分发挥这些职能部门的作用，又有利于减轻行政领导的工作负担，实行有效的统一指挥和统一领导。

(4) 事业部制。

事业部制又称分权组织或部门化组织，是目前世界各国规模较大的企业广泛采用的一种管理组织结构形式。

事业部制组织结构的特点是："集中决策，分散经营。"即在集中领导下实行分权管理。在这种组织机构中，企业按不同分类标志分别设立若干事业部，每个事业部对所属的业务负全部责任。各事业部实行独立核算，在经营管理上有较大的自主权。企业最高管理机构只掌握战略决策、财务预算、投资控制等大权，并利用利润等指挥对事业部进行控制。

事业部制的组织结构如图 2-8 所示。

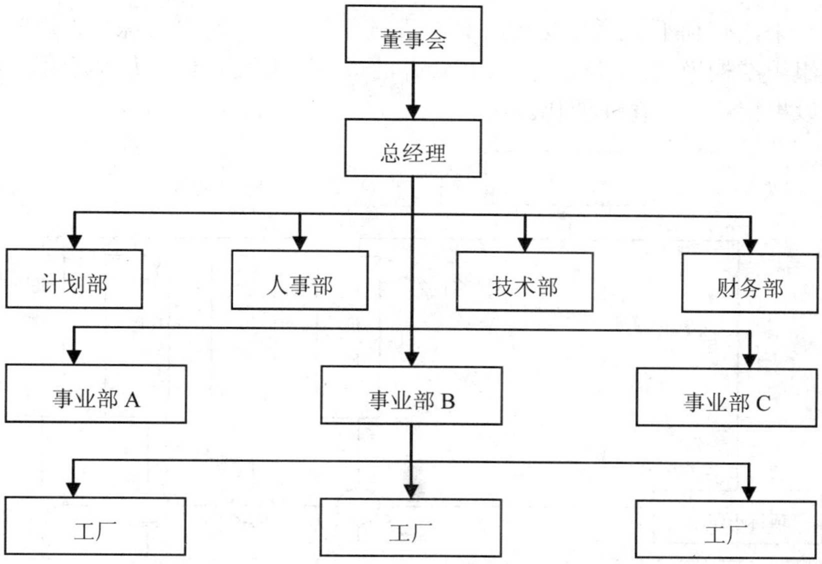

图 2-8 事业部制组织结构

事业部制的组织结构一般适用于规模较大、产品种类繁多、市场分布面较广的企业。其优点是：便于组织专业化生产，便于采用流水线生产和自动生产的先进的生产组织形式，因而有利于提高生产效率，保证产品质量，降低产品成本；实行“集中决策，分散经营”，既有利于企业最高管理部门摆脱日常生产经营者的事务性工作，集中精力做好有关企业大政方针的决策，又有利于调动各事业部的积极性和主动性，从而有利于增强企业对环境条件变化的适应能力；各事业部单独核算，便于各事业部之间开展竞争，促进发展，也有利于培养和训练高级管理人才。

其缺点主要表现在以下两个方面：由于各事业部独立经营、单独核算、自成体系，因此容易造成人员调换困难，彼此工作不协调，也容易滋长不顾企业整体利益的本位主义和分散主义倾向；增加了管理层次，造成机构重叠，官僚主义日益严重，管理人员和管理费用增加。

(5) 矩阵制。

矩阵制又称目标规划制。这种类型的组织结构实际上是在直线职能制垂直形态结构的基础上，再增加一种横向的领导机构所组成的。在矩阵制管理机构中，为完成某项特定任务，从垂直领导系统各单位中抽调各种有关人员组成工作小组或委员会，就构成了横向领导系统。参加该项规划任务的成员，一般都要接受两个方面的领导，即在工作业务方面接受原单位和部门的垂直领导，而在执行具体规划任务方面，则接受规划任务负责人的领导。

矩阵制的组织结构如图 2-9 所示。

矩阵制组织结构的优点是：它打破了传统的管理人员只接受一个部门领导的原则，使企业经营管理中的纵向联系和横向联系很好地结合起来，加强了各职能部门之间的配合，能够及时互通情况，共同决策，使各项专业管理能够比较协调灵活地执行任务，从而有利于提高工作效率；把不同专业部门的人员组织在一起，有助于激发组织成员的积极性和创造性，培养和提高专业人员的技术水平和管理业务水平；将完成某项任务所需要的各种专业知识集中起来，有利于加速开发新技术和试制新产品，同时也为综合管理和职能管理的结合提供了组织结构模式。组织结构具有较好的适应性和稳定性，每个小组所担负的产品和项目，可以根据情况变化而变化。

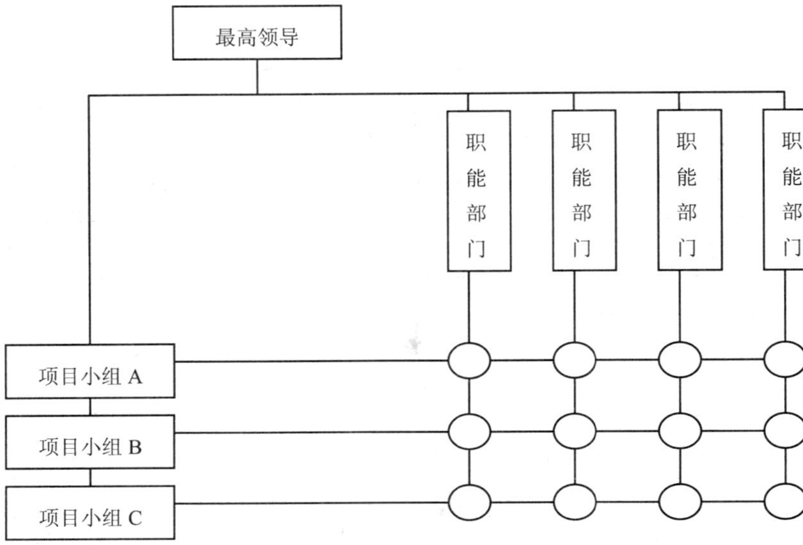

图 2-9 矩阵制组织结构

其缺点主要是：由于领导关系上的双重性，往往会发生一些矛盾。矩阵制组织结构形式多适用于某些需要集中各方面专业人员参加完成的项目或业务。组织结构的形式是依据组织目标的要求设计的，而且形式也是随着组织目标的变化而不断改变的。

三、领导

1. 定义

关于领导的概念，管理学家们曾有过多种不同的表述方式。从一般意义上看，所谓领导，就是指指导和影响群体或组织成员，为实现所期望的目标而作出的努力和贡献的过程或艺术。为了准确把握这一概念，可以把它概括为四个方面的基本含义。

(1) 领导一定得有领导者和被领导者(即下属或追随者)，否则就不成其为领导。

(2) 领导者对其下属拥有一定的影响力。影响力分为权力影响力和非权力影响力两种。权力影响力是指上级赋予领导者的职位权力，对下属的影响具有强制性和不可抗拒性。而非权力影响力是由于领导者自身的某些特殊条件，才具有的影响力。如领导者高尚的品格、卓越的才能使下属敬佩而追随。因此这种影响力对下属更具有激励作用。有效的领导者就是通过对其下属施加各种影响，使他们在实现组织的既定目标中，积极工作，努力奉献。

(3) 领导的目的是影响下属实现所期望的目标。领导对其下属实施指导和影响，目的就是为了有效地实现组织的既定目标。

(4) 领导是一门艺术。组织成员追随和服从其领导者指导，其原因之一是领导者能巧妙地将个人愿望和需求与组织目标的实现结合起来。这样在实现组织目标的同时，个人愿望和需求也得到了满足。这就是领导艺术的具体体现。

由此可见，领导的本质就是组织成员的追随和服从。

2. 领导与管理的区别与联系

领导与管理二者的不同表现在以下几方面。

1) 范围不同

一般讲管理范围要大些，而领导范围要小些。因为领导是管理的一个重要职能，其行为也仍属于管理活动的范畴。

2) 作用不同

领导在组织中的作用表现为指明方向、设置目标、创造态势、开拓局面等方面；而管理的作用表现在为组织活动选择方法、建立秩序、维持局面等活动。

3) 主要功能不同

管理的主要功能是解决组织运行效率；而领导的主要功能是解决组织活动效果。

4) 侧重点不同

管理侧重于解决方法、程序与结果等问题；而领导侧重于处理好人的积极性问题及人与人之间相互作用的问题。

5) 构成的要素不同

管理主要由计划、组织、人员配备、控制等工作组成；而领导则主要是由权力运用、激励、鼓舞、沟通和营造组织气氛等工作构成。

领导和管理之间虽然存在着明显的区别，但二者有着密切的相关性，各项管理活动都离不开有效的指导和引导，同时领导的思想和战略则需要有管理方面的有效实施和配合才能完成。两者的密切配合是保证一个组织取得良好绩效的必不可少的条件。

3. 功能

1) 激励

领导和激励是密切相关的。领导者要使下属能尽最大的努力，自觉地为实现组织目标做出贡献，那就必须要做好激励和诱导工作。而实施激励的基础在于满足下属的各种需要。所以领导者必须要了解下属的需要，并设法满足他们的需要，这样下属的工作热情和主动精神才能发挥出来并保持长久。

2) 鼓舞

鼓舞就是激发下属竭尽全力地工作，为实现组织目标做出贡献。鼓舞与激励的作用不同。鼓舞主要来自领导者本身。领导者因具有高尚的品德，非凡的才智，或超人的魅力，而引发出下属的忠诚、热忱和献身精神，从而自愿地追随、服从和无条件地支持领导者。这些都是以利他主义为基础的。如当组织出现危机时，下属能团结在他们信任的领导者的周围，与之同舟同济，就是鼓舞力量的作用的体现。

3) 营造组织气氛

若使领导有效，除了做好上述两项工作外，还有一项重要的工作就是营造一个良好的组织气氛，即维持一个有助于下属取得工作业绩的良好的工作环境。该环境包括合理的劳务报酬、良好的工作条件、明确的工作目标和职责、和谐的人际关系、通畅的沟通网络、适度的指导和帮助等。

4. 领导的权力构成

权力是指个人所具有的并施加于人的控制力。权力主要来自两方面。

1) 来自于职位的权力

这种权力是由上级和组织所赋予的，并由法律、制度等明文规定的，属于正式的权力。它的基本内容包括对组织活动的决定权、指挥权和对组织成员的奖惩权。这种权力有两个特点：第一，这种权力激励作用是有限的；这种权力随着职务的变动而变动，有职务就有权力，没有了职务就无权力；第二，这种权力具有很大的强制性和不可抗拒性，因此对被领导者来说只能表现为被动地服从。

2) 来自领导者个人权力

这种权力产生于领导者自身的某些特殊条件。它的基本内容包括专长权和个人影响力。这种权力的特点为：第一，这种权力所产生的激励作用是发自内心的，是持久的、广泛的；第二，这种权力不随职位的消失而消失。

领导权力有五种表现形式。

(1) 法定权，也称合法权

法定权是组织各级领导职位所具有的合法的、正式的权力。这种权力是有组织中的等级制度所规定的职务而产生的，是被人们所接受的合法权力。因此凡是处在某一职位上的领导者都拥有一定的法定权力，可在其职权范围内行使和运用，如领导对其下属发布命令和指示。

(2) 奖励权

奖励权是绝对给予还是取消奖励和报酬的权力。奖励的范围包括增加报酬、提升职务、表扬、提供培训机会、分配理想工作，改善工作条件等。这种权力来自于下属追求满足的欲望。当下属认识到服从领导者的意愿能带来更多的利益和满足时，就会自觉地接受领导，服从指挥。

(3) 强制权

强制权是一种对下属进行威胁，强迫其服从的权力。这是一种惩罚性的权力。惩罚的内容主要有降职、批评、分配不称心的工作、降低待遇等。这种权力是建立在下属意识到违背上级指示和意愿会导致某种惩罚的基础上的。因此下属为了避免受到惩罚，就会被动地服从领导。

(4) 个人的影响权，也称模范权

个人的影响权是由于领导者具有的特殊的品格或个人的魅力而形成的权力。如领导者的高尚的品德、勇于创新、知人善任、富有同情心等，往往受到下属的敬佩、认可和信任，从而愿意模仿和追随。这种权力来自下属对领导者的认可和信任。

(5) 专长权

专长权是由于领导者本身具有某种专门知识、技能而获得的权力。如领导者学识渊博，或精通业务，得到下属的尊敬和认可，因而他们表现出自愿的服从。这种权力来自于下属对这些专长的敬佩和崇拜。

上述各项权力中，法定权、奖励权和强制权都属于“正式权力”，是由领导在组织中的职务所决定的，这类权力是外界赋予的，具有外在性质。而个人影响权和专长权是属于“非正式的权力”，是靠领导者自身的品德、知识、才能等个人素质所决定的，具有内在性质。外在性权力是构成领导权力的基础，内在性权力则是提高领导效能的重要方面。因此组织中的领导者不仅要运用好外在性权力，而且还要充分发挥内在性权力的作用，提高领导的影响力。

5. 领导者

领导者是指担任某项职务，扮演某种领导角色，并实现领导过程的个人或集团。

1)　领导者与管理者

在现实生活中，人们常常把领导者与管理者混为一样，但二者有明显的区别，主要表现在以下几方面。

(1)　管理者是被任命的，并拥有合法的权力，对其下属的影响主要来自于职位赋予他们的正式权力；而领导者可以是任命的，也可以是在群体中自发地产生出来的，并且领导者既用正式权力，也用非正式权力来影响他人的活动。

(2)　管理者的作用在于通过管理在组织中建立良好的秩序；而领导者的作用在于引导组织，不断地进行创新和变革。

(3)　管理者的工作偏重于计划、组织和控制等方面的工作；而领导者的工作偏重于与人发生联系的工作。

(4)　在理想情况下，所有的管理者都应是领导者，但若管理者只用正式权力影响下属，那么他充其量只能算个管理者，而不是领导者。当然所有的领导者也不一定都是管理者。因为一个人能影响别人，不一定能做好管理工作。如某一方面的专家，在某一技术领域里是技术权威，在这一领域里将产生重要的影响，但他不从事管理工作，所以不是一个管理者，只是一个领导者。但是二者也不是截然分开的。在实际工作中，二者只有密切配合，才能保证组织的有效运行和长期发展。

2)　领导者的作用

(1)　指挥作用。

在组织活动中，领导者只有用自己的行为带领人们为实现目标而努力，才能真正起到指挥作用。因此，首先领导者应帮助组织中的全体人员有效地领会组织目标并掌握实现目标的途径；其次领导者还引导下属，鼓励他们，使他们尽最大的努力去实现既定目标。这是领导者的重要作用之一。

(2)　协调作用。

领导者的重要作用之二就是要协调好组织的各种关系和活动，使组织的全体成员步调一致地为实现组织目标而努力。在组织中，由于人们知识能力、水平不同，各自利益的不同及所处的地位不同，对目标的理解也不同，进而就会影响组织的目标的实现。在这种情况下，领导者就应帮助他们从整个组织的角度去理解目标，让他们体察到个人与组织的紧密联系，从而自觉地服从于组织目标。同时领导者还有责任协调好组织目标与部门目标和个人目标的关系，使三者目标得到统一，即在保证实现组织目标的前提下，满足他们各自的需求。

(3)　激励作用。

领导者的重要作用之三就是要调动其下属的积极性，使他们以持久、激昂的士气，竭尽全力地自觉地为组织做出贡献。在许多情况下，人们的积极性不会自发地产生，也不能长期地保持，需要有人去激励他们，而这就是领导者所应承担的责任和应发挥的作用。

6. 领导理论

领导与其管理职能一样，也有其一般规律。领导的一般规律就是领导理论，即关于领导的有效性理论。在管理思想发展史上，人们主要是从三个方面对领导的有效性进行研究的，因而领导理论也相应地分为三大类，即领导品质理论、领导行为理论和领导权变理论。

1) 领导品质理论

领导品质理论最初是由心理学家提出的。他们试图说明有效的领导者与无效的领导者之所以具有很大的差异，主要是有效领导者具有的与众不同的品质，使他们发挥出杰出的领导作用。因此领导者品质理论着重的研究领导者的个人特征对领导有效性的影响。该理论研究的基本方法是归纳分析法，即根据领导有效性的程度，找出有效的领导者与无效的领导者在个人品质或特性方面存在哪些差异，由此确定有效的领导者具备的特点，然后通过考察组织中的领导者是否具备这些特点，进而判断其是否是一个有效的领导者。故领导品质理论也称为领导特质理论与领导性格理论。

领导品质理论按其对领导特性来源所作的不同解释，分为传统领导品质理论和现代领导品质理论。传统领导理论认为，领导者所具备的特殊的品质和性格是由遗传决定的，是天生的；而现代领导品质理论则认为，领导者所具备的特殊的品质和性格是在实践中逐步形成的，是能通过教育训练加以培养和改造的。

2) 领导行为理论

领导行为理论是研究领导有效性的理论，是管理学理论研究的热点之一。影响领导有效性的因素以及如何提高领导的有效性是领导理论研究的核心。领导理论的研究成果可分为三个方面，即领导特性理论、领导行为理论和领导权变理论。由于领导特性理论忽视下属的需要、没有指明各种特性之间的相对重要性、缺乏对因与果的区分、忽视了情境因素，导致它在解释领导行为方面的不成功。

领导行为理论集中研究领导的工作作风和行为对领导有效性的影响，主要研究成果包括：勒温(K. Lewin)的三种领导方式理论、李克特(R. Likert)的四种管理方式理论、领导四分图理论、管理方格理论、领导连续统一体理论等，这些理论主要是从对人的关注和对生产的关心两个维度，以及上级的控制和下属参与的角度对领导行为进行分类，这些理论在确定领导行为类型与群体工作绩效之间的一致性关系上取得了有限的成功，主要的原因是缺乏对影响成功与失败的情境因素的考虑。领导行为与领导的有效性之间的关系显然依赖于任务结构、领导成员关系、领导权威、下属的主导性需求等情境因素，领导权变理论弥补了这一缺陷，提出领导的有效性依赖于情境因素，并且情境因素可以被分离出来，它的研究成果包括菲德勒权变模型、情境领导理论、路径目标理论和领导者参与模型。但由于实践者很难确定领导成员关系、任务结构等权变变量，领导权变理论相对于实践者显得过于复杂和困难，使它的应用具有一定的局限性。1978 年，彭斯(Burns)在对政治型领导人进行定性分类研究的基础上，提出领导过程应包含交易型和变革型两种领导行为，这一分类为领导行为的研究开辟了新的思路；1985 年，巴斯(Bass)正式提出了交换型领导行为理论和变革型领导行为理论，它比以往理论采取更为实际的观点，是以一个“走在大街上的”普通人的眼光看待领导行为，具有实用价值，在实践中得到了广泛应用。领导行为理论也成为领导风格理论。

3)　领导权变理论

许多管理心理学家认为，由于任何领导总是在一定的环境条件下，通过与下属的相互作用，去实现某个特定目标的，因此领导者的领导行为不仅取决于他的品质、才能，也取决于下属的情况和所处的具体环境。因而得出某一具体领导行为并不是到处都能使用的，若使领导行为有数，就必须使其随着领导者自身的特点、下属的特点及环境的变化而变化的结论，并据此提出了领导权变理论。这种理论关注的是领导者与下属及环境之间的相互作用，故也被称为领导情境理论。

领导的权变理论，从提出的时间上看，比领导品质理论和领导行为理论晚；从理论的内容上看，它是在前两种理论的基础上发展起来的。该理论是近年来国外管理学界重点研究的领导理论。

四、控制

1. 定义

所谓控制，就是指按既定的计划、标准和方法对工作进行对照检查，发现偏差，分析原因，进行纠正，以确保组织目标实现的过程。从以上含义中我们可以清楚地看到如下三点。

(1)　控制具有很强的目的性，即控制是为了保证组织中的各项活动按计划进行。

(2)　控制是通过“监督”和“纠偏”来实现的。

(3)　控制是一个过程。在实践中几乎所有的管理者都必须完成控制的职能，因为要保证组织上的活动按照计划进行，控制是必不可少的。

控制和计划是密不可分的，它们的关系具体表现在以下几个方面。

(1)　计划为控制是提供衡量的标准，没有计划，控制就成了无本之木；同时控制又是计划得以实现的保证，没有控制，计划就等于一纸空谈。

(2)　计划和控制的效果分别依赖于对方，计划越明确、全面和完整，控制工作就越好进行，效果也就越好；而控制越明确、全面和深入，就越能保证计划的顺利执行，并能更多地反馈信息，以提高计划的质量。

(3)　一切有效的控制方法首先就是计划方法，如预算、政策、程序和规则等，选择控制方法和设计控制系统必须要考虑到计划本身的特点。

(4)　控制工作本身也必须要一定的计划，如控制的过程、控制的内容等，都必须有一定的计划。

一般来说，控制过程中采取的更正措施是使实际工作符合原来的计划目标，但有时也会导致更换目标和计划、改变组织机构、更换人员以及其他重大的变革。

从以上的概念中，我们可以看出控制有如下几个特点。

(1)　控制实质上是一个信息反馈系统，通过信息反馈，发现管理活动中的不足之处，促进系统进行不断地调节和改革，使其逐渐趋于稳定、完善，直至达到优化状态。

(2)　控制有两个前提条件，即计划指标在控制工作中转化为控制标准；有相应的监督控制机构和人员。

(3) 控制包含三个基本步骤，即拟定步骤、衡量成效和纠正偏差。

(4) 控制是一个有组织的系统，它根据系统内外变化而进行相应调整，不断克服系统的不稳定性，使系统保持某种稳定状态。

(5) 主管人员在纠正偏差时，必须为此而花费一定的人力、物力、财力和时间去分析出现偏差的原因，并采取相应的措施与纠正。

(6) 控制不仅要使一个组织按照原定计划，维持其正常活动，以实现既定目标，而且还要使组织的活动有所前进，有所创新，以达到新的高度，实现管理突破。

2. 控制的对象

美国管理学家斯芬蒂·罗宾斯(Stephen P. Robbins)将控制的对象归纳为对人员、财务、作业、信息和组织的总体绩效五个方面的控制。

1) 对人员的控制

组织的目标是要由人来实现的，员工应该按照管理者制订的计划去做。为了做到这一点，就必须对人员进行控制。对人控制最常用的方法是巡视，发现问题马上进行纠正。另一种有效的方法是对员工进行系统化的评估，通过评估，对绩效好的员工予以奖励，使其维持或加强良好表现；对绩效差的员工则需采取相应的措施，纠正其行为偏差。

2) 对财务的控制

为保证企业获取利润，维持企业的正常运作，就需要进行财务控制。财务控制主要包括审核各期的财务报表，以保证一定的现金存量，保证债务的负担不致过重，保证各项资产得到有效的利用等。预算是最常用的财务控制衡量标准，因此也是一种有效的控制工具。

3) 对作业的控制

所谓作业，就是指从劳动力、原材料等资源到最终产品和服务的转换活动。组织中的作业质量很大程度上决定了组织提供的产品或服务的质量，而作业控制就是通过对作业过程的控制，来评价并提高作业的效率和效果，从而提高组织提供的产品或服务的质量。组织的常见的作业控制有生产控制、质量控制、原材料购买控制和库存控制等。

4) 对信息的控制

信息在组织运行中的地位越来越高，不精确、不完整、不及时的信息会大大降低组织效率。因此，在现代组织中对信息的控制显得尤为重要。对信息的控制就是要建立一个管理信息系统，使它能及时地为管理者提供充分、可靠的信息。

5) 对组织绩效的控制

组织绩效是组织上层管理者的主要控制对象，组织目标的达成与否都从这里反映出来。要有效实施对组织绩效的控制，关键在于科学的评价、衡量组织绩效。一个组织的整体效果很难用一个指标来衡量，如生产率、产量、市场占有率、员工福利、组织的成长性等都可能成为衡量指标，关键是看组织的目标取向，即要根据组织完成任务情况，并按照目标所设置的标准来衡量组织的绩效。

3. 控制的目的和重要性

在现代管理系统中，人、财、物等要素的组合关系是多种多样的，时空变化和环境影响很大，内部运行和结构有时变化也很大，加上组织关系的错综复杂，随机因素很多。在这样一个十分复杂的系统中，要想实现既定的目标，执行为此而拟订的计划，使得组织在竞争中的发展，不进行控制工作是不可想象的。

1) 目的

在早期的管理活动中，往往是通过财务审计来开展控制工作的。那时的组织规模不大，涉及的范围较小，业务活动种类也比较简单，所以进行财务审计的目的是防止有限的资金在使用过程中出现流失，并保障能获得最大效益。随着社会和科学技术的进步，组织的活动规模越来越大，活动内容也增多了，并日益复杂，因而控制工作的内容也越来越多，已不仅仅是财务审计所能概括得了的。尽管如此，财务审计仍不失为一种重要的控制方法。

在现代管理活动中，无论采用哪种方法来进行控制工作，要达到的第一个目的(也就是控制的基本目的)，就是要“维持现状”。即在变化的内部环境中，通过控制工作，随时将计划的执行结果与标准进行比较，若发现有超过计划容许范围的偏差时，则及时采取必要的纠正措施，以使系统的活动趋于相对稳定，实现组织的既定目标。

控制要达到第二个目的，是要“打破现状”。在某些情况下，变化的内、外部环境会对组织提出新的要求。组织主管人员对现状不满，要改革，要创新，要开拓新局面，就要打破现状，即修改已定的计划，确定新的目标和管理控制标准，使之更先进、更合理。

在一个组织中，往往存在两类问题：一是经常产生的可迅速、直接影响组织日常经营活动的“急性问题”；二是长期存在影响组织素质的“慢性问题”。在各级组织中，大量存在的是慢性问题，但人们往往仅逐一解决急性问题而忽视解决慢性问题。这是因为慢性问题是在长期的活动中逐渐形成的，产生的原因复杂多样，人们对于其存在已经“习以为常”以至适应了它的存在，不可能发现或即使已经发现了也不愿意承认和解决。而急性问题是经常产生的，对多数人的工作和利益会产生显而易见的影响，更容易被人们发现、承认和解决。因此，要使控制工作真正起作用，就要向医生诊治疾病那样，重点解决慢性问题，打破现状，求得螺旋式上升。

要打破现状，解决慢性问题，是需要一定时间的。这段时间就叫作“管理突破过程”。例如，在企业管理中，要分析企业的产品质量，可以将企业的优等品率作为考核评价指标之一。若一个企业要把产品的优等品从原来的85%提高到90%，就需要有一个过程。

2) 重要性

为了实现上述目的，控制在管理活动中的重要性是显而易见的，可以从以下两个方面来理解。

(1) 控制的重要性体现在任何组织，任何活动都需要控制。

这是因为即便是在制订计划时进行了全面、细致的预测，考虑到了各种实现目标的有利条件和影响实现的因素，但由于环境条件是变化的，主管人员受到其本身的素质、知识、经验、技巧的限制，预测不可能完全准确，制订出的计划在执行过程中可能会出现偏差，还会发生未曾预料到的情况。这时，控制工作就起了执行和完成计划的保障作用，以及在管理控制中产生新的计划、新的目标和新的控制标准的作用。通过控制工作，能够为主管人员提供有用的信息，使之了解计划的执行进度和执行中出现的偏差及偏差的大小，并据此分析偏差产生的原因。对于那些可以控制的偏差，通过组织机构，查究责任，予以纠正；对于那些不可控制的偏差，则应立即修正计划，使之符合实际。

(2) 控制的重要性还表现在它在管理的五个职能中所处的地位及其相互关系上。

控制工作与其他四个职能紧密地结合在一起，使管理过程形成了一个相对封闭的系统。

在这个系统中，计划职能选择和确定了组织的目标、战略、政策和方案以及实现它们的程序，然后通过组织工作、人员配备，领导工作等职能去实现这些计划。为了保证计划的目标能够实现，就必须在计划实施的不同阶段，根据由计划产生的控制标准，检查计划的执行情况。这就是说，虽然计划工作必须先于控制活动，但其目标是不会自动实现的。一旦计划付诸实施，控制工作就必须穿插其中进行。它对于衡量计划的执行进度，提示计划执行中的偏差以及指明纠正措施等都是非常必要的。同时，要进行有效的控制，还必须制订计划，必须要有组织保证，必须要配备合适的人员，必须给予正确的指导和领导。所以说，控制工作存在于管理活动的全过程中，它不仅可以维持其他职能的各项活动，而且在必要时，还可以通过采取纠正偏差的行动来改变其他管理职能的活动。虽然有时这种改变可能是很简单的，但在许多情况下，正确的控制工作可能导致确立新的目标，提出新的计划，改变组织机构，改变人员配备以及在指导和领导方法上做出重大的改革。

4. 控制的过程

虽然控制的对象各有不同，控制工作的要求也各不一样，但控制工作的过程基本是一样的，大致可分为四个步骤：首先要确定标准；其次将工作结果与标准进行衡量；再次分析衡量结果；最后是针对问题采取管理活动。

1) 确定标准

所谓标准，就是指判定成效的尺度。控制标准是预定的工作标准和计划标准，它是检查和衡量实际工作的依据。根据标准，管理者无须亲历工作的全过程就可以了解整个工作的进展情况。标准是控制的基础，离开了标准就无法对活动进行评估，控制工作也就无从谈起。

事实上，标准的制定应该是属于计划工作的范畴，但由于计划的详细程度和复杂程度不一，它的标准不一定适合控制工作的要求，而且控制工作需要的不是计划中的全部指标和标准，而是其中的关键点。所以，管理者的实施控制的第一个步骤是以计划为基础，制定出控制工作所需要的标准。

标准的类型很多，可以是定量的，也可以是定性的。一般情况下，标准应尽量定量化，以保持控制的准确性。在工商企业中，经常使用以下几种类型的标准。

(1) 时间标准，是指完成一定工作所需花费的时间限度。

(2) 生产率标准，是指在规定时间所完成的工作量。

(3) 消耗标准，是指完成一定工作所需的有关消耗。

(4) 质量标准，是指工作应达到的要求，或是产品或劳务所应达到的品质标准。

(5) 行为标准，是指对员工规定的行为准则要求。

对不同的组织、不同的计划、不同的控制环节，控制标准也有所不同。比如世界著名的麦当劳快餐店非常注重及时服务，它制定的控制标准其中就包括：95%的顾客进店 3 分钟之内应受到接待；预热的汉堡包在售给顾客前，其烘烤的时间不得超过 5 分钟；顾客离开后 5 分钟之内所有的空桌必须清理完毕等。

在实际工作中常有的制定标准的方法有以下三种。

(1) 统计方法，即根据组织的历史数据记录或对比同类组织的水平，用统计学的方法确定标准。这种方法经常用于拟定与工商企业经营活动和经济效益有关的标准。

(2) 工程方法，即指以准确的技术参数和实测的数据为基础制定的标准。这种方法主要用于生产定额标准的制定上。

(3) 经验估算法，即指由经验丰富的管理者来制定标准。这种方法通常是对以上两种方法的补充。

标准的制定是全部控制工作的第一步，一个周密完善的标准体系是整个控制工作的质量保证。如果没有控制标准，衡量工作便失去了依据，控制工作也就无法进行。

2) 衡量工作

有了完备的标准体系，第二步工作就是衡量工作，即用事先制定的标准与工作的实际情况进行比较。在衡量工作中，衡量什么以及如何去衡量，这是两个核心问题。

事实上，衡量什么的问题在衡量工作之前就已经得到解决，因为管理者在确定标准时，随着标准的制定，计算对象、计算方法以及统计口径等也就相应地被确定下来了，所以简单地说，要衡量的是实际工作中与已制定的标准所对应的要素。

关于如何衡量，这是一个方法问题，在实际工作中有各种方法，常用的有如下几种。

(1) 个人观察。

个人观察提供了关于实际工作的最直接的第一手资料，这些信息直接反映给管理者，避免了可能的遗漏、忽略和信息的失真。特别是在对基层工作人员工作绩效控制时，个人观察是一种非常有效的同时也是无法替代的衡量方法。但是，个人观察的方法也有许多局限性：首先，这种方法费时费力，需要耗费管理者大量的劳动；其次，仅凭简单的观察往往难以考察更深层的工作内容；再次，由于观察的时间占工作总时间的比例有限，往往不能全面了解各个方面的工作情况；最后，工作在被观察时和未被观察时往往不一样，管理者有可能得到的只是假象。

(2) 统计报告。

统计报告就是将在实际工作中采集到的数据以一定的统计方法进行加工处理后得到的报告。特别是计算机应用技术越来越发达的今天，统计报告对衡量工作有着重要的意义。但尽管如此，统计报告的应用价值还是要受到两个因素的制约：一是其真实性，即统计报告所采集到的原始数据是否正确，使用的统计方法是否恰当，管理者往往难以判断；二是其全面性，即统计报告中是否全部包括了涉及工作衡量的重要方面，是否遗漏或掩盖了其中的一些关键点，管理者也难以肯定。

(3) 口头报告和书面报告。

口头报告的优点是快捷方便，而且能够得到立即反馈。其缺点是不便于存档查找和以后重复使用，而且报告内容也容易受报告人的主观影响。两者相比，书面报告要比口头报告来得更加准确全面，而且也更加易于分类存档和查找，报告的质量也更容易得到控制。

(4) 抽象检查。

在工作量比较大而工作质量又比较平均的情况下，管理者可以通过抽样调查来衡量工作，即随机抽取一部分工作进行深入细致的调查，以此来推测全部工作的质量。这种方法最典型的应用是产品质量检验。在产品数量极大或者产品检验具有破坏性的情况下，这是唯一可以选择的衡量方法。此外，对一些日常事务性工作的检查来说，这种方法也非常有效。

在选取上述方法进行衡量工作的同时，要特别注意所获取信息的质量问题。信息质量主要体现在以下四个方面。

① 准确性，即所获取用以衡量工作的信息应该客观地反映现实，这是对其最基本的要求。

② 及时性，即信息的加工、检索和传递要及时，过分拖延的信息将会使衡量工作失去意义，从而影响整个控制工作的进行。

③ 可靠性，即要求信息在准确性的基础上保证其完整性，不因遗漏重要信息而造成失误。

④ 适应性，即应根据不同管理部门的不同要求而向他们提供不同种类、范围、内容、详细程度、准确性的信息。

衡量工作是整个控制过程的重要环节，而获得合乎要求的信息又是整个衡量工作的关键。

3) 分析衡量结果

衡量工作的结果是获得工作实际进行情况的信息。那么，分析衡量结果的工作就是要将标准与实际工作对照的结果进行分析，为进一步采取管理行动做好准备。

比较的结果无非有两种可能：一种是存在偏差；另一种是不存在偏差。实际上并非与标准不符合的结果都被归纳为偏差，往往有一种与标准稍有出入的浮动范围。一般情况下，工作结果只要在这个容限之内就不认为出现了偏差。如表 2-1 所示列出了某公司设立的标准以及其容限。

表 2-1 公司标准和容限表

标 准	容 限
员工上班必须做到全勤	每月允许 2 天病假
午间休息在 30 分钟内	允许多加 5 分钟的“转换”时间
成品返修每月不得超过 50 台	在使用高峰期可放宽至 55 台
接线员 1 分钟内应作出应答	可以再加 10 秒钟

一旦工作结果在容限之外，就认为是发生了偏差。这种偏差可能是两种情况：一种是正偏差，即结果比标准完成得还好；另一种是负偏差，即结果没有达到标准。对于正偏差当然是令人高兴的事，但如果是在控制要求比较高的情况下，对企业应进行详细分析：仅仅是因为运气好，还是因为员工努力工作？原来制定的计划有没有问题？是否是因为标准太低？这些问题都有进一步分析的必要。在实际工作中，甚至可能出现结果是好的，但重点控制工作的进程中的一些关键环节实际上要比预期的要糟，而这些环节将会成为影响今后工作成果的决定性因素。在这种情况下，仍应将工作结果作为负偏差来分析。

如果工作结果出现负偏差，那么当然更有进一步分析的必要。正因为工作的结果是由各方面确定的，所以偏差的原因也可能是各种各样的。例如，某公司的季度销售额发生滑坡，原因可能是营销部门工作的放松，也可能是制造部门产品质量的下降，还可能是因为本季度计划的制订不切合实际。因此，管理者就不能只抓住工作的结果，而应该充分利用局部控制，将工作过程分步骤、分环节地进行研究，分析出偏差出现的真实原因。一般来讲，原因不外乎三种：一是计划或标准本身就存在偏差；二是由于组织内部环境因素的影响，如营销工作的组织不力、生产人员工作的懈怠等；三是由于组织外部环境的影响，如宏观经济的调整等。事实上虽然各种原因都可以归结为这三点，但要作出具体分析，不仅要求有一个完善的控制系统，还要求管理者具备较强的分析能力和丰富的控制经验。

分析衡量结果时控制过程中最需要理智分析的环节，是否要进一步采取管理行动取决于对结果的分析。如果分析结果表明没有偏差或只存在允许的正偏差，那么控制人员就不必再进行下一步，控制工作也就可以到此完成了。

4)　采取管理行动

控制系统最后一项就是采取管理行动，纠正偏差。偏差时由标准与实际工作成效的差距产生的，因此，纠正偏差的方法也就有两种：要么改进绩效；要么修订标准。

(1)　改进工作绩效。

如果分析衡量的结果表明，计划是可行的，标准也是切合实际的，问题出在工作本身，管理者就应该采取纠正行动。这种纠正行动可以是组织中的任何管理行动，如管理方法的调整、组织结构的变动、附加的补救措施、人事方面的调整等。总之，分析衡量结果得出的是哪方面的问题，管理着就应该在这方面有针对性地采取行动。

按照行动效果的不同，可以把改进工作绩效的行动分为两类：立即纠正行动和彻底纠正行动。前者是指发现问题马上采取行动，力求以最快的速度纠正偏差，避免造成更大的损失，行动讲究结果的时效性；后者是指发现问题以后，通过对问题本质的分析，挖掘问题的根源，即搞清楚偏差是如何产生的、为什么会生产，然后再从生产偏差的地方入手，力求永久性地消除偏差。可以说前者重点纠正的是偏差的结果，而后者重点纠正的是偏差的原因。在控制工作中，管理者应灵活地综合运用这两种行动方式，特别注意不应满足于“救火式”的立即纠正行动，而忽视从事物的原因出发，采取彻底的纠正行动，杜绝偏差的再度发生。在实际工作中，有些管理者热衷于“头痛医头，脚痛医脚”的立即纠正行动方式，这种方式有时也能得到一些表面的、一时的成效，但是忽视了分析问题的深层原因，没有从根本上采取纠正行动，这是值得管理者深思的。

(2)　修订标准。

在某些情况下，偏差还有可能来自不切实际的标准。因为标准定得过高或过低，即使其他因素都发挥正常也难以避免与标准的偏差。这种情况的发生可能是由于当初计划工作的失误，也可能是因为计划的某些重要环节发生了改变等。发现标准不切实际，管理者可以修订标准。但是，管理者在作出修订标准的决定时，一定要非常谨慎，防止被用来为不佳的工作绩效开脱。管理者应从控制的目的出发仔细分析，确认标准的确不符合控制的要求时，才能作出修正的决定。不切实际的标准会给组织带来不利影响，过高的、实现不了的标准会影响员工的士气，而过低的、轻易就能实现的标准又容易导致员工的懈怠情绪。

采取管理行动是控制过程的最终实现环节，也是其他各项管理工作与控制工作的连接点，很大一部分管理工作都是控制工作的结果。

【任务实施】

任务一　新宇化工公司目标管理

新宇化工公司是一个地方中型企业，在实行目标管理之前，公司领导总感到职工的积极性没有最大限度地发挥出来，上下级之间关系也比较紧张，管理很不顺畅。所以公司效益连续下滑。为从根本上扭转这种被动的管理局面，从管理中要效益，公司领导班子达成共识，准备在公司实行目标管理。

1. 确定目标

新宇化工公司根据企业“九五”计划的总体要求来确定公司的总目标。总目标包含以下四个方面，并尽量用定量指标表达，目标又分期望和必达两种，分别如下。

(1) 对社会贡献目标。新宇化工公司作为一个地方化工企业，不仅要满足地区经济发展的物质要求，而且要满足人民群众对化工产品的不断增长需求。具体指标为：总产值7914万元必达，期望8644万元；净产值1336万元必达，期望1468万元；上缴税款517万元必达，期望648万元。

(2) 对市场目标。随着市场经济的发展与深入，化工产品市场竞争越来越激烈。新宇化工公司在本省是具有竞争力的企业，所以在力图巩固现有市场份额的基础上，强化市场营销策略，不断扩大销售量，并开拓外省(市)市场，从而提高市场占有率。对销售指标：期望年增8%～10%，必须达到年增6%～7%；对市场占有率指标：期望达到38%，必须达到34%。

(3) 公司发展目标。新宇公司根据“九五”计划发展规划，确定其发展目标为：销售收入6287万元必达，期望达到7100万元，且年增6%～8%；资产总额650万元，且年增10%～12%；必须开发5个新系列化工产品，期望开发6个新产品系列；职工人数年增长3%，且实行全员培训，职工培训合格率必达85%，期望98%。

(4) 公司利益和效益目标。确定的具体表达指标如下：利润总额480万元，期望实现540万元；销售利润率7.6%，期望达到8.5%；劳动生产率年增85%，期望年增105%；成本降低率递减5%；合格品率达到92%，期望达到95%；物质消耗率下降7%；一级品占全部合格品比重达50%，期望达到60%。

2. 目标分解

新宇化工公司对于总目标的每一个表达指标，都按纵横两个系统从上至下层层分解。从横向系统看，即公司每一个职能部门都细分到各自的目标，并且一直到科室人员；从纵向系统看，从公司总部到下属车间、段、班组直至每个岗位工人都要落实细分的目标。由此形成层层关联的目标连锁体系。

现以公司实现利润总额480万元为例，对其目标进行分解。为确保利润总额480万元，经过分析，取决于成本的降低，而成本降低又分解为原材料成本、工时成本、废品损失和管理费用四个第三层次的目标，然后继续分解下去，共细分成96项具体目标，涉及降低物耗、提高劳动生产率、保证和提高产品质量以及管理部门节约高效的具体要求，最后按归口分级原则落实到责任单位和责任人。

3. 执行目标

新宇化工公司按照目标管理的要求，让各目标执行者“自主管理”，使其能在“自我控制”下充分发挥积极性和潜能。为职工实现自己的细分目标创造一个宽松的管理环境，不再强调上级对下属严密监督和下级做任何事情都必须请示上级才行动的陈旧管理模式。

在此阶段，新宇化工公司领导注重做到以下几点。

(1) 对大多数公司所属部门和岗位，都进行充分的委权和放权，提高自主管理和自我控制的水平。对极少数下属部门和岗位，上级领导仍应实施一定的监督权，以确保这些关键部门和岗位的目标得以实现。

(2) 公司建立和健全了自身的管理信息系统，创造了执行目标所需的信息交流条件，使得上下级和平级之间的不同单位、部门、人员都能在执行各自目标得到信息的支持。

(3) 公司各级领导人员对下属及成员并不是完全放任不管不问。他们的职责主要表现在以下几方面：一是为下属创造良好的工作环境；二是对下级部门和下属做好必要的指导和协调工作；三是遇到例外事项时，上级要主动到下属中去协商研究解决，而不是简单地下指令。

在上述新宇公司成本降低的96项具体目标落实到公司有关部门和个人后，他们就按各自的目标制定具体实施方案。实施方案包括执行目标所需的权限、工作环境、信息交流渠道、工作任务、计划进度、例外事项处理原则等。在每天的工作中，每个执行目标者都要自己问自己，我今天要做到些什么才能对自己目标的完成做出贡献？然后对每天的工作和时间进行最佳组合的安排，尽可能取得最大的工作效率。

4. 评定成果

新宇化工公司在进行目标管理时，很重视成果评定。当预定目标实施期限结束时(一般为一年)，就大规模开展评定成果活动，借以总结成绩，鼓励先进，同时发现差距和问题，为更好地开展下一轮的目标管理打好基础。

新宇化工公司强调评定成果要贯彻三项原则：一是以自我评定为主，上级评定与自我评定相结合；二是要考虑目标达到程度、目标的复杂程度和执行目标的努力程度，并对这三个主要因素进行综合评定；三是按综合评定成果进行奖励，体现公平、公正的激励原则。

例如，三车间聚丙乙烯产品成本目标是6500元/吨，公司考核部门的标价标准是：达到6500元，得100分；降至6400元/吨以下，得120分；超过6600元/吨，得10分；处在6500元至6600元之间/吨时，得50分。三车间全体职工经过一年的奋斗，最终自评成绩是120分，成功地使成本降至6400元/吨以下，在达到目标程度这一因素上取得了最优级，并经过公司考核部门的认可。

成本是一个综合项目，涉及企业管理的许多方面。三车间的成本目标定为6500元/吨，确属于比较复杂、困难、繁重的目标。公司考核部门在制订评价标准时，把6500元/吨订为难度比较大的目标，记为100分；6400元/吨以下为难度极大的目标，记为120分；6600元/吨以上为较为容易目标，记为10分。在评定时，影响成本的环境和条件没有大的改变，所以，三车间和公司考核部门一致确认，6500元/吨的成本目标应记为100分。

在评定执行目标的努力程度时，公司考核部门也制订了很努力、比较努力、一般努力三个等级，分值分别是120分、100分和80分。三车间自评结论是在全车间同心协力，努力奋斗一年，应该记120分。

当然，在确定目标的复杂程度和执行的努力程度时，公司考核部门都有一些更多的细分指标和因素来保证。比如，执行努力程度要看出勤率、工时利用率、合理化建议多少等。

对于不同层级的部门和岗位，三个因素在评定成果中所占的比例有所不同。一般越是上级职位和部门，第一要素所占比重越大。本例三车间属基层部门，可按5∶3∶2的比例，对其成果分值最终予以确定。

三车间综合评价分=120×50%+100×30%+120×20%=114(分)

由于三车间进行的目标管理成绩很大，新宇化工公司对其进行了表彰和奖励。三车间的每个职工也通过评定成果，做了一次认真全面系统的总结。每个职工也有自己细分目标的评定结果，成绩并非“一刀切”、完全相同。所以后进职工认真总结教训和学习先进职工的经验，以便把下一轮目标管理搞好。

新宇化工公司执行目标管理的第一年就取得了丰硕成果。公司总目标都超额实现，总产值达到 8953 万元，净产值达 1534 万元，上缴税款 680 万元。总目标中对社会贡献的目标全部超过期望目标。在市场目标方面：1996 年比 1995 销售量增长 9%，市场占有率达到 35%，都超过了必达目标。在公司发展目标方面：销售额达到 7130 万元，比 1995 年增长 85%；资产总额 730 万元，比 1995 年增长 15%；已开发出 6 个新品种系列；职工培训上岗合格率已达 93%。在公司利益和效益目标上，已实现利润总额 630 万元，其他各项经济效益指标也全部达到、甚至超过预定目标。

同时，在公司内部的上下级关系和人际关系方面开始变得融洽、和睦，职工群众的积极性、主动性、创造性得以真正发挥出来。全公司呈现一种同心协力、努力奋斗，力争实现公司目标的新景象。

问题：

1. 新宇化工公司为什么要推行目标管理？推行目标管理有哪些作用？
2. 从管理角度分析，目标管理有何特色？
3. 新宇化工公司是如何按照目标管理的程序来操作的？

（资料来源：百度文库，http://wenku.baidu.com/view/c1d23b3343323968011c9222.html)

任务二　松下电器公司的组织结构

松下电器公司自 1918 年松下幸之助创业以来，作为企业人，通过提供商品服务，始终以“为使人们生活变得更加丰富、更加舒适，并为世界文化的发展做出贡献”为经营理念从事着企业经营活动。经历 80 多年的奋斗，现在已成为世界著名的综合性的大型电子企业，并在世界各国开展着事业活动。

松下电器公司是一个跨国性公司，在全世界设有 230 多家公司，员工总数超过 250000 人。其中在中国有 54000 多人。2001 年全年的销售总额为 610 多亿美元，为世界制造业 500 强的第 26 位。

松下电器公司是世界上最大的电器公司之一，它成功的主要因素之一是其合理的组织结构。松下电器公司采用分级管理、分级核算，实行事业部制。公司经营管理分为两级，即总公司一级，事业部一级。总公司设有最高领导层与一套健全的职能机构。总公司以下按照产品建立事业部，事业部部长对事业部的经营管理负总责，事业部也设有一套职能机构。

松下电器公司是日本最早采用事业部制的企业。事业部是一个自负盈亏、独立核算的经营单位，因此，事业部制可以更好地明确各部门的职责和权限，发挥他们的积极性和主动性，进一步进行专业化分工，然而，各事业部独立后，比较容易脱离总公司的控制，各部门的合作也日益困难，同时高度专业化的部门不一定会有全局观念去应付所有产品的危机。因此，总裁松下幸之助以集中四个主要功能来平衡分权之举。首先，松下电器公司设立严格的财务制度，由财务主管负责直接向总裁报告其财务状况，并且订立了严格的会计制度；其次，松下建立公司银行，各部门的利润都汇总于此，同时各部门增加投资时，必须向公司银行贷款；再次，实行人事管理权的集中，松下认为人才是公司最重要的资源，每一位超过初中学历的员工都必须经过总公司的仔细审核，所有的管理人员的升迁都必须经过总公司的仔细审查；最后，松下电器公司采取集中训练制度，所有的员工都必须经过松下价值观的训练。

这样就形成了一种分权与集权的结合，但世界市场风云变幻莫测，分权与集权的机械式结合并不总能应付自如。因此，松下电器公司总是不断地根据实际情况，对其结合方式和程度进行调整，以确保其组织的活力。

自从1978年邓小平访问松下电器公司以后，松下电器公司开始在中国投资，把松下电器在中国的事业与中国的改革开放和经济建设融为一体。从电子材料到零部件，从部件到整机，从家用电器到工业机器，到目前为止，在中国进行的技术合作项目有160多项，建立合资独资企业53家(上海7家公司)，总投资近15亿美元。

(资料来源：改编自《日本企业的生存危机与组织结构——日本松下电器打破事业部制重新设计权责利的组织结构》，中山大学学报(社会科学版)，2003年06期)

问题：

1. 松下电器公司采取的组织结构形式属于哪一种？
2. 请分析松下电器公司的组织结构形式优缺点。

任务三 马云的孔雀型领导风格

在联想的柳传志看来，领导人有两种大的类型：一种是孔雀型的，以个人魅力取胜；一种是老虎型的，以发号施令树威。从这种分类来看，马云属孔雀型。

马云是典型的孔雀型性格，在塑造品牌、自我宣传、鼓舞人心方面有着天生的优势。从创业的第一天起，马云就宣称，阿里巴巴会成为最伟大的电子商务公司。

孔雀型的人把愉悦、快乐、被团队成员和社会认可看得非常重要，马云用自身的这一特点营造出一种热情、快乐、充满激情的企业文化，就像一句老歌词唱的那样："阿里巴巴是个快乐的青年。"

孔雀型的人说服力强，马云不仅能够说服创业时期的"十八罗汉"与他共同熬过寒冬，甚至在寒冬时还能吸引外部的优秀人才加入阿里巴巴。台湾人蔡崇信是一家全球著名的风险投资公司驻亚洲代表，他赴杭州洽谈投资，与马云推心置腹地交谈之后，竟然要加入月薪只有500元人民币的阿里巴巴，成为阿里巴巴的CEO。后来蔡崇信的妻子告诉马云："如果我不同意他加入，他一辈子都不会原谅我。"

孔雀型领导者社交能力极强，他们通过"朋友遍天下"促进事业的发展，"西湖论剑"和"网商大会"就是马云这种能力的体现。2000年，马云请金庸穿针引线，广发英雄帖，中国互联网的风云人物——新浪王志东、网易丁磊、搜狐张朝阳等人纷纷赴约，在如诗如画的西湖边共商互联网的发展对策，这就是日后互联网界一年一度的"西湖论剑"。除了这一行业顶级人物的聚会以外，马云又发起了"网商大会"，将各路江湖英雄每年聚拢在阿里巴巴的周围。

和许多孔雀型领导者不一样，孔雀容易多元化。但马云却做到了聚焦，被称为"全球电子商务教父级人物"；和许多新锐企业家不一样，马云取得了巨大成功而不骄狂，这使他更具领导魅力。成功之后，马云这样说：“如果我马云能够创业成功，那么我相信中国80%的年轻人都能创业成功。”这句话显示了马云的谦和与成熟。马云已经从“青蛙”变成了“王子”，成为中国新锐企业家中的代表性人物。

(资料来源：改编自《马云的为人之得与用人之误》，第一财经时报，2008年1月18日)

问题：

1. 作为一名优秀的企业领导，马云身上有哪些特质？
2. 从马云的领导风格看，他属于你在管理理论中所学过的哪种领导类型，为什么？

任务四　深陷召回泥潭的丰田汽车

制造业一直是日本民族的骄傲，精益求精、以质量为生命一直是日本制造的核心精神，而丰田正是日本制造的代表。自1936年丰田正式成立汽车工业公司，至1972年该公司累计生产汽车1000万辆。20世纪70年代是丰田汽车发展的黄金期，从1972年到1976年仅四年时间，丰田就生产了1000万辆汽车，到20世纪90年代初，丰田汽车年产量近500万辆，击败福特名列世界第二。此后，经过近20年的努力，丰田在2008年取代通用汽车而成为世界第一。

2009年，丰田一共在世界各地销售781.3万辆汽车，同比减少12.9%，这相比2008年丰田892万辆的成绩，已经少了100多万辆。但丰田依然得益于金融危机的爆发，成功地将美国通用赶下了圣坛，成为了世界汽车业的霸主，不过似乎应了那句“盛极必衰”的中国古语，丰田开始接连不断地发生问题。

1. 八方起火，深陷召回泥潭

早在2009年11月，丰田汽车公司因脚垫滑动卡住油门踏板的缺陷召回426万辆汽车。2010年1月21日，丰田汽车宣布，因油门踏板存在质量问题，丰田汽车在美国召回包括凯美瑞、卡罗拉等主力车型在内的8款共计230万辆汽车。1月28日，丰田又在北美新召回109万辆油门踏板和脚垫存在问题的车辆，共涉及5款车型。同在28日，天津一汽丰田向国家质检总局提交召回报告，宣布召回75552辆国产RAV4，几乎包含全部一汽丰田国产RAV4车型。1月29日，丰田汽车公司宣布在欧洲召回180万辆油门踏板存在隐患的车辆。

据统计，丰田从美国和加拿大已经大约召回了555万辆脚垫存在隐患的汽车。这些汽车脚垫可能卡住油门踏板致使汽车突然加速，引发危险。

到2月1日，此次大规模全球召回汽车总数已超过800万辆，超过丰田2009年781万辆的全球总销量。丰田公司发言人称公司正在继续做调查看召回车型是否涉及拉丁美洲、中东和非洲市场。

2月5日，召回更扩大到日本国内。作为丰田公司新型环保汽车的主打产品，目前在日本最畅销的混合动力车普锐斯4日被曝刹车系统出现问题。据日本媒体5日报道，丰田已经决定在日美两大市场召回该车，总量预计为27万辆。

据悉，被投诉存在质量隐患的是2009年5月份开始发售的新版普锐斯。该车在特定的条件下，制动系统会出现刹车困难的情况。新版普锐斯全部产自日本国内。截至目前，日本国土交通省共接到14宗投诉，丰田的销售商则收到77宗投诉。

丰田方面称，公司已经从2010年1月份起开始采取相应措施，在生产中更改了控制防抱死制动系统(ABS)的电脑程序。而接到投诉的销售商也对问题车进行了维修。

日本媒体认为，在丰田汽车因油门脚踏被大规模召回之际，其环保战略主打车普锐斯再曝质量问题，这将对丰田品牌形象及今后的战略发展产生重大影响。

2. 赔钱丢脸，丰田遭受重创

据海外媒体报道，来自思迈汽车信息咨询公司的零配件专家估计每辆被召回的汽车的维修费用大约为25美元至30美元，不包括人工成本。如果按照召回800万辆车计算，丰田此次在维修方面的损失就高达2亿美元至2.4亿美元。

然而，专业人士认为与维修费用相比，车型停售带给丰田汽车带来的损失更大。1月26日，丰田公司宣布暂时在美国市场停售"召回榜"上的8款车型。其中凯美瑞、卡罗拉和RAV4在美国均属于热销车型。据《华尔街日报》报道，这8款车的每日销量约为3500辆。

这次停售将会给丰田汽车每日带来8930万美元的损失。业内人士估计2010款卡罗拉的停售将令公司的销售额每日减少1700万美元，凯美瑞的损失为每日2750万美元。而丰田汽车公司2009年在北美地区的销量为220万辆，营业收入约为640亿美元。

由于8款车停售，丰田汽车临时关闭部分生产线，5家组装厂将从2010年2月1日起停产。这5家工厂分别是丰田设在美国肯塔基、得克萨斯、印第安纳州的工厂和加拿大的一家工厂。

"召回门"无疑会给丰田汽车带来巨大的经济损失，但是"这也仅仅是一半"，来自美国底特律的生产咨询公司奥伟咨询公司(Oliver Wyman)的分析师罗恩·哈伯(Ron Harbour)在接受《华尔街日报》采访时说道。Harbour说："另一半损失就是重塑消费者对丰田汽车品牌信心的花费。"此次召回行动损害了丰田"安全、可靠"的形象，给丰田汽车带来长期的信用和品牌声誉的影响是最大的损失。

在东京股市，丰田股价2月3日重挫5.69%，盘中跌至3400日元，为其近3个月的股价最低点。该公司美国股价1月底至2月初连跌5日，一周内累计下跌15%，市值蒸发250亿美元。同时，评级机构也将它置于负面观察名单上。

3. 并不简单，或涉多个隐患

自汽车诞生以来，油门踏板的工作原理一直都十分简单。尽管丰田此次宣称因油门踏板的问题而召回车辆，但实际原因并没有那么简单。

专家表示，目前丰田的销售和生产工作都遭遇了"急刹车"。单一的故障不会造成如此大规模的影响，复杂的车辆内部问题才可能是令丰田陷入危机的主因。1月底，丰田及油门踏板提供商CTS公司分别发布了两份声明，但两家公司对问题的解释却完全不同。丰田对美国政府表示，油门踏板存在着摩擦问题，导致"驾驶员在踩踏板时会更加费力，并且踏板无法及时恢复到怠速状态，在最糟糕的情况下，踏板在被踩下后根本无法恢复，固定在某一位置"。CTS公司则表示只有极少数车辆的油门踏板出现问题，并且"在任何情况下踏板都不会出现被踩下后无法恢复到怠速状态的情况"。它们完全按照丰田汽车公司的规格说明来生产丰田需要的零部件，并没有察觉到这些零部件出现了问题，造成了意外事故。

如果车辆仅仅是有一个简单的安全隐患，丰田完全可以顺利地将故障排除。但是，如今丰田却陷入了一团糟的困境。汽车安全专家指出，被召回车辆的安全隐患可能与多个部件有关，包括电子传感器、传感器系统的设计与位置、防范车辆出现故障的安全机制等。专家还表示，媒体对车辆安全问题的报道提高了人们的认识，令消费者更加关注车辆的安全隐患。

对于零部件供应商CTS公司来说，与丰田的业务占全年销售额的3%。CTS还为本田、日产与三菱提供零配件。但是零部件供应商往往要根据每个汽车制造商的规格来打造配件，不同汽车的配件在安装和操作方面都有所不同。大规模召回事件发生以后，丰田公司并未终止与CTS公司的合作关系。CTS公司目前已经开发一种符合丰田公司更为严格规格要求的新踏板。丰田汽车公司1月29日也发表声明，正与CTS公司一起开发新踏板，新油门踏板经过测试后，已全面投入生产。

4. 天量召回，谁是幕后黑手

2009年6月，丰田汽车公司新总裁丰田章男走马上任后坦言心事：丰田过去10年致力于成为世界最大汽车制造商的战略有误，表现之一就是扩张过度。

2005年2月，在丰田公司工作了42年之久，62岁的渡边捷昭被任命为丰田汽车新总裁。这位总裁最大的强项就是削减采购成本，"拧干毛巾上的最后一滴水"是其至理名言。事实上，渡边也是这么干的。在其上任之后，渡边捷昭大力推行其主导的丰田CCC21计划(即面向21世纪的成本竞争计划)。该计划在此前的10年里，累计从零部件采购上节约下100亿美元的成本。新的CCC21计划将"价值创新"(VI)囊括其中，这种新思路要求工程师和供应商回到汽车开发的基本层面去寻求节约成本的新思路——拧干毛巾上的最后一滴水。

当思路出现问题的时候，通常计划就会偏离原来的轨道。作为此次油门踏板的供应商，CTS与丰田一起参与了产品的设计、生产和测试，质量管理也是按照丰田的标准进行的。也就是说，产品若出现问题，那么丰田的质量标准就是召回事件的根源所在。

渡边捷昭的思路在为丰田带来滚滚效益的同时，也将丰田汽车推进了火坑。

因为过度追求成本，丰田系的配置在与同级别车型中显露出价格昂贵且配置偏低的情况。虽说大部分消费者对汽车一窍不通，但在汽车长期的使用生涯以及与同级别车型的驾驶感受中总是能够感受出来的。因此在这几年里，丰田全系无论是一汽丰田、广汽丰田还是雷克萨斯，都面临着汽车销售满意度年年下滑的局面。

也因为对成本的过度重视，从设计到采购，与成本相关的所有链条都开始为丰田汽车的不良口碑埋下了伏笔。在之前的汉兰达事件、刹车门、漏油门等一系列的负面影响中，丰田系面临着巨大的考验。

此外，在全球金融风暴的打击下，世界主要市场的汽车需求出现萎缩，丰田为了应付危机，也必须采取削减成本的措施以应付困难。

5. 四面楚歌，丰田如何脱身

如今的丰田汽车正在遭遇一场不亚于全球性经济危机的挑战。这家以标准化、高品质产品在全球攻城略地的汽车巨头自2009年以来不断遭受着产品质量问题的困扰，口碑每况愈下。

丰田汽车为大规模召回、停售停产忙得焦头烂额，竞争对手也来火上浇油。通用和福特汽车已开始挖丰田的"墙脚"。通用汽车公司日前已推出无息贷款等优惠措施，向丰田车主伸出"橄榄枝"。客户购买绝大多数通用车型可享受60个月无息贷款；丰田车主可得到通用提供的1000美元购车首付资金，如果客户提前还款，还将得到最高1000美元的通用“注资”。

无独有偶，福特汽车也将为购买福特车型的丰田车主提供1000美元购车资金，对丰田汽车来说无疑是雪上加霜。

据美国汽车研究网站Edmunds.com估计，丰田1月份在美国市场占有率将下降14.7%，是自2006年3月份以来的最低水平。Edmunds.com预测丰田汽车1月份的销量为10.3万辆。与2009年同期及2009年12月份相比分别下降了11.9%和45%。而竞争对手福特的市场份额将会达到18%，1月销量据估计为12.6万辆，为2006年5月以来的最好业绩水平。

2008年丰田汽车超越占据冠军宝座77年的美国通用汽车，摘取“全球销量第一”的桂冠，并于2009年蝉联冠军。但是2008年的全球销量却比2008年减少约13%。在截至2009年3月的财年首次出现亏损，丰田随后裁减了数千名员工。2009年6月，丰田先是宣布退出F1汽车大赛，后又退出与通用的一家合资企业。

惠誉国际信用评级有限公司1月28日把丰田信用评级“A+”列入负面观察，意味今后可能调低。标准普尔评级公司28日也释放下调丰田评级信号。据悉，丰田信用评级一旦遭下调，公司将面临借贷利率增加风险。高盛公司分析人士则比较乐观，认为短期不会对丰田带来巨大影响，因为丰田汽车非常擅长利用召回作为契机拉近与消费者的距离，提高消费者的满意度。所以，他们对丰田的评级保持不变。

伴随着召回事件的升级，各方对丰田的批评也越来越多。

日本首相鸠山由纪夫2月4日晚在首相官邸听取了经济产业大臣直岛正行关于丰田事件的情况汇报，并指示“(丰田)应迅速采取对策，以恢复用户信赖”。

英国《泰晤士报》2月2日报道，丰田英国分公司至少一年前就在英国获知一些车型油门踏板会卡住，但当时认为“这不构成问题”。

美国运输部长拉胡德2月2日表示，“自从发现安全隐患，我们就一直在敦促丰田采取措施保护消费者。虽然丰田现在采取了负责任的措施，但遗憾的是它费了很大的劲儿才走到这一步。”拉胡德说，运输部官员2009年12月就飞赴日本，提醒丰田管理人员注意公司所负的法律责任，后来又于2010年1月在运输部开会，坚持让丰田解决油门踏板问题。拉胡德说：“我们和丰田还没有完，我们将继续检查可能存在的瑕疵，并监督召回的实施情况。”

“高层管理者应向美国公众更早公布(踏板隐患)，”日本蓝泽证券株式会社分析师吉修俊朗(音译)说，“(美国人)对日本产品质量、对丰田的信任已动摇。”

按美联社和路透社的说法，丰田章男在很大程度上忽视媒体关于丰田就召回事件作出回应的要求，他直至1月29日才从瑞士达沃斯发出视频，首次就召回事件向消费者致歉。丰田主抓质量的执行副总裁佐佐木真一2月2日在日本名古屋就所谓丰田没有向消费者及时解释辩解道，丰田当时集中精求解踏板隐患处理方法。美联社报道，这是丰田总部高级管理人员首次就召回事件正式发表公开评论。

(资料来源：改编自新华网《丰田汽车深陷召回泥潭丢银子更丢面子》，
http://news.xiuhuanet.com/auto/2010-02101/cotentt_12910030.htm)

问题：

1. 造成丰田本次“召回门”的原因有哪些？其中，最根本的原因是什么？为什么？

2. 要消除本次“召回门”的不良影响，丰田应该怎么做？
3. 你认为，企业有没有办法杜绝此类事件的发生，并说明理由。

【项目小结】

本项目由《白鹭的复仇》管理寓言故事引入，讨论了什么是计划、计划的性质、计划工作的原理、编制计划的方法与程序，什么是组织、组织结构的特点以及组织结构的设计原则，什么是领导和领导者、领导的功能和权利以及领导理论，什么是控制、控制的过程与类型以及控制的原理和方法等内容。

本项目包括四个任务，分别从新宇化工公司、松下电器公司、阿里巴巴公司以及丰田公司着手分析，认识上述企业职能管理活动对企业的影响，以及引导企业制订并实施适合自己的计划、组织、领导、控制的管理活动。

【基本练习】

1. 为什么企业管理要有计划？
2. 计划工作的性质是什么？
3. 计划工作的原理是什么？
4. 什么是组织？
5. 人类为什么需要组织？它有什么作用？
6. 组织结构有哪些基本类型？它们各有什么优缺点？
7. 什么是领导？什么是领导者？
8. 领导的功能有哪些？
9. 主要的领导理论有哪几种？
10. 控制的程序包括哪些步骤？
11. 什么是控制？为什么说控制是管理的一项职能？

【拓展训练】

拓展任务一

乔森家具的5年目标

乔森家具公司是乔森先生在20世纪中期创建的，开始时主要经营卧室和会客家具，取得了相当的成功。随着规模的扩大，自20世纪70年代开始，公司又进一步经营餐桌和儿童家具。1975年，乔森退休，他的儿子约翰继承父业，不断拓展卧室家具业务，扩大市场占有率，使得公司产品深受顾客欢迎。到1985年，公司卧室家具方面的销售量比1975年增长了近两倍。但公司在餐桌和儿童家具的经营方面一直不得法，面临着严重的困难。

乔森家具公司自创建之日起便规定，每年12月份召开一次公司中、高层管理人员会议，研究讨论战略和有关的政策。1985 年 12 月 11 日，公司又召开了每年一次的例会，会议由董事长兼总经理约翰先生主持。约翰先生在会上首先指出了公司存在的员工思想懒散、生产效率不高的问题，并对此进行了严厉的批评，要求迅速扭转这种局面。与此同时，他还为公司制定了今后 5 年的发展目标。其具体包括以下几方面。

① 卧室和会客室家具销售量增加 20%。

② 餐桌和儿童家具销售量增长 100%。

③ 总生产费用降低 10%。

④ 减少补缺职工人数 3%。

⑤ 建立一条庭院金属桌椅生产线，争取 5 年内达到年销售额 500 万美元。

这些目标主要是想增加公司收入，降低成本，获取更大的利润。但公司副总经理托马斯跟随乔森先生工作多年，了解约翰董事长制定这些目标的真实意图。尽管约翰开始承接父业时，对家具经营还颇感兴趣。但后来，他的兴趣开始转移，试图经营房地产业。为此，他努力寻找机会想以一个好价钱将公司卖掉。为了能提高公司的声望和价值，他准备在近几年抓一下经营，改善公司的绩效。

托马斯意识到自己历来与约翰董事长的意见不一致，因此在会议上没有发表什么意见。会议很快就结束了，大部分与会者都带着反应冷淡的表情离开了会场。托马斯有些垂头丧气，但他仍想会后找董事长就公司发展目标问题谈谈自己的看法。托马斯觉得，董事长根本就不了解公司的具体情况，不知道他所制定的目标意味着什么。这些目标听起来很好，但托马斯认为并不适合本公司的情况。他心里这样分析：

第一项目标太容易了——这是本公司最强的业务，用不着花什么力气就可以使销售量增加 20%。

第二项目标很不现实——在这一领域的市场上，本公司不如竞争对手，绝不可能实现 100%的增长。

第三项目标与第二项目标相矛盾——想增加销售量，就要加强产品设计和提高产品质量，还要扩大生产线，进行广告宣传，这些都要求增加费用，而不是削减费用。

第四项目标亦难以实现——由于要扩大生产，又要降低成本，这无疑会对工人施加更大的压力，从而也就迫使更多的工人离开公司，这样空缺的岗位就越来越多，在这种情况下，怎么可能降低补缺职工人数 3%呢？

第五项目标倒有些意义，可改变本公司现有产品线都是以木材为主的经营格局，但未经市场调查和预测，怎么能确定 5 年内我们的年销售额达到 500 万美元呢？

经过这样的分析后，托马斯认为他有足够的理由对董事长所制定的目标提出质疑。除此之外，还有另外一些问题使他困惑不解——一段时期以来，发现董事长似乎对这公司已失去了兴趣。他已 50 多岁，快要退休了，他独身一人，也从未提起他家族将由谁来接替他的工作。如果他退休以后，那该怎么办呢？托马斯毫不怀疑，约翰先生似乎要把这家公司卖掉。董事长企图通过扩大销售量，开辟新的生产线，增加利润收入，使公司具有更大的吸引力，以便在出售过程中捞个好价钱。“如董事长真是这样的话，我也无话可说了。他退休以后，公司将会变成什么样子，他是不会在乎的。他自己愿意在短期内葬送掉自己的公司，我有什么办法呢？”

(资料来源：百度文库，http://wenku.baidu.com/link?url=BNA9tUDBFS5F68eIJS67bc-4ajXNZ8LCMausyf_eCOIqJDQgYUhKPXryov_h5_6bCI0SRPzA1W_ecoGqn-FGLUUwFqnTsRBzyFEl-IAAjFe)

讨论：

1. 你认为约翰董事长为公司制定的发展目标合理吗，为什么？

2. 你认为托马斯对董事长所制定目标的分析有道理吗，你能否从本案例中概括出制定目标需注意哪些基本要求？

3. 假如你是托马斯，如果董事长在听取了你的意见后同意重新制定公司目标，并责成你提出更合理的公司发展目标，你将怎么做？

【我的感悟】

____

____

____

拓展任务二

浪涛公司

浪涛公司是一家成立于1990年、生产经营日用清洁用品的公司，由于其新颖的产品、别具一格的销售方式和优质的服务，产品备受消费者的青睐。在总裁黄刚的带领下，公司发展迅速。然而，随着公司的发展，总裁逐步发现，一向运行良好的组织结构现在已经不能适应该公司内外环境变化的需求。

公司原先根据直线职能制来设计组织结构，财务、营销、生产、人事、采购、研究与开发等构成了公司的各个职能部门。随着公司的发展壮大，产品已从洗发水扩展到护发素、沐浴液、乳液、防晒霜、护手霜、洗手液等诸多日化用品上。产品的多样性对公司的组织结构提出了新的要求，旧的组织结构严重阻碍了公司的发展，职能部门之间矛盾重重。在这种情况下，总裁黄刚总是亲自作出主要决策。

因此，2000年总裁黄刚作出决定，即根据产品种类将公司分成8个独立经营的分公司，每一个分公司对各自经营的产品负有全部责任，在盈利的前提下，分公司的具体运作自行决定，总公司不再干涉。但是没过多久，重组后的公司内又涌现出许多新的问题。各分公司经理常常不顾总公司的方针、政策，各自为政，而且分公司在采购、人事等职能方面也出现了大量重复。在总裁面前逐步显示出，公司正在瓦解成一些独立的部门。在此情况下，总裁意识到自己在分权的道路上走得太远了。

于是，总裁黄刚又下令收回分公司经理的一些职权，强调以后总裁拥有下列决策权：超过10万元的资本支出；新产品的研发；发展战略的制定；关键人员的任命等。然而，职权被收回后，分公司经理纷纷抱怨公司的方针摇摆不定，甚至有人提出辞职。总裁意识到这一举措大大地挫伤了分公司经理的积极性和工作热情，但他感到十分无奈，因为他实在想不出更好的办法。

(资料来源：百度文库，http://wenku.baidu.com/link?url=NBRb42VPolyiQDnAvXOG6etjeaXUSgHefMx0LMgJpLArso4k6lseWTEyLIDggaJTorGV7WXKDPEClPVbERM0rorFWeOcJ18uiUjmNiLqTWG)

根据案例所提供的情况，回答以下问题：

1. 浪涛公司调整前的组织结构是(　　)。

A. 直线制　　　　　　　　　B. 直线职能制
C. 矩阵制　　　　　　　　　D. 事业部制

2. 浪涛公司由于产品多样性需求重组后的组织结构是(　　)。
A. 直线制　　　　　　　　　B. 事业部制
C. 职能制　　　　　　　　　D. 矩阵制

3. 事业部制的特点为(　　)。
A. 集中政策、分散经营
B. 适合于超大型企业
C. 各事业部通常是独立核算的利润中心
D. 以上三者都正确

4. 对于公司总裁从分权到集权的做法，你认为最合理的评价是(　　)。
A. 他在一开始分权是对的，公司发展到一定程度后，通常都会要求对组织结构进行调整
B. 他在一开始就不应该分权，分权通常都会导致失控
C. 他的分权和组织结构调整的思路是正确的，但是在具体操作上有些急躁
D. 他后来收回分公司经理的某些职权的做法是对的，避免了一场重大危机

5. 根据公司的发展你认为该公司最可能采用的部门化方式是(　　)。
A. 产品部门化　　　　　　　B. 地区部门化
C. 顾客部门化　　　　　　　D. 业务部门化

6. 总裁在设立8个独立的分公司时，你认为其最大的失误是(　　)。
A. 没有考虑矩阵型等组织结构
B. 没有周密地考虑总公司和分公司的职权职责划分问题
C. 根本就不应该设立独立的分公司
D. 既没有找顾问咨询，也没有和分公司经理进行广泛的沟道

7. 当总裁意识到自己在分权的道路走得太远时，他收回了分公司经理的某些职权，这是行使了(　　)。
A. 直线职权　　　　　　　　B. 参谋职权
C. 职能职权　　　　　　　　D. 个人职权

8. 你认为本案例最能说明的管理原则是(　　)。
A. 管理幅度原则　　　　　　B. 指挥链原则
C. 集权与分权相结合的原则　D. 权责对等原则

9. 公司总裁决定收回分公司经理的一些职权，强调以后总裁拥有下列决策权：超过10万元的资本支出；新产品的研发发展战略的制定；关键人员的任命等。这些事项的决策权可能属于(　　)。
A. 程序性决策　　　　　　　B. 非程序性决策
C. 战术决策　　　　　　　　D. 业务决策

10. 如果你是总裁助理，请就如何处理好集权与分权的关系向总裁提出你的建议。

拓展任务三

新来的最高行政主管

美国 TX 电脑公司和硅谷的许多高科技公司一样，以火箭般的速度发展，但也面临着来自东海岸大公司的激烈竞争。公司刚开张时，一切就像闹着玩儿似的，高层管理人员穿着 T 恤衫和牛仔裤来上班，谁也分不清他们与普通员工有什么区别。然而，当财务上出了毛病，局面立刻大为改观，原来那个自由派风格的董事长居然留任，但公司却引进了一位新的最高行政主管 J 君。J 君来自一家办事古板的老牌公司，他照章办事，十分传统，与 TX 公司的风格相去甚远。公司里的行政人员总的态度是要看看这家伙能待多久，这样矛盾就不可避免了。

第一次公司内部危机发生在新的最高行政主管首次召开的行政会议上。会议定于上午 8 点半召开，可有一个人 9 点钟才跌跌撞撞地进来。西装革履的 J 君瞪着那个迟到的人，对大家说，我再说一次，本公司所有的日常公事要准时开始，你们中间谁做不到，今天下午 5 点之前向我递交辞职报告。结果，10 名行政人员中有两名辞职。此后一个月里，公司发生了一些重大变化。J 君颁布了几项指令性政策，使已有的工作程序改弦易辙，从一开始起，他三番五次地告诫副总经理，一切重大事务在向下传达之前必须先由他审批。他埋怨下面的研究、设计、生产和销售等部门之间缺乏合作，而在这些关键领域，TX 公司都面临着挑战。

J 君还命令全面复审公司的福利待遇制度，然后将全体高层管理人员的工资削减了 15%，惹得他身边的一位行政人员向他辞职。研究部主任这样认为：“我不喜欢这里的一切，但我不想马上走，开发电脑打败 IBM 对我来说太有挑战性了。”生产部经理也算是不满现状的人，可他的话令有些人很惊讶：“我不能说我很喜欢 J 君，不过至少他给我那个部门设立的目标我能够达到。我们圆满完成任务时，J 君是第一个感谢我们干得棒的人。”

事态发展的另一面是，采购部经理牢骚满腹。他说：“J 君要我把原料成本减 15%，他拿着一根胡萝卜来引诱我，假如我能做到的话，他就给我丰厚的年终奖。但要达到这个目标简直就是不可能，从现在起，我要另找出路。”

但 J 君对销售副总经理 H 君的态度却令人不解。J 君被人称为“爱哭的孩子”，以前，他每天都到最高行政主管的办公室去抱怨和指责其他部门。J 君的办法是让他在门外等，冷一冷“他的双脚”。见了他也不理会他的抱怨，而是直接谈公司在销售上存在的问题。不久，H 君开始更多地去基层而不是每天到 J 君的办公室去了。

随着时间的流逝，TX 公司在 J 君的管理下恢复了元气。行政管理人员不得不承认他对计算机领域了如指掌，对各项业务的决策也无懈可击。然而他对生产、采购部门却依然勒紧缰绳。公司里再也听不到关于 J 君去留的流言蜚语了，人们对他有了共识：他不是那种不了解这里情况的人，并且确实带领公司走上了正轨。

(资料来源：冯国珍.管理学习题与案例(第 2 版). 上海：复旦大学出版社，2011)

根据案例所提供的情况，回答以下问题：

1. TX 公司前任最高行政主管的领导风格最有可能是(　　)。

A. 专制型　　B. 民主型
C. 放任型　　D. 团队型

2. J君同他的行政管理人员首次见面采取的态度是(　　)。
A. 灵活　　B. 宽容
C. 强制命令　　D. 友好协商

3. J君加强他的领导地位主要是大量运用了(　　)。
A. 专长权　　B. 法定权
C. 奖励权　　D. 强制权

4. 按照管理方格理论，J君的领导风格属于(　　)。
A. 任务型　　B. 俱乐部型
C. 团队型　　D. 中间型

5. TX公司在J君的管理下恢复了元气，J君也得到了下属的信任，请分析J君取得成功的主要原因。

拓展任务四

西方石油公司

西方石油公司是由百万富翁维克多·伊斯曼及他的几位朋友各投资25万美元在1957年创建起来的。从几家大石油公司招聘来的几位年轻的地质学家看到在西方石油公司有一显身手的机会，而且伊斯曼先生又敢作敢为，公司就在加利福尼亚州北部着手一项生气勃勃的勘探计划。他们的计划很快取得了成功，发现一个大油气田和几个优良产油井。由于从这些油气田中得到了大量利润以及伊斯曼先生在北非某国取得了开采特权，这群年轻地质学家的才华，当公司在非洲发现大油田时，得到了报偿。

随着利润的积累银行竞相向西方石油公司货款。投资者也迫切地购买该公司的股票，西方石油公司吞并了几家大的公司，其中包括以下几方面。

① 马斯脱化学公司，是美国最大的工业化学品和化肥厂家之一，年销售额为5亿美元。

② 贝伐利煤炭公司，是美国第三大采煤公司，年销售额超过了3亿美元。

③ 本南特油气公司，在欧洲有炼油厂和零售石油产品的批发商店，年销售额为3.5亿美元。

④ 其他几家公司，经营石油销售、房地产开发以及塑料产品。

此外，西方石油公司继续执行其在美国和国外寻找石油的计划。

该公司经历了特殊的发展历程。1957年它的销售额还不足50万美元，但到了1974年，销售额就增长到27亿美元，利润也保持同步增长。虽然石油公司向银行和其他单位借了很多钱，而且还向公众出售了4000多万份新股，但在这一时期，股票价格上涨仍超过了20倍。

利润在1974年虽然停止增长，但销售额仍比1973年增加15%。西方石油公司的高层主管部门却并不认为这有什么问题，原因是西方石油公司在新石油勘探中投入了大笔资金，而且由于化工公司建厂过多和激烈的价格竞争，该公司的工业化学产品几乎是没有利润的。

但是很明显，股票市场对西方石油公司有些担忧。公司的股价在1972年曾上升到105美元，而在1974年下降到15美元。既然所有的石油和化工产品股票价格都在下降，所以该公司的高层主管部门对此仍未给予太多注意。

然而，到了1974年年底，发生了许多不利事件，使西方石油公司的高层主管部门受到了震惊。其中重大的事件有如下几个。

① 由于新的、较大的化工产品竞争对手为了使他们的化工产品生产量尽量达到或接近生产能力，在经营上加强了竞争，所以化工产品的利润持续下降。

② 全国煤炭工业的罢工使煤矿在1974年10月和11月几乎连续关闭了两个月，使公司利润减少1100多万美元。

③ 此外，新的全国煤矿安全法对开矿工作程序做了严格的改动规定，降低了劳动生产率，而且规定在雇用不到有经验的煤矿工时，要雇用许多新矿工，甚至不得不雇用一些缺少经验的矿工。

④ 根据新的劳工合同，煤矿工人的工资有相当大的增长。贝伐利煤炭公司发现，它不能把增加的费用以及由于生产效率降低而提高的成本转移给公用事业消费者，因为公司与他们订有价格固定的长期合同。煤炭公司的主管部门对合同解释的理由是：历史证明，成本的增加总是可以由产量的增加而抵消的。

⑤ 塑料薄膜、塑料板和塑料纤维分公司在1974年的亏损超过1000万美元，这主要是由于：新厂设计不当，运转费用比预期高；新的、有前途的涂塑材料达不到规定的指标，结果买主把它整车又运回公司；由于称重、检查和贮存方法的设施不当而发生原材料的大量浪费。

⑥ 在1974年度的最大亏损，是把8800万美元作为2亿美元为期3～5年油船租赁可能损失的一部分报损处理。欧洲企业的总经理已开始着手于一项雄心勃勃的租用油船的计划方案。这样可以保证公司在中东出现问题、北非油田受损的情况下，仍可把石油从沙特阿拉伯和其他波斯湾地区运到欧洲。1974年对局势的观察表明，租赁油船不是一定需要的，而且油船租赁率下降得相当多，公司不得不把账面价值大大降低。当人们对揭露的这笔巨大亏损提出问题时，发现欧洲的总经理是自作主张要租赁油船的，当人们要求这位总经理为这一代价沉重的决策而辞职时，他为自己辩解说自己在伊斯曼先生在国外旅游时曾向他提出过这个想法，而伊斯曼先生曾表示这是一个好的主意。

⑦ 其他令人失望的事情又损失掉许多，还有其他不成功的投资。一家小分公司的总经理准备在他的分公司总部所在地建造一幢新办公楼，费用为600万美元，在建造接近尾声时，发现他的分公司正在与另一家分公司进行合并，而合并后的公司总部要迁到另一个城市去。负责在国外油田钻探油井的经理遇到了预料不到的困难，他超支预算达500万美元，但在此之前，公司总部中竟然无人知晓，而且不知道油井已被废弃。

伊斯曼先生坚持认为，一个机构的总部应当精简干练。他认为，他能够以董事长和总经理的身份来监视西方石油公司的经营管理总经理的工作，是与各个分公司和子公司的经营保持密切联系。伊斯曼先生要对公司的重大决策作出决定，而且特别要对新的兼并以及石油勘探新租约和特许权进行谈判。他坚持认为，每个子公司和分公司的高级管理人员应该自己从事经营管理，而且主要根据收益表和资产负债表来评定他们的工作成绩。

总部的主要控制方法是资本投资费用的预算。每年财务副总经理都要与分公司和子公司高级主管人员坐在一起，听取他们对资本投资的需要量，然后运用自己的判断把资金分配到投资项目中去。此外，每隔3个月分公司和子公司都要向总部上报资产负债表和收益报表。这些报表由会计部门审查，然后用以编制公司汇总报表，向银行和投资者发送。

(资料来源：黄雁芳，宋克勤. 管理学教程案例集. 上海财经大学出版社，2001)

讨论：

1. 你认为西方石油公司的控制系统完善吗？其中的根本问题何在？
2. 你将向西方石油公司建议什么样的控制方案？

【我的感悟】

____

____

____

项目三　战 略 管 理

【任务引入】

觅食的狗

一天，一条狗正在峡谷里行走，峡谷的两边都是高耸的山峰，山峰的顶上都建有住人的城堡。当这条狗在峡谷里听到左边山峰的城堡里传来开早饭的钟声时，它就沿着左边山峰的羊肠小道往上跑，希望能赶到那里去吃早餐。当它跑到 1/3 路程的时候，左边山峰城堡的钟声停止，右边山峰城堡的钟声响起，表明左边的早饭已经结束而右边开始了。于是，这条狗就转身顺着羊肠小道从左边山峰向右边山峰的城堡跑去，希望能到右边山峰的城堡里去找早餐。当它跑不到右边 1/3 路程的时候，右边山峰的钟声又停止了，表明右边的早餐结束了。结果，当这条一无所获的狗又听到左边山峰的城堡的钟声又响起的时候，左边城堡开始吃中餐了！于是，这条狗又顺着羊肠小道往左边山峰奔去，结果当它跑到中途的时候，左边钟声又停止了。此时，右边山峰的城堡又开始敲钟了，右边开始吃中餐了，于是这条狗又折返而去。

最后，这条狗一顿饭也没赶上，又累又饿地死在峡谷里。

【任务分析】

企业战略是一个长期的规划，目的是要获利，但不是所有获利的目标都要包括在企业规划之内。所以，当面临若干个都可以收取客观效益的目标时，切忌太贪心。战略目标太多了，很容易成为企业发展的负担，最终得不偿失。只要在目标恒定的、正确的战略指引下，集中企业有限的资源、精力朝着这一战略方向前进，那么企业成功将只是时间长短的问题，而不至于遭遇倾覆的风险！

【任务说明】

工作任务	知识目标	能力目标	操作流程
任务一　创新成就 3M 公司“青春不老”之神话	1. 企业战略； 2. 企业战略的构成要素； 3. 战略目标的要求	1. 能够针对企业的具体情况确定企业的战略目标； 2. 能够依据企业的战略目标制定总体战略	1. 阅读案例； 2. 分组讨论； 3. 代表发言； 4. 总结案例
任务二　春秋航空公司的低成本运营模式	1. 战略方针； 2. 战略对策； 3. 产品开发战略	1. 能够分析企业所处的环境制定战略方针； 2. 能够为企业制定适合的企业开发战略	1. 阅读案例； 2. 分组讨论； 3. 代表发言； 4. 总结案例

续表

工作任务	知识目标	能力目标	操作流程
任务三　康佳的低成本战略	1. 战略制定的程序； 2. 企业竞争战略； 3. 技术创新战略	1. 能够为企业针对企业所处的环境和市场选择适合的企业竞争战略； 2. 能够针对企业的具体情况选择适当的技术创新战略	1. 阅读案例； 2. 分组讨论； 3. 代表发言； 4. 总结案例

【相关知识】

一、企业战略概述

1. 战略概念的产生与发展

战略，顾名思义，“战”是指战斗、战争，“略”是指方略，策略。“战略”一词在我国自古有之，在《左传》和《史记》中已有“战略”一词，我国春秋战国时代的《孙子兵法》 就是一部划时代的军事战略、战术著作。

在西方，“战略”一词来源于希腊语“Strategos”，其含义是“将军”，引申为指将军的艺术和科学，19 世纪瑞士人约米尼(Antoine-Henri Jomini)在《战争艺术》一书中提出，战略是在地图上进行战争的艺术，它所研究的对象是整个战场。

随着生产社会化和市场经济的发展以及信息技术的推广与应用，战略思想逐步进入企业经济领域。美国经济学家切斯特·巴纳德(C.I.Barnard)最早把战略思想引入企业管理中来，她在 1938 年出版的《经理的职能》一书中开始运用战略因素分析企业组织的决策机制，美国企业经营史学家钱德勒在 1962 年出版的《战略结构：公业企业史的考证》一书中给企业战略下了定义：战略是决定企业的长期基本目标与目的，选择企业达到这些目标所遵循的途径，并为实现这些目标与途径而对企业重要资源进行的管理。

改革开放前，企业战略理论研究工作未受到足够的重视，直到 1984 年，李世俊的《孙子兵法与企业管理》一书才打破沉闷的局面。随后学术界陆续推出了不少企业战略理论研究方面的书籍，虽不能说在理论上有重大突破，但对我国的企业战略管理实践与经营决策起了重要的理论指导作用，在很大程度上缩短了与发达国家的差距。

2. 企业战略的概念

经营战略要回答两个问题：企业是什么？它应该是什么？经营战略关系着企业未来的发展方向、发展道路、发展行动等。

企业战略是对未来的思考，即用机会和威胁评价现在和未来的环境，用优势和劣势评价企业的现状，进而选择和确定企业的总体、长远目标、制定和抉择实现目标的行动方案。

总结人们对企业战略的认识，我们把企业战略定义为：在竞争环境中，企业为求得长期生存和发展的目标，而选择企业达到这个目标的途径，并依据它对企业重要资源进行优化组合，以对目前与将来的经营活动进行总体的谋划并制定相应的对策。

企业战略是企业发展的行动纲领，它主要包括战略思想、战略目标、战略方针、战略对策(包括战略重点、战略阶段、战略措施、战略步骤)等内容。

3. 企业战略体系及层次

1) 企业总体战略

企业为需求生存与发展，必须不断选择和变革自己的事业结构，选择企业最佳发展途径。因此企业战略构成一般包括以下要素。

(1) 事业领域。它说明企业所经营的事业属于什么特定的行业和寻求什么发展领域，这里包括研究和选择产品、市场、服务等。

(2) 成长方向。它说明企业现有产品与市场结合的状况，以及企业产品的发展方向与市场的移动方向，从而引导企业今后经营活动的走向，以获取更大的发展空间。

(3) 竞争态势与优势。企业应分析竞争的态势，分析竞争者的竞争地位和自己的比较优势，才能有针对性地制定发展战略。分析竞争态势时，必须分析产品的竞争者，代替产品的竞争者和潜在竞争者，以及原材料供应的竞争和市场容量，谋求企业的合理地位。

(4) 资源配置与协调。这里着重是指企业内部人、财、物、信息和时间等经济资源的合理分配和相互协调。各职能部门之间的协调及各职能部门与相应的外部环境的协调，形成合理的企业运行机制，使资源获得有效利用，取得事半功倍的效果。

企业总体战略分类的目的，是使不同类型的企业能根据自己的特点提出自己在激烈竞争中求得生存和发展的战略。企业总体战略可按其层次、态势、规模、行业市场竞争的特性和对外联合方式等几方面进行分类。

(1) 按企业经营决策层次分类。一般来讲，对于大型企业，企业总体战略包括三个层次：第一层次是公司级战略；第二层次是事业部级战略；第三层次是职能级战略。

(2) 按企业经营的态势分类。其可分为发展型战略、稳定型战略和紧缩战略。

(3) 按企业规模分类。其可分为中小型企业经营战略和大型企业经营战略。

(4) 按市场竞争特性分类。根据经济学原理，我们一般可以把市场模式分为：完全垄断、垄断竞争、寡头竞争和完全竞争等几种。显然处于不同市场模式下的企业，其经营战略的侧重点应有所不同。

(5) 按联合方式分类。其可分为联合经营战略、兼并战略和合资战略等。

2) 企业分战略

企业分战略是指企业内部各部门或所属各单位以及针对某种领域和某个方面在总体战略指导下所制定的战略。

(1) 分战略与总体战略的关系。

分战略与总体战略的关系即局部与整体的关系。其主要表现在发展方向、指标规定、战略调整上的从属性。

(2) 分战略的特点。

分战略与总体战略相比，具有单一性强、针对性强、时间跨度短等特点。

(3) 分战略分类。

由于不同企业的行业特点不同、企业规模不同、企业生产经营条件和能力不同，故分战略的种类及相应的内容也是不相同的。通常，从企业职能工作上分，可以分为产品战略、市场战略、生产战略、科技发展战略、人力资源战略、供应战略、销售战略和财务战略等。

二、企业战略的构成

1. 战略指导思想

战略指导思想是指企业战略制定与实施的基本思路和观念，是整个企业战略的灵魂。战略思想的确立，应该全面考虑战略的全局性、长远性、方向性和竞争性的特征以及国家性、民主性和民族性的特征。战略思想的确立要求企业的决策者能高瞻远瞩，具备居安思危和敢冒风险的战略头脑。战略指导思想大体包括以下内容。

(1) 满足市场需求的思想。这是企业生产经营的出发点，也是归宿。

(2) 整体性和全局性思想。企业目标是要获取企业整体的最佳经济效益和社会效益。因此，只有从系统论的观点出发，把各方面的谋划有机结合起来，才能实现企业的总目标。

(3) 发展的思想。企业战略是对未来的思考，要为未来的发展指明方向和道路，因此，对企业的得失要从发展的观点看问题，审时度势、权衡利弊，才能经得起困难和挫折的考验，正确地把握现在，开拓未来。

(4) 竞争的思想。优胜劣汰是商品经济发展的规律。在激烈的商战中要有竞争的意识，要敢于竞争、善于竞争，在竞争中求生存、求发展，使企业立于不败之地。

(5) 依靠群众的思想。企业任何战略的制定与实施，都必须坚定地依靠企业的全体职工。因此，要看群众的首创精神，要深入发动群众积极参与企业战略规划的制定与实施，使企业战略成为企业全体职工努力奋斗的工作纲领。同时，企业领导者要关心群众的利益和生活，充分发挥广大职工的聪明才智，这将是企业发展的永恒动力和源泉。

2. 战略目标

战略目标是指企业经过战略期的努力和战略期的风险，预期达到的总体经营成果指标，是战略方向的具体化。战略方针和战略目标是企业战略的核心，二者结合起来，称为狭义的企业战略。战略目标确定的原则，首先是求生存，然后才是求发展。

1) 制定战略目标的要求

(1) 目标建立在可靠的基础上。

(2) 目标要有激励作用，鲜明生动，鼓舞人心，而且通过努力可以达到。

(3) 目标层次要清楚，区别总目标和分目标，区别关键目标和一般目标。

(4) 目标的指标要定性与定量相结合。

(5) 目标要经过综合平衡，且保持相对稳定。

2) 战略目标的内容

(1) 贡献目标。如资金利税率、销售利润率，还应包括负有社会责任的目标。

(2) 竞争目标。如品种、质量、成本、市场占有率等，还应包括技术竞争方面的目标。

(3) 发展目标。如企业规模的扩大，生产能力的扩大，技术改造的进程，自动化、数控化水平的提高等。

(4) 福利目标。如工资提高的幅度、奖金发放的水平、住房条件的改善、医疗保险制度的健全、教育条件的提高等。

(5) 企业文化建设目标。如企业精神、价值观念、伦理道德、管理特色、文化生活、企业形象等。

3. 战略方针

战略方针是指战略思想的具体化，比战略思想更具有针对性。它是针对企业某一战略时期而言，确定的经营领域和差别优势的基本原则，即长远的战略方向。每个企业都应根据环境的特点，提出具有自己特殊风格的战略方针。

1) 经营领域

经营领域是指企业生产什么产品，提供什么劳务，市场方位在哪儿，市场规模多大。当然企业不一定把自己局限于单个经营领域，这是因为扩大服务有可能带来协同效益。在一个战略期内，企业所选定的经营领域一般是固定不变的，因为销售渠道变更和生产设施调整较为困难。但是，当企业产品已进入成熟期并且在这个经营领域中已占据一定的地位时，为了继续增长，需要开拓新领域，为下一个战略期开拓新领域做好准备。

2) 差别优势

差别优势是指企业优于竞争对手的别具一格的相对优势。如独具关键资源或可购廉价原材料；独具专门人才或可望寻得廉价劳动力；独具节能设备或可购理想装备；独具优良的技术储备；增产潜力大，可望降低单位成本；融资条件优越；优惠政策上的免税或减税条件可以利用等。取得差别优势的潜在因素颇多，但实际上，一个企业想在一切方面都取得优势必然会力不从心，所以一个企业往往只能选择一个或几个最有利于企业的差别优势。

4. 战略对策

战略对策是指根据战略目标制定的，用来指导企业在战略期内合理分配资源，有效达到目标的一整套手段的总称。战略对策一般涉及三方面内容。

1) 战略重点

战略重点是指那些事关战略目标能否实现的重大而又薄弱的项目或部门。战略重点应具有长期性。如果只在短期内是重点而在较长的时期来看算不上重点，这就不是战略重点，只能是战术重点。战略重点可以一个，也可以是几个，但不宜太多。

选择的战略重点是否正确，是决定战略目标能否实现的关键因素。选择战略重点一般按以下步骤进行：围绕战略目标收集有关信息和数据；列出影响战略目标实现的各种因素；通过分析比较排出各种影响因素的主次顺序；通过协调平衡确定战略重点。

2) 战略阶段

战略阶段是指为实现战略目标，在整个战略实施期间根据特定的战略任务所明确的时间段落。每个战略阶段都有其特点和相对的独立性，各个阶段不可相互混淆和倒置；各个阶段又是相互联系和不可分割的，前一阶段是后一阶段的基础，后一阶段是前一阶段的继续。划分成战略阶段是实现总体战略目标的必然要求，不是主观臆断的结果。

战略阶段的划分没有统一的模式，应根据各自的战略重点来划分。一般来说，当整个战略期只有一个战略重点时，可将战略期分为三个阶段，即准备阶段、发展阶段和完善阶段。从时间上看，准备阶段和完善阶段可以短些，发展阶段要长些；当整个战略期有两个以上战略重点时，可以按战略重点的因果顺序来划分几个战略阶段。工业企业的战略期一般确定为 5～10 年，可与国家五年计划同步，也可以不同步。

3)　战略措施

战略措施是指为实现战略目标，创造优势和竞争的主动地位而采取的具体制胜方式和方法，其中包括战略实施期间各种重要事件的短期决策。战略措施又称战术。战略实施期间的战术活动一般包括四个过程：研究变化、捕捉战机、调整行动和改变态势。

三、企业战略的过程管理

1. 企业战略的制定

1)　战略制定的意义

在激烈的市场竞争中，企业为求得自身的生存与发展，就必须制定出一个既符合客观环境变化趋势，又有利于长远发展的战略指导思想和战略目标，并以此去激发广大职工的积极性与创造性，使企业在激烈的竞争中站稳脚跟、获得发展，因此，战略制定意义重大。

2)　战略制定的工作程序

根据前面所述，如图 3-1 所示制定战略的程序可归纳如下。

(1)　确定战略指导思想。

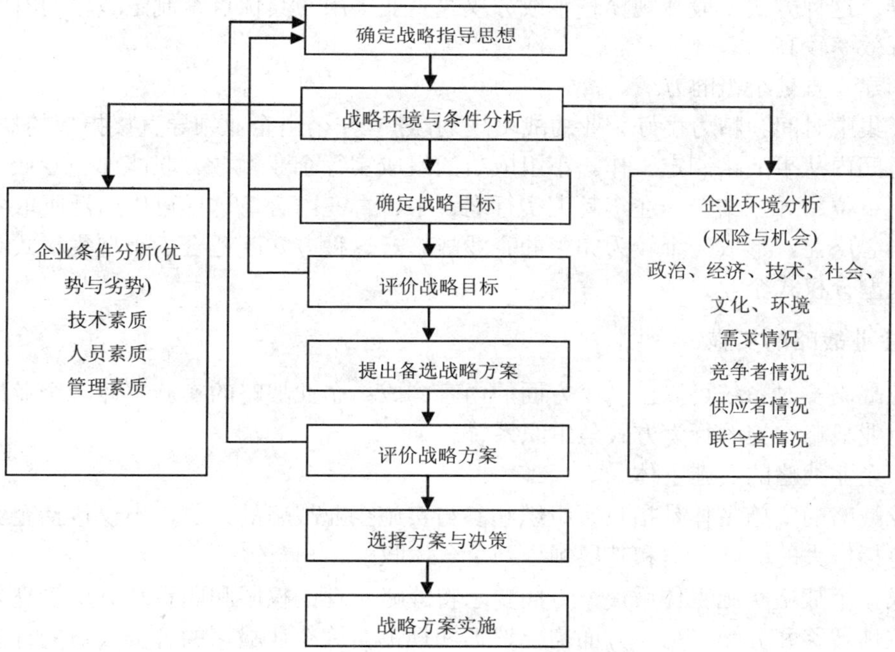

图 3-1　企业战略制定工作程序图

(2)　进行环境分析。

(3)　制定战略目标。

(4)　评价战略目标。

(5)　提出备选战略方案。

(6)　评价方案。

(7)　选择方案与决策；

(8) 实施战略。

3) 战略制定的工作方式

根据企业的特点与规模的不同，战略制定的工作方式一般可分为以下四种。

(1) 自上而下的制定方式。

这种方法先由公司总部高层领导人制定企业总体战略，然后各职能部门与分厂根据总体战略的要求并结合自己的职责和发展的需要，制定本部门的分战略。这种方式通常集权制企业采用。

(2) 自下而上的制定方式。

这种方式的做法是：高层领导对下级职能部门和分厂先不给任何指导，而是由各基层单位根据自己的智能与发展的需要提出单位的战略目标和任务；然后由公司总部根据企业的外部环境和内部条件综合各基层单位提出的目标和任务，去粗取精，有机整合，形成企业的总体发展战略。这种方式多被分权企业采用。

(3) 上下结合的方式。

这种方式的做法是：在企业制定总体战略的同时，要求各职能部门和基层单位也同时参与制定，通过上下对话，相互沟通，形成一个总体战略方案，作为评价的基础，提交给企业领导。这种方式一般被规模较小或分权式企业采用。其优点是制定战略的时间可以缩短，执行效率较高。

(4) 建立规划小组的方式。

为了集中时间和精力搞好企业的战略规划，建立一个由企业领导直接指挥的规划小组，在一定时间内从事战略制定工作。小组成员的组成实行企业领导、职能部门专业人员、关键的基层单位领导三结合，在年龄上实行老、中、青三结合，这样可以广泛听取各方面的意见，集思广益，形成一个较为完善的企业战略。这种方式既适合于小型集权式企业，也适合于大型分权式企业。

2. 企业战略的实施

企业战略实时系统可以由三个方面的内容构成：企业战略的实施主体、企业战略执行程序和企业战略实施的行为方式与组织系统。

1) 企业战略的实施主体

企业战略的实施主体是指负责组织和参与实施企业战略的人员，不仅包括企业的领导者，还包括广大的职能人员和基层领导乃至全体职工。

形成一个战略实施主体后，一方面要求将战略管理的权限和职责从高层管理人员向战略实施主体转移和分配；另一方面需要培训和规范实施企业战略的各类人员的行为目标、价值观念和行为方式。

(1) 企业战略实施对象。

企业战略的实施对象主要是指企业战略实施的具体工作内容。它主要包括企业战略实施计划、企业战略预算、企业战略执行程序等。

(2) 企业战略实施计划。

企业战略实施计划包括执行战略规划和战略行动计划。执行战略规划是将战略所规定的目标、阶段、重点和对策细化成为具体的行动措施和要求的实施规划。战略行动计划是完成企业战略所需要的关键步骤和重大举措，其制定的目的是为战略的实施指明具体的行动方向。

(3) 企业战略预算。

企业战略预算是指企业战略执行中所需资金与成本的预算，是战略实施计划的货币化、数量化。在进行企业战略预算时要注意两点：一是在资源分配上要区分战略业务和经营业务预算，应以企业的长远利益为重，使财务服从于战略；二是要正确看待战略的不稳定性，在资源分配与预算时，应把可能的效益与风险联系起来，为了长远的利益敢冒理智的风险。

2) 企业战略执行程序

企业战略执行程序是指在企业战略实施计划下的具体工作任务安排的步骤和技巧，其目的是指导和安排战略执行中的日常活动。它需要按照战略的特点和要求，从时间和空间两个方向进行逐项分解和细化，逐步形成规范的工作标准，在企业内普遍实行。

3) 企业战略实施的行为方式与组织系统

企业战略实施中的行为方式，实质上反映了企业全体职工的共同的价值观、企业文化、企业管理风格、企业精神，是在长期的生产经营活动中逐渐形成的共同的行为准则和方式。

战略实施中的组织系统，包括战略层次系统和战略结构支持系统两个方面。

(1) 战略层次系统。

战略层次系统是指企业战略目标和任务层层分解、层层落实以保证的组织系统战略目标的实现。这个系统的职责是将最高层管理者的意图、概念、任务转化为下层管理者直至职工对工作的主动性、创造性和责任感，从而上下团结一心地去落实企业战略的每一项任务、措施、计划。而建立层次系统的有效方法就是目标管理。

(2) 战略结构支持系统。

战略结构支持系统是指企业内部管理环节上各类人员的构成及其相互的责、权、利关系的总体。其作用在于，在组织结构上对责、权、利有明确的分工和配合，对战略的制定与执行起着促进作用。对组织结构的选择不外乎三个方面：一是能高效率地履行基本职能；二是能灵活地适应战略创新的要求；三是能对外部的威胁或外部环境的变化及时作出反应，并能进行调整。目前战略组织结构主要有三种形式：职能型结构、事业部型结构和矩阵型结构。

3. 企业战略的控制

1) 战略控制的概念与特点

战略控制是指对企业战略实施的实际成效经过信息反馈与预定的战略目标进行对比评价，检验二者的偏差，并及时采取措施进行纠正以达到完成战略目标的目的。战略控制既具有一般控制系统的共性，又具有战略控制的特点。所谓共性，亦指可控制性与可度量性。作为管理控制过程，它具备三个基本要素：确定评价标准、测评业绩、反馈。

作为战略活动的控制又有以下特点。

(1) 由于企业战略是一个开放的系统，因而企业的战略控制不仅要控制企业内部的实施环境，还要反映外部环境的变化对战略实施的影响。

(2) 控制标准由企业战略总目标与战略规划本身的目标所决定，一般要求企业应努力使这两类目标一致。

(3) 评价标准是双重的，具有绩效标准和废弃标准两方面，绩效标准用于评价战略实施过程中保证战略实施目标实现的状况，废弃标准用于战略规划的假设条件变化时调整或停止战略的实施。

(4) 由于战略的作用效果不一定能立即显示，故可用主观评价与过程评价来代替结果的客观评价。

(5) 控制功能是双重的，一方面要保持规划的稳定性；另一方面又允许规划执行有灵活性。

2) 战略控制过程的基本要素

(1) 确定评价标准。

战略控制评价标准有定性标准与定量标准之分。定性标准有战略内部的统一性、战略与环境的适应性、战略实施的风险性、战略中时间的保证性、战略与资源的配套性和战略的客观可行性；定量标准有资金利税率、劳动生产率、销售利润率、市场占有率、物质消耗比率、工时利用率、资金周转率，成本、利润以及产值、产量等指标。

(2) 实际工作成果。

实际工作成果即战略实施过程中已经达到目标的程度，通常用所取得成果的数据、图表和资料进行综合反映，一般应建立计算机管理信息系统进行科学的、实时的控制。

(3) 测定评价工作成果。

将战略实施所取得的工作成果与预定目标进行比较，看其是否符合预定目标的要求，达到目标的程度如何，并全面分析测评结果。

(4) 反馈。

将工作成果分析得的结论反馈到战略制定和实施的不同阶段，用于调整战略方案或措施，进行战略修订工作。

3) 企业战略的修订

战略修订是指在战略实施中经过信息反馈和原因分析后所做的工作。为了及时发现战略实施中的偏差并尽快纠正，评审工作可以分阶段进行：一是每进入下一战略阶段前，对上一阶段工作要进行一次评审，然后在总体战略完成后进行总评审；二是当战略执行过程中有重大事件发生时，要进行评审；三是对战略中执行时间很长的重大项目，也可以单独进行评审。战略修订是一件很严肃的工作，必须有严格的工作步骤和审批程序。如果是不影响总体战略目标的局部性修订，可由执行机关修订，经综合部门批准，报总经理(厂长)备案；职能性战略的修订，由职能部门提出修订方案，报综合部门审定，由总经理(厂长)批准；总体战略的修订由综合部门提出修订方案，经总经理(厂长)会议讨论通过报董事会批准。

四、企业经营战略

1. 企业的产品—市场战略

在市场经济中，企业发展和生存主要取决于能否提供为市场所接收的产品或服务。根据企业产品是现有产品还是未来产品，以及不同产品所针对的市场是现有目标市场还是未来市场，企业将有不同的产品与市场组合战略，如表 3-1 所示。

表 3-1　产品—市场选择战略 2×2 矩阵

产品 市场	现有产品	未来产品
现有目标市场	市场渗透战略	产品开发战略
未来市场	市场发展战略	多样化发展战略

1)　市场渗透战略

市场渗透战略是由企业现有产品和现有市场组合而产生的战略。这种战略的目标是用现有产品品种在现有目标市场上占据尽可能多的市场份额。

(1)　市场渗透的途径。

着眼于市场的渗透开拓，扩大产品销售量以求得企业的生存和发展，通常从以下五个方面进行：向潜在的顾客介绍和推销本企业的产品；把竞争对手的顾客吸引过来；扩大产品使用人的数量；扩大产品使用人的使用次数和每次的使用量；改进产品特征，增加产品新的用途以增加销量。

(2)　产品现有市场占有率不足的原因。

若需分析产品现有市场占有率不足的原因，我们可以从以下四方面予以考虑：市场结构发生变化；生产覆盖率不够；产品竞争能力差，产品竞争能力；代理商或批发商的原因。

2)　市场发展战略

市场发展战略是指企业利用现有的产品品种或服务去开拓新市场的战略。

(1)　现有产品进入相关市场战略。

这种战略是指企业略为改进现有产品使产品进入同行业的其他细分市场。例如，婴儿奶粉将配方稍加改变可称为中老年奶粉或其他保健奶粉。

(2)　现有用户进入相关行业或其他行业的产品市场战略。

这种战略是指企业面向相关行业的产品市场或其他行业的产品市场来销售自己的现有产品。一般将现有产品作为相关行业或其他行业某种产品的替代品看待。例如，用高档塑料制成品或高级陶瓷材料制品去替代汽车配件市场某些金属制品的汽车配件。

(3)　用现有产品区开发新市场战略。

这种战略是指用现有产品打入其他企业尚未进入的市场。例如，当国内火柴市场销售不佳时，将火柴产品改进后打入越南市场。又如。制造潜艇的军工企业在现有产品的基础上，开发出适于在海底、河流、湖泊等深水区进行旅游观光的简易潜艇，从而开辟具有吸引力的水底旅游观光市场。

3)　产品开发战略

产品开发战略是指对企业现有市场投放新产品或增加产品品种，以扩大市场份额、增加销售收入为目标的发展战略。和前两种战略不同，企业战略工作的重点不在于市场的渗透和拓展，而在于企业自身产品的开发和改进。从某种意义上说，企业的真正获利就在于企业的不断推陈出新。产品开发战略的内容如下。

(1)　深度开发战略。根据目标市场的需要对现有产品进行深度开发，给目标市场以更多的选择，防止竞争对手挤进本企业的目标市场，从而稳定本企业的市场份额。例如，生产“富康”轿车的神龙汽车公司，针对出租车市场的需求，在原来排气量为 1.3 升的一般轿车的基础上开发出排气量为 1.6 升的高级小轿车。

(2) 品牌延伸战略。根据目标市场的需要，在原产品的基础上提供其他行业企业正在生产的产品或服务。例如，邮政系统在原办理邮寄业务的基础上又开办了邮政储蓄业务。从而拓宽了服务内容，增加了营业收入。

(3) 差异化产品开发战略。差异化产品开发战略是指开发有别于竞争对手的产品，突出一种或数种特征以满足消费者的需要和利益，从而保持其市场份额的策略，其中包括产品实体差异化、产品服务差异化、产品信息传递的差别化。

(4) 全新产品开发策略。全新产品开发策略是指向目标市场提供其他企业尚未生产的新产品。这实际上有两种情况：一种是原有产品的更新换代产品；另一种是开发生产全新的产品。这里主要讲的是后者，第一种情况可以归到市场渗透战略中，例如日本索尼公司第一个开发研制出录像机等。

4) 产品的功能选择与投放市场的时机选择

(1) 多功能与少功能的选择。多功能产品用途齐全，但价格可能较高；少功能产品一般性能稳定，且价格相对较低。

(2) 产品档次的选择。高档产品性能优良但价格高，有效需求可能较少；低档产品则恰好相反。对产品功能的选择要运能价值工程的方法进行性能价格比的综合评价才能使产品更具竞争力。

(3) 投放市场的时机选择。一般应根据产品不同的市场特点和原产品处于生命周期的位置来决定。对竞争较强的产品市场，可以在现有产品进入成长期或成熟期时即开始研制或投放新产品，这将有利于企业产品在市场上取得主动地位。

5) 多角化经营战略

多角化经营战略是指企业同时生产或提供两种以上的产品和劳务的经营战略。这是一种积极的发展型战略。在市场竞争激化、经营风险越来越大的今天，这种经营战略已成为大中型企业开辟新市场的必然选择。多角化经营战略的关键在于适当地选择产品的最佳组合方式，以分散经营风险，保持企业有利的市场地位。多角化经营战略的基本类型如下。

(1) 技术相关产品组合。不同的企业生产不同用途的产品，但它们在开发研究、原材料、生产技术和生产设备方面有关联或相似之处，例如，生产彩色显像管的企业可以同时生产电脑显示器，生产照相机的企业同时可以生产望远镜、水准仪和经纬仪等。这样安排，既可以实现多角化的目标，又可以使产品成本相对较低，具有一定的竞争力。

(2) 市场相关产品组合。这种组合的特点是利用企业已有的销售渠道、销售对象、促销方法、企业形象等市场方面的相关性，生产不同技术特性的产品。例如，大的胶卷生产企业同时生产照相机，生产化肥的企业同时生产农药等。

(3) 市场与技术都相关的产品组合。例如，企业同时生产多种农用机械，这些产品同时具有市场和制造技术方面的相关性。这种多角化经营相对来说容易实施且成本相对较低。

(4) 非相关产品战略。企业在这种战略下，同时生产既无市场相关，也无技术相关的产品。例如，国际国内一些巨型企业集团涉足经营的范围甚至会全面覆盖了第一、第二和第三产业。这种战略的优点是能在较大的程度上分散风险，但很难体现专业化的优势。

2. 企业竞争战略

在产品—市场战略确定的情况下，企业所进入的特定行业也就确定了。企业需要进一步考虑的是如何参与市场竞争问题，即如何发挥企业产品的优势，在满足顾客需求方面做得比竞争对手更有成效。这时要决定的就是如何选择竞争战略。而一个企业的战略决策往往是随着市场的变化和竞争形势变动而演变的。它主要包括积极型和防守型两种战略行动及其组合。企业采用的竞争战略是否合适主要取决于下面的情况：①战略为企业创造能长期生存的竞争地位的程度；②战略使企业获得超长的利润或至少获得行业平均利润的能力。

由于企业面临的环境和市场是各不相同的，企业采用的竞争战略方案也不一样，可以说几乎每一种有效的竞争战略方案在特定的时间和特定的行业都产生了较好的效果。这是因为每个企业的战略都有其独特和创新之处。尽管如此，当我们分析各种业务战略的基本特征是，仍可发现它们有一些共同的方面。通常企业有三种制定竞争战略的一般性思路。第一种思路是力争成为本行业里的低成本生产者；第二种思路是与竞争对手相比，自己的产品或服务在一个或多个方面应具有特色；第三种思路是能为市场上的某一部分顾客提供集中的或专门化的供应与服务，而不是把整个市场看成自己的目标市场。这三种思路形成了竞争战略的三种基本类型：低成本战略、差异化战略与重点战略。

1) 低成本战略

低成本战略也叫成本领先战略。它的指导思想是要取得并维持比竞争对手更低的成本，从而迫使高成本的竞争对手退出市场。这一战略主要用于：企业生产同类产品的产量规模大，成本具有很大的潜力时；企业面临强大的竞争对手，要保持与扩大市场占有率时；为了防止更多竞争者渗入同类产品的销售市场而筑起较高的进入壁垒时，或者企业面临与替代品渗入市场的竞争时等。

企业降低产品成本的方法很多：一是运用价值工程方法提高产品的性能价格比，降低产品成本；二是扩大生产规模，采用先进的专用技术设备和先进的生产工艺，以提高劳动生产率；三是改善管理，减少废次品，缩短生产周期节约开支，提高工作效率。

2) 差异化战略

差异化战略也称为特色战略。企业凭借自己的专有技术和特长或者优良的管理和服务理念使自己的产品质量、性能优化同行的产品，或在服务方面有吸引顾客的特色，因而形成了与众不同的差异化。产品的差异化战略通常包括四种差别形式。

(1) 由产品的技术、物理特性导致的差别，主要表现为产品的款式、性能、质量和包装等方面的不同。

(2) 由买方的主观印象和评价导致的差异，以及由此而形成的顾客对不同企业产品的偏爱。

(3) 由产品的生产或销售的地理位置导致的产品差别，如各类商业区的差别等。

(4) 由营销渠道、价格、营销服务的不同导致产品的差别，如不同的中间商、代理商提供的服务品位、内容、质量、方式上的差别等。

3) 重点战略

重点战略也称集中经营战略。它要求企业或者把经营目标的重点集中在特定的购买群体或具有特定用途的产品上，或者把市场集中于整个市场的某一部分。在这个特定的领域内，建立自己在产品功能上或生产成本上的差异，从而确立有竞争优势的市场地位。归纳起来，重点战略包括三种具体形式。

(1) 产品类型的专一化。企业集中资源，生产和经营特定的产品系列中的一种，例如上海自行车厂专业生产“永久牌”自行车。

(2) 顾客类型的专一化。企业专门生产或经营某一特定类型顾客所需的产品或服务。例如，为高收入阶层提供豪华型别墅，为老年人开办老年人用品商店等。

(3) 地理区域的专一化。企业产品经营仅限某一特定地区。例如，日本在中国改革开放初期为打入中国汽车市场，专门设计了适于中国需求的载客工具车——“面包车”。

(4) 重点战略既适用于某些大型企业的专项产品开发，也适用于中、小型企业只具有局部优势的情况。因此重点战略可以是低成本战略，也可以是差异化战略。

3. 企业联合战略

企业的联合或合并是指两个或两个以上的企业(公司)，通过经营权和所有权的有偿转移，实现资产、要素与经营活动的重组的产权交易方式。从广义上讲，企业联合包括企业兼并。企业兼并是指一个企业以现金或股票购买方式取得另一企业的全部资产或控制权，以扩大企业规模和经营范围的一种产权交易方式。企业实施联合或兼并的原因有以下几种。

(1) 投机性动机。由于企业普遍存在成本信息不完全和经营状况不确定两个特点，在这种情况下，一个企业一旦资产贬值、股价大跌，就会招来兼并商。兼并商通过收购该企业并加强经营管理就可以增加企业生产经营性利润，同时通过调整投资政策，又可在资产重估升值中赚回一笔净收入。

(2) 以经济规模为目的、效率动机。其依据是大批量生产的企业进行专业化协作生产，利用参与联合的各个企业各自生产设施、营销网络、专有技术、管理经验和其他闲置资源的重新优化组合，使企业获得相对的低成本优势和较大的市场份额。

(3) 多样化动机。通过多样化经营，企业可以避开内部扩张风险，减少对单一产品市场的依赖，增强经营适应能力。企业联合与兼并的目的可能是进行企业结构性调整，剥离不相关业务，突出经营重点，努力保持有利竞争地位。这是一条与多样化动机相反的思路。

(4) 弱化竞争和形成垄断的动机。通过同行联合与兼并，可以达到减少竞争、垄断市场、提高售价的垄断性目的。

1) 企业间合作战略

企业间合作战略也就是企业间的战略联盟，即企业为实践自己的战略目标，与其他企业建立起伙伴关系，进行战略上的合作，形成能达到共同目标、获得最大利润的网络型长期联盟。这种战略联盟可发生在一个企业与其供应商、销售商及相关企业之间，有时也可能发生在竞争对手之间。

对多数大中型企业来说，面对的市场竞争是垄断竞争或寡头竞争，也就是说是少数的几家同行业的企业之间的竞争。例如30年前由法国宇航公司、德国宇航公司、英国宇航公司、意大利阿莱尼亚公司和西班牙CASA公司组成的空中客车工业公司，已逐渐成为美国波音公司和麦道公司的强大竞争对手，这迫使美国波音公司与麦道公司于1996年达成联合。又如，1996年美国国际联合电脑公司就与十数个公司签订了战略性合作协议，包括微软、英特尔、DEC等公司。近年来，经济学家发现博弈论(对策论)在经济管理中具有重要应用价值，并能解释很多经济现象和行为。1996年诺贝尔经济学奖就授予三位博弈论专家：纳什(Nash)、泽尔腾(Selten)和海萨尼(Harsanyi)。这说明博弈论在经济管理学中的重要地位。根据研究可知，寡头垄断情况下，合作对双方总体有利，但不稳定；竞争对个体来说是最优选择，但结果是两败俱伤。现实生活中，这类例子可以举出很多。

2)　企业兼并(合并)战略

在市场经济中，企业兼并是竞争的自然结果。企业都希望形成垄断，以获取垄断利润，这是对完全竞争的合理的资源配置的一种反动，是不利于社会的。但是，从另一方面来说，适当的兼并可以获得规模经济效益，节省市场交易费用，对资源配置有积极意义。

从企业的角度看，企业兼并往往是一种投资少、速度快和风险小的发展战略。兼并企业可以利用被兼并企业的销售渠道和市场份额，同时又可以减少竞争对手，在一定程度上形成垄断势力。值得注意的是，近年来国际上的大跨国公司都是以这种购买兼并的方式迅速进入发展中国家，消灭东道国的民族品牌，最终形成垄断以获取高额利润。这种情况值得我们警惕。同时，对我国本土企业来说，应加以借鉴，通过国内企业的兼并重组，壮大企业的实力与其抗衡。企业兼并(或合并)战略主要有三种类型。

(1)　纵向兼并。这是指处于相邻生产阶段的不同企业间的兼并。这种兼并又可以分为后向兼并和前向兼并。后向兼并是指生产企业兼并其原材料或零部件供应企业，即兼并其上游的生产企业。这种兼并的动因是加强企业对原材料或零部件供应的控制。向前兼并是生产企业兼并下游的再次加工的企业，甚至兼并产品流通环节的企业，其动因是便于接近和控制最终产品市场。纵向兼并的程度，取决于交易费用和企业管理费用之间的权衡。一旦实现兼并，交易费就可以省下来。但与此同时，企业内部的管理费用就可能因企业规模过大而上升。因此，恰当的权衡交易费用和企业管理费用是决定是否实施纵向兼并的准则，也是形成企业与市场边界的重要因素。这些因素又取决于市场发育程度和企业管理的水平。

(2)　横向兼并。这是指生产同类产品或者工艺相近的企业间的兼并，其动因是迅速扩大规模，减少相互间的竞争，提高兼并后的竞争实力。从国家和社会的角度看，如果这种兼并形成国内市场的垄断，则不利于国内资源的配置；如果兼并后能产生明显的规模经济效益，又能增加对外竞争实力，则还是应该加以鼓励的。

(3)　复合兼并。这是指产品与市场都没有紧密联系的企业间的兼并。其动因主要是实现多角化经营以降低企业的经营风险，经常发生于同一地区或同一隶属关系的企业之间。

4. 企业经营战略的分析方法

战略分析的技术与方法首先要根据企业内部各项业务的优势、相应的产业特征及发展阶段，分析企业目前业务组合情况，然后用一定的评价标准为各企业定出发展前景和目标，得出相应的战略态势选择。下面以波士顿矩阵分析法为例进行阐述。

波士顿矩阵是由美国波士顿咨询公司(Boston Consulting Group)发明的一种被广泛运用的业务组合分析方法。其基本分析思路体现在图3-2中。

根据波士顿矩阵，一个企业的相对竞争地位(市场份额)和业务增长率，是决定一个企业的整个业务组合内某一特定业务单位应当采取的战略的两个基本参数。相对竞争地位(市场份额或者市场占有率)决定一项业务产生现金流量的速度。因为与竞争对手相比，占有相对较高的市场份额的企业一般拥有较高的利润幅度，并因而能提供较高的现金流量。另一方面，业务增长率(即销售增长率)对一个企业的战略选择具有双重影响。

(1) 业务增长率影响获得市场份额的难易程度。在一个增长缓慢的业务领域，一个企业市场份额的增加通常来自它的竞争对手市场份额的下降。

(2) 业务增长率决定一个企业进行投资的机会水平，增长着的业务领域为一个企业把现金投入该领域并获得较好的利润回报提供了机会。当然，这一机会同时也给企业带来一些问题。因为某项业务领域增长越快，为支撑这一增长所需要的现金流量就越多。

如图 3-2 所示，纵向坐标表示销售增长率。横向坐标表示市场占有率，而图中每个圆圈表示一种业务，圆圈大小反映了企业利润总额中由该项业务单位所提供的比例，虚线则表示实施有关战略后的结果。

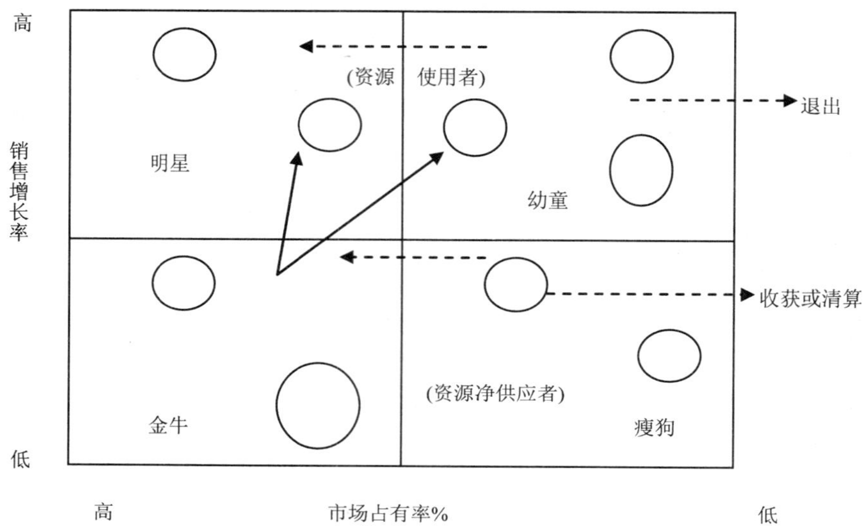

图 3-2 波士顿矩阵图

波士顿矩阵根据销售增长率和市场占有率将企业的各业务单位分为四类。

1) 明星类

明星类的业务单位具有高销售增长率和高市场占有率，因此其现金数量的创造量都很大。它为企业提供了最好的利润增长和投资机会。因此对“明星”的最好战略是进行必需的投资以保持其竞争地位。

2) 金牛类

金牛类的业务单位具有低销售增长率和高市场占有率，创造的现金数量高于自身对现金的需求量。因此，它能为其他各类业务(主要是明星业务和幼童业务)的发展提供所需的财力资源。企业对实力不同的金牛业务单位应采取不同的战略：对产品市场进入衰退期的金牛业务，企业可以在尽量短的时间里多获取收益，最终推出该项业务；对于刚进入产品市场成熟期的金牛业务，企业可采取在较长时间内维持现有市场份额的策略，以利用其提供的资源发展其他业务。

3) 瘦狗类

瘦狗类业务单位即低销售增长率和低市场占有率的部门。该业务单位为维持现有竞争地位所需的资金往往超出它所创造的现金量，因此瘦狗业务单位通常是放弃或清算的对象。但在少数情况下，瘦狗业务单位经过努力能发展成金牛业务单位，成为可靠的资源供应者。

4)　幼童类

幼童类业务单位具有高销售增长率和低市场占有率。由于要增长，它们的现金需求量很高；而由于其市场份额所限，它的现金产生量又较低。因此，对部分经过选择的幼童业务，可进行必要的投资以获取增长的市场份额，并促使其成为“明星”。对其他的幼童业务，企业就有必要退出这些产品，重新分配资源以形成更有效的业务组合。

波士顿矩阵是进行公司战略分析的有效方法，但它也有不足之处：主要是市场占有率和销售增长率较难获得精确的数据，并且没有考虑市场差别化等其他竞争手段对业务单位运作的影响。为此，如GE、壳牌石油等公司都做过改进的业务矩阵分析，使其业务单位分类的指标更加丰富化和多样化，以求克服上述缺点和不足。

五、企业技术创新策略

“科学技术是第一生产力。”市场经济的发展，使作为市场经营主体的企业的竞争优势和获利能力越来越依赖于技术创新。通过科技开发和技术引进实现技术创新已成为企业生存和发展的根本性战略。

1. 技术创新概述

技术创新理论的创始人是美籍奥地利经济学家约瑟夫·阿罗斯·熊彼特(J.A.Schumpeter，1883—1950)。他在其著作《经济发展理论》中给技术创新下的定义是：创新是一种新的生产函数，即将生产要素及生产条件进行的新的组合并引入生产体系，从而带来利润的发明。澳大利亚学者唐纳德·瓦茨的观点是：所谓技术创新，是指对科研成果进行技术开发，通过商业化转化而创造利润的过程。一般说来，把对科研成果进行技术开发，创造出新的发明，包括新产品、新工艺、新材料、新生产经营方式等，称为狭义的技术创新。广义技术创新包括“研究开发、狭义技术创新和创新扩散”的全过程。

关于技术创新的动力机制，人们一般认为，技术创新是由科技发展推动和社会需求拉动共同作用的结果。技术创新是企业的一种特殊职能活动，它具有如下特点。

(1)　创造性。技术创新的创造性体现在两个方面：一是创新主体的创造性；二是创新结果的新颖性。创新主体首先要具有突破传统的观念，具有创新意识、创新思维和创新行为；其次，创新者还必须具有勇于开拓的精神和坚韧不拔的毅力，要敢于承担风险。成果的新颖性是创新观念与创新思维的物化和结晶，这种与传统产品的差异性和独特性形成了新成果相对于老产品的价值增值，这就是创新成功的实质和价值。

(2)　经济性。企业技术创新的根本目标是创造更多的经营利润，以求得企业的生存和发展。技术创新通过生产要素的重新组合，创造出高附加值的产品，大大地提高了企业的经济效益，这也正是企业技术创新的动力所在。

(3)　风险性。技术创新是一种创造性的活动，它包含许多未知的因素，有较大的不确定性。技术创新的不确定性主要来自三个方面：一是意识技术开发的不确定性；二是市场的不确定性；三是技术有一定的生命周期，而且它与外部环境及技术发展的趋势有关。因此，一项技术什么时候过时，一个产品什么时候被淘汰，也都具有不确定性。这些不确定性就构成了技术创新的风险性。发达国家的统计表明，以产品开发为内容的技术创新，其产品开发阶段的成功率为1/6；产品开发成功后投入市场的成功率不到2/3，即产品创新的最终成功率还不及1/9。

(4) 周期性。技术创新的周期性是指一项技术创新成果产生后，并不能永久保持其新颖性，更新的创新成果还会继续出现，新的创新成果将不断地代替旧的成果。而且，技术创新每向前推进一个周期，创新的技术实力就增长一步。

2. 技术创新的战略选择

技术创新是一个过程。不同企业由于其规模不同、经营方向不同、创新能力不同，其技术创新的战略也就有所不同，具体有以下几种技术创新战略供选择。

1) 自主开发型技术创新战略

自主开发型创新是指企业依靠自己的力量独立完成创新工作，技术创新所需要资源由企业投入，企业对创新独自进行管理。这种创新模式具有三个特点。

(1) 技术突破的内在性。自主创新并不是对研究开发上的每个技术环节都面面俱到。但其中的核心技术或主导技术必须是由企业自身独立研究开发获得的。

(2) 技术与市场开发的率先性。率先性是指自主创新所追求的目标，新技术成果具有独占性。

(3) 知识和能力支持的内在性。知识和能力支持是创新成功的内在基础和必要条件。自主创新具有较强的竞争优势，但同样也具有较高的技术风险和市场风险。

自主开发型技术创新战略又可细分为以下几种具体策略。

(1) 领先策略。

领先策略是指通过科技开发取得的成果在同行或某一范围内具有领先地位。由它形成的技术创新具有明显的特殊优势，能迅速进入市场转换为商业价值。

(2) 追随型策略。

追随型策略是指采取领先策略的企业先搞出新技术来，当它的产品出现在市场上时，立即通过专利情报分析或食物剖析，掌握技术关键，自己进行仿制和改进，开发出类似产品或技术。追随策略的优点是研制成本低、风险较小，但会受专利保护的制约，提高市场占有率难度大。

(3) 仿制策略。

仿制策略亦称“成本最低化”策略。这种策略通过仿制，用比较低的成本开拓市场。仿制策略包括两种仿制策略：其一，完全仿制创新策略，一项新技术从诞生到完全使市场饱和是需要一定的时间的，所以还存在一定的市场空间，使得技术模仿成为可能：其二，模仿后在创新，这就是在引进他人技术后，经过消化、吸收能在模仿后在创新的过程中超过原产品的技术水平。

(4) 使用工程策略。

使用工程策略亦称部分市场策略。这是一种将工程技术专门用于少数特定需求用户的技术，完全实行一对一的针对性的服务，因此要求有很强的产品开发、工程设计以及制造系统灵活多变的能力。它在整个产品生命周期中的各个阶段都可以实施。

2) 引进型技术创新策略

引进型创新是指企业为追赶先进技术，利用各种手段购买其他企业(在我国通常指国外企业)的专利、技术诀窍，通过消化、吸收后在创新的方式。与模仿创新相比，从市场进入的角度讲，更能体现“新”字。对于发达国家，不管其科技力量多么雄厚，也要进行技术引进，而且世界上的技术转移有 80%以上是在发达国家之间进行的。作为发展中国家要想在短时间内提高科技水平和自主创新能力，则更应该进行引进型创新。

技术引进与自主开发相比有如下优点。

(1) 可以赢得时间，争取高速度发展。

(2) 可以节约费用，降低技术创新成本。

(3) 可以降低技术创新的风险。

(4) 可以克服自身技术人才不足的矛盾，通过技术引进还可以培训自己的技术力量。

但是技术引进也有其不利的一面。

(1) 由于技术市场竞争激励，引进技术的先进性、适时性都会受到技术供应方的限制。

(2) 技术出口国的政府管制障碍，经济发达国家出于他本国的安全以及有关法律和税收考虑，常常限制某些技术出口，或限制向某些国家出口某种技术，这就是技术出口国的政府管制。

(3) 企业对引进的技术的消化、吸收能力差也是制约引进型技术创新战略的内部条件。

引进型技术创新战略可细分为以下策略。

(1) “甘居下游”策略。

引进技术的水平与国外先进技术相比属落后技术，但在本国或本地没有来自新技术的竞争威胁，产品销路较好，因此引进技术的企业仍有利可图。

(2) “老二”策略。

引进技术的水平仅次于国外先进技术的技术水平，属于二流技术，但还有一定的竞争力，在国内仍属先进技术，商业利润也很高。

(3) “后发制人”策略。

这种策略是指引进二流技术，然后通过消化、吸收并进行改进，迅速达到或者超过国外的先进技术水平。这是一种高难度的策略，它要求企业有较强的科研开发能力，而主要是要具有对引进技术的核心技术的消化、吸收的能力，即第二次开发能力。

(4) “抢先”策略。

这种策略是在新发明一经出现，立即引进该项技术，并抢先进入商品化，抢先策略，要求企业有强有力的情报机构和强大的技术开发能力以及科技成果的商业化转化能力。

3) 协同技术创新策略

所谓协同技术创新，就是指组建技术联盟，实施企业技术创新。技术联盟是指两个或两个以上的企业(大多为集团化企业，同一国家或跨国的均可)、科研单位、大专院校，为实现某一技术创新战略目标而建立的一种合作伙伴关系，这是自 20 世纪 80 年代以来，西方国家越来越时兴的创新方式。协同技术创新的合作内容涉及技术创新活动的整个过程，是企业技术合作创新的最新形式。它标志着企业技术创新活动正在由一个企业独立创新为主，转变为多个企业共同创新和产、学、研协同创新。它是现代企业创新模式的发展方向。

4) 全球化技术创新战略

全球化技术创新战略是指企业在国外设立研究和开发机构，利用所在国的科学技术资源、人才资源实现科技创新，以此达到科技成果共享、提高生产效率和国际市场竞争力的目的。全球化创新策略在发达国家日益盛行。我国也应顺应国际大趋势，让一些有实力的大公司、大集团走出国门，将科研部门和实验室搬出去，或雇佣国外投资研究与开发领域的科学家、工程师为我们服务，从而紧跟世界科技前沿，充分利用国际分工的好处。例如，我国康佳电子集团把数码电视的研究开发部放在美国，经多年开发、攻关，终于制成我国第一部高清晰度的数字彩色电视机。

【任务实施】

任务一 创新成就3M公司“青春不老”之神话

1. 3M公司的创新奇迹

3M公司创建于1902年，总部设在美国明尼苏达州的圣保罗市，公司全称为明尼苏达矿业制造公司(Minnesota Mining and Manufacturing Company)，简称3M，是世界著名的产品多元化跨国企业。3M公司的发展历史是一部不断创新的历史，创新是3M公司克服困难、取得成功的关键因素。3M公司最初创业的目的是为开采苏必略湖的研磨材料金刚砂，然而两年后便遭遇金刚砂销售不旺、公司濒临倒闭的挫折。此后，3M公司将营销范围扩大为制造销售以金刚砂为原料的砂纸厂商。经过一代又一代3M人的奋斗，不断发展，才成为今天的全球跨国公司。在这部发展历史中，3M公司共经历了五个阶段：在创业阶段，3M公司通过创新度过了生存危机，找到了公司的发展道路；在发展阶段，创新成为3M公司迅速成长的强大动力，其不断开发的创新产品是其成长的真正的原动力；在多元化经营阶段，创新是3M公司取得成功的关键因素；在跨国经营阶段，创新帮助3M公司的海外子公司不断发展壮大；在全球经营阶段，技术创新的好坏直接影响了3M公司未来的长远发展。

3M公司素以勇于创新、产品繁多著称于世。在其百多年的历史中开发了6万多种高品质产品，范围涵盖30种以上主要科技类别。3M的商品群从日常生活中的家庭用尼龙刷到以利贴胶纸为代表的各种各样的文具用品，从汽车上各种配件材料诸如空气滤清器、汽车引擎的垫片材料和隔热材料等到道路标志反光材料，从电脑的软盘、只读光盘、画面滤光镜到医用绷带、胶布等几乎无所不包。世界上有50%的人每天直接或间接地接触到3M公司的产品。今天的3M公司在全球拥有近8万名员工，在32个国家设有分公司，在全球设立的实验室超过70间，科研人员超过6500人，年销售额达150亿美元，利润超过25亿美元。海外业务超过公司总业务量的52%。美国《商业周刊》杂志将3M公司评为“世界上最有创新力量的跨国公司”，美国《财经》杂志评选3M为五十大公司之一。美国的《财富》杂志将3M公司的创始人威廉·克奈特(William MoKnight)评为20世纪最伟大的十位CEO之一。2009年，3M公司在全球著名管理咨询公司合益集团和管理杂志《首席执行官》(*Chief Executive*)共同举办的“2008年领导力培养与发展最佳公司”的评选中脱颖而出，荣登“2008年领导力培养与发展最佳20强企业”榜单首位。

2. 3M公司的创新管理模式

企业除了在充分重视核心产品的技术创新的同时，还必须重视对技术创新的管理，从而将一个好的技术创新更快、更好地商业化。

3M公司的技术创新管理主要是通过“逆向战略计划法”、“先导用户法”和其他方法，使各种资源的利用更加合理、企业整个系统运行更加和谐高效、生产能力得到更充分有效的发挥。

1)　逆向战略计划法

3M公司对创新战略的管理通过实施“逆向战略计划法”来保证创新能有效地为公司的增长服务。值得一些制定创新战略的企业家们注意的是，3M公司并没有事先将重点放在一个特定的工业部门、市场或产品应用上，然后再开发已经成熟的相关技术。3M公司的做法是先从一个核心技术的分支开始，然后再为这种技术寻找可以应用的市场，从而开创出一种新的产业。

逆向战略计划是指一种先有解决问题的办法后有问题的创新模式。3M公司核心的技术从总量上看并不是特别多，很多创新和发明都是围绕既有的技术成果交叉展开的。它的研究人员通常都是先解决技术问题，然后再考虑这种技术可以用在什么地方，即所谓的逆向，由技术来引导市场。3M公司的前首席执行官德西蒙曾经说过：创新给我们指示方向，而不是我们给创新指示方向。事实上，3M公司的做法是试图通过一种类似温室一样的、允许分支技术自己发展的公司文化来支持研究活动。

基于逆向战略计划法，3M公司对创新的管理分为三个主要阶段：涂鸦式创新、设计式创新和指导式创新。这些阶段从大到小呈漏斗状，首先得到一直认可和赞许，逐渐再演变成更加深入和集中的努力，在创新战略的整个实施过程中实现众人支持与专人负责之间的平衡，并按不同阶段逐步增加人力和资金的投入，约束随着阶段的进展逐渐加强，到了最终阶段，方法和落实要根据经营策略和财务状况来决定。3M公司漏斗状创新机制的关键在于怎样改善管理。在公司智囊团还在争论不休的时候，许多非常好的新技术往往已经出现了，还有更多的新产品已经显示出它们的市场潜力。创新如果要想取得全方位的成功，还要靠那些熟悉市场的营销人员的努力，管理层则必须具有为产品选择正确的应用方法、准确的市场需求预测以及为把产品送到顾客手中而落实的经营策略。

此外，3M公司还有三个管理策略来配合逆向战略计划法。根据3M公司技术部人员的亲身体验，“弹性目标”是第一个原则，它是培养创新的一种管理工具，方法就是制定雄心勃勃的但要切合实际的目标。“视而不见原则”是第二个管理原则，3M公司的管理人员必须要有一定的容忍能力，即使你屡次想要取消明显不切实际的研究计划或者什么想法，“如果要拒绝，我们一定要充分思考，并给出充分的理由”。第三是“授权原则”，在具体的创新操作过程中，授权是在员工已做好创新的思想准备之后让他们开始工作．但创新主要还要靠他们自身的动力，当他们在发明创造时，公司就要及时给予帮助。

2)　先导用户法

先导用户法是指许多商业上重要的产品最初是由“先导用户”——经常走在市场潮流前面的公司、组织和个人最初想到的甚至定型的。他们的需求远远超出普通用户的需求，以至于这些先导用户能够在自己的需求方面进行创新，而这些创新以后可能有助于商业突破的出现。先导用户法把发明创新的工作转变成了确认先导型用户和向他们学习的系统性任务。其核心思想是：向先导用户学习，向顾客或用户学习，从他们那里获得开发性创新性产品的思路、灵感和技术。先导用户法并不是一种新的思想，实际上，很多研究发现创意最初就是由用户而不是制造商提出来的。例如，在化工行业，70%的新产品创意来自用户，而在某些机械行业，这一比例高达 80%。正由于用户的重要性，几乎所有的企业在开发新产品时，都是从访问用户和从用户处搜集信息开始的。通常，开发小组会运用诸如集中小组访谈之类的方法，从目标客户搜集信息，了解他们对现有产品(包括竞争产品)的看法；也可能通过分析销售数据、销售人员的客户访问报告和顾客要求与抱怨的资料，从中发现新的产品构思。这种向用户学习的方法，假定用户可以提供企业所需要的信息，而研究与开发人员则根据这些信息创造性地提出新产品开发思路。

3. 3M 公司的组织模式创新

组织模式是对一个组织的复杂性、正规化、集权度的描述，它对于组织完成其组织目标起着重要的作用。每年 3M 公司都投资 10 亿美元或将总收入的 6.7%用于研发。在大约 7000 人的研究机构中，美国有 5000 人，其中大部分都在圣保罗，也有许多人在得克萨斯州的奥斯汀市，那里是电子、电气和通信产品的聚集之地。还有 2000 名研发人员在海外，日本住友拥有 500 人的技术队伍，是海外最大的研究机构；设在德国和英国的研究机构的规模则位居第二。

1949 年，麦克奈特提出改革 3M 公司的组织结构。在一系列试验成功后，麦克奈特决定，“权力下放”将会更好地促进整个公司业务的发展，因为这样成立新的部门就相对容易一些，而且“公司的规模有多大将不会再有什么限制”。每个部门都有一批销售人员、一个研究实验室，并且自负盈亏。最后，公司的规模逐渐扩大，40 多个部门不得不通过产品或市场归类的方法来进行协调，但麦克奈特所设立的基本结构仍然未变。各业务群具备技术、生产、市场调查等完善的功能。也就是说，业务群副总裁之下另设有技术总监、生产总监、市场调查总监，由四者构成群的中枢。3M 公司的业务部保有极高的自主性。在推动开展业务时，只要是 3M 公司的技术，任何业务部都可以利用，而且，推出任何产品也全权委托给业务部自行决定。这种自由决定权使各业务部的活动充满创意和活力。

总公司扮演协调角色，它的基本功能有：第一，负责各业务群间的协调。它们虽能独立开展业务，但若没有一定的方向，就无法发挥分工合作的功效。因此，从整体观点而言，有效活用分散的资产非常重要。总公司必须负责协调业务部，甚至海外子公司的资金调度、研究开发、人才交流等。3M 公司利用这种方式，促成整体的有效分工。第二，在新产品商品化时，从中协调以活用、共用公司既有设备。基本上，生产设备属于各业务部，但由总公司站在整体立场适度地加以安排活用。换言之，3M 公司的原则是——以既有设备取代新设备、生产新产品。总公司以这种方式机动地统合各业务部，充分发挥并享受分工合作的效果与利益。同时，各业务部有义务缴纳一定的“权利金”给公司管理部门。由总公司将其转用于 3M 公司整体的研究开发与设备。

此外，业务部与在其上的业务群、业务间隔集团的关系也是如此。尤其业务部是各种业务的战略中心，必须有效控制并追求利润，进行资源分配。利用这种方式，3M 总公司甚至其属下的业务部一方面依利润的增减调整研究费用的年度预算；另一方面拟订一个对 3M 公司而言最合算的投资计划。

在20世纪90年代中期，3M公司的研究机构大致可以分为三个层次，分别对应三种不同的创新类型，如表3-2所示。部门实验室与客户和已经开发的产品紧密结合，满足当前的需要；高级实验室则在3～10年的时间内开发特定的技术群体；中心实验室则主要致力于长期的技术开发。

表3-2　3M公司的研究机构层次图

实验室	主要任务	时间构架	创新类型
部门实验室	产品开发、产品控制、技术服务	当前业务0～3年	延长产品的市场寿命
高级实验室	高级技术开发	3～10年	改变竞争的基础
中心实验室	新技术开发	10年以上	新产业

在近期，3M公司修改了先前的研究机构，为发展技术平台提供更加明确的责任界限。技术中心取代了高级实验室，并吸收了中心实验室的一些功能。每个技术中心负责开发一个或几个技术平台，同时为产品寻找新的用途。3M公司的研究管理层唯恐陷入各部门只负责客户联系和具体产品开发、实验室则专门进行研究的思维定势。3M研究与开发部主任比尔·科因这样说："技术中心自主开发新产品，部门实验室应当在技术中心和客户之间。所有实验室都应对大家开放，部门经理有权享用公司的全部实验室。长期研究项目也许可以为短期开发项目提供帮助。"

这种结构调整的目的在于保持不断地创新，防止各部门对自己当前的产品结构产生满足思想，防止研究人员一味地研究一项技术而不考虑产品的相关应用。

4. 3M公司的创新激励

3M公司创立了十二种类的奖励制度，以奖励那些对公司发展有贡献的员工，最高档次的奖项被称为公司诺贝尔奖，是以第五任总裁理查·卡尔顿命名的卡尔顿奖。该奖项颁发给被认定研究成果对公司发展有着巨大贡献的功臣。至今已有130多人获卡尔顿奖。对获得该奖项，获奖人的心情是"比结婚典礼还激动"，并将此作为自己获得杰出成绩的一种炫耀。

激发员工创意是领导层的职责。在3M公司，领导层把激发员工创意和形成自由创造的企业环境作为工作的主要职责。他们采用各种各样的方式，把这一切自然而人性地糅合渗透进企业文化之中，使之成为企业文化而固定化，从而成为公司从上至下的共识。

3M公司的奖励制度，不论是对整个小组或个人，都有鼓励作用。当他们的产品发展计划越过重重障碍有所成就的时候，小组每位成员都会因此获得晋升。小组兴旺，创新斗士自然获益匪浅，反之亦然。创新斗士的发明一旦成功，立刻就会受到3M公司英雄般的热烈款待。在3M公司的价值观中，几乎任何新产品构想都是可接受的。而且，在3M公司，失败者也会受到鼓励。赖尔董事长经常用过去的实例勉励员工，不要怕失败，即使失败也切勿气馁，应当发挥企业家奋斗的精神。不屈不挠、坚持到底，在3M公司，终有成功的一天。

成功在3M公司是受到奖励的，但是，失败同样被看作将产生甜美的果实。如果员工以自己的想法为基础，依自己的构思进行研究，即使以失败而告终，公司也决不刁难，反而加以鼓励。因为公司领导认为：即使是正式列入计划的研究开发课题也可能失败，从失败中获得的经验更加难能可贵。正是由于公司这种宽松、容忍、支持的研究风气以及领导层强烈的意识，在 3M 公司，失败不仅不是令人难堪的事，有时，研究人员还往往将自己失败的结果向其他部门介绍宣传，结果失败也给 3M 公司带来丰硕的果实。

在 3M 公司，独树一帜的终身雇佣制度也起到了激励创新的作用。即让包含研究技术人员的所有员工，基本上都能享有年功晋升和终身雇佣的待遇。事实上，3M 公司的高层领导都在公司服务了 25 年以上，现任总裁狄西门已服务了 43 年。而员工一旦进入 3M 公司，几乎很少有人在退休之前离职。这是因为员工在 3M 公司各部门工作都能得到充分发挥并获得满足感，而 3M 公司领导层也认为具有相当资历、经验丰富的员工是支撑 3M 式创新的最大力量。3M 公司的人事制度植根于鼓励支持创新，保证第一线员工自由度这样的企业文化之中，其人事制度有四大基本原则：尊重个人的尊严与价值；奖励员工每一个人的自主性或是自发性的行动；提供尝试挑战自我潜能的职位；不论出身、学历、经历及能力，毫无偏见并给予每个员工机会。

5. 3M 公司的创新文化

3M 公司一直致力于创造一个有助于创新的内部环境，这不仅包括硬件的研发投入，更重要的是建立有利于创新的企业文化。公司文化突出表现为鼓励创新的企业精神。对一个以知识创新为生存依托的公司而言，有强烈的创新意识和创新精神的知识员工是实现公司价值的最大资源，这是 3M 公司赖以达到目标的主要工具。在 3M 公司，有这样一种有利于创新的文化氛围，它包括以下几个方面。

首先是尊重个人的尊严和价值，鼓励员工各施所长，提供一个公平的、有挑战性的、没有偏见的、大家分工协作式的工作环境。尊重个人权利，经常与员工进行坦率的交流。主管和经理要对手下员工的表现与发展负责。鼓励员工发挥主观能动性，为其提供创新方面的指导与自由。冒险与创新是公司发展的必然要求，要在诚实与相互尊重的气氛中给予鼓励和支持。

其次是知识的交流。它将知识传送出去并且反馈回来，加强了知识在组织内部的流动。信息技术的采用为这个环节的实施提供了便利条件，尤其是电脑网络技术的应用。知识交流也需要来自公司高级管理层的重视。它要求公司的管理层把集体知识共享和创新视为赢得公司竞争优势的支柱。如果员工们为了保住自己的工作而隐瞒信息，如果公司所采取的安全措施和公司文化常常是为了鼓励保密而非知识公开共享，那么将对公司构成巨大的挑战。对那些想从员工中得到最大效益的 3M 公司管理人员来说，一个可靠的方法就是交流。3M 公司的集体协作气氛、经常性联络制度和员工们的主动精神，意味着交流可以在不经意之间发生。人们会出乎意料地把信息和主张汇集在一起。与国内外同行间的长期友谊和组织关系成为关键信息来源的高速路径。公司每天都会产生各种各样的新思想和新技术，让大家聚在一起通常会产生意想不到的效果。在公司规模还不大的时候，实验室主任便在每个星期五的下午召集员工坐在一起大家边喝咖啡边演示自己的研究计划。现在，3M 公司在全美和世界各地设有上百个分公司，因此要大家坐在一起进行交流已经不是那么容易了。管理人员通过各种会议、跨学科小组、计算机网络和数据库等方式将大家聚集在一起。

最后是技术论坛，这是 3M 公司创新活动的知识共享平台，是一个具有管理框架的大型志愿者组织，成员有数千人，每天都有各种活动。技术论坛的成立，目的是在鼓励信息的自由交换，为研究人员相互交流心得和解决疑难问题创造条件。是公司员工相互联络的一种方式。技术论坛下设分会、各委员会。分会主要讨论技术问题，包括诸如物理分会、生活科学分会和产品设计分会。技术论坛委员会负责组织各种活动、教育和交流事务。公司对外委员会负责 3M 公司员工与其他公司人员进行交流的活动。这个组织还通过公司内部的电视系统向全美各地的分部传送活动情况。交流委员会则向技术论坛成员定期分发公司的业务通信。员工在这些相互信任的气氛中交流受益无穷，这是一种文化、一种氛围。然而，更重要的是要培养一种环境，在这种环境中，员工可以与其他部门的人自由组合，同时每个人都愿意与他人共享自己所掌握的信息与知识。

由于将鼓励支持创新加以制度化，因而如果公司管理层的干部有出现抹杀现场员工的构想等违背企业文化的情况，便视为破坏了人事原则，其考核成绩因此会受到影响。另一方面，为了持续保持高度创造活力，人事部门担负着维系公司企业文化、努力创造出员工对公司信任的和谐环境的重大职责。人事部门认为，为了使员工能集中精力于工作上，必须先行去除令其烦恼的事务，诸如薪金及福利制度、升迁及雇佣问题等，从而消除员工的后顾之忧，使之全心全意投入工作。

3M 公司最重视的是充分给予研究技术人员自由的空间。公司创办人之一的威廉•迈克莱特曾表示，“经营者的独裁和员工自主性的丧失，是最可怕的事。”3M 公司领导层不仅坚持了这种经营管理哲学，而且公司也有一整套的措施保证这种思想得以延续。现任 3M 公司全球总裁狄西门(Livio Desimone)说：“我几乎全然不知道公司内目前正发生些什么事，也完全无法预测今天将生产何种商品。”公司的首席发明家亚瑟•傅莱说：“一个天才强不过一百个‘凡人’，通过不同见解激荡，便能引发革新。”这两段谈话，很贴切地突显出 3M 公司充分发挥员工创意的企业特色。一般来说，一间大型企业乃至中小型企业，公司对今后将推出什么商品，或在五年内、十年内将向什么产品方向发展，都会作出预测。然而 3M 公司即使是总裁——公司的最高领导，也无法预期公司将来会在何种行业中大展拳脚，这种“无须任何策略地迈向未来的策略”正是 3M 公司保持创新精神的独特过人之处。

3M 公司的研究开发部门在产品开发上有两个不成文规定，这就是 15%法则和“私酿酒”。15%法则是指研究人员可以将 15%的工作时间用于个人感兴趣的研究上而不需向上司报告；“私酿酒”的含义则是：隐瞒上司，秘密进行研究。在一般公司里，“无须对公司及上司唯命是从”的观念可说是大逆不道，甚至需冒被“炒鱿鱼”的风险。而在 3M 公司，这种精神却受到称赞。研究人员正是利用这两项法则不断在私下进行着连管理层也无法掌握的新商品开发，一旦获得一定成果，他们就会带着试验的成果，向上司展开推销。结果是各种各样的创新商品便因此而具体化、商品化。为了使这两个法则长期延续，不致因为领导更换而产生改变，公司刻意不将它们列入规章制度的明文规定，使得 3M 公司这两条构成企业文化核心一部分的不成文规定得以保持至今并继续为 3M 公司不断成长发挥着作用。由此我们可见 3M 公司的领导者对充分发挥员工创意，保持企业活力之良苦用心。

3M 公司的研发环境达到了这样的境界：第一是技术情报呈现任何人均可以加以利用的状态；第二是让员工以自己的兴趣，任意针对自我的新商品来进行试验、开发。即使是上司极力反对，员工也能用公司的设备和资金，继续从事研究开发工作。即使失败了，公司也绝不加以责难。这种听起来像天方夜谭式的管理方式，在 3M 公司已经形成制度化，成为从上到下的共识。

从 3M 公司的创新实践中我们可以得出结论：产品创新是以企业为主体，以市场为导向，以提高企业经济效益、增强市场竞争力和培育新的经济增长点为目标，以其创造性的构思和市场成功实现为基本特征的层次性技术经济活动的综合全过程，它由新设想的产生(获取)、研究与开发、中间试验、商业化生产、市场销售与扩散等一系列环节构成。

在 3M 公司创新实践中充分体现出产品创新的特点：第一，综合性。创新是技术和经济以及教育、文化相结合的综合性活动，创新能力不仅是一种技术能力，而且是技术与经济、教育以及文化相结合的综合能力。第二，系统性。产品创新是一个过程，一个系统工程，不是某一种单项活动或某一个环节。创新能力不仅包括技术能力，还包括决策能力、工程能力、生产能力和市场开拓能力。第三，创造性。产品创新的整个过程是一个创造性过程。第四，技术的开发、生成同技术的有效应用的统一。第五，与市场紧密联结。创新的主要动力来自市场需求的拉动和技术发展的推动，又以市场应用的成功作为项目实现的重要标志。第六，高投入性。产品创新一般都要求较大的投入，否则难以取得预期的效果。

3M 公司组织、奖励和调整员工队伍时都会紧紧围绕 3M 公司激励创新的文化而进行，这种文化深深植根于公司结构当中，经过长期不懈的努力，3M 公司鼓励创新的政策在过去十年中以各种形式做了尝试，现在它开始结出丰硕的果实了。

创新联系着 3M 公司的过去与未来。它以前途未卜的形式开始，逐渐成为一个资源丰富产品繁多的全球性企业，每天都发生着更加深刻的变化。3M 公司的员工表现出饱满的热情、旺盛的精力和不断扩大的集体首创精神。跟其他公司一样，3M 公司也存在不尽如人意之处，但在这里，即使普通人也可以被激发起来，以不平凡的姿态从事着自己的工作。

3M 公司的创新环境可以归纳为一点即寻求并利用自由、忍耐和个人首创这些价值观念，在商业环境中进行大胆的社会实践。从现在开始，如果 3M 公司继续发展一个世纪，它仍将是这些核心的价值观在新的变化的环境中继续鼓励创新的结果。

问题：

1. 你认为 3M 公司在创新过程中主要实施的策略有哪些？这些策略的效果如何？
2. 3M 公司是如何培育创新文化的？请谈谈你对创新文化的理解。

任务二　春秋航空公司的低成本运营模式

2000 年 7 月 15 日，一架印着春秋航空“China-SSS”标记的空客 320 客机飞抵虹桥国际机场，这意味着中国第一家低成本航空公司——春秋航空，有了第一架自己的飞机，首航日开出了烟台、桂林两条航线，最低票价仅 199 元，春秋航空从此开始了它的低成本运营之旅。

低成本航空公司的“鼻祖”是美国西南航空公司，成立于 1971 年。来自美国的数据显示，在美国西南航空公司进入后，机票价格下降了 54.3%，春秋航空是上海第一家民营航空公司，也是中国第一家提出按照“低成本”模式运营的航空公司。

全球的低成本航空公司一般都通过对售票、服务等基础设施做大量精简以降低成本。作为全球低成本航空公司的追随者，春秋航空一直坚持这样的做法：从一点直接飞往另一点，不绕行，用一种型号的飞机(空中客车 A320)以减轻维修、保养负担；千方百计地避免高价机场费和尽其所能地缩短起飞和降落的时间；机上的服务能省则省，尽量做到“无花边服务”不断地降低票价，甚至于票价可以只有 1 元钱。这些做法，必然惹恼老牌的航空公司，它们用“拉制飞行员流动”和“价格战”的狠招来驱逐这位胆大包天的闯入者。

在中国的航空管制的环境下，要做低成本航空公司，仿效美国西南航空公司是何等之难。40 年前，美国西南航空公司从美国的二类机场做起，在那里它们可以得到很少甚至全免的机场起降费，而在中国一些二类机场的起降费甚至比北京和上海还要高。而且在中国，航油是一家垄断，在价格谈判和延期付款上春秋航空毫无优势。对春秋航空来说，占总成本 80%的是刚性成本，不可能改变。而余下的 20%的成本中还有人力成本省不了，尤其是低成本航空的人力成本一般要比传统的航空公司高 50%左右。“低成本”从何而来呢？

春秋航空公司建立了独立于中航信之外的售票系统，仅此一项就节约了 6%～8%的成本，让老牌的航空公司和新兴的民营航空公司惊讶不已。此外，口碑式的广告宣传方式在春秋航空尤被推崇。这也是春秋航空节约成本的一个重要战术。

拿掉头等舱，尽最大可能安排座位，航班延误不赔偿，机上售卖食品……春秋航空借鉴国外低成本航空公司经验推出的这一系列举措，屡屡引起争议，却未使其客源有所流失。在春秋航空的飞机上，额外赠送的只有一瓶 330 毫升的矿泉水，航班上没有免费的食品供应、没有壁挂电视或者耳机享用等服务内容，却能为乘客节约几百元的机票费用，凭借这样一笔明细账，春秋航空成为国内大众自费出行的首选，春秋航空航班的客座率也一直保持在 95%以上，高出老牌航空公司近 2 成。

5 年前，春秋航空一切从零起步，发展到 2010 年 7 月，已拥有 20 架 A320 飞机，开飞了国内 50 多条航线，年年盈利，安全、服务、诚信等各项行业指标等均处于行业领先水平。2010 年上半年，春秋航空营业收入 14.7 亿元，比上年同期增长 60%，而税前利润更是比上年同期翻了两番，达到 1.6 亿元，2009 年上半年，春秋航空的利润为 4117 万元，而 2009 年一整年，春秋航空的盈利是 1.58 亿元。从 2011 年开始，春秋航空平均每个月都要引进一架飞机计划到 2015 年机队规模达到 100 架。

2010 年 7 月 28 日，春秋航空公司正式开通上海浦东至日本茨城包机航班，成为国内首家飞出国门的民营航空公司。在日本，低成本航空普及水平还很低，首家中国低成本航空公司进入日本，引起日本媒体和社会的极大兴趣与关注。春秋航空还在就开辟日本市场的其他航线进行洽谈，之后还将争取开拓韩国和东南亚市场。

(资料来源：豆丁网，http://www.docin.com/p-231585514.html)

问题：

1. 在节约成本方面，你认为春秋航空公司做得最出色的是哪几点？

2. 春秋航空公司的低成本运营模式为什么能获得成功？请结合相关战略管理理论进行全面分析。

任务三 康佳的低成本战略

康佳从事的领域是竞争性极强的彩电行业。进入 20 个世纪 90 年代，随着彩电市场竞争日趋激烈，部分彩电品牌被淘汰出局。这一时期，彩电行业内开始出现联合并购现象，上海三大彩电品牌金星、飞跃、凯歌组成上广电，牡丹江康佳、南通长虹、深圳 TCL、云南海信等跨地域企业横空出世。

中国彩电工业经过近 20 年的发展，由于市场的开放、竞争，企业的自强不息，已经成为发展最为成熟、国产化程度最高、最经得起“入世”考验的行业之一。彩电市场也由昔日的卖方市场演变成为现今的买方市场。价格杠杆驱动市场变化，市场变化又灵敏反应为价格信号，价格竞争于是成为市场竞争最直接最有效的“杀伤性武器”。几乎所有的价格竞争都源于市场的供求矛盾，彩电市场亦不例外。价格竞争于是成为彩电市场的主旋律，价格战的结果促使彩电行业已由垄断竞争走向寡头竞争。

1. 康佳的 SWOT 分析

SWOT 分析法是企业战略管理中比较流行的一种系统分析工具，它通过对企业优势(Strengths)、劣势(Weaknesses)、机会(Opportunities)、威胁(Threats)进行综合客观分析，以便掌握企业的竞争态势，作出合理决策。这里，不妨对康佳进行一下 SWOT 分析。

分析人员搜集的资料如下。

(1) 品牌优势。持续的名牌战略，使得康佳品牌具有极高的知名度和美誉度，据有关机构评估，康佳品牌价值 78.87 亿元，居国内品牌第六位，并被国家工商总局认定为“中国驰名商标”。品牌这一巨额的无形资产成为康佳对外扩张的有力武器。

(2) 融资渠道。康佳 A、B 股同时上市，资信优良，是各大商业银行的黄金客户和银行合作对象。1997 年、1998 年、1999 年中国银行分别向康佳提供 38 亿元、42 亿元和 50 亿元的融资额度，1999 年，康佳新增发行 8000 万 A 股，筹资 12 亿元，加上母公司和各级政府鼎力扶持，公司实力雄厚，融资渠道广阔。

(3) 营销网络。康佳在全国各在中心城市设立了 60 多家销售分公司，与全国 95%以上的地市级大商场开展工商合作，终端销售商达到乡镇一级，建立了 300 多家个特约维修站、3000 多个外联维修点，形成了覆盖全国的市场销售网络和售后服务体系。

(4) 成熟管理。康佳作为中国首家中外合资电子企业和第一批公众股份制公司，很早就按现代企业制度和市场竞争机制运作，形成了规范、高效的管理体系和运行机制。特别是在质量管理和生产组织方面，康佳是我国彩电行业首家通过 ISO 9001 质量管理体系、ISO14001 环境管理体系国际国内双重认证的企业。

彩电属于劳动密集型行业，康佳地处深圳特区，相对于长虹等内地竞争对手而言，生产成本、管理成本、运输费用要高。另外，如果仅立足深圳，康佳的市场辐射半径难以覆盖全国，特别是一些地方彩电品牌所在的区域市场，康佳难以打入。

内地一些国有彩电生产企业，拥有优良的厂房、设备、素质较高的干部、工人，低廉的生产成本，一定区位的市场，但是由于机制、市场等方面的原因，在愈来愈激烈的竞争中无可避免地败下阵来，债务积压，工人下岗，设备闲置，人心思变，急于寻找出路。当地政府欢迎康佳这样的优势企业来收购、兼并，搞活困难企业，国家也鼓励东部沿海企业到中西部地区投资、交流，并出台了相关优惠政策。

竞争对手长虹等依靠其规模和成本优势，不断挑起价格战；高路华、彩星等“新面孔”以超低价挤进业已竞争激烈的彩电市场；东芝、索尼、三星、飞利浦等跨国公司一改单纯进口的方式，纷纷以合资的形式进入中国彩电市场，实现本土生产，本土销售；中国即将加入 WTO。

通过上面的分析，康佳根据市场布局，利用品牌、融资、管理、营销等方面的优势，与内地彩电企业展开合作，利用其现有的厂房、设备，以达到降低成本费用、扩大经营规模、缩短运输距离、抢占区域市场的战略目的。

2. 康佳低成本扩张的实施

很多媒体把康佳与内地经营困难的国有彩电企业之间的合作，称作兼并收购，其实并不准确。作为民事法律行为的企业并购，从一般意义上讲，是指一个企业通过参股或者直接出资等形式，取得其他企业的部分或全部产权，并使之失去法人资格或改变法人实体的一种企业经营投资策略。兼并和收购往往同时进行，所以又常常简称为“并购”。兼并的结果是被兼并企业失去法人资格，收购则是股权买卖行为，被收购企业并不失去法人资格，但也不产生新的企业法人。

而康佳的低成本扩张模式不同(见表 3-3)。以重庆康佳(简称“重康”)为例，重康注册资本 4500 万元。从股权结构方面看，深圳康佳以 2700 万元现金投入，占 60%股份；重庆无线电三厂以实物作价 1800 万元投入，占 40%股份。“重康”作为新成立的有限责任公司，既是深康佳的控股子公司，又是重庆无线电厂的参股子公司。深圳康佳、重庆无线电三厂作为“重康”的股东，双方按股权比例推选董事组成董事会，依法享有投资收益、参与重大决策等权益。其他三家“分康”亦是这种模式，牡丹江康佳、陕西康佳、安徽康佳分别是深圳与牡丹江电视机厂、陕西如意电器总公司、安徽滁州电视机厂的合资企业。四家企业均由深圳康佳控股，但并不存在谁兼并谁的问题。

表 3-3 康佳低成本扩张情况 单位：万元

公司	成立时间	康佳投资(股权)	目标市场	员工人数	1999 年收入	累计收入	累计利税
牡康	1993.02	3600(60%)	东北	1479	49551.80	330563.70	20927.21
陕康	1995.05	4170(60%)	西北	1221	32544.21	316204.00	12402.30
安康	1997.05	6500(65%)	华东	2056	58074.73	139012.88	8061.11
重康	1999.05	2700(60%)	西南	834	15756.18	15756.00	909.44
总计		16970		5590	155926.92	801536.58	42300.06

在组织结构上，四个分康的总经理、财务负责人等均由深圳康佳派出。董事长由当地合作方担任，以便于协调新公司与老厂、当地政府之间的关系。在企业冠名上，均是“地名＋康佳＋电子(或实业)＋有限公司”。深圳康佳在各分康推行自己的 CIS、管理模式和价值观念，分康在计划、生产、销售等方面接受深圳康佳的指导和服务。

事实上，如果康佳选择整体兼并的方式，不仅救活不了当地电视机厂，反而容易被巨额的债务和沉重的社会负担拖垮。选择合资方式，“新厂不理旧债”，产权清晰，责权明确，有利于轻装上阵，从而带活老厂。

问题：

1. 试运用 SWOT 分析法对康佳面临的优势、劣势、机会、威胁进行分析。
2. 康佳是如何制定低成本的战略的？请你分析成功的可能性。

【项目小结】

本项目由管理寓言故事《觅食的狗》引入，讨论了什么是战略、企业战略、企业战略体系及层次，战略指导思想、战略目标、战略方正、战略对策，企业战略的制定、实施和控制，企业的经营战略，以及企业的技术创新策略等内容。

本项目包括三个任务，分别从 3M 公司、春秋航空和康佳公司着手分析，认识上述企业战略的相关概念、企业战略的构成和制定、企业经营战略，以及技术创新策略的选择和实施。

【基本练习】

1. 什么是企业战略？
2. 企业战略的构成要素有哪些？
3. 战略指导思想包含哪些内容？
4. 简述战略目标的要求。
5. 什么是战略方针？
6. 战略对策包括哪三方面？
7. 简述战略制定的工作程序。
8. 企业战略的修订分哪几个阶段？
9. 简述产品开发战略的内容。
10. 简述技术创新战略选择有哪些？

【拓展训练】

拓展任务一

凯兴公司振兴之路

凯兴公司是一家以电光源产品的生产经营为主的大型工业企业，具有近 30 年的生产历史，是国内最早生产日光灯的企业之一，还是最早出口日光灯产品到友好国家的企业之一。改革开放以后，凯兴公司在面临许多发展机遇的同时也遇到了许多困难，其中最为突出的主要表现在以下几个方面。

首先，企业产品严重老化。改革开放以来，新的消费模式的示范作用和居民收入水平的提高，拉动了新型电光源产品，如节能灯、磨治灯等不断出现，需求差异度显著增大，新兴市场的重要性日益突出。而凯兴的产品恰恰不能适应这部分市场。产品严重老化不仅使企业的市场份额迅速降低，其品牌形象和企业形象也受到很大影响。

其次，综合经济效益大幅降低。由于产品竞争能力的下降，销量持续下滑，单位产品成本随之上升。另一方面，由于产品技术相对简单，企业产品市场面临众多竞争对手，主要靠价格手段在促销，更导致企业利润水平大大下降。

最后，比产品老化更为严重的是企业人才老化。现代营销、公司理财、企划等方面的人才基本空白，由于企业效益下滑，很难提供吸引人才的优惠条件。

针对以上情况，企业领导统一思想，采取了一系列措施。他们认为，企业要重振雄风，必须首先调整经营观念，摆正本企业的位置。因此，企业领导请来了专家帮助进行全方位的企业诊断和环境分析。专家的意见，特别是以下几方面的看法给了他们很大的启发。

第一，尽管我国电光源市场结构变化很大，但普通灯泡的总需求量一直稳中有升，只不过构成这一总需求量的用户结构发生了变化，就是城市用户比例在下降而农村需求大为增加，此外，出口需求量也在增加。

第二，普通灯泡的最佳销售场所与特种灯泡的最佳销售场所实际上可以而且也应当有所区别。普通灯池作为日用品，买方主要考虑便利性。其销售应安排在超市或普通百货商店；特种灯泡则是选购品，应主要在专卖店或专业市场销售。

第三，凯兴目前在生产组织体系存在很大的改进余地，主要表现在生产资源能力负荷严重不均衡，通过有限的工艺技术革新和管理改进可以大幅提高产量。

综合以上几方面的意见后，凯兴决策层作出一系列决定。

(1) 坚持以普通灯泡为主产品。在主业经营上明确坚持低成本领先的方针，通过更大规模的经营来寻求成本方面的优势。

(2) 尽快调整凯兴的销售网络体系。争取形成独具特色的强有力的销售渠道和零售网点，以避免在自己不具优势的销售市场上与其他企业发生正面竞争冲突。

(3) 除了直接投资以形成关键生产能力以外，加大与其他企业联合的力度，通过生产组织方面的创新来形成新的竞争力。

(资料来源：冯国珍. 管理学习题与案例(第 2 版). 上海：复旦大学出版社，2011.5，62～63 页)

问题：

1. 在凯兴公司未作出新的战略调整以前，它的市场最可能是以下哪一种情况？( )

A. 主要是城市市场

B. 主要是农村市场

C. 主要是出日本

D. 城市、农村、境外都有，而且都做得不错

2. 凯兴公司遇到的困难其原因主要产生于何处？( )

A. 企业太受传统束缚　　B. 市场需求结构变化

C. 企业产品市场丧失　　D. 产品技术水平下降

3. 凯兴坚持以普通灯泡为主产品，并尽快调移凯兴的销售网络体系，这属于哪种类型的战略？( )

A. 加强型战略　　B. 一体化战略

C. 多元化战略　　D. 防御到战略

4. 如果凯兴与其他企业合资，共同组成一个新的企业，这属于哪种类型的战略？( )

A. 加强型战略　　B. 一体化战略

C. 多元化战略　　D. 防御型战略

5. 根据凯兴公司决策层所做的决定，你认为凯兴公司哪些方面的能力在未来的发展中将会遇到挑战？

拓展任务二

山居小栈的经营策略

山居小栈位于一个著名的风景区边缘，旁边是国道，每年有大批旅游者通过这条公路来到这个风景名胜区游览。

罗生两年前买下山居小栈时是充满信心的，作为一个经验丰富的旅游者，他认为游客真正需要的是朴实但方便的房间——舒适的床、标准的盥洗设备以及免费有线电视。像公共游泳池等没有收益的花哨设施是不必要的。而且他认为重要的不是提供的服务，而是管理。但是在不断接到顾客的抱怨后，他还是增设了简单的免费早餐。

然而经营情况比他预料的要糟，两年来的入住率都维持在55%左右，而当地的旅游局统计的数字表明这一带旅店的平均入住率是68%。毋庸置疑，竞争很激烈，除了许多高档的饭店宾馆外，还有很多家居式的小旅社参与竞争。

其实，罗生对这些情况并非一无所知，但是他觉得高档宾馆太昂贵，而家庭式旅社则很不正规，像山居小栈这样既具有规范化服务特点又价格低廉的旅店应该很有市场。但是他现在感觉到事情并不是他想得这么简单。最近又传来旅游局决定在本地兴建更多大型宾馆的风声，罗生越来越发觉处境不利，甚至决定退出市场。

这时他得到一大笔亲属赠予的遗产，这笔资金使得他犹豫起来。也许这是个让山居小栈起死回生的机会呢？他开始认真研究所处的市场环境。

从一开始罗生就避免与提供全套服务的度假酒店直接竞争，他采取的方式就是削减“不必要的服务项目”，这使得山居小栈的房价比它们要低40%，住过的客人都觉得物有所值，但是很多游客还是转转然后去别家投宿了。

罗生对近期旅游局发布对当地游客的调查结果很感兴趣。

1. 68%的游客是不带孩子的年轻或年老夫妇。
2. 40%的游客两个月前就预订好了房间和旅行计划。
3. 66%的游客在当地停留超过三天，并且住同一旅店。
4. 78%的游客认为旅馆的休闲娱乐设施对他们的选择很重要。
5. 38%的游客是第一次来此地游览。

得到上述资料后，罗生反复思量，到底要不要退出市场，拿这笔钱来养老，或者继续经营？如果继续经营的话，是一如既往，还是改变山居小栈的经营策略？

问题：

1. 导致山居小栈经营不理想的主要原因是什么？
2. 你认为山居小栈的发展前景如何？
3. 如何改变山居小栈现在的不利局面？

(资料来源：百度文库，http://wenku.baidu.com/link?url=EdVwWrY_ZQ39nM-PnjFIzpsjXa5ASlKCMw7pTjBYZfWr-q57q-UI2xzmtxa5F4d1VjcphUU0lJT1hUC98Kg6UHyuTMBbwK-a_BI2pYpA5Yi)

【我的感悟】

____

____

____

拓展任务三

棉纺厂的SWOT分析

所谓SWOT分析，即基于内外部竞争环境和竞争条件下的态势分析，就是将与研究对象密切相关的各种主要内部优势、劣势和外部的机会和威胁等，通过调查列举出来，并依照矩阵形式排列，然后用系统分析的思想，把各种因素相互匹配起来加以分析，从中得出一系列相应的结论，而结论通常带有一定的决策性。运用这种方法，可以对研究对象所处的情景进行全面、系统、准确的研究，从而根据研究结果制定相应的发展战略、计划以及对策等。评价 SWOT 分析基本步骤如下。

(1) 分析企业的内部优势、弱点，既可以相对企业目标而言的，也可以相对竞争对手而言的。

(2) 分析企业面临的外部机会与威胁，可能来自与竞争无关的外部环境因素的变化，也可能来自竞争对手的力量与因素变化，或二者兼有，但关键性的外部机会与威胁应予以确认。

(3) 将外部机会和威胁与企业内部优势和弱点进行匹配，形成可行的战略。

SWOT 分析有四种不同类型的组合：优势——机会(SO)组合、弱点——机会(WO)组合、优势——威胁(ST)组合和弱点——威胁(WT)组合。

优势——机会(SO)战略是一种发展企业内部优势与利用外部机会的战略，是一种理想的战略模式。

弱点——机会(WO)战略是利用外部机会来弥补内部弱点，使企业改劣势而获取优势的战略。

优势——威胁(ST)战略是指企业利用自身优势，回避或减轻外部威胁所造成的影响。

弱点——威胁(WT)战略是一种旨在减少内部弱点，回避外部环境威胁的防御性技术。

利用 SWOT 矩阵(见表 3-4)，分析某棉纺织厂目前所面临的形势，制定出正确的经营战略。

表 3-4　SWOT 矩阵

外部条件 / 战略选择 / 内部条件		机会(O) (1)国家实行延边开放，外贸畅通； (2)高档纯棉纺织品有出口可能； (3)高档纯棉新品种，国内还是短线产品； (4)所在地区有长绒棉原料优势	危险(T) (1)全国棉纺织厂生产能力过剩； (2)军工厂订货停止； (3)竞争对手力量强，全国有许多大厂； (4)民品市场上无地位
企业优势(S)	(1)企业管理基础工作好； (2)职工素质好，领导班子强； (3)技术力量强，有一批富有经验的工程技术人员和老工人； (4)有长期制造军用品的经验； (5)质量保证体系健全	扩张战略	多元化战略
企业劣势(W)	(1)企业规模小，厂区又无发展条件； (2)设备较陈旧； (3)无民品生产经验及销售渠道； (4)资金不足； (5)职工人数过多	扭转战略	防御战略

拓展任务四

海清啤酒战略分析

海清啤酒成功地在中国西部一个拥有300万人口的C市收购了一家啤酒厂，不仅在该市取得了95%以上市场占有率的绝对垄断，而且在全省的市场占有率也达到了60%以上，成了该省啤酒业界名副其实的龙头老大。

C市100公里内有一金杯啤酒公司，3年前也是该省的老大，然而，最近金杯啤酒因经营不善全资卖给了一家境外公司。

金杯啤酒在被收购后，立刻花近亿元的资金搞技改，还请了世界第四大啤酒厂的专家坐镇狠抓质量。但是新老板清楚得很，金杯啤酒公司最短的那块板就是营销。为一举获得C市的市场，金杯不惜代价从外企挖了三个营销精英，高薪招聘20多名大学生，花大力气进行培训。

省内啤酒市场的特点是季节性强，主要在春末和夏季及初秋的半年多时间。一年的大战在4、5、6三个月基本决定胜负。作为快速消费品，啤酒的分销网络相对稳定，主要被大的一级批发商控制。金杯啤酒没有选择正面强攻，主要依靠直销作为市场导入的手段，由销售队伍去遍布C市的数以万计的零售终端虎口夺食。

金杯啤酒的攻势在春节前的1月份开始了，并且成功地推出了1月18日C市要下雪的悬念广告，还有礼品附送。覆盖率和重复购买率都大大超出了预期目标。但是，金杯在取得第一轮胜利的同时，也遇到了内部的管理问题。该公司过度强调销售，以致把结算流程、财务制度和监控机制都甩在一边。销售团队产生了骄傲轻敌的浮躁，甚至上行下效不捞白不捞。公司让部分城区经理自任经销商，白用公司的运货车，赊公司的货，又做生意赚钱，又当经理拿工资。库房出现了无头账，查无所查，连去哪儿了都不知道。

面对竞争，海清啤酒在检讨失利的同时，依然对前景充满信心。他们认为对手在淡季争得的市场份额，如果没有充足的产量作保障，肯定要跌下来；而且海清公司的分销渠道并没有受到冲击，金杯公司强入零售网点不过是地面阵地的穿插。

如今，啤酒销售的旺季，也就是决胜的时候快到了，您认为海清啤酒应该怎样把对手击退，巩固自己的市场领导地位呢？

问题：

1. 运用SWOT分析法，分析海清啤酒面临的环境。
2. 如何评价金杯啤酒的竞争战略？
3. 海清啤酒应采用什么样的战略(公司战略、竞争战略、职能战略)？

(资料来源：百度文库，http://wenku.baidu.com/view/36b8a46e7e21af45b207a803.html)

【我的感悟】

项目四　营销管理

【任务引入】

制虎与制人

有一个人在荆州做官时，山上的老虎常出来吃人和家畜。老百姓要求县官除去恶虎。这个人只下了一道驱逐老虎的命令，叫人刻在很高的岩石上，凑巧那只老虎因故离开了荆州，他就得意地认为他的命令生效了。不久，他被调另一个地方做官。这个地方的老百姓非常强悍，很不容易治理。他认为刻在荆州岩石上的命令既然能够制服凶恶的老虎，也就能够镇住能够识文断字的老百姓，便托人去荆州描摹那个石刻。结果，这个地方不但没有治理好，这个人反而因为治理不当而丢了官。

【任务分析】

许多企业都有营销成功的历史，它们依靠这些方法取得了丰厚的利润。但是当一个新的市场出现在面前的时候，环境变了、消费者的心理变了，企业原有的“成功”方法却在这时使企业一败涂地。这里的启示是，每个企业都有自己的营销模式，但是当市场发生变化的时候，企业应调整自己的营销策略来适应市场，毕竟市场永远是对的。

【任务说明】

工作任务	知识目标	能力目标	操作流程
任务一　戴尔怎样采购	1. 集团购买行为分析； 2. 营销管理活动	1. 能够针对顾客的情况分析其需求； 2. 能够针对集团购买者制订营销管理活动计划	1. 阅读案例； 2. 分组讨论； 3. 代表发言； 4. 总结案例
任务二　招商银行北京分行：专业创造财富　创新成就未来	1. 企业的微观环境； 2. 市场营销控制； 3. 营销环境变化的对策	1. 能够针对企业文化的特征制定营销规划； 2. 能够根据实施情况有效进行市场营销控制	1. 阅读案例； 2. 分组讨论； 3. 代表发言； 4. 总结案例
任务三　从《盗梦空间》看好莱坞的病毒营销	1. 市场营销哲学； 2. 营销管理的任务	1. 能够分析具体营销个案制定具体的营销方案； 2. 能够正确判断促销信息对消费者行为的影响	1. 阅读案例； 2. 分组讨论； 3. 代表发言； 4. 总结案例

【相关知识】

一、市场营销概念

1. 定义

1) 市场

市场是指某种产品的实际购买者和潜在购买者的集合。这些购买者都具有某种需要或欲望，并且能够通过交换得到满足。以前，市场这一术语特指买卖双方交换的地点，如村庄市场规模取决于具有这种需要或欲望以及支付能力，并且愿意进行交换的人口数量。

2) 营销

营销就是指个人或群体通过创造，提供出售，并同别人交换产品和价值，以获得其所需所欲之物的一种社会和管理过程。营销就是要管理市场，促成满足人们欲望和需要的交换。

交换过程涉及多项活动。卖者必须寻找买者，确认其欲望，为其适当的产品和服务确定价格、促销、存储和运输。营销的核心内容包括产品的研究与开发、沟通、分销、定价以及服务等。

3) 营销者

营销者是指寻找一个或更多的，并与其交换价值的人。而预期顾客是指营销者所确定的有潜在愿望和能力进行交换价值的人。

4) 营销管理

营销管理是指为实现组织目标而设计的各种分析、计划、实施和控制活动，以便建立和维持与目标顾客的互惠关系。

营销管理涉及对需求的管理以及对顾客关系的管理。市场营销管理的任务，就是为促进企业目标的实现而调节需求的水平、时机和性质。市场营销管理的实质是需求管理。

2. 营销管理的任务

许多人认为，营销管理就是要为公司当前的产品找出足够数量的顾客。这种观点有很大的局限性。在不同的时点上，需求水平是不同的，有时可能没有需求，有时可能有适当的需求，有时可能有被动的需求或过量的需求。因为任何组织对于其产品都有一种适当的需求水平。营销管理必须找出适当的方式来处理各种不同的需求状态。因而，它不仅涉及寻找和增加需求的问题，也涉及改变需求甚至减少需求的问题。减需求营销不是破坏需求，而是减少或改变需求。

根据需求水平、时间和性质的不同，可归纳出八种不同的需求状况，在不同的需求状况下，市场营销管理的任务有所不同。

(1) 负需求——改变市场营销，将负需求转变为正需求。

(2) 无需求——刺激市场营销，通过大力促销及其他市场营销措施，努力将产品所提供的利益与人的自然需求和兴趣联系起来。

(3) 潜伏需求——开发市场营销，将潜伏需求变为现实需求。

(4) 下降需求——重振市场营销扭，转需求下降的趋势。

(5) 不规则需求——协调市场营销，使供给与需求在时间上协调一致。

(6) 充分需求——维持市场营销，千方百计维持目前需求水平。

(7) 过量需求——降低市场营销，降低市场营销并不是杜绝需求，而是降低需求水平。

(8) 有害需求——反市场营销，降低市场营销与反市场营销的区别在于：前者是采取措施减少需求；后者是采取措施消灭需求。

营销管理实际上也是顾客管理，一个公司的需求无非来自两个群体：新顾客群体和重复采购的老顾客群。传统的营销理论把注意力放在新顾客群体方面。然而，现在的形势已经发生了变化，需求管理除了要制定出吸引新顾客并与之达成交换的策略外，还要尽一切努力维持原有的顾客并与之建立长期的互惠关系。

一些公司还意识到，失去一个老顾客不仅是失去一次销售，而且是失去了该顾客以后的全部采购。一个公司可能在一次交易中蒙受损失，但却能从长期的顾客关系中获得巨大的收益。营销管理的焦点正在向维护老顾客并与之建立长期的互惠关系转变。

3. 营销管理哲学

市场营销管理哲学是指企业对其营销活动及管理的基本指导思想。它是一种观念，一种态度，或一种思维方式。任何企业的营销管理都是在特定的指导思想或观念指导下进行的。确立正确的营销管理哲学，对企业经营成败具有决定性意义。

市场营销管理哲学的核心是正确处理企业、顾客和社会三者之间的利益关系。在许多情况下，这些利益是相互矛盾的，也是相辅相成的。企业必须在全面分析市场营销环境的基础上，正确处理三者之间的关系，确定自己的原则和基本的价值取向，并用于指导营销实践，才能有效地实现企业目标，保证企业的成功。

1) 生产观念

生产观念是指导企业营销活动的最古老的观念，产生于 19 世纪末 20 世纪初。生产观念认为，消费者总是喜爱可以随处买到价格低廉的产品。在生产观念的指导下，企业的经营重点和经营管理的中心任务是努力提高生产效率、增加产量、降低成本、生产出让消费者随处可以买到并且买得起的产品。生产观念得以产生和流行的条件：一是产品供不应求，市场经济呈卖方市场状态；二是某种产品的市场前景良好，但生产成本很高，必须通过提高生产率、降低成本来扩大市场。以生产观念指导营销管理活动的企业特征表现是：企业生产什么，就卖什么；以生产决定销售，即以产定销。生产观念的中心是企业，即以企业为中心，以生产为导向。

2) 产品观念

产品观念是指导企业营销活动的另一个古老的观念，与生产观念产生于同一时期。产品观念认为，消费者喜欢高质量、多功能和具有某些特色的产品，并愿意为之支付较高的价格。在产品观念的指导下，企业的经营重点和经营管理的中心任务是致力于改进产品质量，生产优质产品，并不断精益求精。以产品观念为指导思想的企业，其常见的现象是企业忙于发明、改进和制造高质量产品，但产品却经常找不到销路或市场，最终将导致“营销近视症”，即过分重视自己的产品而忽视市场(顾客)的实际需求。这必然导致经营的失败。以产品观念指导营销管理活动的企业特征表现也是“以产定销”，也是以企业为中心的观念。

3) 推销观念

推销观念，也称销售观念，它产生20世纪三四十年代，消费者通常具有一种购买惰性和抗衡心理。推销观念认为，消费者不会大量购买本企业的产品，所以企业必须采取一系列有效的推销和促销工具去刺激消费者，只有这样，消费者才会大量购买本企业的产品。在推销观念的指导下，企业的经营重点和经营管理的中心任务是积极推销和大力促销。推销观念产生和流行的条件：一是产品过剩，市场供过于求；二是非需求产品，如保险、百科全书等，生产这些产品的企业，必须善于使用各种推销技巧才能找到潜在顾客，说服他们去接受这些产品；三是非营利领域，如基金会、政治党派等。以推销观念指导营销管理活动的企业特征表现是：企业卖什么，消费者就买什么。这仍然是以企业为中心，“以产定销”，还没有从满足消费者的真正需求出发。

4) 市场营销观念

20世纪50年代，由于生产率大大提高，市场供求矛盾进一步激化，供给远大于需求，市场竞争非常激烈，企业认识到，如果不按消费者需求组织生产和经营，企业不管采取怎样的推销措施，企业的产品还会过剩，因此，市场营销观念在这样的背景下产生了。市场营销观念认为，企业的一切计划与策略应以消费者为中心，正确确定目标市场的需要与欲望，比竞争者更有效地提供目标市场所要求的满足。由此可见，市场营销观念是从一个界定明确的目标市场出发，以消费者为中心，协调影响消费者的所有营销活动，并通过建立基于顾客价值和满意之上的长期顾客关系来取代利润。在市场营销观念的指导下，企业的经营重点和经营管理的中心任务是要善于发现和了解目标市场的需要，并千方百计地满足它，在消费者满意的基础上，实现企业的目标。以市场营销观念指导营销管理活动的企业特征表现如下。

(1) 顾客需要什么，企业就生产什么。

(2) 突出以消费者为中心，是典型的“以销(需)定产”，即按消费者的需求组织生产，通过满足消费者需要，让消费者满意，进而实现企业的目标。

(3) 实行整体市场营销，即实行以产品、价格、渠道和促销为主控的营销模式，产品、价格、渠道和促销活动均要以消费者需求为出发点。

市场营销观念有四个重要支柱：目标市场、整体营销、顾客满意和盈利率。这就是说，市场营销观念是从选定的目标市场出发，通过整体营销活动，实现顾客满意，从而提高盈利率。

5) 社会营销观念

自20世纪70年代起，人们发现，企业在满足消费者需求的同时，有时会和社会长远利益相冲突，如造成环境污染、资金短缺、忽视社会服务等问题，于是，市场营销学者又提出了社会营销观念。社会营销观念认为，企业经营管理的任务在于确定目标市场的需要、欲望和利益，比竞争者更有效地使消费者满意，同时维护与增进消费者和社会福利。社会营销观念的基本观点是：将实现消费者满意及消费者和社会公众的长期福利作为企业的根本目的与责任。以社会营销观念为指导思想的企业，其理想的市场营销决策应同时考虑三方面的因素：消费者的需求与愿望、消费者和社会的长远利益、企业的营销效益。

二、市场分析

1. 市场营销环境分析

市场营销环境就是影响公司的市场和营销活动的不可控制的参与者和影响力，是由公司营销管理职能外部的因素和力量组成，这些因素和力量影响管理者成功地保持和发展同其目标市场顾客交换的能力。

分析环境的目的就在于寻求营销机会和避免环境威胁。营销机会就是有利于实现企业经营目标的机遇；而环境威胁就是营销环境中对企业不利的趋势。

1)　企业的宏观环境

(1)　人口统计环境。

人口统计是指根据人口的规模、密度、地理位置、年龄、性别、种族、职业、家庭和其他一些统计量所进行的研究。

(2)　经济环境。

购买力和消费方式构成了经济环境的主要因素，这两个因素直接与市场消费有关。

此外，产业结构、经济增长率、货币供应量、银行利率、政府支出等也是经济环境的构成因素。

(3)　自然环境。

自然环境涉及的是自然资源，这些资源，或者是营销者所需要的输入，或者受营销活动的影响。在自然环境方面，营销者需要注意四种趋势：原材料短缺、能源成本增加、污染增加、政府对自然资源的管理。营销者不应反对环境保护规则，而应寻找方法来解决世界面临的材料和能源问题。

(4)　技术环境。

现有科学技术的特征及科学技术的基本发展趋势是影响企业营销活动的主要因素。技术发展的一些趋势：技术变化的步伐；高开发与研究预算；强调小改小革；法规的增加。

技术环境也许是左右我们命运的最戏剧性的力量。

(5)　政治与法律环境。

政治与法律环境直接与一个国家的体制、宏观政策联系起来，它规定了整个国家的发展方向及其欲采取的措施。政治环境包括法律、政府部门和压力群体，在一个确定的社会中，他们影响和制约着各类组织和个人。

(6)　文化环境。

社会文化环境因素决定了独特的生活学习方式，规定了人们的行为准则及道德规范，这些都会直接影响到消费者的购买行为。文化环境有机构和其他力量所构成，它们影响到社会的基本价值观、理解、偏好和行为。

2)　企业的微观环境

(1)　企业的内部环境。

企业微观环境主要包括企业文化、治理机制和物质基础三方面。企业文化是企业的性格，具体表现为价值标准、企业精神、管理制度、行为规范等。治理机制是企业职能部门权利隶属关系的一种体现，企业整体要求各部门相互联系、有效配合。对企业而言，物质基础除了“物”以外，最重要的就是“人”，只有“人”、“物”双优，加上良好的机制，才能实现企业资源效能整体优化。

(2) 供应商。

供应商在整个用户“价值传送系统”中起着重要的纽带作用。供应商对营销活动的影响主要有供货的稳定性与及时性；供货的价格变动；供货的质量水平。他们为制造公司提供资源，以便制造产品或提供服务。

(3) 营销中间商。

营销中间商是指协助企业促销、销售以及把产品送到企业卖方的机构包括中间商、营销服务代理、实体分配公司、金融中间商。

(4) 市场。

企业开展各类的营销活动，就是为了更好地向目标市场提供商品和劳务。目标市场有：消费者市场、生产者市场、经销商市场、政府市场和国际市场。

(5) 竞争者。

竞争者的营销战略及营销活动的变化会直接影响到企业的营销，从与企业销售关系的密切程度看，有四个层次的竞争者，包括：品牌竞争者、形式竞争者、同类竞争者和愿望竞争者。市场营销观念指出，一个公司想成功，就必须为顾客提供比其他竞争者更大的价值和更高的满意度。

(6) 公众。

公众是指对组织完成其目标的能力有着实际或潜在的影响的群体。公众可能有助于增强也可能阻碍一个企业实现其目标。因此企业应处理好与公众的关系。

3) 营销环境变化的对策

企业要在动态环境中求得生存发展，应做到以下原则。

(1) 应该增强市场营销计划的适应性，重视后备资源建设，提高控制水平，并在组织方面保证企业快速应变。

(2) 为了提高企业对环境的应变能力，必须在组织体制上强调“统一指挥、个人负责”的指挥系统，完善企业内部的信息沟通机制。成功的企业对他们的业务采用从外向内的观念。

企业应付环境威胁的三种策略。

(1) 对抗策略，就是试图限制或扭转不利因素的发展。

(2) 减轻策略，就是通过改变营销策略，以减轻威胁的程度。

(3) 转移策略，就是转移到其他市场，或将投资转移到其他更有利的产业，实行多元化经营。

2. 顾客购买行为分析

促销目的是激发顾客的购买欲望。因此，企业通过购买行为研究，就可以采取相应地促销对策。顾客的购买行为包括消费购买行为和集团购买行为两种类型。

1) 消费者购买行为分析

消费者的购买行为，其过程分为下述六个阶段。

(1) 需求激发：各种内外因素都能够对消费者的需求起到积极的激发作用。

(2) 动机产生：在一般需求的基础上，消费者对于某种产品的购买动机会因为各种经济的、社会的或心理的原因而产生。

(3) 收集信息：在动机的支配下，消费者在购买前都要或多或少地收集有关信息，以便为购买决策创造条件。

(4) 评价和决策：消费者根据以往的购买经验，以及各种来源得到的信息，比较不同产品的优劣，并据此作出购买决策。

(5) 购买：在作出购买决策之后，消费者会很快进入实际购买阶段，直至购买行为的完成。

(6) 购买感受：消费者在购买和使用产品之后，就会产生一定的感受，这种感受的性质和强弱决定了重复购买率的高低，并且会对他人的购买行为产生影响。

2) 集团购买行为分析

他们要根据自己的专门需要和业务经验，对产品的性能、质量、价格、交货期等进行详细评价，然后选择最佳的采购方案。其基本因素可划分成环境因素、组织因素、人事因素和个人因素。

(1) 环境因素：需求水平、供给条件、积累条件、信贷条件、税收制度、政策法律、国家投资重点。

(2) 组织因素：企业的采购目标、程序、制度等。

(3) 人事因素：企业内部有关人员的职位、应吸纳的管理、权责等。

(4) 个人因素：决策、经办、采购人员个人的习惯、感情、偏好、人际关系等。

各种因素的共同作用促使了集团购买行为的形成和实现。

3) 促销信息对购买行为的影响

在集团购买行为产生的过程中，促销信息对于购买行为的影响较为显著，因此生产企业必须主动地提供信息，做好联系工作，影响他们的购买行为。

(1) 促销信息对于潜在顾客的影响。

潜在需要可能因三种情况而产生，即在一定时期中顾客不需要购买、不准备购买或无能力购买。但从长远的观点看，企业可以通过促销加深他们的印象，争取未来的购买力。

(2) 促销信息对于购买决策的影响。

企业必须尽可能全面地向顾客提供各种信息，激起顾客的兴趣和动机，并帮助他们作出正确的购买决策。

(3) 促销信息对于购买阶段的影响。

在决定之后，顾客就会着手安排购买活动，并进一步选择购买的时间、地点、人员和条件。

(4) 促销信息对于购买后阶段的影响。

在购买和使用之后，顾客就会用各种标准对产品作出评价，评价的结果决定了产品甚至企业在市场上的命运。从各方面做好工作，使消费者购买后感到满意，或者把他们的心理紧张程度降到最低的限度。

(5) 促销信息对于公众行为的影响。

促销的作用之一是提高声誉。因此，企业就应当不断地和社会交流信息，加深公众的印象，提高知名度，进而推动企业经营的发展。

三、市场营销流程

在市场营销过程中，目标消费者位居于中心地位。企业识别总体市场，将其划分为较小的细分市场，选择最有开发价值的细分市场，并集中力量满足和服务于这些细分市场。企业设计由其控制的四大要素(产品、价格、渠道和促销)所组成的市场营销组合。为找到和实施最好的营销组合，企业要进行市场营销分析、计划、实施和控制。通过这些活动，企业观察并应变于市场营销环境。

1. 确定目标消费者

为了在今天竞争激烈的市场中获胜，企业必须以顾客为中心，从竞争对手处赢得顾客，并通过提供更大的价值来保住顾客。但是在满足顾客之前，企业必须先了解顾客的需求和欲望。因此，健全的市场营销要求仔细地分析消费者。这一过程包括三个步骤：市场细分、目标市场选择以及市场定位。

1) 市场细分

将市场分为具有不同需要、特征或行为，因而需要不同产品或营销组合的不同购买者群体的过程，称为市场细分。

2) 目标市场选择

企业在划分好细分市场之后，可以进入既定市场中的一个或多个细分市场。目标市场选择是指估计每个细分市场的吸引力程度，并选择进入一个或多个细分市场。

3) 市场定位

为使产品在消费者心目中相对于竞争产品而言占据清晰、特别和理想的位置而进行的安排。因此，营销人员设计的位置必须是他们的产品有别于竞争品牌，并取得在目标市场中的最大战略优势。

2. 设计营销组合

营销组合是现代营销的主要概念之一。所谓营销组合，是指企业为了在目标市场制造它想要的反应而混合采用的一组可控制的战术营销手段。营销组合包括企业为影响对其产品的需求而做的任何事情，大致可分为四组变量，被称为四个 P，即产品(Product)、价格(Price)、分销(Place)和促销(Promotion)。

(1) 产品是指企业向目标市场提供的“商品和服务”的结合体。

(2) 价格是指顾客为获得产品而必须支付的金额。

(3) 分销包括企业为使产品到达目标消费者手中而进行的活动。

(4) 促销是指传递产品优点并说服目标顾客购买该产品的活动。

有效的营销方案应把所有的营销组合因素融入一个协调的计划之中，这一协调的计划通过向消费者提供价值来实现企业的市场营销目标。营销组合构成企业的战术工具箱，帮助企业在目标市场建立强有力的市场定位。

3. 实施营销管理活动

企业希望设计能在目标市场最成功地实现其目标的市场营销组合，并将它付诸实施。这包括四种营销管理职能：分析、计划、实施及控制。

1) 市场营销分析

对市场营销职能的管理始于对企业情况的全面分析。企业必须分析市场营销环境，以便找到有吸引力的机会和避开环境中的威胁因素。

2) 市场营销计划

市场营销计划是指对有助于企业实现战略总目标的营销战略作出决策。每一类业务、产品或品牌都需要一个详细的营销计划。产品或品牌计划应包括以下几个部分：计划实施概要，市场营销现状，威胁和机会，目标和问题，市场营销和战略，行动方案，预算和控制。

(1) 计划实施。

市场营销计划书开头应有一个计划实施概要，对计划中的主要目标和建议进行简短的概述，使企业管理部门能快速地浏览整个计划的内容。

(2) 市场营销现状。

在这部分中，计划制订者提供有关市场、产品、竞争和销售的相关背景资料。

(3) 威胁和机会。

经理人员在这部分中预测产品可能面对的主要威胁和机会，目的是使经理预计会对公司产生影响的重要发展趋势。

(4) 目标和问题。

在研究产品的威胁和机会之后，经理人员就可以设立目标并考虑会影响这些目标的问题。

(5) 市场营销战略。

市场营销战略是指业务单位想借以实现其市场营销目标的营销逻辑。

(6) 行动方案。

市场营销战略应转变为具体的行动方案来回答以下问题：将做什么？何时做？由谁负责做？费用是多少？

(7) 预算。

行动计划使经理人员能够制定可行的营销预算，它实际上是一个计划盈亏报表。

(8) 控制。

计划的最后一个部分是控制，用来监督整个程序。

3) 市场营销实施

市场营销实施是指为实现战略营销目标而把营销计划转变为营销行动的过程。实施包括日复一日、月复一月地有效贯彻营销计划活动。营销计划提出的问题是什么是市场营销活动，而市场营销实施问的是：谁、何时、何地以及怎样。

市场营销系统中各个层次的人员必须通力合作实施市场营销计划和战略。成功的市场营销实施取决于企业能否将行动方案、组织结构、决策和奖励制度、人力资源和企业文化这五大要素组合出一个能支持企业战略的、结合紧密的方案。

4) 市场营销控制

市场营销控制包括估计市场营销战略和计划的成果，并采取正确的行动以保证实现目标。控制过程包括四个步骤：管理部门首先设定具体的市场营销目标，然后衡量企业在市场中的业绩，再然后估计希望业绩和实际业绩之间存在差异的原因，最后管理部门采取正确的行动，以此弥补目标与业绩之间的差距。

【任务实施】

任务一　戴尔怎样采购

戴尔采购工作最主要的任务是寻找合适的供应商，并保证产品的产量、品质及价格方面在满足订单时，有利于戴尔公司。采购经理的位置很重要。戴尔的采购部门有很多职位设计是做采购计划、预测采购需求，联络潜在的符合戴尔需要的供应商。因此，采购部门安排了较多的人。采购计划职位的作用是什么呢？就是尽量把问题在前端解决掉。戴尔采购部门的主要工作是管理和整合零配件供应商，而不是把自己变成零配件的专家。戴尔有一些采购人员在做预测，确保需求与供应的平衡，在所有的问题从前端完成之后，戴尔在工厂这一阶段很少有供应问题，只是按照订单计划生产高质量的产品就可以了。所以，戴尔通过完整的结构设置，来实现高效率的采购，完成用低库存来满足供应的连续性。戴尔认为，低库存并不等于供应会有问题，但它确实意味着运作的效率必须提高。

精确预测是保持较低库存水平的关键，既要保证充分的供应，又不能使库存太多，这在戴尔内部被称之为没有剩余的货底。在IT行业，技术日新月异，产品更新换代非常快，厂商最基本的要求是要保证精确的产品过渡，不能有剩余的货底留下来。戴尔要求采购部门做好精确预测，并把采购预测上升为购买层次进行考核，这是一个比较困难的事情，但必须精细化，必须落实。

“戴尔公司可以给你提供精确的订货信息、正确的订货信息及稳定的订单。”一位戴尔客户经理说：“条件是，你必须改变观念，要按戴尔的需求送货；要按订货量决定你的库存量；要用批量小但频率高的方式送货；要能够做到随要随送，这样你和戴尔才有合作的基础。”事实上，在部件供应方面，戴尔利用自己的强势地位，通过互联网与全球各地优秀供应商保持着紧密的联系。这种“虚拟整合”的关系使供应商们可以从网上获取戴尔对零部件的需求信息，戴尔也能实时了解合作伙伴的供货和报价信息，并对生产进行调整，从而最大限度地实现供需平衡。

给戴尔做配套，或者作为戴尔零部件的供应商，都要接受戴尔的严格考核。戴尔的考核要点如下。

(1) 供应商计分卡。

在卡片明确订出标准，如瑕疵率、市场表现、生产线表现、运送表现以及做生意的容易度，戴尔要的是结果和表现，据此进行打分。瑕疵品容忍度：戴尔考核供应商的瑕疵率不是以每100件为样本，而是以每100万件为样本，早期是每100万件的瑕疵率低于1000件，后来质量标准升级为6-Sigma标准。

(2) 综合评估。

戴尔经常会评估供应商的成本、运输、科技含量、库存周转速度、对戴尔的全球支持度以及网络的利用状况等。

(3) 适应性指标。

戴尔要求供应商应支持自己所有的重要目标，主要是策略和战略方面的。戴尔通过确定量化指标，让供应商了解自己的期望；戴尔给供应商提供定期的进度报告，让供应商了解自己的表现。

(4) 品质管理指标。

戴尔对供应商有品质方面的综合考核，要求供应商应“屡创品质、效率、物流、优质的新高”。

(5) 每3天出一个计划。

戴尔的库存之所以比较少，主要在于其执行了强有力的规划措施，每3天出一个计划，这就保证了戴尔对市场反应的速度和准确度。供应链管理第一个动作是做什么呢？就是做计划。预测是龙头，企业的销售计划决定利润计划和库存计划，俗话说，龙头变龙尾跟着变。这就是所谓的“长鞭效应”。

迈克尔说过，供应商迟一点，意味着太迟了。这说明了戴尔对供应商供货准确、准时的考核非常严格。为了达到戴尔的送货标准，大多数供应商每天要向戴尔工厂送几次货。漏送一次就会让这个工厂停工。因此，如果供应商感到疲倦和迷茫、半途而废，其后果是戴尔无法承受的，任何供应商的有些许变动就可能使戴尔的供应链体系遭受重创。然而，戴尔的强势订单凝聚能力又使任何与之合作的供应商尽一切可能规定的要求来送货，按需求变化的策略来调整自己的生产。

在物料库存方面，戴尔比较理想的情况是维持4天的库存水平，这是业界最低的库存记录。戴尔是如何实现库存管理运作效率的呢？

第一，拥有直接模式的信用优势，合作的供应商相信戴尔的实力。

第二，具有强大的订单凝聚能力，大订单可以驱使供应商按照戴尔的要求去主动保障供应。

第三，供应商在戴尔工厂附近租赁或者自建仓库，能够确保及时送货。

戴尔可以形成相当于对手9个星期的库存领先优势，并使之转化为成本领先优势。在IT行业，技术日新月异，原材料的成本和价值在每个星期都是下降的。根据过去5年的历史平均值计算，每个星期原材料成本下降的幅度在0.3%～0.9%之间。如果取得一个中间值0.6%，然后乘上9个星期的库存优势，戴尔就可以得到一个特殊的结构，可以得到5.5%的优势，这就是戴尔运作效率的来源。

戴尔很重视与供应商建立密切的关系。“必须与供应商无私地分享公司的策略和目标。”迈克尔说。通过结盟打造与供应商的合作关系，也是戴尔公司非常重视的基本方面。在每个季度，戴尔总要对供应商进行一次标准的评估。事实上，戴尔让供应商降低库存，他们彼此之间的忠诚度很高。从2001年到2004年，戴尔遍及全球的400多家供应商名单里，最大的供应商只变动了两三家。

戴尔也存在供应商管理问题，并已练就出良好的供应链管理沟通技巧，在有问题出现时，可以迅速地化解。当客户需求增长时，戴尔会向长期合作的供应商确认对方是否可能增加下一次发货数量。如果问题涉及硬盘之类的通用部件，而签约供应商难以解决，就转而与后备供应商商量，所有的一切，都会在几个小时内完成。一旦穷尽了所有供应渠道也依然无法解决问题，那么就要与销售和营销人员进行磋商，立即回复客户：这样的需求无法满足。

“我们不愿意用其他人的方式来作业，因为他们的方法在我们的公司行不通。”迈克尔说。戴尔通过自行创造需求的方法，并取得供应商的认同，已经取得了很好的成绩。戴尔要求供应商不光要提供配件，还要负责后面的即时配送。对一般的供应商来看，这个要求是“太高了”，或者是“太过分了”。但是，戴尔一年 200 亿美元的采购订单，足以使所有的供应商心动。一些供应商尽管起初不是很愿意，但最后还是满足了戴尔的及时配送的要求。戴尔的业务做得越大，对供应商的影响就越大，供应商在与戴尔的合作中能够提出的要求会更少。戴尔公司需要的大量硬件、软件与周边设备，都是采取随时需要随时由供应商提供送货服务。

供应商要按戴尔的订单要求，把自己的原材料转移到第三方仓库，在这个原材料的物权还属于供应商。戴尔根据自己的订单确定生产计划，并将数据传递给本地供应商，让其根据戴尔的生产要求把零配件提出来放在戴尔工厂附近的仓库，做好送货的前期准备。戴尔根据具体的订单需要，通知第三方物流仓库，通知本地的供应商，让他把原材料送到戴尔的工厂，戴尔工厂在 8 小时之内把产品生产出来，然后送到客户手中。整个物料流动的速度是非常快的。

(资料来源：百度文库，http://wenku.baidu.com/link?url=2h3WljS1aSgt_KcgIHx91WG20qtXROzCWmBU_mpVMVkQoxFHfQViWGbV1TtXRL_TInf9PaMAULS20Hjifkyc0t9YlCEOetNcyZKsqZT1mKK)

问题：

1. 戴尔的采购从哪些方面反映了产业购买者的共同行为特征？
2. 作为集团购买者，戴尔的购买行为有哪些时代特点？

任务二　招商银行北京分行：专业创造财富　创新成就未来

从创业初期的鲜为人知，发展到人人皆知，再到有口皆碑，招商银行北京分行自 1994 年开业至今，走过了一条充满机遇和挑战的发展之路，日益为广大客户和社会各界所认同，并取得了辉煌的成绩。

1. 优质服务赢得客户信任

招商银行刚刚进入北京的时候，很多人并不知道其来历，还以为招商银行就是招商引资的企业，创业之初的艰难可想而知。正当别的银行还普遍高高在上时，招行人就坚定地把客户当作生存发展的基础，千方百计为客户提供高效、便利、体贴、温馨的服务，用服务打造品牌和差异化优势。多年来，招行北京分行不断深化服务内涵，提升服务品质，在服务管理上形成了自己鲜明的特点。

20 世纪 90 年代建行初期，当其他很多银行服务意识还比较薄弱的时候，招商银行率先实行了站立服务、微笑服务、面对面服务、上门服务，同时大力改善营业环境，首家在营业厅摆放沙发椅、自助点钞机、饮水机、叫号机、糖果等，形成了亲情化的服务氛围，拉近了与客户的距离。这些服务举措，如一缕春风，温暖了客户的心。

随着客户群的不断壮大，单一的服务模式和服务渠道已经不能满足客户需求，招商银行通过不断细分，面对一卡通、金卡、金葵花、钻石卡、私人银行等客户群，建立起与之配套的服务体系和模式。通过服务环境、产品、客户经理及大堂服务人员配备、流程优化等多方面努力，对高端客户致力于提供个性化金融服务，对优质客户提供个性化和标准化相结合的金融服务，对普通客户提供方便快捷的标准化金融服务，并不断实施客户提升策略，挖掘客户价值。在对公业务方面，点金公司金融、中小企业金融等品牌也为不同类型公司客户提供了全面个性化解决方案。目前招行北京分行已建立起由营业网点、自助银行、电话银行、网上银行、手机银行等组成的多元化服务渠道，并持续对营销、营业和服务后台系统进行整合优化，促进服务效率不断提升。特别是在不断地加快营业网点、自助银行等物理网点建设的同时，大力提升电子化服务水平，电子渠道服务替代率持续提升，有力地提高了服务响应速度。目前招行北京分行拥有近 400 万一卡通客户、200 多万信用卡客户，电子渠道的业务替代率达到 80%。

有效的服务必须有系统化的服务管理。分行各类业务均规定了详细的服务规范和服务培训要求，通过客户满意度评价、远程监控、录像检查、服务评比、神秘客户、电话征询等一系列措施，保证了优质服务水准的长期延续。依托强大的技术支持，分行推出的每项管理措施，都有严谨的中后台分析系统，如叫号管理系统和客户满意度评价。正是有一整套全行所有网点客户排队时间、柜员业务处理效率、客户满意度分析等功能支撑，才能保障服务管理进程科学严谨、有效推进。

2. 专业能力赢得市场

随着中国经济的发展，富起来的人越来越多，居民理财意识日益增强，为银行业的财富管理带来广阔的发展空间。招行在财富管理业务上始终走在市场前列，2002 年率先推出了“金葵花”理财品牌，为高端客户提供更为个性化的服务体验；2007 年 12 月又率先推出私人银行业务，满足了不同客户群财富管理的需求。其具体措施如下。

首先，设立私人银行部和专职客户经理，并在 CBD、中关村(000931)、亚运村地区设立三家私人银行中心，为私人银行客户和钻石客户提供专属投资顾问、艺术品鉴赏、高尔夫球赛等增值服务丰富了客户的服务内容。

其次，为金葵花客户提供持仓基金诊断服务，实现了售前售后皆有优质服务，并通过“绝对回报组合”、“三维理财”等资产配置方案，为客户提供涵盖股债基金、固定收益类理财产品、保险等全面配置建议。

最后，通过提供专属理财产品，推出满足不同理财目标的套餐化产品，满足其他客户的财富管理需求。目前，招行北京分行管理客户总资产量已超过 3000 亿元。

中小企业是我国国民经济的重要增长点。近年获得人民银行营业管理部和北京银监局授予的“中小企业金融服务工作先进单位”、“中小企业信贷组织创新奖”的招行北京分行，通过专业化经营，在过去一年里中小企业业务呈现快速发展的趋势，中小企业客户数增幅超过 60%，在一般贷款客户中占比已超过 50%。在推动中小企业业务方面，分行主要做了以下几方面工作。

① 加强产品创新，通过 1+N 供应链融资产品、“信贷快车”、应收账款保理、知识产权质押等产品，适应北京地区中小企业多数为高新技术企业、文化创意类企业等轻资产运营的特点。特别值得一提的是，招行北京分行在研发推广一系列中小企业特色融资产品的基础上，最新推出了以中小企业特征和需求为导向的中小企业融资新品牌“助力贷”，品牌项目囊括自主贷、订单贷、置业贷、收款易、担保贷与集群贷六大产品体系，全方位满足中小企业的融资需求。

② 拓宽合作渠道，积极与政府机构、担保公司、行业协会和商会等协作，争取政策

扶植和优质客户资源。

③ 推进专业化经营，成立了中小企业金融部，通过专职客户经理、产品设计和推动团队以及专职审批人员，提高营销、创新和审批效率，并与总行小企业信贷中心北京分中心密切合作，进行客户群的进一步细分和差别化营销。

财富管理要从客户的角度考虑，无论市场如何波动，客户的资产必须可控。“只有以专业化的服务使客户在银行的资产得到保值和增值，才能真正赢得客户。”

3. 企业文化是做好企业的根本

“企业文化是企业持续发展的源泉，是企业发展的核心竞争力，是做好企业的根本。”好的企业肯定都有好的企业文化，而不好的企业也肯定没有好的企业文化。在招商银行总行文化体系下，北京分行的文化特色主要有以下三个特点。

① 稳健。银行是一个高风险的行业。从大的方面来说，商业银行在一国国民经济中所处的关键地位和作用以及其经营特点，导致了商业银行经营风险在整个国民经济中有着极大的影响力，一旦银行经营风险转化成现实损失，不仅可能导致银行破产，而且将对整个国民经济带来严重后果。因此，建立有效的风险防范和控制机制，对商业银行而言有着更为重要的意义。从小处来看，银行的本质其实就是“受人之托”，保持一个良好的、稳健的社会形象，才能让百姓觉得放心，才能赢得客户。

② 创新。随着金融市场的不断发展，光靠服务已经远远不能满足客户需求，必须不断创新、不断探求出新的解决途径，才能开创新局面。从最开始的一卡通，到网上银行、信用卡，再到后来的金葵花理财、私人银行业务，招行有着不断推陈出新的产品体系。以对公业务为例，除发展传统存贷款业务之外，产品的领先性是招行比较突出的特点，主要体现在以下几个方面：一是分行网上企业银行户数达到2400户，流动性现金管理客户数近500户，为客户实现快捷的资金调拨、灵活管理提供了非常好的解决方案；二是分行有期限多样的公司和同业理财产品，全年销售公司理财产品近千亿元，提高了客户闲置资金的收益水平；三是分行的银关通交易笔数达15万笔，交易金额近200亿元，网上信用证快速发展，为涉及国际贸易结算的企业提供了方便快捷的渠道。

③ 规范。银行从业人员应当守法合规，也就是遵守法律法规、行业自律规范以及所在机构的规章制度。“做银行不是百米冲刺，而是一场马拉松比赛。”每个做银行的人都应该遵循这种诚信与正直的职业操守和价值观念，脚踏实地，千万不能急功近利。只有这样，企业和个人才能持续均衡发展，才能“跑”得更远。招行每一名干部和员工都来自不同的背景环境，但都有着共同的守法合规的理念和工作习惯。

4. 不断变革应对挑战

随着我国改革开放的不断深入和经济的持续高速增长，中国银行业的成绩有目共睹。但是仍然面临着许多新的课题，客观上对银行业进行业务的转型提出了全面挑战。

2004年，招行北京分行按照总行部署实施一次转型，大力推进经营战略调整，中间业务、零售业务、中小企业业务等占比快速提升，业务结构不断优化，发展的稳定性不断增强。在一次转型即经营战略调整的基础上，2010年招行又提出了二次转型，即加快由外延粗放型经营方式向内涵集约型经营方式的转变，以降低资本消耗、控制财务成本、增加价值客户、提高人员效能、确保风险可控为主要目标，促进业务发展从主要依靠增加资本、资源消耗向主要依靠管理提升、科技进步和员工效能提高转变。“之所以要进行二次转型，主要是因为银行业的发展受到资本的约束。”近年来，外部经营环境发生了重大变化，主要表现在以下几方面。

一是新一轮金融监管变革将加速来临，例如《巴塞尔协议III》就在资本充足率、拨备覆盖率、杠杆率和流动性比率等方面提出了更严格的要求，政府和监管机构也对商业银行的存款准备金比率、贷存比等指标进行了更加灵活和有针对性的监管要求。

二是利率市场化将加速推进，严重考验着商业银行的盈利能力，甚至使商业银行面临着生死存亡的考验。

三是金融脱媒态势将愈演愈烈，以存贷款去中介化为代表的资本性脱媒，和以支付渠道不断拓宽的技术性脱媒，对银行的传统经营带来了挑战。

四是社会金融需求变化将进一步加剧，中小企业融资、企业理财、个人财富管理、消费信贷等需求持续高增长，为银行提供了广阔的市场机会。五是经济战略结构调整在“十二五”期间将加快推进，对银行发展也将产生重大影响。

2010年，招商银行北京分行积极应对内外部环境变化带来的挑战，深入贯彻总行二次转型决策精神，经营利润再创新高。前11个月，北京分行实现利润48.3亿元，同比增长45%；中间业务收入16.3亿元，在营业净收入中占比达到24%。业务结构不断优化，盈利的持续性和稳定性不断增强，多年保持了1.5%以上的资产利润率(ROA)和70%以上的风险调整后资本回报率(RAROC)。人均创利175万元，网点平均创利超过9000万元。11月末，分行总资产突破3000亿元，同时不良贷款率保持在0.15%的优秀水平。同时，分行持续加快网点建设，2010年又有5家支行开业，营业网点达53家，为服务客户提供了有力的物质基础。

面对未来，招商银行北京分行将在总行的领导下，在监管部门的指导下，在社会各界的支持下，进一步深入推进二次转型，进一步强化管理，实施专业化经营，进一步加强创新，提升服务水平，增强发展动力，实现业务的持续、快速、健康、全面发展，更好地服务于首都金融市场，服务于关心、支持招行的社会广大客户。

(资料来源：改编自金融界，http://finance.jrj.com.cn/people/2010/12/3107588892306.shtml)

问题：

1. 招商银行北京分行在其新产品营销过程中，最关键的成功因素是什么？
2. 应对变革，北京分行的营销战略的调整合理吗？

任务三 从《盗梦空间》看好莱坞的病毒营销

2010年9月1日，被誉为“当代库布里克”的克里斯托弗·诺兰的新片《盗梦空间》即将在内地院线全面公映。作为导演，诺兰已经因为《黑暗骑士》的成功而名扬四海，从《黑暗骑士》到《盗梦空间》，我们看到不仅是艺术与商业的超效能结合，更是导演个人风格的淋漓体现。

2010年旧金山WonderCon动漫大展上，有些观众得到了一款特别的T恤：T恤正面印制的图案是一个奇怪的机器，背面则是一个QR二维码。与此同时，一些媒体记者和电影从业者也收到了一份神秘的礼物：一个精致的小锡盒，里面有一个陀螺和一个U盘。

得到此物的幸运儿自然欣喜异常，然而他们哪里知道，自己收到的这些纪念品和小礼物只是华纳兄弟公司为《盗梦空间》所作的庞大病毒营销计划中的一个环节。

第一阶段：撒网布线，挑逗好奇心。

2009 年，当华纳刚刚开通《盗梦空间》官方网站的时候，绝大多数人都对网站上那个旋转的陀螺一头雾水：这部影片是关于什么的？陀螺和剧情又有何关联？片名“Inception”是什么意思？

老道的华纳公司营销人员没有像其他影片那样早早地亮出底牌，而是不断地投放出线索，让你对影片有所了解，但又冒出更多的问号，以此挑逗着影迷们的好奇心，让他们口口相传，持续关注本片。

这场病毒营销真正揭开大幕正是在本文开头提到的旧金山 WonderCon 动漫展会上，那款 T 恤正面印制的是片中核心道具——可以让使用者进入他人梦境的“梦境机”，如图 4-1 所示，而背面的二维码则暗含一个网址“PASIVDevice.org”，这个网站其实就是一本“梦境机”的使用说明书，如图 4-2 所示，它也是《盗梦空间》第一个病毒网站。

图 4-1　T 恤上的“梦境机”

图 4-2　T 恤上的“二维码”

而记者们拿到的那个锡盒也不仅仅是电影纪念品，U 盘里预存了影片的预告片，盒子上的 QR 二维码把人们带到该片另一个病毒网站 “Mind Crime” (意识犯罪)。至于那个陀螺，则是片中另一个至关重要的道具，如图 4-3 所示，片中莱奥纳多正是靠着这个陀螺来分辨自己是在梦中还是在现实中，此为后话。

图 4-3　旋转的陀螺是影片的关键道具

《盗梦空间》还有一个病毒网站，其地址藏在一些街头海报里面的，这个网站叫作 “What Is Dream Share?” (什么是梦境分享)。该网站以匿名博客的形式，介绍了梦境机的源头和理论基础，试图揭开所谓“盗梦”的阴谋。

不过这些网站中，“Mind Crime” 才是影片病毒营销的主力网站。该网站分四个宣传阶段，每一个阶段都会有新内容释出，如海报、预告片等，要想率先看到这些内容，你得完成诸如迷宫游戏之类的小任务，此过程也是网友发挥他们聪明才智的时候，经常会有这样的局面出现，某条线索刚刚发布，就已经有人破解了。当然，这种情况不排除有病毒营销人员在幕后帮忙，但也可以理解，因为病毒营销的目的是引起大家的兴趣，如果把大家都难住了，失去了解谜的兴趣，营销的目的也就无法实现了。

第二阶段：找好角度，重点发力。

《盗梦空间》的营销团队早在最初就和导演克里斯托弗·诺兰达成了一个共识：影片的病毒宣传要掌握好平衡，既不能捂着也不能毫无保留，也就是既要使观众提前熟悉影片，也要让他们在观看影片的时候仍然有新鲜感。

此话说起来容易做起来难，很多影片在宣传的时候都没有把握好这个度，结果导致观众还没看就已经对影片了如指掌，失去了观影的兴奋劲儿。那么《盗梦空间》是怎么做到的呢？原来影片的营销人员没有从剧情入手，而是从片中的核心创意“梦境机技术”、“意识犯罪”等几个点来展开，强调了“你的大脑就是犯罪现场”、“梦境也是真实的”等宣传口号。这样，观众在观影之前就对影片的关键设定有了了解，观影时会顿感轻松不少。

诺兰曾坦言《盗梦空间》这部影片他最得意的就是在片中“发明”了一种技术——梦境机，从而可以让别人分享你的梦境。整部影片有相当的篇幅都在展现这种技术，而这也为影片的病毒营销提供了一个着力点。除了相当于使用说明书的病毒网站，宣传人员还专门拍摄了一段诺兰采访梦境科学家，探讨梦境科学、意识犯罪原理的视频，诺兰更是亲自上阵，以增强视频的真实感。这段短片达到了良好的效果，很多网友真的开始对片中描绘的梦境科学前景产生了兴趣，他们开始思考这种技术在不远的未来是否会实现，一些媒体也借机做了一些科普，把这个话题连同影片一起炒热。

第三阶段：不拘一格，出奇制胜。

也许是受到了前期宣传成果的鼓舞，《盗梦空间》营销团队接下来加大了对梦境机技术相关的病毒营销投放，然而事与愿违，之后病毒宣传的效果就没那么好了，网友们似乎一夜之间就失去了兴趣。这又是为什么呢？原来，由于技术上的问题太过于专业和晦涩，再加上《盗梦空间》后期的病毒式营销太过频繁，已经让很多网友有点消化不了，继而导致他们产生疲倦、厌烦感。而病毒营销重要的一点是要引起别人的兴趣，没有兴趣再多的手段也是白搭。

意识到这一点后，《盗梦空间》营销团队及时调整方向，换了一个角度来做影片的病毒营销。他们把营销活动从线上搬到了线下，在纽约街头两幢建筑物上分别悬挂了巨型海报，这两处海报乍一看会让人产生错觉，以为电影中的场景活生生的发生在了现实之中：一张是建筑外立面发生卷曲，露出了里面的楼层；另一张是从大楼顶层窗户里倾斜下滚滚洪水。两张海报极具震撼力，如图 4-4 所示，也非常符合影片后期阶段的宣传语“The Dream is Real”(梦是真的)，一经网络公布，迅速被大小网站转载，成功地吸引了人们的眼球，为影片造势再立一功。

图 4-4　《盗梦空间》在后期宣传海报

(资料来源：南海网，http://www.hinews.cn/news/system/2010/08/27/011025861.shtml)

问题：

1. 电影行业营销活动有何特殊要求？
2. 该营销管理行为是针对哪类需求进行的？

【项目小结】

本项目由《制虎与制人》的寓言故事引入，讨论了什么是市场、什么是营销、营销管理的任务、营销管理哲学，消费者购买行为分析、集团购买行为分析以及促销信息对购买行为的影响，确定目标消费者、设计营销组合、实施营销管理活动等市场营销流程。

本项目包括三个任务，分别戴尔公司、招商银行和好莱坞电影分析，认识上述市场分析和市场营销过程的实施情况，以及引导企业作出适当的营销策略和方案。

【基本练习】

1. 什么是市场？什么是营销？
2. 什么是营销管理？营销管理的任务是什么？
3. 企业的宏观环境包括哪些部分？
4. 简述消费者购买行为的六个阶段。
5. 什么营销组合？它包括哪四大变量？
6. 市场营销计划包括哪些组成部分？

【拓展训练】

拓展任务一

居民住宅消费需求调查方案

一、调查目的

通过对××市部分居民的收入水平、住房现状、住宅消费与购房意向、存贷款观念等方面的实地调查，分析金融机构开展住宅储蓄及购房抵押贷款业务的市场需求与潜力，为市建行房地产信贷部在这两项业务上推出新举措提供客观可靠的依据。

二、调查内容

1. 被调查者及其家庭的基本情况
2. 被调查者家庭的住房现状及改善意向
3. 被调查者的储蓄观念
4. 被调查者对住宅存、贷业务的看法
5. 部分单位对其职员住房问题的计划

具体内容见附表《××市居民住宅消费需求调查问卷》。

三、调查对象及样本分布

1. 对象

经与委托方磋商，拟以××市城近郊区的以下三类消费群为对象进行调查。

(1) 中、高收入阶层。

该阶层收入水平较高，购房倾向及实现性相对较强，是开展住宅存、贷业务的主要对象，也是本次调查的重点。具体包括个体、私营业主、企业承包租赁者、出租车司机、经纪人、文艺工作者和三资企业高级雇员等。

(2) 普通工薪阶层。

该阶层收入水平不高，目前尚不具有购买商品住房的能力。但这一阶层人数众多，对改善住房条件的要求亦很强烈，是发展住宅存、贷业务的潜在对象群。

(3) 企事业单位。

由于历史原因，我国各类职工的住房大部分由其所在单位解决。除自建房外，购房分给职工或租给职工已成为一种现实有效的方式。另外，企业以商品房作为对其骨干业绩奖励的方式也日益盛行。企事业单位购房是直接现实的购买力，也应是住宅存、贷业务的可靠客户。因此，选取部分有代表性的企业，向其负责人了解对职工住宅问题的看法和打算，对开展住宅存、贷业务无疑是有帮助的。

2. 样本分布

根据××市建行房信部的意见及其他客观情况，拟将此次调查的样本量定为420个。

参考近年来××市居民家计调查资料和其他有关调查结果，拟采用分类取样并按如下数量分配调查样本：中、高收入阶层100人(户)，普通工薪阶层300人(户)，企事业单位20家。

3. 调查方法

中、高收入层和普通工薪采取分层、分区与随机抽样调查相结合的方式。企事业单位组则采取分类与重点调查相结合的方式。

四、调查时间

201×年×月×日——×日。

五、调查步骤及方法

1. 方案设计

方案内容主要包括调查对象的选定、样本抽取方法、调查问卷设计、组织实施步骤、采用方法及日程安排等。方案设计应务求系统、科学、可行。

2. 问卷印制及试调查

为保证调查的顺利实施，提高调查质量，应于方案确定后和印制调查问卷期间在各类调查对象中抽取少量样本进行试调查。通过调查，了解问卷质量，摸索针对具体调查对象的访问技巧等，为全面推开调查做好准备。

3. 调查员培训

组织有经验的调查员进行培训，包括解说问卷内容、分配调查对象、掌握访问技巧、明确工作进程及质量要求等，其中应特别强调调查质量。

4. 正式调查

为提高效率、保证调查质量，本次调查采取多渠道、多方式的灵活调查方法。除按常规的入户调查及当街访问外，还可选择一些重点调查点，如三资企业、演艺团体、出租车停车点、高级公寓、冷饮店、邮局、银行等地点进行调查，以提高调查针对性。此外，在不影响结果的前提下，亦可选择部分熟识的对象进行访问，以提高调查结果的真实度。

为确保调查质量，要求调查员现场指导填表，杜绝散发回收式调查。对所填问卷及时回收、仔细审查，对不合格问卷(包括填写方式不对或逻辑关系不正确等)应予以剔除。同时，设置问卷审核员，做到每天回收问卷，并详细询问调查员的工作，发现问题及时解决。该阶段的工作量较大，是决定调查质量的关键，务必妥善组织，加强监督。经审查合格的问卷，要及时编码，为下一步的录入、计算、分析工作做准备。

5. 数据处理及简要分析

对合格的问卷进行录入、计算，得出可供分析使用的初步计算结果，进而对所得结果作出准确描述及初步分析，为进一步的分析提供依据。实施时需应用有关统计分析软件及编制简单的计算程序。该阶段的工作虽在室内进行，不可控因素相对较少，但智力含量高、技术性强，必须予以相当重视。

六、调查报告

将本次调查的实施情况，调查结果及初步分析结果形成文字材料向委托方进行汇报。

问题：

1. 分析该调查方案的优缺点有哪些？
2. 设计一份大学生就业情况调查问卷。

拓展任务二

市场预测是一门研究市场现象的发展过程、未来状况以及变动趋势的学科。具体来说，它是指根据市场发展过程的历史和现实，以准确的调查统计资料和市场信息为依据，运用定性分析和定量分析的科学方法，研究市场发展搓成中的客观规律，对各类市场现象之间的联系以及作用机制作出科学的分析，并揭示各类市场现象未来发展的可能途径和变化程度的方法。市场预测是市场营销重要环节，预测的准确性直接影响后期市场营销活动开展的情况。因此，预测方法的选择尤为重要。

这里，主观概率法是最为常用的市场预测方法之一。主观概率法是预测者通过对预测事件发生的可能性作出主观判断，然后对预测值进行估计的一种方法。如果预测人数较多，可以结合相对重要度法，求出推定平均值。

应用举例：某电脑公司邀请有关销售人员对下半年度的电脑销售量进行预测，参与预测者提出的估计值和预测能力权数如表4-1所示。试确定下半年度电脑的销售量预测值是多少？

表4-1　电脑公司销售人员市场预测表

参与预测者	预测项目	销售量/万台	概　率	权　数
营销总经理	最高销售	88	0.3	0.3
	可能销售	80	0.6	
	最低销售	70	0.1	
销售部经理	最高销售	90	0.2	0.3
	可能销售	85	0.6	
	最低销售	82	0.2	
经销商	最高销售	100	0.2	0.2
	可能销售	92	0.5	
	最低销售	88	0.3	

续表

参与预测者	预测项目	销售量/万台	概　率	权　数
推销员	最高销售 可能销售 最低销售	80 75 70	3 0.5 0.2	0.2

根据题意，首先列表计算各个销售人员的期望值 E_i，如表 4-2 所示。

表 4-2　销售人员期望值表

参与预测者	预测项目	销售量/万台	概　率	销售量×概率
营销总经理	最高销售 可能销售 最低销售	88 80 70	0.3 0.6 0.1	26.4 48.0 7.0
	期望值 E_1			81.4
销售部经理	最高销售 可能销售 最低销售	90 85 82	0.2 0.6 0.2	18.0 51.0 16.4
	期望值 E_2			85.4
经销商	最高销售 可能销售 最低销售	100 92 88	0.2 0.5 0.3	20.0 46.0 26.4
	期望值 E_3			92.4
推销员	最高销售 可能销售 最低销售	80 75 70	3 0.5 0.2	24.0 37.5 14.0
	期望值 E_4			75.5

其次，由于各个销售人员的预测能力各不相同，因而用加权平均法对各个预测者的期望值进行平均，则该公司下年度电脑的销售量最终预测值为

$$F=\frac{\sum_{i=1}^{n}E_iW_i}{\sum_{i=1}^{n}W_i}=\frac{0.3\times81.4+0.3\times85.4+0.2\times92.4+0.2\times75.5}{0.3+0.3+0.2+0.2}=83.6$$

因此，该公司下年度电脑销售量的预测值为 83.6 万台。

请依据上述方法，针对下述情况进行预测。某公司组织销售部的有关人员对下一年度某种产品销售额进行预测，有关预测资料如表 4-3 所示。假定参加预测的人员的能力大致相同，则下一年度该产品的销售额是多少？

表 4-3　某公司产品销售额市场预测表

参与预测者	预测项目	销售额/万元	概　率
销售人员 A	最高销售	3000	0.2
	可能销售	2100	0.5
	最低销售	1200	0.3
销售人员 B	最高销售	4000	0.3
	可能销售	2500	0.5
	最低销售	1800	0.2
销售人员 C	最高销售	2500	0.3
	可能销售	2100	0.4
	最低销售	1600	0.3

拓展任务三

认知价值定价法是重要的定价方法之一，基本指导思想是，认为决定商品价格的关键因素是顾客对商品价值的认知水平，而不是卖方的成本。因此，在定价时，先要估计和测量在营销组合中的非价格变量在顾客心目中建立起来的认知价值，然后根据顾客对商品的认知价值，制订出商品的价格。

一般来说，每一种商品的性能、用途、质量、外观及其价格等在消费者心目中都有一定的认知和评价。当卖方的价格水平与消费者对商品价值的认知水平大体一致时，消费者才能接受这种价格。

认知价值定价法与现代产品定位思想很好地结合起来，成为当代一种全新的定价思想和方法，被越来越多的企业所接受。其主要步骤如下。

(1) 确定顾客的认知价值。即确定顾客对企业产品的性能用途、质量、外观及市场营销组合因素等在其心目中的认知价值。

(2) 根据确定的认知价值，决定商品的初始价格。

(3) 预测商品的销售量。即在估计的初始价格的条件下，可能实现的销售量。

(4) 预测目标成本。其公式如下：

目标成本总额=销售收入总额-目标利润总额-税金总额

单位产品目标成本=单位产品价格−单位产品目标利润−单位产品税金

(5) 决策。决策即把预测的目标成本与实际成本进行对比，来确定价格。当实际成本不高于目标成本时，这说明在初始价格的条件下，目标利润可以保证，因而初始价格就可定为商品的实际价格；当实际成本高于目标成本时，这说明在初始价格的条件下，目标利润得不到保证。需要进一步作出选择，要么降低目标利润，要么设法进一步降低实际成本，使初始价格仍可付诸实施，否则，只能放弃原有方案。

(6) 判定顾客的认知度。认知价值定价法的关键是准确地确定消费者对所提供商品价值的认知程度。对自己提供的商品价值产生夸张自满看法的卖主，会令他们的产品定价过高。对自己的产品的消费者认知价值估价过低，定的价格就可能低于他们能够达到的价值。

为了建立起市场的认知价值，进行市场调研是必不可少的。正确判断顾客对商品价值的认知程度，目前采用的办法主要有以下三种。

① 直接评议法，即邀请有关人员，如顾客、中间商及有关人士等，对商品的价值进行直接评议，得出商品的认知价值。

② 相对评分法，又称直接认知价值评比法，即请顾客等有关人员用某种评分方法对多种同类产品进行评分，然后再按分值的相对比例和现行平均市场价格推算评定产品的认知价值。

③ 诊断评议法，即用评分法对产品的功能、质量、外观信誉、服务水平等多项指标进行评分，找出各因素指标的相对认知价值，再用加权平均方法计算出产品总的认知价值。

应用举例：有甲、乙、丙三家企业都生产同一种手机，这种手机的平均市场价格为 1200 元，现抽取一组用户作样本，采用认知价值定价法来确定其产品的价格，这组用户将 100 分在三家企业的产品之间分配，分配结果是：甲企业 30 分，乙企业 50 分，丙企业 20 分。如果运用诊断评议法来确定其产品的价格，要求用户对手机的四种属性(接收效果、通话质量、充电速度、坚实耐用)分别予以评价，对每一种属性在 100 分内分配给三家企业进行评定，结果如表 4-4 所示，要求测算甲、乙、丙三家企业手机的价格。

表 4-4　手机属性表

属　性	权　数	甲企业手机	乙企业手机	丙企业手机
接收效果	35	25	50	25
通话质量	30	35	45	20
充电速度	20	20	60	20
坚实耐用	15	40	30	30

第一步：确定手机的平均认知价值。

根据加权平均法的公式有：$\overline{X}=\dfrac{\sum w_i x_i}{\sum w_i}$

第二步：决定三家企业手机的初始价格。

甲企业手机的认知价值为：

$$\overline{X}_{甲}=\frac{\sum w_i x_i}{\sum w_i}=\frac{35\times25+30\times35+20\times20+15\times40}{35+30+20+15}=29.25$$

乙企业手机的认知价值为：

$$\overline{X}_{乙}=\frac{\sum w_i x_i}{\sum w_i}=\frac{35\times50+30\times45+20\times60+15\times30}{35+30+20+15}=47.50$$

丙企业手机的认知价值为：

$$\overline{X}_{丙}=\frac{\sum w_i x_i}{\sum w_i}=\frac{35\times25+30\times20+20\times20+15\times30}{35+30+20+15}=23.25$$

第三步：确定手机的平均认知价值。

根据简单平均法的公式有：$\overline{X}=\dfrac{1}{n}\sum_{i=1}^{n}x_i=\dfrac{1}{3}\times(29.25+47.50+23.25)=33.33$

第四步：确定各企业手机价格。

甲企业的手机价格：$1200\times\dfrac{29.25}{33.33}\approx1053$(元)

乙企业的手机价格：$1200\times\dfrac{47.50}{33.33}\approx1710$(元)

丙企业的手机价格：$1200\times\dfrac{23.25}{33.33}\approx837$(元)

应用认知定价法，按下面的描述，确定商品价格。

有 A、B、C、D 四家生产洗衣机的企业，同时推出新产品，该新产品的平均市场价格为 3600 元，现抽取一组用户作样本，这组用户将 10 分在四家企业的产品之间分配，分配结果是：A 企业 3 分，B 企业 4 分，C 企业 2 分，D 企业 1 分。如果运用诊断评议法来确定其产品的价格，要求用户对洗衣机的四种属性(洗涤效果、用水量、用电量、噪音情况)分别予以评价，对每一种属性在 10 分内分配给四家企业进行评定，结果如表 4-3 所示，要求测算 A、B、C、D 四家企业洗衣机的价格。

表 4-5　手机属性表

属　性	权　数	A 企业产品	B 企业产品	C 企业产品	D 企业产品
洗涤效果	35	4	2	3	1
用水量	30	2	2	3	3
用电量	20	4	1	1	4
噪音量	15	1	2	2	5

拓展任务四

谷一茶饮市场调查报告

一、调查目的

“谷一茶饮”作为一种绿色天然饮料大规模进军竞争本已十分激烈的饮料市场．但是茶叶作为一种饮料被人们所接受的程度究竟如何？长期以来形成的泡热茶的消费心理在人们的心中根深蒂固，“谷一茶饮”作为冷茶饮料，将向这种传统的消费心理挑战，并在竞争激烈的饮料市场中争得一席之地，通过此次调查，我们将了解消费者对冷茶饮料特别是“谷一茶饮”的喜好程度，对谷一茶饮的包装、价格的接受程度和意见，并据此预测谷一茶饮市场前景及判定好目标消费者，为谷一茶饮大规模进行市场的总体营销及广告策略提供依据和参考意见。

二、调查贡献

本次调查共发出调查问卷 1350 份，收回有效问卷 798 份，对消费者的消费心理、习惯、场合、依据、产品的知名度、质量以及竞争对手情况等进行了调查了解，取得了可靠的第一手资料，为“谷一茶饮”大规模进军市场提供了事实依据和理论依据。

1. 产品知名度的调查

“谷一茶饮”在湖南市场已进入前期广告经费 20 万元，并已试销，但它山之石效果如何？是不是为“谷一茶饮”大规模占领湖南市场初步扫除了人们的认识障碍？为此，我们设计了产品知名度一题。对762人进行调查，在四个备选答案中，“没听说过”的占42.73%；“喝过”的占12.37%；“只听说过”的占有19.5%；选“想买来试一试”占38.14%。由此可见，前期广告策略不是最好的，产品的知名度还有待进一步提高。

2. 消费者消费心理的调查

冷茶能否长期保质是人们普遍关心的问题，经过调查，认为“也许能”的占43.84%，认为“不能”的占20.7%，认为“能”的占35.39%。

3. 消费者消费习惯的调查

消费习惯对消费者消费行为有着决定性的影响作用，有63.88%的消费者对饮料购买属随意购买，但看重品牌的还是占一定比例。

4. 消费场合的调查

流动人口多的地方是产品的主要消费场合。

5. 消费者消费依据的调查

把“口味”作为选择的占有11.09%；选“品牌”的占6.95%；把饮料的“解渴”功能作为选择依据的占42.63%；选“洁净卫生”的占39.31%。

6. “谷一茶饮”产品本身的调查

我们带着样品与部分消费者进行了访谈，对“谷一茶饮”的质量、外观、价格等进行调查。

① “谷一茶饮”作为新一代绿色保健饮料，欣赏它的洁净卫生的占22.9%；欣赏它携带方便的占38.19%；欣赏它的品味的占12.13%，欣赏它的保健功能的占26.87%。从数据上分析，人们还是把“谷一茶饮”划入了大众饮料的行列，人们对“谷一茶饮”的了解还是不够的。同时，我们也要重视那26.87%的比例，尽管它比38.13%少了近11个百分点，但它代表了消费者消费饮料的趋势。

② “谷一茶饮”外观造型的好坏对产品的销售有着直接的影响，调查结果显示，产品的外观造型还不尽如人意。

③ “谷一茶饮”作为新产品投放市场，适宜的价格有助于它迅速占领市场份额，而作为饮料，又属敏感价格产品，价格的微小变动都会对销量产生巨大的影响。调查结果显示，对照市场上其他饮料的价格，消费者对“谷一茶饮”的价格理解还是比较合理、公正的。

三、调查问题的解答

1. 产品本身存在的问题

部分消费者使用了样品后，对“谷一茶饮”的包装、质量、价格等方面提出了他们的意见。

现销产品的包装不尽如人意，还需要有很大的改进。首先，密封不严，甚至漏水，这样将会影响产品的保质期和质量；其次，泡沫太多，这跟密封问题不能说没有关系，由于泡沫太多，在调查中许多消费者都不敢品尝，在现实销售中，这将会使销售量大幅度降低。

现销产品的外观造型特别是外围那层薄膜，可以说是粗制滥造，降低了“谷一茶饮”的档次。

质量是产品的生命，优质才有优价，作为新产品，并且是与消费者健康密切相关的饮料来说，质量更为重要，从样品来看，现销“谷一茶饮”的质量还亟待提高，沉淀物应尽量减少。

由于“谷一茶饮”是即开即食且能多次冲泡的饮料，因此，在调查中，许多人提到了防伪标志，对此建议公司应引起高度重视。

在对消费者消费饮料的依据的调查中，42.53%的人选择是“解渴”，可见，实惠是消费者消费饮料的根本依据，在这方面，消费者对“谷一茶饮”也颇有微词，好的质量还没有得到消费者的认同。

2. 市场前景的分析

茶叶被称为21世纪的“世界饮料之王”，它含有多种人体所必需的营养成分和药效成分。

1)　消费者消费习惯和产品本身的分析

消费依据：42.63%的消费者认为，他购买饮料是为解渴，可见实惠是人们对饮料消费的基本要求。

消费场合：接受调查者，67.75%的选择在火车上和旅游逛公园时，可见，外出是消费者购买饮料的主要场所。

消费习惯：调查中的63.88%的人购买饮料有很大的随意性。

消费心理：有26.87%的人欣赏它的保健功能，这是“谷一茶饮”的一个优势，可以利用这个优势从心理上占领消费市场。

消费趋势：由于人们生活水平的提高，对饮料的消费越来越趋向多功能，特别是保健功能，备受人们的喜爱，而这又恰恰是“谷一茶饮”目前在饮料界所独有的。

综上所述，可得出结论，“谷一茶饮”既有其他饮料所具有的解渴等功能，又具有其他饮料所没有的保健功能，适合饮料消费的发展趋势，市场前景比较理想。

2)　从市场需求预测产品的市场前景

市场总需求是各种条件结合起来的一个变量，任何有用产品在不支出任何刺激需求的费用时，仍会有一个基本的市场需求量，即市场下限，但在现代广告社会中推出一种新产品，不支出营销费用是不可能的。随着市场营销费用的支出额的增加，市场需求水平也相应提高，提高的速度最初为递增，后为递减，最后达到某一点，在这一点上，无论怎样增加营销投入，需求量也不会再增加，即市场上限。

“谷一茶饮”现在的年生产能力是36万瓶，月销量为2.5万瓶左右，现销地区为湖南、上海、江苏三省市，由此可知，产品的市场下限量是很低的，但人们对新事物的承认有一个认知的过程，在投入期营销投入额大，但市场需求量的增长缓慢，公司在把投入营销支出后的短期内不会收到很明显的效果。真正好的产品，当它的营销支出达到一定的程度，人们对它有了足够的认识后，在这个时期，只要再增加小部分的营销支出，市场需求就会大幅度增加。从市场需求预测可以得知，“谷一茶饮”的市场潜量是巨大的，市场前景是广阔的。

3)　目标消费者的定位

(1)　产品的档次定位。

“谷一茶饮”属技术密集型高科技产品，因此，它的档次不可定得太低，但是，它同时又属于大众消费品，广大消费者对大众饮料的购买标准是实惠、卫生、方便。它又属敏感价格类产品，因此，“谷一茶饮”的档次又不宜定得太高。综合各方面的因素，“谷一茶饮”的档次定位为“中档”或“中档偏上”类新型饮料为好。

(2) 目标消费者层次。

在判定目标消费者时，应着重考虑如下因素。

消费场所：定位应为家庭以外的所有公众场所，既包括宾馆、酒店、写字楼、夜总会等高档场所，又包括车站、码头、列车上等非高档场所。

消费年龄：适用于所有需要它的消费者。

消费者收入水平：主要应是具有中等收入水平以上的消费者。

据此，可以判定目标消费者应是：出入公众场所且具有一定收入水平的消费者。

这是一篇营销建议的调查报告，请你将缺少的部分补出来。(提示：这个营销建议从产品策略、定价策略、分销策略和促销策略及新产品上市问题等方面提出)

(资料来源：彭雷清. 业务员网，http://www.yewuyuan.com/article/200008/200008240013.shtml)

项目五　生产与运作管理

【任务引入】

丰田生产方式与精益生产

缺陷和浪费被及时消灭在每一个岗位，此时的工人不再是机械化操作的机器，用 1/2 的人力资源、1/2 的开发周期、1/2 的制造空间、1/4 的库存条件生产出 3 倍质量的产品。

——丰田生产方式

其开创了制造业的又一个新时代，汽车工业再度改变了世界。

丰田式生产管理(Toyota Management)，或称丰田生产体系(Toyota Production System)由日本丰田汽车公司的副社长大野耐一创建，是丰田公司的一种独具特色的现代化生产方式。它顺应时代的发展和市场的变化，历经 20 多年的探索和完善，逐渐形成和发展成为今天这样的包括经营理念、生产组织、物流控制、质量管理、成本控制、库存管理、现场管理和现场改善等在内的较为完整的生产管理技术与方法体系。

丰田生产方式又称精细生产方式或精益生产方式。

丰田公司前任社长张富士夫认为：停滞就意味着倒退，日本要脱离困境，无论是制造业、服务业，还是政府，唯一的良方就是打破传统产业(部门)藩篱，也就是要改变僵固的思维模式，引进“丰田式生产管理”。通过塑造丰田式生产管理的企业文化，丰田家族领导这家日本第一大、世界排头兵的汽车厂，建立全球制造和销售系统，成绩亮眼。

刚刚过去的 2013 年，在前期召回门事件、日本 311 地震、泰国洪水和日元升值等逆势环境下成功突围，丰田汽车公司以 998 万台的销量位居世界第一的宝座，以 2657 亿美元的收入荣登世界 500 强企业第 8 位，逆袭成功摘得全球汽车行业第一、日本第一大公司桂冠。

【任务分析】

生产与运作管理是企业最重要的管理职能(财务管理、技术、生产运作、市场营销、人力资源管理)之一，企业通过生产与运作把投入转换成产出。因此生产运作管理在企业经营、竞争过程中有着举足轻重且不可替代的地位。出色的运营管理是企业生存以至取胜的关键要素之一。

随着经济全球化的深化、市场需求的变化以及科学技术的发展，运营管理除了要考虑基于价格、质量、时间的竞争之外，还要考虑基于服务、柔性和环保的竞争。尤其是在以人为本、全面发展、协调发展、可持续发展等问题日益受到关注的今天，这些因素将显得更加重要。而这种竞争战略的调整，将会体现在运营管理的战略理念以及方法的各层面上。

【任务说明】

工作任务	知识目标	能力目标	操作流程
精益生产在企业中的应用	1. 生产管理的含义、内容； 2. 生产作业计划； 3. JIT 生产方式	1. 让学生角色扮演企业生产计划负责人； 2. 从确定产能开始，力求全程 JIT 生产，追求零库存为理想目标	1. 阅读案例； 2. 分组讨论； 3. 代表发言； 4. 总结案例

【相关知识】

一、生产与运作活动

在当今社会，不断发展的生产力使得大量生产要素转移到商业、交通运输、房地产、通信、社会服务、保险、金融和其他服务性行业和领域，促使服务业迅速崛起，在社会中扮演着越来越重要的角色，发挥着越来越重要的作用，传统的有形产品生产的概念已经不能反映和概括服务业所表现出来的生产形式。因此，随着服务业的兴起，生产的概念进一步扩展，不再只是工厂里从事的活动了，而是逐步容纳了非制造的服务业领域，不仅包括有形产品的制造，而且包括了无形服务的提供。前者是指汽车、机床、电冰箱、食品等各种物质产品；后者是指某种形式的服务，如管理咨询公司提供的管理创新方案、银行提供的金融服务、邮政局提供的邮递服务、航空公司提供的运输服务等。值得强调的是，在现代社会中，随着社会的进步和消费者消费心理及行为的日益成熟，产品这一概念的内涵进一步扩大，它应该包括所有能使消费者感到满意的功能，是产品功能、质量、价格、交货期、售后服务及信誉等的总和。从这个意义上讲，企业必须从上述各方面全面完成生产并使消费者满意才能实现预期的生产价值。

生产运作管理学的内涵和外延大大扩展了，它将凡是有投入——转换——产出的组织的活动(见图 5-1)都纳入其研究范围，不仅包括工业制造企业，还包括了服务业、社会公益组织及政府机构，特别是随着国民经济中第三产业所占比重越来越大，对其运作的管理日益重要，也成为运作管理研究的重要内容。不仅如此，现代生产与运作管理内涵范围不局限于生产过程的计划、组织与控制，还包括运作战略的制定、运作系统设计、运作系统运行等多个层次的内容。

其中，投入是生产运作活动所需要的各种资源，也就是各种生产要素，它可以是一种原料、一位顾客或者是另外一个系统的产品等。由企业提供的资源也是转换过程的组成部分，如劳动力、设备、厂房或服务机构等。转换过程既是一个劳动过程也是一个价值增值的过程，该转换包括一个物质转换过程：使投入的各种物质资源进行转换；同时也包括一个管理过程：通过计划、组织、实施和控制等一系列活动使上述物质变换得以实现。产出包括两大类，即有形产品和无形产品。前者是指诸如电脑、电视、家具、机器等某种形态的物质产品；后者是指某种形式的服务，如管理咨询公司提供的管理创新方案、银行提供的金融服务、邮政局提供的邮递服务、航空公司提供的运输服务等。产出是企业对社会做出的贡献，也是企业赖以生存的基础。一个企业的输出要想在同行业中具有竞争力，就必须使输出在价格、质量及服务上具有鲜明的特点，表现出与竞争者的产品或服务的差异。这种输出的差异性是在转换过程中形成的。因此，一个企业的产品或服务的特色与竞争力，是在转换过程中形成的，转换过程的有效性是影响企业竞争力的关键因素之一。

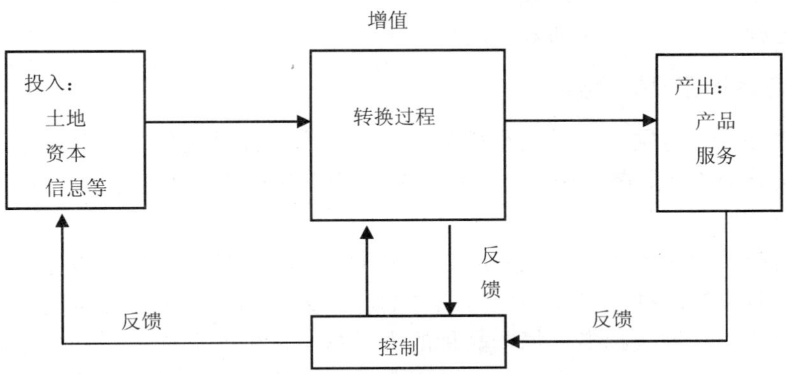

图 5-1　生产与运作活动的过程

所以，从生产管理学到生产与运作管理学不仅仅是名称的变化，还是其研究的外延和内涵发生非常大的变化。

1. 生产与运作管理概念

现代管理理论认为，企业管理按职能分工，其中最基本的也是最主要的职能是财务会计、技术、生产运作、市场营销和人力资源管理。这五项职能既是独立的又是相互依赖的，正是这种相互依赖和配合才能实现企业的经营目标。企业为了实现自己的经营目的，首先要制定经营方针，决定经营什么，生产什么。经营方针确定之后，首先需要准备资金——进行财务活动，这是企业的财务职能；其次需要设计产品和运作流程——统称为进行技术活动；再次需要购买物料、加工制造——进行生产与运作活动，生产出产品或服务；最后销售产品与服务得到的收入进行分配，其中一部分作为下一轮的生产资金，又一个循环开始。而使这一切运转的是人——企业的人力资源管理活动。企业的经营活动是这五大职能有机联系的一个循环往复的过程，企业为了达到自己的经营目的，上述五大职能缺一不可。

生产与运作活动就是创造社会所需要的产品和服务，把生产与运作活动组织好，对提高企业的经济效益有很大作用。在一个企业中，生产与运作职能往往占用了组织绝大部分的财力、设备和人力资源。因此，生产与运作管理绩效的好坏对一个组织的成功与否至关重要。

生产与运作管理就是对生产与运作过程的计划、组织、实施和控制，是与产品生产和服务创造密切相关的各项管理工作的总称。传统生产管理主要是以工业企业，特别是制造业为研究对象，其注目点主要是一个生产系统内部的计划和控制，一般称为狭义的生产管理学，其内容主要是关于生产的日程管理和在制品管理。

广义的生产运作管理的内容可分为生产运作系统的定位管理、设计管理和运行管理三大部分。

生产与运作管理是对企业生产或传递产品的整个系统的管理。生产一个产品，比如苹果 iPhone 手机，包括了一系列复杂的转换过程。以 iPhone 手机生产商苹果公司为例，为了按实际需要生产手机，并且把它们送到客户手里，需要进行很多转换过程。供应商购买原材料并且制造手机零部件；苹果 iPhone 手机指定委托生产的工厂把这些零部件组装成各种各样在市场上流行的手机；分销商、代理商和遍布于全世界的公司仓库通过互联网发出手机订单；地方零售商直接与客户接触，发展并管理所有的客户。运作管理就是要管理所有这些独立的过程，使之尽可能高效和及时交付。

2. 生产与运作管理的分类

产品和服务千差万别，产量大小相差悬殊，生产或提供过程又十分复杂，如何按照其基本特征将其分类，以把握各种生产运作类型的特点和规律，是进行生产管理的基本前提。

1) 生产类型的划分

可以根据产品或服务的专业化程度来划分生产运作类型。产品或服务的专业化程度可以通过产品或服务的品种数多少、同一品种的产量大小和生产运作的重复程度来衡量。显然，产品或服务的品种数越多，每一品种的产量越少，生产运作的重复性越低，则产品或服务的专业化程度就越低；反之，产品或服务的专业化程度就越高。按产品或服务专业化程度的高低，可以把生产划分为大量生产运作、单件生产运作和成批生产运作三种类型。

(1) 大量生产运作品种单一、产量大、生产运作重复程度高。美国福特汽车公司曾长达 19 年始终坚持生产 T 型车一个车种，是大量生产运作的典型例子。

(2) 单件生产运作与大量生产运作相对立，是另一个极端。单件生产运作品种繁多，每种仅生产一台，生产的重复程度低。汽车公司冲模厂生产的汽车模具是典型的单件生产运作。

(3) 成批生产运作介于大量生产运作与单件生产运作之间，即品种不单一，每种都有一定批量，生产运作有一定重复性。

2) 不同生产运作类型的特征

不同生产运作类型的设计、工艺、生产组织和生产管理的影响是不同的，因而导致生产运作效率上的巨大差别。一般来讲，大量大批生产运作容易实现高效率、低成本与高质量，单件小批生产运作则难以实现高效率、低成本与高质量。

3. 生产与运作战略

第二次世界大战之后，美国企业通过其市场营销和财务部门来开发其企业战略。由于战争期间产品极为匮乏，使得“二战”后的美国对产品的需求十分旺盛，当时美国企业可以相当高的价格出售它们生产的任何产品。此外，美国的两个主要工业竞争对手——日本和德国的工业在战争中被摧毁，美国的企业几乎没有任何国际竞争的压力，甚至连国内市场的需求都来不及满足，更不用说向其他国家出口了。在这样的环境中，人们不注意生产与运作战略问题，只关心大量生产产品供应市场。企业面临的问题是如何筹措大量资金来扩大生产、扩大市场。当时的公司战略往往与市场、财务管理有关，没有意识到生产对企业整体的作用。生产与运作管理的任务是集中精力低价采购，获得低成本的原材料、低成本的劳动力(不考虑其技能水平)和建立高度自动化的流水装配线，全部目的是以尽可能低的成本进行生产。20 世纪五六十年代的美国企业基本处于这种状态。

随着市场竞争日趋激烈和全球经济的发展，生产与运作如何更好地适应市场竞争的需要，成为企业生存发展的突出问题，特别是到了 20 世纪 80 年代，当美国的制造业被日本全面赶上并超过时，才真正在美国引起了对“运作战略”的重视。由于它对企业竞争实力的作用和对生产运作系统的战略指导意义，受到各国学者和企业界的关注。随着人们对企业战略的研究与实践，也开始了对生产与运作战略的研究。

4. 生产与运作战略的竞争优势要素

竞争力是指企业在经营活动中超过其竞争对手的能力，是一个企业能够长期地以比其他企业(或竞争对手)更有效的方式提供市场所需要的产品和服务的能力。竞争力是决定一个企业生存、发展、壮大的重要因素，是企业取得竞争优势的保证条件。

生产与运作战略的四种基本竞争优势要素为成本、质量、快速交货和柔性。现在又出现了第五种竞争优势要素——“服务”，这是 20 世纪 90 年代企业为获取差异化竞争优势而首选的竞争优势要素。

1)　成本——低成本

价格是顾客必须对产品或服务支付的金额。显然，在质量、功能相同的条件下，顾客将选择价格较低的产品或服务。价格竞争的实质是成本竞争，生产运作成本越低，企业在价格上就越有竞争优势。

产品质量和可靠性——提供优质产品

2)　质量分为两类：产品(服务)质量和过程质量

产品质量包括产品的功能、耐用性、可靠性、外观造型、产品的合格率等，质量的好坏反映产品满足顾客需要的程度。

质量的竞争力表现在两个方面：一是保持产品的高质量水平；二是提供更好的产品或服务。质量优势来源于生产与运作系统的保证能力，即生产与运作系统从工艺、技术、作业过程等方面来控制产品质量达到规定的标准并保证质量的稳定性。

过程质量至关重要是因为它和产品的可靠性密切相关。过程质量的目标是生产没有缺陷的产品，可以预防性地解决产品的质量问题。

对服务业来说，由于服务是无形产品，质量难以度量，因此，消费者对服务的评价是衡量服务质量的重要标志。

3)　时间，包括快速交货、交货可靠性和新产品的开发速度

顾客对交付产品或提供服务在时间上的要求，包括快速或按时的交货能力。在同一质量水平下，企业间竞争优势的差异的重要表现就是时间性。尤其是在某些特殊类型的市场上，企业交货的速度是竞争的首要条件。比如，某品牌售后服务部门能在 1～2 小时内提供现场优质的维修服务，显然比保证在 24 小时内提供维修服务的企业更具有优势。

交货可靠性这一竞争重点是指企业在承诺交货的时间提供产品或服务的能力。液晶平板面板供应商按规定的规格和数量向终端显示设备制造商准时提供所需要的液晶面板是非常重要的。假如显示设备已到达装配线上安装液晶面板的工序，但需要的指定规格面板还未到达，整个生产线就会因此而中断，直到该规格面板送达后才能继续生产。20 世纪八九十年代开始普遍采用的为降低成本而减少库存的做法，使企业越来越重视交货的可靠性，

并以此作为评价和选择供应商的标准。

新产品开发速度是指企业研制新产品所需要的时间和建立可生产新产品的工艺流程所需要的时间。在知识经济时代，高新技术发展很快，产品寿命周期缩短，新产品开发速度越快，越能迅速地占领市场，谁能比竞争者抢先一步，谁就能赢得顾客。

4) 柔性

从战略的观点看待企业的竞争力，柔性是由与企业运作过程涉及直接相关的两个方面构成的。

第一，企业为客户提供多种产品和服务的能力，以满足其独特的需求，这常被称为“大规模定制”。

第二，企业快速转换工艺生产新产品的能力或者快速转换服务流程提供服务的能力。由于产品更新换代加快，生命周期缩短，这方面的柔性变得越来越重要。

市场对产品或服务的需求是波动的，为适应外部环境变化和市场的需求，企业应能够迅速改变产品设计、产品组合以及产品批量生产的能力，这就要求生产运作系统具有柔性。

5) 服务

在当今的企业环境中，为获取竞争优势，企业开始为客户提供“增值”服务。这不论是对提供产品还是提供服务的企业，都是重要的。原因很简单，正如范德墨菲(Vauder Murphy)说：“市场力来源于服务，因为服务可以增加客户的价值。”

6) 下一个竞争优势要素——环保

现在又出现了两种可能为企业提供竞争优势的趋势：环保工艺和环保产品的运用。

消费者对环境越来越敏感，更倾向于购买对环境无害的产品。越来越多的企业意识到绿色制造对提高自身利益的竞争机制的深远意义。

二、生产现场管理

现场这个概念，有广义和狭义两种。

广义上，凡是企业用来从事生产经营的场所都称之为现场，如厂区、车间、仓库、运输线路、办公室以及营销场所等。

狭义上，企业内部直接从事基本或辅助生产过程组织的场所，是生产系统布置的具体体现，是企业实现生产经营目标的基本要素之一。

狭义上的现场也就是一般大家默认的。现场管理也就是对广义和狭义的现场管理的总称。

现场管理就是指用科学的标准和方法对生产现场各生产要素，包括人(工人和管理人员)、机(设备、工具、工位器具)、料(原材料)、法(加工、检测方法)、环(环境)、信(信息)等进行合理有效的计划、组织、协调、控制和检测，使其处于良好的结合状态，达到优质、高效、低耗、均衡、安全、文明生产的目的。

现场管理是生产第一线的综合管理，是生产管理的重要内容，也是生产系统合理布置的补充和深入。

所谓现场，就是指企业为顾客设计、生产、销售产品和服务以及与顾客交流的地方，现场为企业创造出附加值，是企业活动最活跃的地方。例如制造业，开发部门设计产品，生产部门制造产品，销售部门将产品销售给顾客，企业的每一个部门都与顾客的需求有着密切的联系。从产品设计到生产及销售的整个过程都是现场，也就都有现场管理，这里我们所探讨的侧重点是现场管理的中心环节——生产部门的制造现场，但现场管理的原则对其他部门的现场管理也都是适用的。

1. 现场管理的重要性

企业管理活动中，无论资金、人员、设备哪一个方面出现问题，都会给生产带来困难。在开始时也许还不是那么严重，但是随着生产推进，问题就会变得越来越突出，甚至生产出现停顿，从而使整个企业的生产经营活动陷于瘫痪。所以，要维持企业的正常运作，就必须使所有的资源处于良好的、平衡的状态，加强现场管理，以有限的资源获得最佳的经济效益。无论我们走进企业的哪一个现场，就能够比较清楚地知道该企业的管理水平，从而知道企业的经营状况，这是因为现场是企业管理活动的缩影，企业的主要活动都是在现场完成的，以下几个方面就体现其重要性。

现场能提供大量的信息。俗话说“百闻不如一见”，间接的信息不一定都是真实的，要想获得准确的第一手材料，只有到现场去做深入细致的调查了解。

现场是问题萌芽产生的场所。现场是企业活动的第一线，无论什么问题，都是直接来自现场，出现问题时如不及时采取对应的措施，放任自流而任其发展，向着好的方面发展的概率要比向坏的方向发展的概率小得多。

现场最能反映出员工的思想动态。人是有感情、有思维的，一个人所做的不一定是他认为最理想、最顺心的工作，如果他感到不称心，心理就可能别扭而意气用事。这会有意识或无意识地反映到他的工作上，都是会直接或间接地影响产品和生产效率。

总之，到了现场才能清楚地了解现场的实际情况，一个企业管理水平的高低，就看其现场管理是否完成总的经济目的而设定了各项阶级性和细化了的具体目标，是否很好地引导广大员工有组织、有计划地开展工作，经济合理地完成任务。现场是企业所有活动的出发点和终结点，不重视现场管理的企业终究是要衰败的。

2. 现场管理六要素(5M1E 分析法)

现场管理的六个要素即人、机、料、法、环、测，也就是以下要介绍的5M1E分析法。首先我们来了解一下什么是5M1E。

(1) 人(Man)：操作者对质量的认识、技术熟练程度、身体状况等。

(2) 机器(Machine)：机器设备、测量仪器的精度和维护保养状况等。

(3) 材料(Material)：材料的成分、物理性能和化学性能等。

(4) 方法(Method)：这里包括生产工艺、设备选择、操作规程等。

(5) 测量(Measurement)：主要是指测量时采取的方法是否标准、正确。

(6) 环境(Environment)：工作地的温度、湿度、照明和清洁条件等。

由于这六个因素的英文名称的第一个字母是M和E，所以常简称为5M1E。

我们知道工序是产品形成的基本环节，工序质量是保障产品质量的基础，工序质量对产品质量、生产成本、生产效率有着重要影响。工序标准化作业对工序质量的保证起着关键作用，工序标准化在工序质量改进中具有突出地位。工序质量受5M1E，即人、机、料、法、环、测六方面因素的影响，工序标准化就是要寻求 5M1E 的标准化。

工序标准化对 5M1E 提出了明确要求，我们应将工序标准化工作纳入工序质量改进的整体计划之中。在制定相关标准化要求的基础上，通过工序质量的调查与分析，发现工序标准化各具体要求的执行偏差，进而采取改进措施。通过工序质量改进的持续循环，促进工序标准化的真正实现和持续改进，从而实现工序质量的持续改进。

3. 企业现场管理常见的工具

对于制造业来说，现场就是指生产车间，针对目前生产车间现场出现的瞎忙(表面上看每个人都很忙，其实尽在做多余的事情，或者所做的是无用功)、盲目(由于太忙，人们总是机械地做事，没有工作方向，效率不高)、迷茫(长期盲目的工作导致人们思想麻木，意识迷茫，整天不知自己在干什么，干什么都糊里糊涂)这三种现场“三忙”现象，我们可以利用现场管理方法进行合理有效的计划、组织、协调等。使现场管理处于良好的发展状态，达到优势、高效、低耗、均衡、安全、文明生产的目的。

1) 标准化

所谓标准化，就是指将企业里各种各样的规范，如规程、规定、规则、标准、要领等，这些规范形成文字化的东西统称为标准(或称标准书)。制定标准，而后依标准付诸行动则称之为标准化。那些认为编制或改定了标准即已完成标准化的观点是错误的，只有经过指导、训练才是实施了标准化。

创新改善与标准化是企业提升管理水平的两大轮子。改善创新是使企业管理水平不断提升的驱动力，而标准化则是防止企业管理水平下滑的制动力。没有标准化，企业不可能维持在较高的管理水平上。

2) 目视管理

目视管理是指利用形象直观而又色彩适宜的各种视觉感知信息来组织现场生产活动，达到提高劳动生产率的一种管理手段，也是一种利用视觉来进行管理的科学方法。

目视管理是一种以公开化和视觉显示为特征的管理方式。综合运用管理学、生理学、心理学、社会学等多学科的研究成果。

3) 看板管理

看板管理是指发现问题、解决问题的非常有效且直观的手段，是优秀的现场管理必不可少的工具之一。管理看板是管理可视化的一种表现形式，即对数据、情报等状况一目了然地表现，主要是对于管理项目，特别是情报进行的透明化管理活动。它通过各种形式，如标语、现况板、图表、电子屏等把文件上、脑子里或现场等隐藏的情报揭示出来，以便任何人都可以及时掌握管理现状和必要的情报，从而能够快速制定并实施应对措施。

4) 定置管理

定置管理是指对物的特定的管理，是其他各项专业管理在生产现场的综合运用和补充企业在生产活动中研究人、物、场所三者关系的一门科学。它是通过整理，把生产过程中不需要的东西清除掉，不断改善生产现场条件，科学地利用场所，向空间要效益；通过整顿，促进人与物的有效结合，使生产中需要的东西随手可得，向时间要效益，从而实现生产现场管理规范化与科学化。

【任务实施】

精益生产在企业中的应用

一、文明安全的5S现场管理法

5S是指整理(Seiri)、整顿(Seiton)、清扫(Seiso)、清洁(Seiketsu)和素养(Shitsuke)五个项目，因日语的罗马拼音均以“S”开头，英语也是以“S”开头，所以简称5S(注：日语分别为せいり、せいとん、せいそう、せいけつ、しつけ)。

(一)5S现场管理法

5S起源于日本，是指在生产现场中对人员、机器、材料、方法等生产要素进行有效的管理，这是日本企业独特的一种管理办法。1955年，日本的5S的宣传口号为“安全始于整理，终于整理整顿”。当时只推行了前两个S，其目的仅为了确保作业空间和安全。到了1986年，日本关于5S的著作逐渐问世，从而对整个现场管理模式起到了冲击作用，并由此掀起了5S的热潮。

日本企业将5S运动作为管理工作的基础，推行各种品质的管理手法，第二次世界大战后，产品品质得以迅速提升，奠定了经济大国的地位，而在丰田公司的倡导推行下，5S在塑造企业的形象、降低成本、准时交货、安全生产、高度的标准化、创造令人心旷神怡的工作场所、现场改善等方面发挥了巨大作用，逐渐被各国的管理界所认识。随着世界经济的发展，5S已经成为工厂管理的一股新潮流。5S广泛应用于制造业、服务业等改善现场环境的质量和员工的思维方法，使企业能有效地迈向全面质量管理，主要是针对制造业在生产现场，对材料、设备、人员等生产要素开展相应活动。根据企业进一步发展的需要，有的企业在5S的基础上增加了安全(Safety)，形成了“6S”；有的企业甚至推行“12S”，但是万变不离其宗，都是从“5S”里衍生出来的，例如在整理中要求清除无用的东西或物品，这在某些意义上来说，就涉及了节约和安全，如横在安全通道中无用的垃圾，这就是安全应该关注的内容。

(二)5个步骤

1. 整理：日文翻译(Seiri)

定义：区分要与不要的物品，现场只保留必需的物品。

目的：

① 改善和增加作业面积。

② 现场无杂物，行道通畅，提高工作效率。

③ 减少磕碰的机会，保障安全，提高质量。

④ 消除管理上的混放、混料等差错事故。

⑤ 有利于减少库存量，节约资金。

⑥ 改变作风，提高工作情绪。

意义：首先把要与不要的人、事、物分开，再将不需要的人、事、物加以处理，对生产现场的现实摆放和停滞的各种物品进行分类，区分什么是现场需要的，什么是现场不需要的；其次，对车间里各个工位或设备的前后、通道左右、厂房上下、工具箱内外，以及车间的各个死角，都要彻底搜寻和清理，达到现场无不用之物。

2. 整顿：日文翻译(Seiton)

定义：必需品依规定定位、定方法摆放，整齐有序，明确标示。

目的：不浪费时间寻找物品，提高工作效率和产品质量，保障生产安全。

意义：把需要的人、事、物加以定量、定位。通过前一步整理后对生产现场需要留下的物品进行科学合理的布置和摆放，以便用最快的速度取得所需之物，在最有效的规章、制度和最简洁的流程下完成作业。

要点：

① 物品摆放要有固定的地点和区域，以便于寻找，消除因混放而造成的差错。

② 物品摆放地点要科学合理。例如，根据物品使用的频率，经常使用的东西应放得近些(如放在作业区内)，偶尔使用或不常使用的东西则应放得远些(如集中放在车间某处)。

③ 物品摆放目视化，使定量装载的物品做到过目知数，摆放不同物品的区域采用不同的色彩和标记加以区别。

3. 清扫：日文翻译(Seiso)

定义：清除现场内的脏污、清除作业区域的物料垃圾。

目的：清除“脏污”，保持现场干净、明亮。

意义：将工作场所之污垢去除，使异常之发生源很容易被发现，这是实施自主保养的第一步，主要是在提高设备开动率。

要点：

① 自己使用的物品，如设备、工具等，要自己清扫，而不要依赖他人，不增加专门的清扫工。

② 对设备的清扫，着眼于对设备的维护保养。清扫设备要同设备的点检结合起来，清扫即点检；清扫设备要同时做设备的润滑工作，清扫也是保养。

③ 清扫也是为了改善。当清扫地面发现有飞屑和油水泄漏时，要查明原因，并采取措施加以改进。

4. 清洁：日文翻译(Seiketsu)

定义：将整理、整顿、清扫实施的做法制度化、规范化，维持其成果。

目的：认真维护并坚持整理、整顿、清扫的效果，使其保持最佳状态。

意义：通过对整理、整顿、清扫活动的坚持与深入，从而消除发生安全事故的根源，创造一个良好的工作环境，使职工能愉快地工作。

要点：

① 车间环境不仅要整齐，而且要做到清洁卫生，保证工人身体健康，提高工人劳动热情。

② 不仅物品要清洁，而且工人本身也要做到清洁，如工作服要清洁，仪表要整洁，及时理发、刮须、修指甲、洗澡等。

③ 工人不仅要做到形体上的清洁，而且要做到精神上的“清洁”，要讲礼貌，要尊重别人。

④ 要使环境不受污染，进一步消除浑浊的空气、粉尘、噪音和污染源，消灭职业病。

5. 素养：日文翻译(Shitsuke)

定义：人人按章操作、依规行事，养成良好的习惯，使每个人都成为有教养的人。

目的：提升“人的品质”，培养对任何工作都讲究认真的人。

意义：努力提高员工的自身修养，使员工养成良好的工作、生活习惯和作风，让员工通过实践5S获得人身境界的提升，与企业共同进步，这是5S活动的核心。

5S标志如下。

整理，区分物品的用途，清除多余的东西。

整顿，物品分区放置，明确标志，方便取用。

清扫，清除垃圾和污秽，防止污染。

清洁，环境洁净制定标准，形成制度。

素养，养成良好习惯，提升人格修养。

二、准时制JIT

准时制生产方式(Just In Time，简称JIT)，又称作无库存生产方式(Stockless Production)，零库存(Zero Inventories)，一个流(One-Piece Flow)或者超级市场生产方式(Supermarket Production)。

准时制是日本丰田汽车公司在20世纪60年代实行的一种生产方式，1973年以后，这种方式对丰田公司度过第一次能源危机起到了突出的作用，后引起其他国家生产企业的重视，并逐渐在欧洲和美国的日资企业及当地企业中推行开来，现在这一方式与源自日本的其他生产、流通方式一起被西方企业称为“日本化模式”。

日本汽车工业从其起步到今天经历了一个技术设备引进对国产化——建立规模生产体制——高度成长——工业巨大化——强化国际竞争力——出口日增对全球战略这样一个过程。但是，从一开始的技术设备引进阶段，日本汽车工业就没有全部照搬美国的汽车生产方式。这其中除了当时的日本国内市场环境、劳动力以及第二次世界大战之后资金短缺等原因以外，一个很重要的原因是，以丰田汽车公司副总裁大野耐一等人为代表，他们从一开始就意识到美国汽车工业的生产方式虽然很先进，但需采取一种更灵活、更能适应市场需求的能够提高产品竞争力的生产方式。

在这种历史背景下，1953年，日本丰田公司的副总裁大野耐一综合了单件生产(One-Piece-Flow)和批量生产的特点和优点，创造了一种在多品种小批量混合生产条件下高质量、低消耗的生产方式，即准时生产(Just In Time，简称JIT)。

JIT生产方式在推广应用过程中不断发展完善，为日本汽车工业的腾飞插上了翅膀，提高了生产效率。这一生产方式亦为世界工业界所注目，被视为当今制造业中最理想且最具有生命力的新型生产系统之一。

目标：

① 废品量最低(零废品)。JIT要求消除各种引起不合理的原因，在加工过程中每一工序都要求达到最好水平。

② 库存量最低(零库存)。JIT认为，库存是生产系统设计不合理、生产过程不协调、生产操作不良的证明。

③ 准备时间最短(零准备时间)。准备时间长短与批量选择相联系，如果准备时间趋

于零，准备成本也趋于零，就有可能采用极小批量。

④ 生产提前期最短。短的生产提前期与小批量相结合的系统，应变能力强，柔性好。

⑤ 减少零件搬运，搬运量低。零件搬运是非增值操作，如果能使零件和装配件运送量减小，搬运次数减少，可以节约装配时间，减少装配过程中可能出现的问题。

⑥ 机器损坏低。

⑦ 批量小。

JIT有三种手段来达到其目标，如图5-2所示。图5-2说明JIT生产方式的基本目标以及实施这些目标的三个手段和方法，也包括这些目标与各种手段方法之间的相互内在联系。

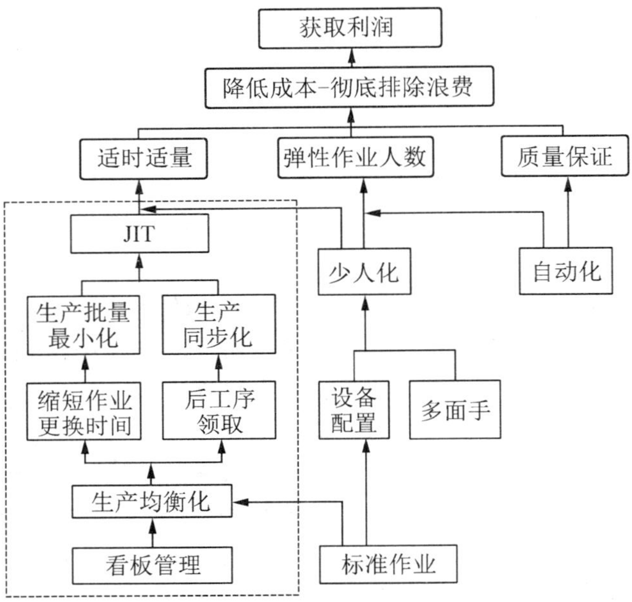

图5-2 JIT的三种支持手段

三、企业资源计划与精益生产

1. ERP的管理理念

① 体现了对整个供应链资料进行有效管理的思想，实现了对整个企业供应链上的人、财、物等所有资源及其流程的管理。

② 体现了精益生产、同步工程和敏捷制造的思想。面对激烈的竞争，企业需要运用同步工程组织生产和敏捷制造，保持产品高质量，多样化，灵活性，实现精益生产。

③ 体现事先计划与事中控制的思想，ERP系统中的计划体系主要包括生产计划、物料需求计划、能力需求计划等。

④ 体现业务流程管理的思想，为提高企业供应链的竞争优势，必然带来企业业务流程的改革，而系统应用程序的使用也必须随业务流程的变化而相应调整。

2. ERP生产控制管理与JIT采购

生产控制管理是ERP系统的核心所在，它将企业的整个生产过程有机地结合在一起，使得企业能够有效地降低库存，提高效率。同时各个原本分散的生产流程的自动连接，也使得生产流程能够前后连贯地进行，而不会出现生产脱节，耽误交货时间。

生产控制管理是一个以计划为导向的先进的生产、管理方法。首先，企业确定一个总生产计划，再经过系统层层细分后下达到各部门去执行。即生产部门以此生产，采购部门按此采购等。

3. JIT 采购

传统采购的重点放在如何降低采购成本上，通过供应商的多头竞争，从中选择价格最低的合作者。虽然质量、交货期、服务等也是采购过程中的重要考虑因素，但这些因素一般是用事后把关的方法进行控制，如到货验收等。在传统的采购模式中，供应与需求之间的关系是临时性的或者短时性的合作。由于缺乏合作与协调机制，采购过程中各种抱怨和扯皮的事情比较多，很多时间消耗在解决日常问题上，并且缺乏信息共享系统，无法做长期性预测与计划工作。供应与需求之间这种缺乏合作的气氛增加了许多运作中的不确定性。

在供应链管理的模式下推行 JIT 采购，它的基本思想是：在恰当的时间、恰当的地点，以恰当的数量、恰当的价格、恰当的质量提供恰当的物料。采购活动是以订单驱动方式进行的，制造订单的产生是在用户需求订单的驱动下产生的，然后制造订单驱动采购订单，采购订单再驱动供应商，这种准时化的订单驱动模式，使供应链系统得以准时响应用户的需求，从而降低了库存成本，提高了物流的速度和库存周转率。准时化采购策略体现了供应链管理的协调性、同步性和集成性，供应链管理需要准时化采购来保证供应链的整体同步化运作。

问题：

1. 讨论如何在“高校宿舍”和“行政办公室”等场所推进现场 5S 管理。
2. 准时化生产的指导思想有哪些？

【项目小结】

本项目由《丰田生产方式与精益生产》引入，讲述了生产与运作管理的活动、概念、分类、战略竞争优势及企业现场管理等内容。

本项目以课程理论为基础，对问题难点进行分析，导入现场管理、产能与节拍、生产与运作管理 POM，最后简介 JIT、TPS 等精益生产相关理论，培养学生在实际的生产运作过程中的，注重成本、效率、问题意识的树立。根据自身产能状况和外部市场的需求编制企业内、外部各种资源的计划，通过理论讲授和实际动手模拟操练，让学生掌握如何在资源稀缺有限的情况下，合理高质量、低成本、高效率地进行生产与运作管理的能力。使学生熟悉企业的运营流程，对企业供产销全方位接触，学会多学科知识的综合运用，力求在今后的实际工作中具有发现问题、分析问题并解决问题的能力，并将课程演练的感受和期间所学理论知识转化为今后工作中解决实际问题的能力。

【基本练习】

1. 什么是生产与运作管理？

2. 为什么有效的生产与运作管理能够提高企业竞争力？
3. 讨论在激烈的市场竞争中，企业如何体现自身的竞争优势？

【拓展训练】

JIT 订货实战演练

Just In Time 准时制。

第一步：确定产能，计划接单。

知识点：生产线类别；数量；班次；开动率；节拍。

已知：某厂 C 车间柔性线单班产能 2000 个，共 2 条；半自动线单班产能 1000 个，共 2 条，请求该车间 3 班生产的最大日产能是多少？(实际开动率按 90%考虑)

答：$(2000 \times 2 + 1000 \times 2) \times 0.9 \times 3=16\ 200$(个)。

第二步：经济订货，按需生产。

知识点：产品结构；配比；订货提前期(经济)。

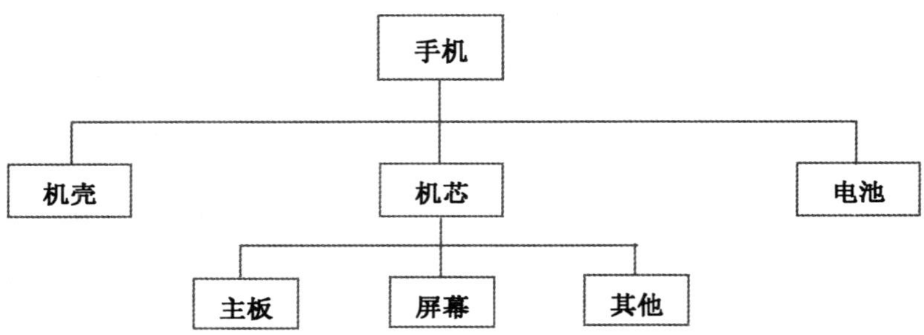

已知：零配件批量供应周期：镁壳 2 天、ABS 1 天、智能机芯 4 天、普通机芯 2 天、各种电池都是 2 天。

目前接到 10 号交货的订单 16000 台智能机和 8000 台普通机，C 车间只有 2 条柔性线可用。问如接此单在双班生产条件下的经济订货时间为几天？(绘表)

首先确定产能：$2000 \times 2 \times 2 = 8000$(件/天)。

产能目前为 8000 件/天。

绘制订货、到货甘特图：

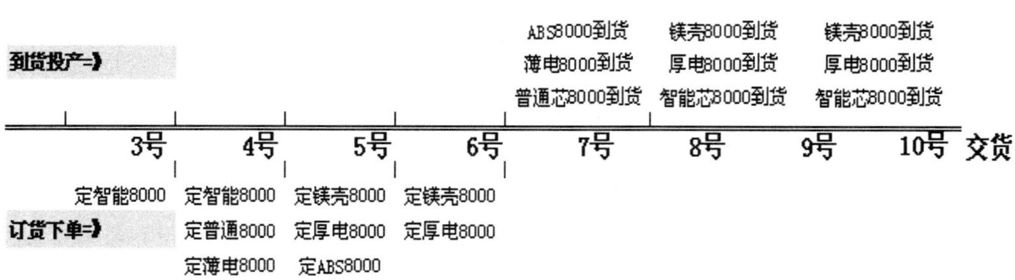

填写经济订货表:

<table>
<tr><th>品类时间</th><th>4号</th><th>5号</th><th>6号</th><th>7号</th><th>8号</th><th>9号</th><th>10号(交货)</th></tr>
<tr><td>镁壳</td><td></td><td></td><td>定 8000</td><td>定 8000</td><td></td><td></td><td rowspan="6">16000 台智能机
8000 台普通机
如期交货
期间基本实现 0 库存</td></tr>
<tr><td>ABS</td><td></td><td></td><td>定 8000</td><td></td><td></td><td></td></tr>
<tr><td>厚电池</td><td></td><td></td><td>定 8000</td><td>定 8000</td><td></td><td></td></tr>
<tr><td>薄电池</td><td></td><td>定 8000</td><td></td><td></td><td></td><td></td></tr>
<tr><td>智能机芯</td><td>定 8000</td><td>定 8000</td><td></td><td></td><td></td><td></td></tr>
<tr><td>普通机芯</td><td></td><td>定 8000</td><td></td><td></td><td></td><td></td></tr>
</table>

结论：根据 JIT 理念，算好产能，计划接单，科学定料，准时投产，7 号 8000 套普通机器，8 号 8000 套智能机器，9 号 8000 套智能机器全部到位，产能 8000 件/天，次日(10 号)可全部如期交货，期间基本实现 0 库存的标准。

项目六　质 量 管 理

【任务引入】

雅格布斯定理

有过硬的质量，才能在竞争中立于不败。市场经济的本质特征是“优胜劣汰”，而质量是用户选择商品的第一要素。“质量是企业的生命”已成为不争的事实。抓好质量管理，是企业立足市场、保持长盛不衰的根本保证。

随着人们的生活水平的不断提高，人们对产品质量的要求越来越高。消费者之所以选择名牌产品，就是确信名牌产品一贯的质量保证，广告的宣传只是起到了诱导的作用，顾客最终购买与否往往取决于产品的内在质量。

日本的丰田、美国的可口可乐、法国的葡萄酒、中国的海尔等一些企业之所以成功，在一定程度上可以说都是因为有过硬质量的保证。

雅各布斯定理：质量是竞争的最基本的东西。

提出者：美国凯洛格管理研究院前院长 T. 雅格布斯。

【任务分析】

提高产品质量不仅对企业发展有至关重要的意义，还将对社会产生深远的影响。产品或服务质量是决定企业素质、企业发展、企业经济实力和竞争优势的主要因素。质量还是争夺市场最关键的因素，谁能够用灵活快捷的方式提供用户满意的产品或服务，谁就能赢得在市场的竞争优势。

【任务说明】

工作任务	知识目标	能力目标	操作流程
任务一　YKK——小拉链，大不同	1. 质量管理； 2. 质量管理的发展历程； 3. 质量管理的各种方法	1. 会使用一些常见的质量管理工具和方法； 2. 用 PDCA 循环法指导工作和学习	1. 阅读案例； 2. 分组讨论； 3. 代表发言； 4. 总结案例
任务二　摩托罗拉的六西格玛管理	1. 六西格玛管理方法的发展； 2. 企业实行六西格玛的意义	1. 能够运用六西格玛方法为企业诊断； 2. 能够为企业找到运行六西格玛的方法	1. 阅读案例； 2. 分组讨论； 3. 代表发言； 4. 总结案例

【相关知识】

一、质量管理概述

第二次世界大战后，日本经济的振兴让世界各国认识到——加强质量管理是企业生存、发展的唯一途径，提高产品和服务的质量、提高顾客满意度与忠诚度是企业保持竞争优势的前提条件。

质量的内容十分丰富，随着社会经济和科学技术的发展，也在不断充实、完善和深化，同样，人们对质量概念的认识也经历了一个不断发展和深化的历史过程。

1. 质量管理的发展历程

时至今日，质量管理的发展已经历了一个世纪。总体上，其发展过程可分为以下三个有代表性的阶段。

1) 质量检验(Quality Inspection，QI)阶段(20 世纪初至 20 世纪 20 年代)

在工业革命之前，人们主要通过手工方式来加工产品，制作者会在完成的产品上做个标记或注上自己的名字。在当时，谁的手艺好、生产的产品耐用，他卖出去的产品就越多，他的标记或名字就会逐渐成为“质量合格”的标志。那时的质量管理主要由操作者负责，其生产职能与检验职能并未分开，即实行自检制度，每个生产者会对其加工产品的质量全面负责，又因为他直接接触顾客并了解顾客的意见与要求，因此就可以及时地加以改进，以提高产品的质量。

进入 20 世纪开始，随着工厂的大量出现，先前的家庭式小型生产方式逐步被机器生产所取代，工厂逐渐专门化，每个人只负责整个过程中的一部分工作，而对整个生产过程并不了解。操作任务相同的工人组成一个小组，由一个工头负责，这种情况下，依靠手工技术和行家的检查来减少有问题的产品出厂就比较困难了，因此检验就成为必不可少的工作。起初，由工头对工人生产出的产品进行检验，但随着工业的迅速发展，工头需要检验的产品数量越来越多，负担过重。美国工程师泰勒(F.W.Taylor)在总结工业革命以来的经验的基础上，提出要进行科学管理，要将生产职能与检验职能分离，于是出现了第一批专职检验人员，并于 20 世纪 20 年代形成了独立的检验部门。

第二次世界大战期间，制造体系越来越复杂，产量大幅度上升，又正值劳动力匮乏时期，如何提高检验效率是摆在人们面前亟须解决的关键问题。由于检验是在产品制造出来之后进行的，属于事后检验，其信息反馈是滞后的，如果生产批量较大则造成的生产损失将会很大，因此人们萌生出“预防”的想法。

2) 统计质量控制(Statistical Quality Control，SQC)阶段(20 世纪 20 年代至 20 世纪 70 年代)

该阶段是质量管理发展史上的重要阶段。早在 20 世纪 20 年代，英国数学家费希尔(R.A.Fisher)将实验设计应用于农业实验，提出方差分析方法。1924 年，美国贝尔电话实验室的课题组之一——过程控制小组负责人休哈特(W.A.Shewhart)提出统计过程控制理论，并发明了控制图，他认为检验并不能提高产品的质量；1928 年，贝尔电话实验室的另一个课题组——产品控制小组的负责人道奇(Doge)与罗米格(H.G.Romig)发明抽样方案，成为质量检验理论的重要内容。这两个小组的理论在第二次世界大战中的应用及其取得的显著效果，使其在战后迅速、广泛地应用于民用生产中。

科技的发展使产品越来越复杂，随之而来的产品质量风险也越来越大。人们不再将注意力单纯放在追求产量上，而是开始转向产品的可靠性方面。第二次世界大战后，1946—1979 年间戴明和朱兰将统计质量管理引入日本，正在重建的日本吸纳了这种理论，并深信质量的改进可以扭转日本当时的经济状况。1948 年，日本的田口玄一博士开始通过实验来设计研究工作，1950 年石川馨提出因果图。1950 年美国制造业处于垄断地位，日本制造的产品在美国几乎没有市场，是“劣质品”的代名词；然而到 1954 年，日本产品逐渐占领世界市场，开始了新的经济时代，“日本制造”也成为“高品质”的标志，而此时美国本土企业生产的产品逐渐退出了市场。从 20 世纪 50 年代到 70 年代这 20 年中，面对日本经济发生的巨大变化，人们在感到震惊的同时也认识到质量对企业甚至国家具有至关重要的作用。

在这一阶段中，强调“用数据说话”，注重运用统计方法的科学管理，因此被称为统计质量控制阶段，它为全面质量管理 TQM 的产生、发展奠定了基础。

3) 全面质量管理(TQC/TQM)阶段(20 世纪 70 年代至今)

市场竞争使人们逐渐认识到——只对一个或几个部门的生产活动加以关注是无法使企业做到低成本、高质量地生产出满足市场需求的产品的，只有从整体出发，对整个企业所有部门的活动加以关注、控制，才能增强企业的竞争力，这种涉及整个企业的活动就是全面质量管理。

全面质量管理早期也称为 TQC(Total Quality Control)，由日本提出，现在国际上通用 TQM(Total Quality Management)一词。全面质量管理的理论最早由美国质量管理专家费根堡姆(Armand V. Feigenbaum)博士提出，他在 1961 年出版的《全面质量管理》一书中正式提出“全面质量管理”这一概念，全面质量管理强调“全面的质量”、“全部的过程”和“全员的参与”。“全面的质量”将质量的范围扩大，除了包含产品质量外，还包括服务质量、工作质量等内容；“全部的过程”将产品涉及的过程扩大，除了生产过程外，还包括市场调研、产品开发与设计、生产工艺准备、检验、销售、售后等过程；“全员的参与”使原来局限于领导和管理人员范围的参与扩大到全体员工，全体员工都要学习、实践质量管理，每个人都有责任保证质量。日本结合本国的特点，提出自己独有的全公司质量管理(Company-Wide Quality Control，CWQC)，这是一种从公司的最高领导到生产一线员工都参与的质量管理模式，强调公司中的每一个人都要广泛熟悉公司的各种业务，全面了解公司。

20 世纪 70 年代末时，欧美一些发达资本主义国家各有其质量保证标准，由于这些标准并不统一，因此形成了贸易壁垒。1987 年国际标准化组织(ISO)发布的 ISO 9000 质量管理和质量保证系列国际标准，使世界各国有了一个可以共同遵循的准则，促进了国际贸易与经济全球化的发展。进入 20 世纪 90 年代，越来越多的国家将此标准作为本国的国家标准。2000 年发布的 ISO 9000 更是将“关注顾客”作为其核心内容，强调持续改进，为各个行业、各种类型组织建立质量管理体系提供指南。

20 世纪 80 年代中期，摩托罗拉提出并成功实施了六西格玛质量持续改进计划，随后许多世界级公司如 GE、柯达等也相继采用了这种新的管理方法并取得了卓越绩效。六西格玛管理作为一种系统、集成的方法，继承并发展了原有质量管理的理论，以顾客为中心，强调“基于事实”、“用数据说话”、持续改进。进入21世纪，各国企业对质量的重视达到了前所未有的程度，为了增强企业竞争力，越来越多的企业导入或正准备导入六西格玛管理。

2. 质量大师的质量观

质量管理的发展离不开质量先驱的贡献，他们的理念影响着整个世界。

1) 戴明(W.Edwards Deming)的质量观

爱德华兹·戴明博士出生于1900年10月14日，获Wyoming大学学士学位、Colorado大学硕士学位和Yale大学博士学位。20世纪50年代，戴明博士的质管哲学并没有受到美国国内的重视，而他在日本的讲学却令这个正致力于战后重建的民族如获至宝——将每年的11月定为“质管月”，并于1951年设立“戴明奖”(Deming Prize)。1980年，戴明博士接受NBC电视公司采访，随后播出的纪录片《如果日本能，我们为什么不能？》(*If Japan Can, Why Can't We?*)使美国企业界开始关注这位被日本人称为“质量之神”的质量管理专家。同时，戴明博士也荣获“第三次工业革命之父”的美誉。

戴明博士的学说简洁易懂，其中以“十四要点”、“企业的七种致命恶疾(7 Deadly Diseases)”和“戴明环(PDCA循环)”最为著名。

(1) 戴明博士的“十四要点”为企业持续改进指明了方向，详细内容如下。

企业所制订的计划应当目标一致，其目的是增强企业的竞争力。

管理者应当采用新的管理思想，摆脱旧的束缚。

停止过去那种依靠检验来提高质量的方式，应力争第一次就做好产品。

废除凭价格选择供应商的制度，应确立单一、固定的供应商，并建立彼此之间长期、可信的合作关系，这样会使双方共同受益。

持续改进工作体制，以提高质量和生产力。

建立在岗培训制度，要改变观念，管理层也必须接受培训。

建立新的领导机制。

消除员工的恐惧感，创造更有效的工作环境。

清除部门之间合作的障碍，使团队成员携手合作。

不要对员工要求零缺点和高生产率，不要有类似的口号、训示或目标。

取消生产定额、取消目标管理，代之以领导。

停用年度考核制度，清除那些不能让员工以技术为荣的障碍。

建立新型、有活力的教育及员工自我提高机制。

让全体员工行动起来、致力于企业转型。

(2) 戴明博士还指出阻碍企业发展的“七种致命恶疾(7 Deadly Diseases)”，包括以下几方面。

① 对于所策划的产品和服务没有一致的目标，不能让企业做到永续经营。

② 过于重视短期利益。

③ 评估业绩、考绩和年终评审。

④ 管理层的频繁流动。

⑤ 只注重“可视”数字，忽略了“不可视”或“不可知”的数字。

⑥ 超额的医疗费用。

⑦ 过于沉重的产品责任成本。

如果企业中存在这七种恶疾中的任何一种，企业的前进步伐就会停止。实际上，有些企业不只存在一种恶疾，甚至达到五六种，大大阻碍了企业的发展。因此企业的高层领导者必须致力于去除这些恶疾的存在，为企业发展扫清障碍。

2) PDCA 循环

众所周知的 PDCA 循环最早由戴明博士提出，因此也被称为戴明环，如图 6-1 所示。PDCA 循环明确了进行一项有效活动的工作程序，这种方法在我们日常生活中也是同样适用的。

全面质量管理活动的运转，离不开管理循环的转动，这就是说，改进与解决质量问题，赶超先进水平的各项工作，都要运用 PDCA 循环的科学程序。不论提高产品质量，还是减少不合格品，都要先提出计划，即质量提高到什么程度，不合格品率降低多少。这个计划不仅包括目标，而且也包括实现这个目标需要采取的措施。计划制定之后，就要按照计划进行检查，看是否达实现了预期效果，有没有达到预期的目标。通过检查找出问题和原因。最后就要进行处理，将经验和教训制订成标准、形成制度。

PDCA 循环作为全面质量管理体系运转的基本方法，其实施需要搜集大量数据资料，并综合运用各种管理技术和方法。如图 6-1 所示，一个 PDCA 循环一般都要经历以下四个阶段，如图 6-2 所示，八个步骤如图 6-3 所示。

图 6-1 PDCA 循环

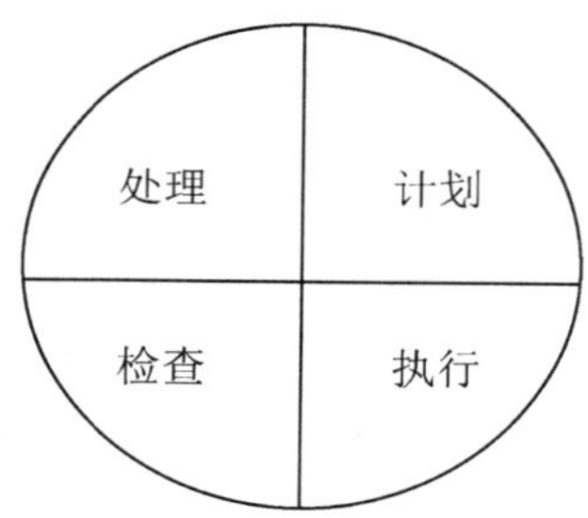

图 6-2 PDCA 循环的四个阶段

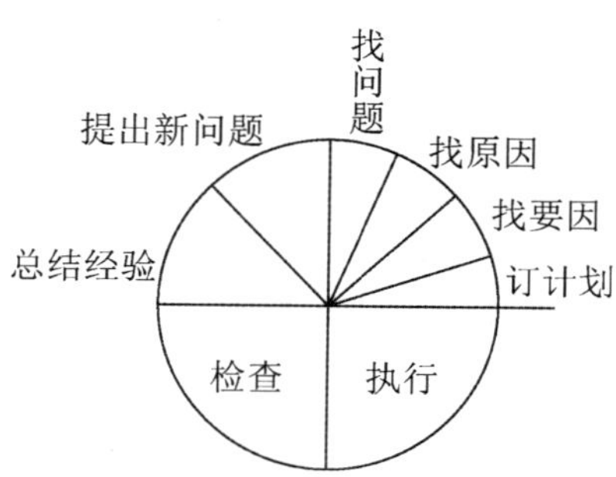

图 6-3 PDCA 循环的领先八个步骤

PDCA 循环主要包括计划(Plan)、实施(Do)、检查(Check)和处理(Action)四个阶段，及八个步骤，八个步骤是四个阶段的具体化。

(1) 计划(P)阶段。

计划是质量管理的第一阶段。

通过计划，确定质量管理的方针、目标，以及实现该方针和目标的行动计划和措施。计划阶段包括以下四个步骤。

第一步，分析现状，找出存在的质量问题。

第二步，分析原因和影响因素。针对找出的质量问题，分析产生的原因和影响因素。

第三步，找出主要的影响因素。

第四步，制定改善质量的措施，提出行动计划，并预计效果。

在进行这一步时，要反复考虑并明确回答以下问题：为什么要制定这些措施(Why)；制定这些措施要达到什么目的(What)；这些措施在何处，即哪个工序、哪个环节或在哪个部门执行(Where)；什么时候执行(When)；由谁负责执行(Who)；用什么方法完成(How)。以上六个问题，归纳起来就是原因、目的、地点、时间、执行人和方法，亦称 5W1H 问题。

(2) 实施(D)阶段。

该阶段只有一个步骤，即第五步执行计划或措施。

(3) 检查(C)阶段。

这个阶段也只包括一个步骤，即第六步。

第六步，检查计划的执行效果。通过做好自检、互检、工序交接检、专职检查等方式，将执行结果与预定目标对比，认真检查计划的执行结果。

(4) 处理(A)阶段。

处理(A)阶段包括两个具体步骤。

第七步，总结经验。对检查出来的各种问题进行处理，正确的加以肯定，总结成文，制定标准。

第八步，提出尚未解决的问题。通过检查，对效果还不显著，或者效果还不符合要求的一些措施，以及没有得到解决的质量问题，不要回避，应本着实事求是的精神，把其列为遗留问题，反映到下一个循环中去。

处理阶段是 PDCA 循环的关键。因为处理阶段就是解决存在问题，总结经验和吸取教训的阶段。该阶段的重点又在于修订标准，包括技术标准和管理制度。没有标准化和制度化，就不可能使 PDCA 循环转动向前。

PDCA 循环可以使我们的思想方法和工作步骤更加条理化、系统化、图像化和科学化。它具有如下特点。

(1) 大环套小环，小环保大环，推动大循环。

PDCA 循环作为质量管理的基本方法，不仅适用于整个工程项目，也适应于整个企业和企业内的科室、工段、班组乃至个人。各级部门根据企业的方针目标，都有自己的 PDCA 循环，层层循环，形成大环套小环，小环里面又套更小的环。大环是小环的母体和依据，小环是大环的分解和保证。各级部门的小环都围绕着企业的总目标朝着同一方向转动。通过循环把企业上下或工程项目的各项工作有机地联系起来，彼此协同，互相促进。

(2) 不断前进、不断提高。

PDCA 循环就像爬楼梯一样，一个循环运转结束，生产的质量就会提高一步，然后再制定下一个循环，再运转、再提高，不断前进，不断提高。

(3) 形象化。

PDCA 循环是一个科学管理方法的形象化。

(4) 朱兰(Joseph M. Juran)的质量观。

约瑟夫·朱兰博士 1904 年 12 月 24 日出生于罗马尼亚，1912 年全家来到美国。1920 年在 Minnesota 大学电力系学习，1924 年供职于芝加哥西部电气公司(Western Electric)的霍桑工厂(Hawthorne Works)，1928 年出版了《AT&T Statistical Quality Control》。20 世纪 50 年代后朱兰博士开始从事咨询工作，创立了朱兰学院。1951 年出版的《质量控制手册》给质管界带来了广泛而持久的影响。朱兰博士于 1954 年应邀访问日本，同戴明博士一样，对日本的质量管理产生了重大影响。质量成本的概念由朱兰博士最先提出。朱兰博士通过将排列图(Pareto Chart)运用于质量管理，提出了 80/20 原则(也称为"二八"法则)，即 80%的质量问题通常是由 20%的原因引起的。

朱兰博士将组织进行质量管理的过程分成三个步骤，即质量"三部曲"(Juran's Trilogy)——质量策划、质量控制和质量改进。

(1) 质量策划。

为了满足顾客需求而进行产品开发的过程和活动，是实现质量目标的准备阶段。其主要步骤有设定质量目标、找出谁是顾客、确定顾客的需求是什么、对顾客需求的产品特征进行开发、确定生产过程，使之符合该产品特征的要求以及确定过程控制并将由此产生的计划转换为实施计划。

(2) 质量控制。

质量控制是具体实现质量目标的阶段。其主要步骤有选定控制对象、选择进行客观评价的实际绩效、对比实际绩效与质量目标并找出差异以及对产生的差异采取措施。

(3) 质量改进。

质量改进是一个突破现有水平、达到前所未有业绩的阶段。其主要步骤有对改进的必要性进行论证、奠定进行年度质量持续改进的基础、确定改进的项目、成立各项目小组并明确职责、为项目小组提供相应的资源以及激励和培训，以利于诊断项目进展存在的问题、促进采取修正措施、确定所需采取的措施进而巩固成绩。

3) 质量管理的基本工具

从 20 世纪 20 年代休哈特发明控制图开始，统计方法被广泛地应用于质量管理中，随后又出现了许多新的方法，如排列图、散布图、直方图、矩阵图和亲和图等，即通常说的"老七种工具"和"新七种工具"。

(1) 质量管理七种工具。

20 世纪 60 年代，日本介绍了以下七种基本质量管理工具，通常被称为质量管理的"老七种工具"，如表 6-1 所示。这些工具以数据及因果关系分析为主，以数理统计为支撑技术。限于篇幅，此处仅作简要介绍，感兴趣的读者可自行查阅相关资料。

表 6-1 质量管理七种常用工具

<table>
<tr><th>序号</th><th>工 具</th><th>例 图</th><th>功 能</th><th>注意事项</th></tr>
<tr><td>1</td><td>调查表</td><td>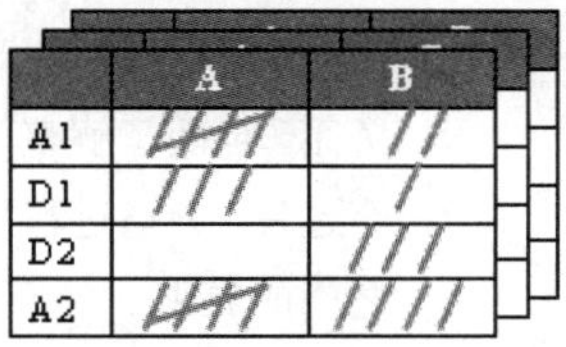

(Check Sheet)</td><td>收集数据，清晰、直观地将原始数据转化为有用信息，便于进行数据分析</td><td>设计统计表时，应注意数据间的关系，并确保表格简单、易懂，便于统计</td></tr>
<tr><td>2</td><td>分层法</td><td><table>
<tr><td colspan="2">材料</td><td>A</td><td>B</td><td>C</td><td>Σ</td></tr>
<tr><td rowspan="2">机床</td><td>M1</td><td>10</td><td>5</td><td>12</td><td>27</td></tr>
<tr><td>M2</td><td>20</td><td>10</td><td>6</td><td>36</td></tr>
<tr><td colspan="2">Σ</td><td>30</td><td>15</td><td>18</td><td>63</td></tr>
</table>
(Stratification)</td><td>防止数据掩盖真实情况</td><td>尽量采用复合分层法，注意分析分层标志之间的关系即各属性间的交互影响</td></tr>
<tr><td>3</td><td>排列图</td><td>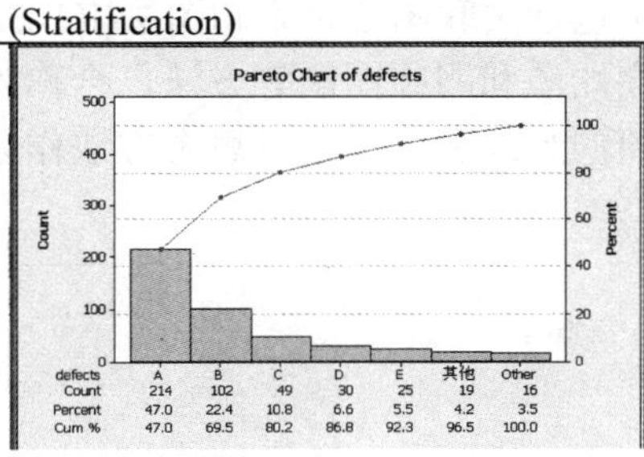

(Pareto Chart)</td><td>将“关键的少数”与“有用的多数”分开，突出导致缺陷产生的关键因素</td><td></td></tr>
<tr><td>4</td><td>因果图</td><td>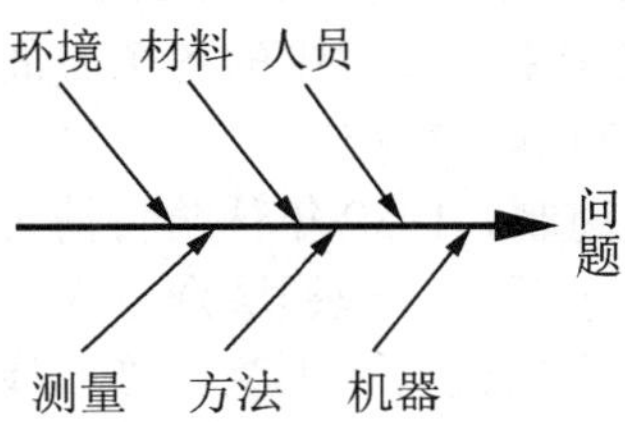

(Cause and Effect Diagram)</td><td>最适用于发现根本原因，可依次找出主要原因、次要原因</td><td></td></tr>
<tr><td>5</td><td>直方图</td><td>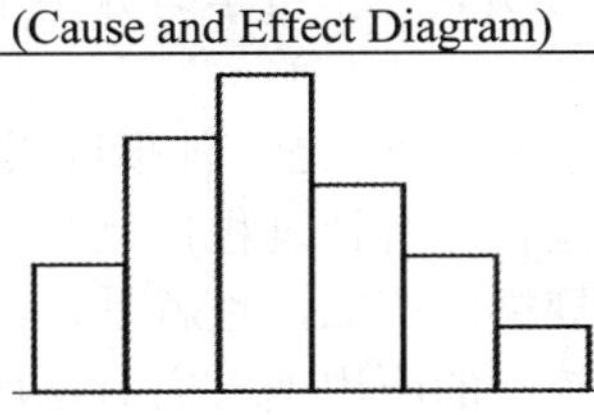
(Histogram)</td><td>表示样本数据分布的中心及偏离情况，可对数据进行正态性检验</td><td></td></tr>
<tr><td>6</td><td>散布图</td><td>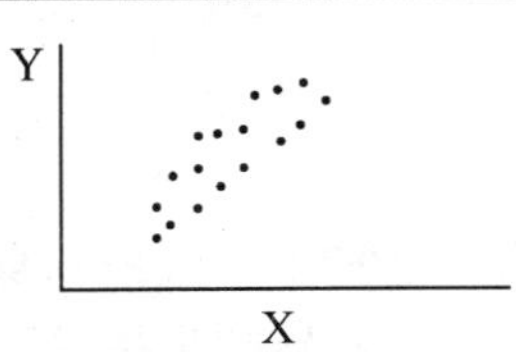

(Scatter)</td><td>揭示两个变量之间的关系</td><td>可用相关系数法来判断两变量之间的相关程度</td></tr>
</table>

续表

序号	工　具	例　图	功　能	注意事项
7	流程图	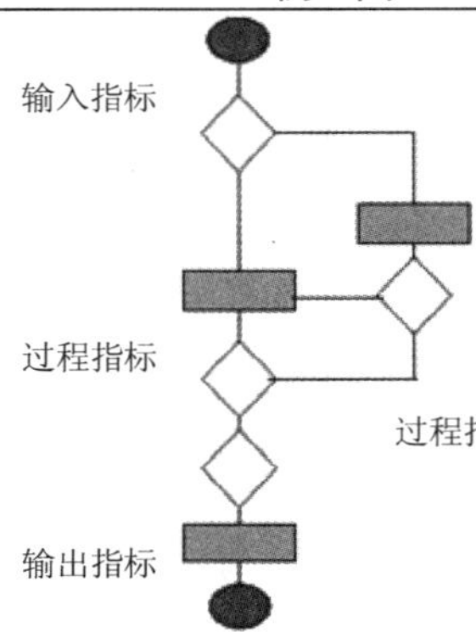	分析过程中各个步骤之间的相互关系，全面了解整个过程，分清过程之间的界限	

(2) 质量管理新七种工具。

20 世纪 70 年代，日科联盟又推出了包括关联图法、亲和图法(KJ 法)、系统图法、矩阵图法、矩阵数据分析法、过程决策程序图法和网络图法等方法，合称为质量管理的“新七种工具”。新七种工具更重视文字资料的整理和分析，以思考方法作为技术手段，从多个角度解决质量管理过程中出现的问题。

二、统计过程控制

1. 统计过程控制概述

20 世纪 20 年代，美国贝尔电话实验室的沃尔特 • 休哈特(Walter Shewhart)带领一个小组研究过程控制问题，研究发现虽然变异存在于生产过程中的各个方面，但通过使用简单的统计方法加以分析是可以得知变异的来源并对其进行控制的。1924 年 5 月 16 日，沃尔特 • 休哈特博士提出了应用控制图来进行过程控制。1939 年休哈特博士出版《质量控制的统计方法》，他关于抽样和控制图的著作吸引了质量管理领域众多人士的兴趣并产生了较大的影响，其中包括后来成为著名质量管理专家的戴明和朱兰。“二战”结束后，英、美两国将统计质量控制方法引入制造业。1950 年，戴明到日本讲学时介绍了有关统计质量控制的理念与技术。

由于传统的质量检验主要是在发生问题之后才去解决，是一种事后纠正措施，属于“救火”式管理，损失较大，所以人们将注意力转向过程，统计过程控制得到发展。对过程控制的最终目标就是要确保这个过程能生产出符合规格的产品，也就是说，过程中只能有随机性因素存在，而不能有系统性因素。统计过程控制的应用使人们对过程更加了解，减少了废品，降低了返修率，缩短了生产周期，保证了过程的稳定性和高可靠性。

2. 过程能力分析

(1) 过程能力与过程变异。

过程能力(Process Capability)以前也称为工序能力，是指生产过程本身创造符合设计及顾客要求的产品的能力，它反映了过程波动的大小。过程变异则是指过程在每次交付产品或服务时无法准确产生出相同结果的现象，变异在所有的过程中都存在，它的存在将导致不必要的利润损失。

影响过程质量的六个基本因素，即人员(Manpower)、机器(Machinery)、材料(Material)、方法(Method)、测量(Measurement)和环境(Mother-natured 或 Environment)，常简称为 6M(或 5M1E)。由这六个基本因素导致的变异有两类——随机性变异和系统性变异。理想情况下，在过程中应该只存在随机性变异，但在实际生产过程中依然还存在着系统性变异。

通常情况下，处于统计受控状态的过程仅受随机性因素的影响，因此过程的质量特征值服从正态分布。由概率理论可知，正态分布曲线的特性可用均值μ和标准差σ这两个参数来表征。均值μ是位置参数，反映正态分布曲线所处的位置；标准差σ是形状参数，反映正态分布曲线的高与宽，如图 6-4 所示。σ越小则正态分布曲线就会越高、越窄，说明过程质量特征值波动的范围越小，过程能力越充分；反之，σ越大则正态分布曲线就越低、越宽，过程质量特征值波动的范围越大，过程能力越不足。

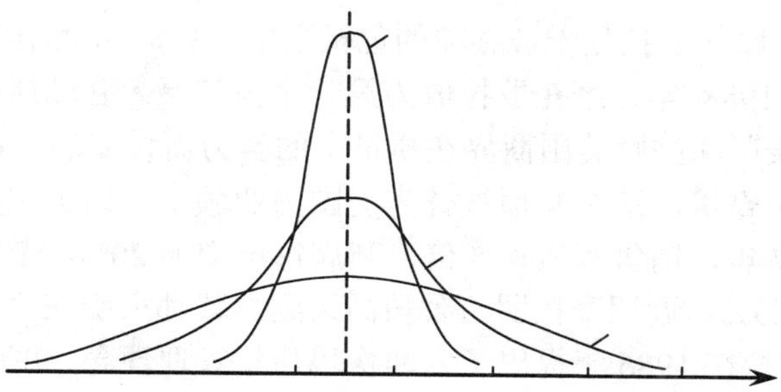

图 6-4　标准差σ对正态分布曲线的影响

(2) 过程能力分析及其步骤。

过程能力分析(Process Capability Analysis，PCA)，也称工序能力分析，是质量改进项目中一项非常重要的工作，主要是分析生产过程满足产品规范的程度，用于发现过程的质量瓶颈和过程中存在的问题、明确质量改进的方向。

对过程能力进行分析时，首先应确定待分析的、最能反映过程能力的关键质量特征值，并根据其数据特性来确定下一个分析步骤。

根据性质的不同，数据可分为计量值数据和计数值数据。前者可通过量具、仪器等测定，测得的数值是连续的，如重量、长度等；后者则通过计数的方法获得，数值为非负的整数，不是连续的数值，如缺陷的个数、不合格品数等。在进行过程能力分析时，如果关键质量特征值是计量值数据，就按照计量值过程能力分析的步骤进行；如果是计数值，则按照计数值过程能力分析的步骤进行。

三、六西格玛管理

1. 六西格玛概述

六西格玛即 6σ，σ是一个小写希腊字母，读作西格玛，是统计学术语，代表标准差，日常交流中人们使用得并不多。作为眼下最时髦的企业管理手段，六西格玛的含义是指：

通过设计、监督每一道生产工序和业务流程，以最少的投入和损耗赢得最大的客户满意度，从而提高企业的利润。它希望达到的目标：六西格玛，意味着每一百万个机会中只有三到四个错误或故障。

六西格玛是一项以数据为基础，追求几乎完美的质量管理方法。西格玛是一个希腊字母σ的中文译音，统计学用来表示标准偏差，即数据的分散程度。对连续可计量的质量特性，用“σ”表示度量质量特性总体上对目标值的偏离程度。几个西格玛是一种表示品质的统计尺度。任何一个工作程序或工艺过程都可用几个西格玛表示。六西格玛可解释为每一百万个机会中有三四个出错的机会，即合格率是 99.99966%。而三西格玛的合格率只有 93.32%。六西格玛的管理方法重点是将所有的工作作为一种流程，采用量化的方法分析流程中影响质量的因素，找出最关键的因素加以改进，从而达到更高的客户满意度。

2. 六西格玛的起源

20 世纪 80 年代，摩托罗拉处于被吞噬的危机之中。1987 年摩托罗拉创立了六西格玛管理(乔治 • 费西尔)。1988 年，摩托罗拉成为第一个梅尔康 • 仓瑞居国家质量奖的得主，这个奖是美国国会为表彰和鼓励美国商界在质量上的努力而设立的。1989 年，摩托罗拉赢得了马尔科姆 • 鲍德里奇奖，这个奖项被誉为美国商业领域的诺贝尔奖。从实施六西格玛方法的 1987 年到 1997 年，销售额增长 5 倍，利润每年增加 20%，节约额达 140 亿美元，股价平均每年上涨 21.3%。近期摩托罗拉公司高级副总裁孙大明在“摩托罗拉六西格玛研讨会”上表示，摩托罗拉在 1986 年提出了六西格玛质量管理理念，并将它作为实现公司“5 年内将服务质量提高 100 倍”这一目标的有效手段之一。整个六西格玛项目给摩托罗拉带来了巨大的效益，成本节约 190 亿美元。

3. 六西格玛的发展

六西格玛(6s 或 Six Sigma)最早作为一种突破性的质量管理战略在 20 世纪 80 年代末在摩托罗拉公司(Motorola)成型并付诸实践，3 年后该公司的六西格玛质量战略取得了空前的成功：产品的不合格率从百万分之 6210(大约四西格玛)减少到百万分之 32(5.5 西格玛)，在此过程中节约成本超过 20 亿美元。随后即有德仪公司(Texas lnstruments)和联信公司(Allied Signal)在各自的制造流程全面推广六西格玛质量战略，随后获得极大的成功。而真正把这一管理理念变成一种企业文化的是在杰克 • 韦尔奇(Jack Welch)领导下的通用电气公司。该公司 1996 年，初把六西格玛作为一种管理战略列在其三大公司战略举措之首(另外两个是全球化和服务业)，在公司全面推行六西格玛的变革方法。1997 年后，通用电气公司每年用于六西格玛的投资都在 5 亿美元左右。

杰克 • 韦尔奇曾说过：“六西格玛是我们曾尝试过的最重要的管理培训方法，它胜过到哈佛商学院就读，也胜过到克顿维尔进修。它教会你一种完全与众不同的思维方式。”

继摩托罗拉、德仪、联信/霍尼维尔、通用电气等先驱之后，几乎所有的财富 500 强的制造型企业都陆续开始实施六西格玛管理战略。值得注意的是，一直在质量领域领先全球的日本企业也在 20 世纪 90 年代后期纷纷加入实施六西格玛的行列，这其中包括索尼、东芝等。韩国的三星、LG 也开始了向六西格玛进军的旅程。另一值得注意的现象是自通用电气之后，所有公司都将六西格玛战略应用于组织的全部业务流程的优化，而不仅仅局限于制造流程。更有越来越多的服务性企业，如美国最大的花旗银行(CitiGroup)、全球最大的

B2C 网站公司 Amazon. com 等也成功地采用六西格玛战略来提高服务质量、维护高的客户忠诚度，所以六西格玛已不再是一种单纯的面向制造性业务流程的质量管理方法，同时也是一种有效地提高服务性业务流程的管理方法和战略。更有一些政府机构也开始采用六西格玛的方法来改善政府服务。目前，美国公司的平均水平已从十年前的三西格玛上下提高到了接近五西格玛的程度，而日本则已超过了 5.5 西格玛的水平。可以毫不夸张地说西格玛水平已成为衡量一个国家综合实力与竞争力的最有效的指标。

4. 实行六西格玛的意义

事实上，产品质量和服务质量都是业务流程管理质量的输出结果，因此企业业务流程能力的高低完全反映出企业的竞争实力。这就是为什么跨国 500 强企业纷纷实施六西格玛，将原本四西格玛水平的生产质量、服务质量提高到五西格玛，后又从五西格玛提高到 5.5 西格玛。在相关产业领域中，三西格玛的产品质量和服务质量是根本无法和四甚至五西格玛水平企业抗衡的。下列是不同西格玛值的业务流程能力比较，如表 6-2 所示。

表 6-2　不同西格玛值的业务流程能力比较

西格玛水平	C_p	C_{pk}	缺陷率
6	2	1.5	0.000003398
5	1.666667	1.166667	0.00023
4	1.333333	0.833333	0.0062
3	1	0.5	0.067
2	0.666667	0.166667	0.31
1	0.333333	−0.16667	0.69

6 西格玛=3-4 失误/百万机会——意味着卓越的管理、强大的竞争力和忠诚的客户。

5 西格玛=230 失误/百万机会——优秀的管理、很强的竞争力和比较忠诚的客户。

4 西格玛=6210 失误/百万机会——意味着较好的管理和运营能力，满意的客户。

3 西格玛=66800 失误/百万机会——意味着平平常常的管理，缺乏竞争力。

2 西格玛=308000 失误/百万机会——意味着企业资源每天都有三分之一的浪费。

1 西格玛=690000 失误/百万机会——每天有三分之二的事情做错的企业无法生存。

我们为什么要追求六西格玛呢？停留在四或五西格玛行不行？毕竟这已是超过 99%的“好”了。从企业内部的效率与成本来看，所有的不良品要么成为废品，要么需要返工或在客户现场维修、调换，这些都是企业的成本。美国的统计资料表明，一个 3 西格玛的公司直接与质量问题有关的成本占其销售收入的 10%～15%，所以提高公司的综合质量水平对于公司的营利性有直接的好处。当然，高质量、稳定的业务流程是提高客户满意度的根本要素。用中国邮政的统计资料，如果信件的处理达到 99%(3.8 西格玛)的准确投递率，这表明每小时要投错或丢失邮件数超过 9500 件，六西格玛意味着这一数字将降到 3，可见六西格玛并不是不现实的标准。从市场环境来看，世界经济一体化加剧了公司间的竞争，一个停留在三、四或五西格玛的公司是无法与一个六西格玛的公司竞争的。国家与国家之间的竞争最终体现在综合实力方面的竞争。很显然的，一个只有不到三西格玛的国家，其内部有大量的资源浪费、愤怒的消费者，在国际市场上缺乏竞争力的产品等，在新的世界经济中将很难与一个具有四、五甚至六西格玛的国度一较高下。

5. 企业运行六西格玛的过程

一般说来，企业推动六西格玛的方式，领导者应先就公司发展的目标展开一套策略，针对主管进行训练，学习分析及运用六西格玛的工具，在负责专案的同时，大量培训员工发展新技能，成为持续改进的力量。

1) 六西格玛适用所有企业流程

六西格玛管理是全面的，而非只是用在产品的流程上。例如，将收款或采购的过程规格化，就可以达到六西格玛；至于服务时间、公文传递及计划核准时间等作业，只要设定一段时间，也可以加以衡量是否达到六西格玛的标准。基于这个原则，所有的企业流程都可适当地量化，加以统计，达到六西格玛的要求。

2) 实施六西格玛的常见方法

企业推行六西格玛有很多的工具和方法，最常见的是一套包括五个步骤的改善程序，如图 6-5 所示。通过这些步骤，企业可以大幅降低成本，增加盈利。

界定：站在顾客的立场，找出能为公司带来明显节省或利润，并提升顾客满意度的专案。

测评：衡量目前的情况和客户需求之间的差距，找出关键度量。衡量以数据为基准，所以员工必须接受基础统计学及概率的训练，包括测量分析等课程。在刚开始的时候，通常是由具备六西格玛实际推行经验的人来带领员工进行。

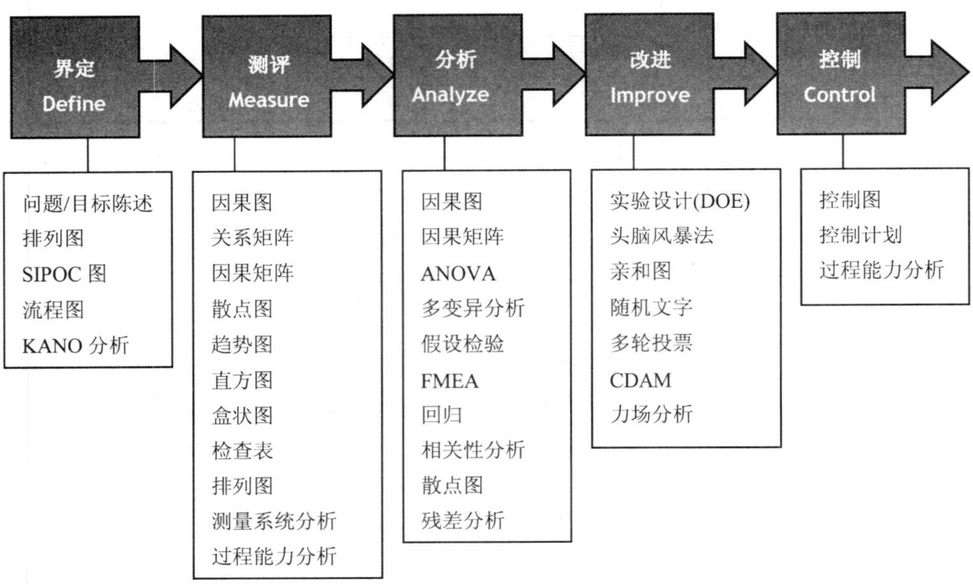

图 6-5 六西格玛改善程序

分析：80%的问题通常是由 20%的原因造成。为什么自己的公司只能做到二西格玛？到底哪里出了错？这才是企业主最关心的问题。在这个阶段，必须应用许多统计工具探究造成现状与需求之间落差的关键少数原因，找出影响结果的潜在变数，以及如何加以测量。这也是六西格玛当中非常困难的部分。

改进：找出原因之后，下一步的改善阶段将通过脑力激荡、共同讨论或是实验设计等方式，看一件事情在不同指标之下会产生怎样的结果，依据结果找出最佳参数和回归方式，也就是最佳解决方案来改善现状。

控制：通常活动在刚进行的时候总是有声有色的，但是过了一阵子，热度退去，又恢复原来的样子。因此，控制的目的就是要将改善的成果继续保持下去。

【任务实施】

任务一 YKK——小拉链，大不同

一百多年前，美国人发明了一个很不起眼的服装辅料——拉链，现今便利的拉链充斥在人们生活的每个角落。不难想象，如果没有拉链这个摩登世界将是何等模样？

随着时代的发展，人们在使用拉链时不再只注重它的实用性，越来越多的人开始把拉链和时尚链接起来。据业内人士分析，在全球有 90%的服装设计师在注重拉链的功能性的同时，更加注意拉链在服装设计中质量可靠性的运用，以便达到其服装设计的理想模样。

然而，在诸多的拉链品牌中，有超过半数的设计师选择了日本的 YKK 拉链作为自己设计时装的重要时尚元素。正如北京皮革皮草设计师李洋所说：“一般而言，设计师们会选择 YKK 拉链，因为它不仅能满足我们时装品质的需求，它还能达到时尚服装设计的效果。”那么，一根小小的拉链为什么能引来众人的青睐呢？它究竟拥有着怎样的“神奇力量”，让那些服装设计大师和消费者都为之倾倒。

稳定品质——时尚拉链的后盾

YKK 的全称为 Yoshida Kogyo Kabushibibaisha。YKK 是拉链行业的鼻祖，代表着行业标准，因为采用日本精确的工艺、原料和管理方法，YKK 的价格是其他拉链牌子的 10 倍左右。目前 YKK 仍是拉链行业最大的市场份额拥有者。

YKK 公司和产品之所以驰名于世界各地，关键在于其稳定优质的拉链品质，稳定的产品品质让其在产品的推广方面可以节省不少精力。YKK 认为拉链产品具有“Little Parts, Big Difference”的特色，因此，为确保拉链产品的稳定，YKK 拉链产品的原材料以及生产机械绝大部分是自行研发和生产，并全部由母公司提供，再配以高科技方式生产，所以，全球各厂所生产的拉链产品可以保持一致的水准和品质要求。

拉链生产商在大部分人眼中永远只能是中小企业甚至是家庭作坊式的小规模企业，但是，自 1934 年 YKK 株式会社成立，经过 70 多年的努力与发展，成为一家国际性的企业。

问题：

1. 是什么原因使这个不起眼且技术含量不是很高的服装辅料品牌 YKK 能代表行业标准？使其能以比同类产品高 10 倍的价格依然得到市场的青睐？

2. YKK 的质量战略给我国制造业什么启示？

任务二 摩托罗拉的六西格玛管理

“为什么要开展六西格玛管理？”摩托罗拉的回答是：为了生存。

从 20 世纪 70 年代到 80 年代，摩托罗拉公司在同日本的竞争中失掉了收音机和电视机的市场，后来又失掉了半导体的市场。1985 年，公司面临倒闭。在总结经验教训时，摩托罗拉公司发现一个被日本企业并购了的摩托罗拉的电视机生产公司，在经过了日本人的改造后，很快投入了生产，并且产品不良率只有摩托罗拉管理时的 1/20。很显然，摩托罗拉的问题出在质量管理上。在市场竞争中，公司高层接受了这样的结论："我们的质量很臭。"为了挽救危机，摩托罗拉公司在史蒂夫·金克拉夫博士的领导下，开始了著名的"6σ"(六西格玛)质量之路。后来的事实证明，摩托罗拉从质量入手改造公司的策略是正确的。它不但使摩托罗拉顽强地生存了下来，成为质量过硬的世界通讯业巨头，并且为其他企业贡献了一笔巨大的财富——"六西格玛"质量管理方法。摩托罗拉公司因而被尊称为"'六西格玛'教父"。

"σ"(Sigma)是一个希腊字母，读作西格玛，是统计学术语，代表标准差。3Sigma 表示有 99.73%的产品(广义上的概念，包括服务等)符合用户要求；6Sigma 则要求在每 100 万个产品中只有三四个缺陷产品。

六西格玛管理在摩托罗拉危机时期提出并投入实施，马上取得了立竿见影的效果。在摩托罗拉公司开始实施六西格玛管理法的 1987 年到 1999 年，公司平均每年提高生产率 12.3%，不良率只有以前的 1/20。由于质量缺陷造成的费用消耗减少 84%，制作流程失误降低 99.7%，因而节约制造费用总计超过 110 亿美元。公司业务、利润和股票价值的综合收益率平均每年增长了 17%。

问题：

1. 是什么原因使摩托罗拉在与日系品牌的竞争中险些破产？后来又是如何凤凰涅槃的？
2. 试分析产品质量与企业发展的关系，如何实施质量战略？
3. 给我们什么启示？

【项目小结】

本项目从《雅格布斯定理》引入，讲述了质量管理的概述、发展进程、质量管理方法及工具、统计过程控制、工序过程能力分析、六西格玛质量管理等内容。

本项目让学习者切身感受到质量对于企业的发展至关重要，质量意识是关键，把握细节是重点。使用课程所学理论知识(质量管理方法及工具)解决实际生产质量检验问题，根据所掌握的质量参数标准，及产品质量现有参数，通过质量管理工具进行分析计算，最终得出质量检验报告并对报告结果进行分析、评价和改进。

【基本练习】

1. 简述 PDCA 循环的内容及八个步骤，并绘制圆形循环图。
2. 简述 6Sigma 实施的五步改善程序。

【拓展训练】

拓展任务一

过程能力的计算

过程能力指数(Process Capability Index，PCI)，过去也称为工序能力指数，是一个没有量纲的指标，可以对各种过程进行评估，因此常作为衡量过程能力的指标。

在实际生产过程中，通常用 6σ 来反映过程本身的能力，其值越小越好，说明过程能力越充分，即过程满足规格要求的程度越高。

根据数据类型的不同，采用的衡量指标也不一样，下面分别介绍。

计量型数据过程能力指标——常用 C_p 和 C_{pk}。

关于 C_p 的计算：

$$C_p = \frac{\text{公差范围}}{\text{过程能力}} \tag{6-1}$$

如果公差范围用 T 表示，过程能力用 6σ 描述，则过程能力指数的一般表达式为

$$C_p = \frac{T}{6\sigma} = \frac{T_U - T_L}{6\sigma} \tag{6-2}$$

式 6-2 中，T_U 表示公差上限，T_L 表示公差下限。

通常 σ 是未知的参数，因此常用样本标准差 S 作为 σ 的估计值，即：

$$S = \sqrt{\frac{\sum_{i=1}^{n}(x_i - \bar{x})^2}{n-1}} \tag{6-3}$$

x_i 为第 i 个观测值，n 为样本容量。

定义 $\hat{C}_p$ 为相应的 C_p 的估计值，则有：

$$\hat{C}_p = \frac{T_U - T_L}{6\sigma} \tag{6-4}$$

由公式 6-4 可以看出，C_p 值与公差范围的大小成正比，与标准差的大小成反比。

在上面的计算中，我们并未考虑均值的偏移现象，如图 6-6 所示。如果均值发生偏移，即产品质量特征值的分布中心 μ 与公差中心 M 不重合时，C_p 的值就会改变。因此，C_p 也称为理想的过程能力指数，实际生产中常用 C_{pk} 来计算过程能力，弥补 C_p 的不足。

关于 C_{pk} 的计算：

$$C_{pk} = Min\left\{\frac{T_U - \mu}{3\sigma}, \frac{\mu - T_L}{3\sigma}\right\} = \frac{T_U - T_L - 2\Delta}{6\sigma} = (1-k)C_p \tag{6-5}$$

式中：$\Delta = |\mu - M| = \left|\mu - \frac{T_U + T_L}{2}\right|$，表示分布中心和公差中心的绝对偏移量；

μ 为实际工序分布中心；

M 为公差中心，$M = \frac{T_U + T_L}{2}$；

$k=\dfrac{2\Delta}{T_U-T_L}$，表示相对偏移系数。

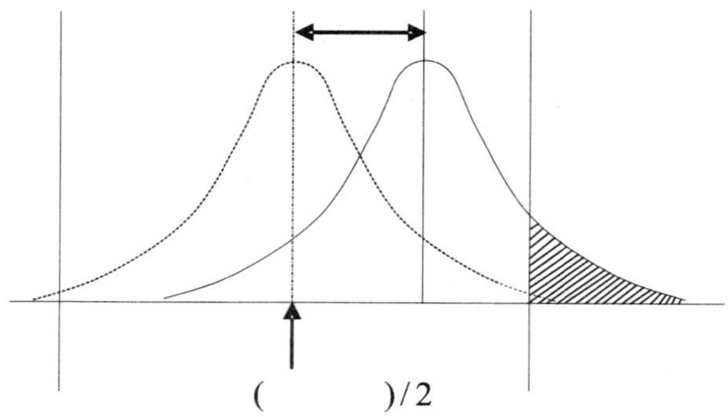

图 6-6　工序公布中心与公差中心不重合

单侧公差的情况

前面我们讨论了具有双侧公差的过程能力指数计算，下面我们讨论单侧公差的情况。

只对公差上限有要求，而对公差下限不做要求时：

$$C_{PU}=\frac{T_U-\mu}{3\sigma} \tag{6-6}$$

只对公差下限有要求，而对公差上限不做要求时：

$$C_{PL}=\frac{\mu-T_L}{3\sigma} \tag{6-7}$$

当存在均值的偏移时：

仅有公差上限时：

$$C_{PU}=C_{PK} \tag{6-8}$$

仅有公差下限时：

$$C_{PL}=C_{PK} \tag{6-9}$$

津乐园食品有限公司生产的 A 系列生日蛋糕单个质量为 220～260g，假定该工序所生产的蛋糕质量服从正态分布，均值为 245 g，标准差为 10 g。请计算 C_p、C_{pk} 的值。

拓展任务二

中国一汽解放公司的质量管理 AUDIT 评审管理办法

一、目的

通过编制、执行《AUDIT 评审管理办法》，对产品质量状况及趋势实施控制与改进，促使本公司能够持续主动地满足顾客要求，从而提高企业竞争力。

二、范围

该办法适用于专用车分公司生产的所有经检验合格的产品。

三、术语和定义

AUDIT 评审：从用户的角度对经检验合格的产品进行质量评价的一种方法。

四、职责

(1) 质量保证部：是AUDIT评审的归口管理部门，负责组织编制AUDIT评审检查表，对趋势实施控制与改进，进行效果验证。

(2) AUDIT评审工作组：编制AUDIT评审检查表，组织AUDIT质量评审，并统计产品质量缺陷，并负责对评审内容给予奖惩，质量缺陷立项处理。

(3) 各相关单位：负责产品缺陷原因的分析及整改措施的制定和实施。

五、过程绩效指标(无)

六、管理内容

1. 建立AUDIT评审体系

(1) 建立AUDIT评审工作组。

成立由管理者代表为组长，质保部质量工程师、技术部综合工艺员、营销部业务经理为成员的评审工作小组。其主要职责是编制AUDIT评审检查表，组织AUDIT质量项目评审，并对评审内容进行奖惩以及质量缺陷立项处理。

(2) 制定AUDIT评审项目，编制AUDIT评审检查表。

根据用户反馈的质量信息中质量缺陷发生频次较多的项目和产品发现生产中存在的质量缺陷，在分析产品结构的基础上，参考国家标准和企业技术标准，确定详细的检查项目。对每一个缺陷检查项目都要明确责任部门及其扣分值和缺陷类别，把以上内容汇总制成表格，即为AUDIT质量评审检查表。

(3) AUDIT质量缺陷严重性分级。

按质量缺陷对产品适用性的影响程度，把质量缺陷分为五个等级，同时赋予其不同的分值。

A级：致命缺陷，分值为100分。

判定原则：影响产品的寿命、可靠性和主要功能，并使之明显降低，缺陷直接形成安全隐患或外观质量不能被用户接受。

B级：严重缺陷，分值为70～90分。

判定原则：会影响产品的寿命、可靠性和一般功能发挥的障碍，可能造成安全隐患或外观质量很难被用户接受。

C级：一般缺陷，分值为50～60分。

判定原则：轻微地影响产品的功能、寿命和可靠性，缺陷不可能导致事故或外观质量会引起用户的不满意。

D级：轻缺陷，分值为30～40分。

判定原则：轻微地影响产品的功能和寿命，但不会明显地表现出来，外观缺陷会被用户发现。

E级：微缺陷，分值为10～20分。

判定原则：用户不会介意的外观质量缺陷。

(4) 确定产品合格奥迪特质量等级及其相对应的AUDIT质量限额缺陷分值。

产品合格AUDIT质量等级的确定，就是把AUDIT质量等级分为6个等级，即0级、1级、2级、3级、4级、5级，其中以0级为最好，5级为最差，然后依据企业当时的质量目标和用户能够接受的质量水平确定产品合格的AUDIT质量等级。

表 6-3　AUDIT 质量等级与缺陷分值

奥迪特质量等级	0～0.9	1～1.9	2～2.9	3～3.9	4～4.9	5
缺陷分值之和	0～50	50～190	190～330	330～500	500～700	>700

(5) 评定产品实际的 AUDIT 质量等级。

根据产品实际评审的缺陷分值之和与限额缺陷分值之间的差距计算其升降幅度并折算成一定的质量等级。

2. AUDIT 质量评审实施程序

(1) 抽取样品。

从经检验合格的产品总数中随机抽取一定数量的样品。

(2) 检查评审。

在抽取样品后，保持其原来的状况，不进行任何的修复，按评审检查表的内容从静态到动态，从里到外，从性能检查到外观检查，采取看、听、摸、试、测等手段进行认真评审，并做好详细记录。

(3) 申辩讨论。

检查完毕，评审组汇总情况，将各单位负责人请到 AUDIT 质量评审现场，宣布检查情况，若缺陷责任部门有不同的意见可以申辩，以找准缺陷的真正原因；若缺陷部门无异议或未参加申辩讨论，则视作对所有判给该部门的缺陷表示认可，AUDIT 质量评审结果不再更改。

(4) 计算各单位的综合奥迪特质量等级，评价各单位综合质量水平。

到每月末，由 AUDIT 质量评审小组对各单位各种产品的奥迪特质量等级加权平均，再与工作质量管理、管理质量、各项质量控制完成情况的增减值有机地结合在一起，由此得出各单位综合的 AUDIT 质量等级。该等级代表该部门当月质量水平。

(5) 召开 AUDIT 质量评审考核会，进行奖惩。

定期召开 AUDIT 质量评审考核会，在会场设立表扬席和批评席，公司领导、各责任部门负责人参加，由 AUDIT 质量评审组对各单位的综合质量水平进行讲评，完成好的综合质量等级低于要求标准的部门负责人坐在表扬席上，完成不好的综合质量等级高于要求标准的部门负责人坐在批评席上。

(6) 对各类质量缺陷实行立项管理。

对在 AUDIT 质量评审中暴露的质量缺陷，由 AUDIT 评审工作组有关人员召开专题质量分析会，分析质量缺陷产生的原因，制定相应的对策措施，对由于管理和技术造成的缺陷，采取限期由责任部门负责解决的办法。对综合性的质量缺陷采取质量攻关、改进或设立质量控制点彻底解决质量缺陷，并将解决的进展情况纳入下月奥迪特综合质量考核中。

问题：

1. AUDIT 评审管理办法适合什么样的企业？
2. AUDIT 评审管理办法对企业有怎样的要求？

【我的感悟】

项目七　物 力 管 理

【任务引入】

旅客与驴

一个旅客雇了一头驴，骑着它到远处去。天气很热，他停下来休息，躲在驴子的影子下，求个荫凉。驴子的影子仅够遮蔽一个人，于是旅客和驴子的主人为了遮阴激烈地争论起来，谁都认为自己才有这个权利。驴子的主人坚持说他仅出租驴子本身，不出租驴子的影子。那旅客说他雇的驴子包括驴子本身和影子；他们争论不休，以至打了起来，当他们打架时驴子逃跑了。

【任务分析】

驴子就是现代企业的物力资源，它是生产力的重要因素之一，是流动资产和固定资产的重要组成部分，是保证企业生产经营进行的重要条件。加强物力资源管理对提高产品和服务质量、促进工艺和设备及手段的变革、降低成本、加速资金周转、增加企业盈利、节约社会资源等都有重要意义。

【任务说明】

工作任务	知识目标	能力目标	操作流程
任务一　戴尔公司零库存供应链模式分析	1. 库存管理的定义； 2. 库存控制的决策程序； 3. 库存管理的内容	1. 能够分析企业库存管理体制中所存在的问题； 2. 能够针对具体情况提出适合的库存管理模式	1. 阅读案例； 2. 分组讨论； 3. 代表发言； 4. 总结案例
任务二　美国密歇根大学医学院医疗设备管理体制分析	1. 设备管理的定义； 2. 设备管理的要点； 3. 设备管理的过程	1. 能够分析设备管理的计划的合理性； 2. 能够指导企业完善设备管理机制	1. 阅读案例； 2. 分组讨论； 3. 代表发言； 4. 总结案例

【相关知识】

一、物力资源管理

1. 定义

物力资源是生产力的重要因素之一。现代企业物力资源管理工作是保证企业生产经营的重要条件，也是合理地使用和节约物资的重要手段。加强物力资源管理对提高产品质量和服务、促进工艺和装备及手段的变革、降低成本、加速资金周转、提高服务质量、增加现代企业盈利等都有重要意义。

现代企业物力资源是指现代企业从事生产经营活动的物质基础。物质基础是现代生产力的重要条件。不同类型的企业，物力资源的内容是不同的。在现代企业中，物力资源按其在社会再生产过程中的作用可分为两类，如表 7-1 所示。

表 7-1　物力资源分类表

物力资源类型	企业类型	
	生产企业	流通企业
物资(劳动对象)	原材料、辅助材料、染料	各式多样的商品实体
设备(劳动手段)	机器设备、工具、厂房、技术	物资设备(房屋、柜台、电脑)

现代企业物力资源管理简单地说，就是对各种劳动手段和劳动对象的管理。从其工作内容来说，包括物资设备运动的全过程管理，即在合理选择企业地点前提下，对企业生产经营场所的内部设计、选购、安装、调试设备工具，以及在企业生产经营过程中对设备的使用、维修、更新，对无形资产的计划、使用、转让或出售等全过程的管理。

1)　物力资源管理的地位

为了使企业的物资设备能经常处于先进完好的状态，充分发挥各种设备的效能，物尽其用，从而提高劳动效率，顺利地实现再生产，就必须加强对企业物力资源管理。其意义如下。

(1)　加强企业物力资源管理，有利于加速实现企业现代化。

(2)　加强企业物力资源管理，有利于加速社会再生产的正常运行。

(3)　加强企业物力资源管理，有利于提高劳动效率、服务质量、经济效益。

2)　物力资源管理的内容

现代企业物力资源管理的内容，是由企业物力资源管理的地位决定的。其主要包括如下内容。

(1)　保证企业再生产的正常进行。为此，要将安全、经济与优质服务、高效低耗统一起来，对物质和设备实施全面的管理。

(2)　保证企业物资设备经常处于先进完好的状态。为此，要对材料、原料的采购、保管、投放；房屋及设备的建造、购置、使用、维修、更新、改造、淘汰、报废等各个环节进行全过程的综合管理，建立健全各项管理制度。

(3)　保证企业物资设备的正常合理使用。为此，要建立一套完整的检验、检查、验收制度，使物资设备能得到科学的管理，提高物资的优质水平和设备的先进完好。

(4)　积极推动企业物资技术基础现代化。为此，要组织、指导物资技术设备的更新、改造、改装、引进和仿造的研究，不断提高设备的技术性能和现代化水平。

(5)　加强对企业危险设备的管理。为此，要坚持对潜在事故和显现事故的检查、预测、预防分析，及时采取有力措施予以防止和排除，加强经常性的宣传教育，着力减少事故的发生。

总之，就是要在社会生产力和科技不断发展的动态中，保证企业的生产经营活动建立在最佳的物资技术状态之上，节约成本和费用，及时提供最优最先进的技术设备实现最佳的经济效益。

2. 物资管理

物资包括原材料、辅料、染料、商品等。物资既是企业的劳动对象，又是企业的生产经营成果，都是企业生产经营的物质基础。它们的状况直接关系到企业的生存和发展，因此是企业管理的一个不可或缺的部分。

现代企业的物资管理，是指企业对所需各种物资进行计划、采购、验收、保管、发放、节约使用和综合利用等一系列组织管理工作的总称。

企业的生产经营过程既是产品的制造交换过程，又是生产资料的消耗过程。要使生产经营连续进行，就需要及时补充消耗掉的各种物资。

企业生产经营所需的物资，按其在生产经营中的消耗特性可以分为两类：一类是在一个产品交换周期内改变其物质形态而被消耗掉，并将其价值一次转移到产品价值内；另一类是经过若干个产品生产经营周期才能消耗掉，其价值按一定比例逐渐转移到产品价值或费用内。这两类物资差别很大，通常前一类属于加工对象，占用流动资金，是物资管理研究的内容；后一类属于加工手段，占用固定资金，其中的生产设备、动力设备、传导设备、运输设备等是设备管理研究的内容。

1)　物资管理的目的

现代企业物资管理的目的是：根据企业生产经营任务的要求，以提高经营效益为核心，科学、及时地满足生产经营的需要，保证成本目标的实现，并努力降低消耗，节约成本。

2)　物资管理的任务

物资管理的基本任务是制定先进合理的物资消耗定额和物资库存定额。强化库存控制和仓库管理，减少损失浪费，降低成本费用，提高物资使用的经济效益。

现代企业物资管理的具体任务主要有以下几方面。

(1)　按质、按量、按时、成套、齐备地供应企业所需的各种物资；保证企业生产经营活动顺利进行。

(2)　在保证产品质量的前提下，尽量选用供应充足、价格低廉、路程较近、交通便利的资源，以节约采购、运输、保管费用。

(3)　制定先进合理的物资消耗定额，实行集中下料和限额发料；搞好物资综合利用和修旧利废，降低物资消耗。

(4)　制定科学合理的物资储备定额，实行库存控制，加强仓库管理，加速物资流转，减少流动资金的占用。

(5)　积极采用新材料、新工艺、新装备，促进技术进步。

(6)　严格遵守法规，建立健全物资管理制度和手续，严格组织物资的验收、保管和发放工作，减少物资的损失和浪费。

二、库存管理

库存管理是现代企业物资管理的重要内容，直接影响到流动资金周转速度和使用效益，影响到企业财产的安全。其主要内容包括库存控制和仓库管理等。

1. 库存控制

库存控制是现代化管理的重要内容之一。库存控制是从系统的观念出发，以定性和定量方法结合进行综合分析研究，求得经济效益最优的库存方案，要求从保证生产需要、节约资金、提高经济效益等方面进行系统分析研究，选择最佳的库存方案。

1) 库存控制系统

工业企业的物资库存是指企业生产经营所需的原材料。在制品和产成品的库存中，科学合理的物资库存是企业顺利进行生产经营活动的必要条件之一。物资控制系统有三个显著的特征。

(1) 库存控制系统有明确的目标：一是要满足生产和用户的需要；二是要降低费用，提高经济效益。

(2) 物资控制系统的主要因素：主要因素是时间和数量，即库存控制是通过对订货时间和订货数量的控制，使库存水平在时间和数量上都是经济合理的。

(3) 库存控制系统的结构：企业物资库存控制系统的结构有横向和纵向两个方面，从横向看，企业生产经营过程的各个阶段，从原材料供应阶段、生产制造阶段到产品销售阶段都有物资库存问题；从纵向看，企业生产的各层次，包括厂部、车间、班组、工序之间都有库存问题。

2) 库存控制的决策程序

物资库存控制的决策程序如图 7-1 所示，主要解决四个方面的问题。

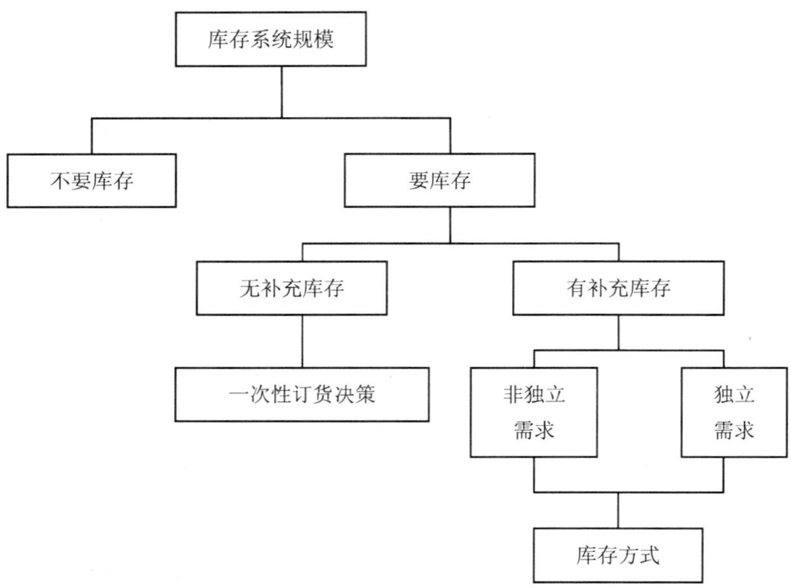

图 7-1 库存控制的决策程序

(1) 库存规模。

库存规模大小即库存控制物资品种的多少。从严格的意义上讲，应对企业所有库存物资都严格控制。但是，企业所需的物资成千上万种，如果都实行严格控制，实际操作上有困难，而且经济上也不合理。因此，选择适当的库存控制规模，既可以简化管理工作，减少管理费用，又可以集中力量抓好重要物资的控制。选择库存控制规模一般用 ABC 管理法进行。

(2) 要库存和不要库存。

其决策应考虑两方面的问题：一是物资供应条件；二是库存费用。物资供应条件包括三个方面：第一是否有足够的能保证供应的厂商；第二是否有可靠的运输条件；第三是否有可靠的分配渠道(批发零售系统)。如果这三个条件都具备，而且保管费用又大于订货费用，就可不保持库存而采取随时需要随时订货。库存费用由订购费用和保管费用组成。要还是不要库存，取决于订货费用与保管费用的比较。当保管费用大于订货费用，并且三个物资供应条件都具备时，企业就不必保持库存，可以一批一批订，需要多少订多少。当保管费用小于订货费用时，即使三个物资供应条件都具备，或者其中任何一个条件不能保证时，企业都必须保持库存。

(3) 有补充库存和无补充库存。

有补充库存主要是指连续生产、连续常年销售的产品，其所需的物资不能发生中断，要有可靠的供应来源，可以不断采购到物资。在此条件下，企业应对所需物资实行严格控制，降低库存费用。无补充库存是指物资的供应有时间性或者季节性，只订一次，不再补充，企业如果失去订货机会，供应就会中断。对于无补充库存，企业应根据生产需要进行一次性订货，使数量刚好满足需要。

(4) 独立需求和非独立需求。

独立需求就是对一种物资的需求与对其他物资的需求没有直接的关系，如零售商对服装的需求和对食品的需求没有直接的关系，相互完全独立。由于每一种需求相互独立，不能率先确定需求量，企业应对每种物资的库存单独计算。非独立需求是指某种物资的需求是因其他物资的需求引起的，或者这种物资的需求会引起其他物资的需求。如汽车方向盘的数量完全取决于今后汽车的销售量，只要预测了汽车(产成品)的销售量，就可以计算零件(如方向盘)的需求量。对于非独立需求的物资，企业应对相关物资统筹考虑，决定和控制相关物资的库存。

2. 仓库管理

仓库是存放物资的场所。仓库管理业务主要包括物资的验收入库、保管、发放和清仓盘点。

(1) 物资的验收入库。

物资验收入库一般要经过提货、验收、办理入库手续等过程，可以到供货单位或车站、码头去提货，也可以通过专用线直接将物资运到企业的仓库。提货工作应该做到准确及时、手续清楚、责任分明。验收包括质量检查和数量点收。质量检查可以通过直观检查、称重、化验或试用的方式进行；需要质量管理部门检查的，应该由该部门的有关人员负责。数量点收可以是全部点收，也可以抽点。验收不合格的不得入库，并将货物妥善保管，以便同供货单位交涉。只有当数量、质量和单据都验收无误之后，才能办理入库、登记、立卡等手续，并将入库通知单连同发票、运单一起送交财务部门。

(2) 物资的保存。

物资保管的基本要求是摆放科学、数量准确、质量不变、消灭差错。为此，要对物资的摆放进行编号，以便查找。中国企业创造的“四号定位”方法是一项好经验。“四号定位”就是按库号、架号、层号、位号四个号决定某项物资的位置。这样便于发料、盘点、保管。为便于点数和充分利用空间，对物资要码垛。“五五化”码垛方法可以减少差错，便于点数，提高工作效率。在物资保管过程中要按物资性能分门别类进行维护保养，做好防锈、防尘、防潮、防震、防腐、防磨、防水、防爆、放变质、防漏电等“十防”工作。露天货场的物资必要时要遮盖；必须健全账卡档案；发现超储积压或缺货要及时报告业务主管部门。

(3) 物资的发放。

把生产车间所需要的物资及时、迅速、准确地发放出去，是仓库为生产服务的一种重要工作。限额发料制是一种科学的发放制度，这种发料制能及时掌握物资的库存情况和车间的用料情况，加强了计划性，既有利于生产，又降低了消耗，节约了物资。物资的发放可以有送料和领料两种形式：送料是由仓库按用料单位的计划送料上门，领料是由用料单位到仓库自行提货。送料方式比较好，可以简化手续，减少领料时间，便于供应人员掌握生产情况，加强物资管理。

(4) 清仓盘点。

由于仓库物资种类规格繁多，数量又很大，流动性也很大，要及时掌握物资的变动情况，做到账、卡、物相符，就要进行盘点。盘点的内容是检查账面数与实存数是否相符，有无超储积压，物资有无损坏、锈蚀或变质。盘点有经常盘点和定期盘点两种。经常盘点由仓库管理人员随时进行。定期盘点由供应部门和财务部门共同组织，定期进行。发现问题要查明原因和责任，对于超储积压物资要及时作出处理。

三、设备管理

1. 设备管理的概念

1) 设备管理的概念

设备管理是指依据企业的生产经营目标，通过一系列的技术、经济和组织措施，对设备寿命周期内的所有设备和物资运动形态进行的综合管理工作。

设备寿命周期指的是设备从规划、购置、安装、调试、使用、维修，直至改造、更新及报废全过程所经历的全部时间。设备寿命周期的划分方法与一般的经济寿命周期(如商品、产品寿命周期)大致相同。各阶段的管理重点应有所侧重。

2) 设备管理的内容

设备管理分为前期管理和后期管理两部分。

设备前期管理的主要内容如下。

(1) 依据企业生产经营目标及需要制订企业设备计划。

(2) 选择和购置所需设备，必要时组织设计和制造。

(3) 组织安装和调试即将投入运行的设备。

设备后期管理的主要内容如下。

(1) 正确合理地使用已投入运行的设备。

(2) 精心维护、保养和及时检修设备，保证设备正常运行。

(3) 适时改造和更新设备。

2. 设备管理的要点

现代企业设备综合管理是指在设备维修管理的基础上将系统理论引入设备管理之中，对设备进行全面管理的阶段，即对设备进行综合管理。这就是现代企业设备综合管理理论，是现代企业设备管理的理论支柱。现代企业设备综合管理理论有两个要点：设备综合工程学和全员设备维修制。

1) 设备综合工程学

设备综合工程学(Terotechnology)由英国丹尼斯·帕克斯(Dennis Parkes)于 1971 年首先提出。其要点如下。

(1) 从整体角度出发去研究设备寿命周期费用的最小化问题。由此，应追求的是设备全过程费用最低，而不是某个环节费用最低。

(2) 从技术、管理、财务等方面对设备进行综合管理，保证设备具有独特的技术性能和经济性能。在技术方面，不仅注重从设计环节开始提高设备的技术水平，而且要从纵向与横向两个角度开展技术研究；在管理上要解决组织机构问题；在财务上要以全过程费用作为研究对象。

(3) 从设备管理的全过程进行系统的分析处理，以提高各个环节的机能。

(4) 重视设备的可靠性和维修性设计，其最高境界是“零维修”。

(5) 设备综合管理需要强大的设备管理信息系统的支撑。通过有效的信息反馈管理，把设备的各个环节有机地结合起来，不断地提高设备的整体机能。

2) 全员设备维修制

全员设备维修(Total Productive Maintenance)又叫全员生产维修(TPM)，其要点如下。

(1) 基本特点是“三全”，即全效率、全系统和全员参加。全效率是指设备的综合效率，即设备的总费用与总所得之比。总费用是设备的寿命周期费用。总所得包括产量(P)、质量(Q)、成本(C)、交货期(D)、安全(S)、劳动情绪(M)等方面。其基本要求是：以尽可能少的寿命周期费用来达到设备的综合效率最高。全系统是指对设备要以进行研究、设计、制造、安装、使用、维修、改造到报废为止的全过程管理。全员参加是指从企业的高层领导到第一线生产工人(或营业员)都参加设备管理，企业基层组织生产维修(PM)小组开展自主活动。

(2) 设备维护方式包括日常维修、事后维修、预防维修、生产维修、改善维修、预知维修和维修预防。

(3) 通过设备分类维修，对重点设备进行预防修理，对一般设备采取事后修理，既可保证正常生产的要求，又可节省维修费用。

(4) 通过推行设备维修目标管理，来确定设备维修工作的方向和具体奋斗目标，并以此作为评定维修工作成绩的依据。

(5) 为了保证好的工作作风，可开展五项活动(5S 活动)，即整理工作环境、整顿操作秩序、清洁与清扫保持良好的工作态度和习惯(素养)。

3. 设备管理的过程

现代企业设备管理包括研究与设计、选择与购买、安装与调试、使用与维护、更新与改造五个具有时间序列特点的内容。不同行业、不同规模的企业使用的设备区别很大，管理的具体内容和环节有所不同，但这些环节是最基本和普遍的。

1) 设备的选择与购买

(1) 设备的选择。

设备的选择是设备综合管理的首要环节，设备选择应满足生产实际需要，结合企业长远生产经营发展战略全面考虑。设备选择一方面应考虑企业本身生产经营活动的特点；另一方面要考虑设备本身寿命的长短、效率的高低等。总的来说，选择技术上先进、经济上合理、安全节能、生产经营上可行的设备，满足生产经营需要，保证企业生产经营发展，实现技术进步，提高效率，这是企业在添置、制造、引进设备时必须共同遵守的原则。

企业在选择设备时，应考虑生产效率、可靠性、安全性、节能性、耐用性、维修性、环保性、成套性和灵活性九个因素。

(2) 设备的购买。

不同行业、不同规模的企业，使用的设备区别很大，在购买之前应仔细地选择。首先要根据经济评价的结果来选择最优方案；其次要根据企业的经济实力(购买能力)；最后要在对多渠道、多方式进行选择对比的基础上，讲求成本最低、费用最省、时间最短。最后，要选派有一定素质的人员。

2) 设备的安装与调试

设备的购置或自制完成后，即进入安装与调试阶段，需要按照设备工艺平面布置图及有关安装技术要求，将设备安装，进行找平、灌浆稳固，使设备安装精度达到安装规范的要求，并经调整、试运行、验收后交付生产经营。

(1) 设备的安装。

在组织设备的安装工作时，应考虑的主要因素有：设备的安装与生产经营组织的要求相符合，并满足工艺要求；方便工件的存放、运输和切屑的清理；满足空间的要求(如厂房跨度、门的高低宽窄、设备运动部件的极限位置、商业企业顾客活动范围等)；满足设备安装、维修及操作安全方面的要求；满足动力供应和劳动保护的要求等。

(2) 设备的调试。

设备的调试工作包括清洗、检查、调试和试运转。当设备安装到位后，应由设备的使用部门组织、设备管理部门与工艺技术部门协同进行设备的调试工作。

组织好设备的调试工作不仅能在设备正式使用前发现设备存在的问题和缺陷，从而加以调整，以便尽早交付使用，而且还由于设备的调试多由设备的制造厂家负责，对于设备使用部门来说，也是一个熟悉和了解设备操作的好机会，尤其对于一些引进设备，更应珍惜这种调试所带来的机会，以使设备尽快发挥全部作用。

3) 设备的使用与维护

(1) 设备的使用。

正确合理地使用设备，是指按操作规程的要求使用设备，尽量延长使用寿命。合理地使用设备可以减轻磨损，保持良好的性能和应有的精度，从而充分发挥设备正常的生产效率。

合理使用设备需要做到如下四点：熟悉设备的特点，恰当安排任务；为设备配备相适应的操作人员；为设备创造良好的工作环境；制定有关规章制度。

(2)　设备的磨损和故障规律。

开展设备管理工作首先必须掌握设备磨损和故障规律，这样才能比较准确地判断设备发生故障的原因，并且可以根据设备故障规律，合理安排生产和维修的时间，避免产生冲突。设备的磨损有两种类型：有形磨损和无形磨损。在正常情况下，设备的物理磨损可分为三个阶段，如图 7-2 所示。

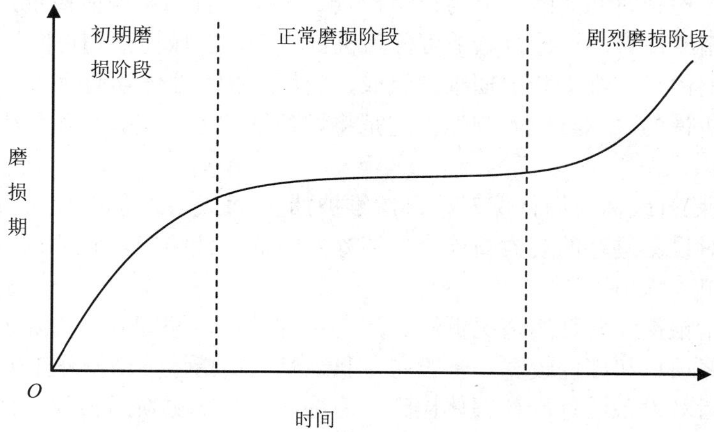

图 7-2　设备磨损规律

设备的故障是指设备或其零部件在运行过程中发生的丧失其规定功能的不正常现象。一般按故障发生的速度，可将故障分为突发故障和渐发故障。突发故障一般是由偶然性、意外性的原因造成的，对设备造成的损失很大，因此又叫损坏故障。渐发故障是由于设备性能逐渐劣化，机能慢慢降低而引起的故障，又称劣化故障。

设备故障的发生有一定的统计规律，设备故障在整个设备使用期间的发展变化是按所谓的“浴盆曲线”分布分为三个阶段：初期故障期、偶发故障期和磨损故障期，如图 7-3 所示。

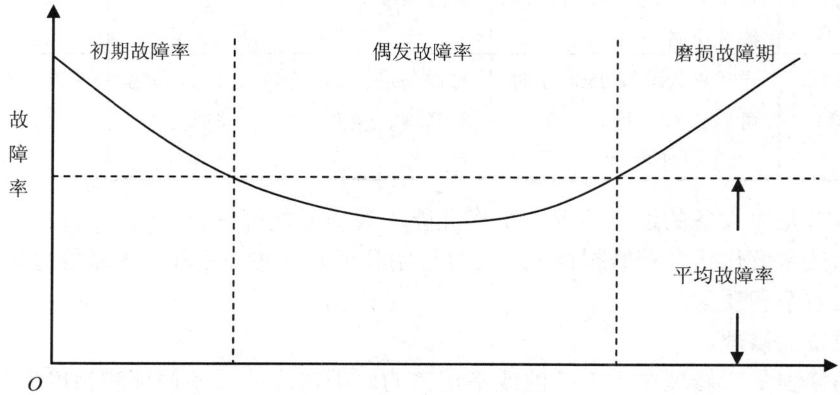

图 7-3　设备磨损规律

(3) 设备的维护和检查。

设备的维护和检查是设备综合管理的重要内容，其目的是及时发现和处理设备在运行过程中的问题，采取措施改善设备的使用状况，保证设备正常运行。

设备维护是指为了保持设备正常的技术状态，延长使用寿命，按标准进行的检查与润滑、间隙的及时调整以及隐患的消除等一系列的日常工作。

设备的检查按检查时间间隔可分为日常检查、定期检查和修理前检查；按技术功能可分为机能检查和精度检查；按检查范围可分为机台检查、区域检查和巡回检查。

设备维护主要由日常维护和定期维护组成，定期维护又由一级保养和二级保养构成，这些构成了通常所说的“三级保养制”。它是将设备维护工作按其工作量大小、难易程度划分的。

设备的日常保养(或称为例行保养、日常维护)是指每天对设备进行的清扫、润滑、紧固、调整，以及对设备进行的观察与检查、清除发现的小故障等，它的保养项目和部位较少，主要由操作工人承担。

一级保养是指根据设备使用情况拆卸、清洗零部件、调整间隙、清除表面油污、疏通油路等，它的保养项目和部位较多，一般在专职维修人员指导下由操作工人承担。

二级保养是指对设备进行局部解体检查、清洗、修复或更换易损件、调整等，它的保养项目和部位最多，一般由专业维修人员承担，操作工人协助。

三级保养制度的内容及其与一、二级保养的区别如表 7-2 所示。

表 7-2　三级保养的内容

保养级别	保养时间	保养内容	保养人员
日常保养	每天例行保养	班前班后认真检查，擦拭设备各个部件和注油，发生故障及时予以排除，并做好交接班记录	操作工人进行
一级保养	设备累计运转 500 小时可进行一次，停机时间约 8 小时	对设备进行局部解体、清洗检查及定期维修	操作工人为主，维修人员辅助
二级保养 (相当于小修)	设备累计运行 2500 小时可以进行一次，停修时间约 32 小时	对设备进行部分解体、检查和局部修理、全面清洗的一种计划检修工作	维修人员为主，操作工人参加

设备检查是对设备的运行情况、工作性能、磨损程度等进行检查。通过检查可以全面掌握设备的技术变化状况和磨损情况，及时查明和消除隐患，并有利于做好修理前的准备，提高修理的效率和质量。

(4) 设备的修理。

设备的修理是指修理由于正常的或不正常的原因造成的设备损坏和精度劣化，通过修理更换已经磨损、老化、腐蚀的零部件，使设备性能得到恢复。其实质是物理磨损的修理补偿，修理的基本手段是修复和更换。

设备修理的类别一般分为小修、项修和大修三类。小修是指针对日常点检和定期检查发现的问题，修复或更换少量的使用期短的磨损零件，这是工作量较小的局部修理。项修是指为了提高设备某个项目的性能，对其中丧失精度或达不到工艺要求的项目进行针对性修理。大修是指需全部拆卸设备，修复和更换全部磨损零部件，恢复设备原有精度、功能和生产率，是工作量最大的一种修理。

4) 设备的更新与改造

(1) 设备的寿命。

设备的寿命可分为物质寿命、经济寿命、技术寿命、折旧寿命和役龄。

设备的物质寿命也称设备的自然寿命，是指设备从投入使用到报废为止所经过的时间。设备的物质寿命是根据设备的有形磨损确定的，主要取决于设备的质量、使用和维修状况。如果设备使用和维修工作做得好，则设备的物质寿命相对较长。然而，随着设备物质寿命的延长，维修费用也会提高。

设备的经济寿命也称设备的价值寿命，是指设备从投入使用到继续使用不经济而被淘汰所经历的时间。设备经济寿命取决于第一种无形磨损。由于随着设备使用时间的增长，维修费用也会增加，设备的使用成本提高，这时依靠高额的维修费用来维持设备的使用往往是不经济的，故应淘汰旧设备、重置新设备。确定设备的经济寿命可利用总费用曲线(由设备购置费用与使用费用组成)的最低点来确定，也可利用设备综合经济效益(设备所创造的经济效益减维持设备运行支出的总费用)来确定。

设备的技术寿命是指从设备投入生产开始到由于技术进步而出现更先进的设备，或设备所生产的产品已无市场需求而被淘汰所经历的时间。随着科学技术的飞速发展，产品更新换代的加速，设备的技术寿命越来越短。

设备的折旧寿命也称设备折旧年限，是指为了收回设备投资以便日后重置或更新设备所提折旧费，使设备账面价值余额接近于零时所经历的时间。

设备的役龄是指设备已经使用的时间。它反映了设备的新旧程度，是制定设备更新改造方案时的参考指标。

在进行设备更新与改造决策时，不能只看设备的物质寿命的长短，若不考虑设备的经济寿命和技术寿命，势必造成维修费用过高、设备过于陈旧，影响产品质量和企业市场竞争力。因此，应该综合考虑设备的物质寿命、经济寿命和技术寿命来确定设备的最佳使用年限，以期获得最佳的技术经济效果。

(2) 设备的更新。

设备的更新是指以比较经济和比较完善的设备来代替技术上不能再继续使用，或者经济上不宜再继续使用的设备。从实物形态上讲，设备更新是用新的设备代替旧的设备；从价值形态上讲，则是设备在运转中消耗掉的价值重新得到补偿。设备的更新是消除设备的有形磨损和无形磨损的重要手段，进行设备更新的目的是为了更好地提高企业装备的现代化水平，更快地形成新的生产经营能力，以便更好地实现企业的目标，提高企业效率。

设备更新是指用技术性能更完善、经济效益更显著的新型设备来替换原有技术上不能继续使用或经济上不宜继续使用的设备。从广义上说，凡是对因磨损(有形和无形)而消耗掉的设备进行补偿都可视为设备更新。从更新的目的来看，设备更新的方式可分为原型更新和新型更新两种类型。由于企业用于设备更新的资金有限，因此如何选择更新对象，以使企业的总体装备水平得到更快的提高就十分重要。

一般来说，役龄长的设备、性能和制造质量不良的设备、经过多次大修已无修复价值的设备、技术落后的设备、不能满足新产品开发要求的设备、浪费能源的设备等，是企业在选择设备更新对象时应重点考虑的对象。设备更新应注意以下五个问题。

① 设备更新之前，要做好调研工作，制订更新计划。

② 设备更新要注意克服薄弱环节，提高企业的综合生产能力。

③ 设备更新要同加强原有设备的维修和改造相结合。

④ 设备更新要筹措好所需资金。

⑤ 设备更新要注意减轻工人的劳动强度，提高安全性和环保性。

(3) 设备的技术改造。

设备的改造是指对机器设备进行技术改革。它是在原有基础上对设备的结构做局部的改革，改善它的性能，提高生产经营效率。确切地讲，设备的技术改造是指应用新技术和先进经验改变现有设备的原有结构，给旧设备装上新部件、新装置、新附件，或将单机组成流水线、自动线所采取的较重大的技术措施。通过技术改造能接近或达到新型设备的技术水平，而所需的费用则低于设备更新的费用。

设备技术改造一般均由设备的使用单位提出，许多时候还由使用单位进行或配合进行。由于设备使用单位对设备的现状熟悉，因而能结合企业实际情况对设备的技术改造提出明确而具体的要求，便于从设备的关键部位和结构改造其性能，因此，具有针对性强的特点。

由于设备的技术改造是在原有设备的基础上进行的，因此往往投资少、周期短、收效快，尤其是对于一些精密、大型、稀有的设备进行技术改造时往往能够节约更多的资金，收到更显著的经济效果。所以，经济性好是设备技术改造的又一特点。

设备的技术改造可以与工艺的改革密切结合，在许多情况下，对原有设备稍加改造，即可适应新的生产工艺和操作方法，尤其是当开发新产品而市场上又难以购置到所需特殊规格和性能的设备时，对原有设备进行技术改造也就成了唯一可行的方法。因而，设备技术改造还具有适应性强的特点。

设备的技术改造，一般是结合企业设备的大修理，有计划、有步骤地进行的。设备的技术改造，应与企业的发展目标和整体技术改造相结合，根据企业的实际情况，确定正确合理的技术改造目标和范围。一些在生产中起关键作用而在技术上又有潜力可挖的单台设备，应作为技术改造的重点。技术改造需要有专门的机构和人员负责，更要依靠群众，走群众路线；必须严格按客观规律办事，采取慎重的态度，经过反复试验，讲究实效；要全面规划，加强领导，有组织有重点地进行；改造的项目要从生产经营的需要出发，设备经过革新改造后能增加产品产量(销售量)，提高质量，减轻工人的繁重劳动，确保安全。

设备的更新和改造是企业提高技术装备水平、改善生产经营条件的重要措施，关系着企业的后劲和长远发展，应予以足够的重视，合理组织实施。

【任务实施】

任务一　戴尔公司零库存供应链模式分析

全球领先的IT产品及服务提供商戴尔公司的总部设在得克萨斯州奥斯汀，公司于1984

年由迈克尔·戴尔创立。戴尔公司是全球 IT 界发展最快的公司之一，1996 年开始通过网站 www.dell.com 采用直销手段销售戴尔计算机产品；2004 年 5 月，戴尔公司在全球电脑市场占有率排名第一，成为世界领先的电脑系统厂商。戴尔公司在 20 年的时间里从一个电脑零配件组装店发展成为世界 500 强中名列第 25 位的大公司，其直线定购模式以及高效的供应链管理是其实现高速发展的保证。在过去的四个财季中，公司营业额达到了 574 亿美元。戴尔公司目前在全球共有约 75100 名雇员。

戴尔公司创立之初是给客户提供电脑组装服务，先天在研发能力和核心技术方面与业界的 IBM、惠普等公司有着一定差距，要想在市场竞争中占据一席之地，必须进一步分拆计算机价值链的机会，依靠管理创新获取成本优势。因此，戴尔在发展过程中虽有业务和营销模式的革新，但还是把重点放在成本控制和制造流程优化等方面，尤其是创造了直销模式，这样可以减少中间渠道，直接面对最终消费者，达到降低成本的目的。实施面向大规模定制的供应链管理更能帮助戴尔与供应商有效合作和实现虚拟整合，降低库存周期及成本，从而获取高效率、低成本的优势，这也正是其核心竞争力所在。

一、戴尔公司的库存危机

库存是指企业所有资源的储备。在服务行业，库存一般是指用于销售的有形商品以及用于管理的低值易耗品。在企业生产中，库存是由于无法预测未来需求变化，而又要保持不间断的生产经营活动必须配置的资源。但是，过量的库存会诱发企业管理中诸多问题，例如资金周转慢、产品积压等。因此很多企业往往认为，如果在采购、生产、物流、销售等经营活动中能够实现零库存，企业管理中的大部分问题就会随之解决。零库存便成了生产企业管理中一个不懈追求的目标。

零库存是指没有资金和仓库占用，是库存管理的理想状态。供应链管理模式下的零库存是一个特殊的库存概念，它并不是要求链上各节点企业的仓库储存形式的某种或某些物品的储存量真正为零，而是通过实施特定的库存控制策略，实现各节点企业库存量的最优化。这样，就可以解决仓库建设，减少在库品的保管、维护、装卸、搬运等费用，以及人员配备；解决库存占用的大量流动资金以及在库品的老化、变质等问题，提高库存管理效益。企业可以最大限度地接近零库存。

1. 库存过量

戴尔出现库存过量的背景是：公司成立才 4 年多，就顺利地从资本市场筹集了资金，首期募集资金 3000 万美元。对于靠 1000 美元起家的公司来说，这笔钱的筹集使戴尔的管理者开始认为自己无所不能。开始大量投资存储器，但一夜之间形势逆转，导致重大存货风险。“我们并不了解，自己只知道追求成长，对其他的事一无所知。”迈克尔说，“成长的机会似乎是无限的，我们也习惯于不断追求成长，我们并不知道每一个新的成长机会都伴随着不同程度的风险。”戴尔公司当时大量购买存储器的原因主要如下。

① 戴尔成长良好，其领导只看到机会，忽视了风险。

② 戴尔当时刚刚上市，募集了数千万美元的资金，大量的现金趴在账上，导致领导者产生急于做大的心理，并为资金寻找出路。

③ 戴尔公司成立的时间不长，迈克尔本人对市场机会看得多一些，对风险则认识不足。

④ 戴尔当时的总经理沃克是个金融家，对 PC 行业的特性认识不足，没有人能够制

约迈克尔的决策等。

2. 存货风险

如今戴尔每年的采购金额已经高达 200 多亿美元，假如库存金额超过 10%，就会出现 20 亿美元的过量库存，一则会占用大量的资金；二则库存若跌价 10%，就会造成 2 亿美元的损失。在采购、生产、物流、销售等环节，戴尔努力保持低库存或者零库存，避免带来资金周转缓慢、产品积压及存货跌价方面的风险。迈克尔评价说：“在电子产业里，科技改变的步调之快，可以让你手上拥有的存货价值在几天内就跌落谷底。而在信息产业，信息的价值可以在几个小时、几分钟，甚至几秒钟内变得一文不值。存货的生命如同菜架上的生菜一样短暂。对于原料价格或信息价值很容易快速滑落的产业而言，最糟糕的情况便是拥有存货。我们在 1989 年经历的第一个重大挫折，原因居然与库存过量有关系。我们当时不像现在，只采购适量的存储器，而是买进所有可能买到的存储器，我们在市场景气达到最高峰的时候，买进的存储器超过实际所需，然后存储器价格就大幅度滑落。而屋漏偏逢连夜雨，存储器的容量几乎在一夕之间从 256K 提升到 1MB，我们在技术层面也陷入了进退两难的窘况，我们立刻被过多且无人问津的存储器套牢，而这些东西花了我们大笔的钱。这下子，我们这个一向以直接销售为主的公司，也和那些采取间接模式的竞争对手一样掉进了存货的难题里。结果，我们不得不以低价摆脱存货，这大大地减低了收益，甚至到了一整季的每股盈余只有一分钱的地步。”

3. 引发资金周转危机

库存过量风险直接引发了戴尔公司的资金周转危机。假如戴尔当时把募集资金 3000 万美元的 30%投入购买元器件，由于市场变化，戴尔库存价值损失 90%，换句话说，在危机爆发后，戴尔就可能损失 720 万美元。这对一个成立刚 5 年的公司打击可以说是很大的，这时只得被迫低价出售库存以拯救公司。在成长初期，戴尔公司在论证项目和拓展业务时，比较看重收入、利润这样一些指标。假如某年戴尔的年销售收入为 15000 万美元，那么其容易确定翻倍的业务计划，即要求在下一年完成 30000 万美元的收入。在确定超高收入计划的同时，戴尔的支出指标被忽视了，利润仅仅是账面指标，不能说明问题，这是戴尔盲目追求成长的主要表现。戴尔公司从直销电脑起家，开始涉足的产品线比较单一，主要是做一些 IBM 的产品。后来，戴尔成长了、发展了，产品线的品种逐步丰富起来，不但做 PC 产品的销售，还做各类 PC 边缘产品的销售。再后来，戴尔又向海外市场延伸业务，进入欧洲市场。由于业务增长得很快，戴尔内部出现了乱铺摊子的现象。迈克尔说：“当时也好，甚至在很长一段时间内，我们并不了解其他产业的经济形态，也没有现成的系统或者管理架构来监督这种业务。我们不断地花钱，而此时的获利率却开始下降，同时存货和应收账款也愈堆愈高。”1993 年戴尔公司的现金周转成了问题。

4.库存过量引发重大的反思

戴尔遇到巨大的库存风险之后，媒体向投资者公开披露风险信息造成股价暴跌，这使迈克尔本人第一次面临前所未有的市场压力。巨大的库存风险促使戴尔公司积极深刻地反省自己，同时也促使迈克尔深思存货管理的价值。在 IT 这样剧烈波动的产业中，制约决策也是很有价值的，这次教训也坚定了迈克尔对引入双首长管理体制的决心。存货过量的风险是直接引导戴尔确立“摒弃存货”原则的基础：一是充分利用供应商库存，降低自身的库存风险；二是通过强化与供应商的合作关系，并利用充分的信息沟通降低存货风险。在经历风险之后，戴尔才深刻认识到库存周转的价值。在互联网技术出现之后，戴尔公司又进一步完善了库存管理模式，并丰富了“信息代替存货”的价值内涵。

二、戴尔的零库存供应链管理模式

戴尔的零库存需要客户支持、系统改进、供应商关系、市场细分等多个环节的参与配套。

1. 7小时库存

戴尔供应链高度集成，上游或下游联系紧密，成为捆绑的联合体。不同于IBM(注意力横跨整个设计、制造、分销和市场的全过程)，戴尔在装配和市场上做足了功夫。IT行业有它的特殊性，“电脑配件放在仓库里一个月，价格就要下降1到2个百分点。”如果没有一个很好的供应链管理和生产控制，电脑的利润只会更低。戴尔的营运方式是直销，在业界号称“零库存高周转”。在直销模式下，公司接到订货单后将电脑部件组装成整机，而不是像很多企业那样根据对市场预测制订生产计划，批量制成成品。真正按顾客需求定制生产，这需要在极短的时间内完成，速度和精度是考验戴尔的两大难题。

戴尔的做法是利用信息技术全面管理生产过程。通过互联网，戴尔公司和其上游配件制造商能迅速对客户订单作出反应：当订单传至戴尔的控制中心，控制中心把订单分解为子任务，并通过网络分派给各独立配件制造商进行排产。各制造商按戴尔的电子订单进行生产组装，并按戴尔控制中心的时间表来供货。戴尔所需要做的只是在成品车间完成组装和系统测试，剩下的就是客户服务中心的事情了。

2. 经过优化后，戴尔供应链每20秒钟汇集一次订单

通过各种途径获得的订单被汇总后，供应链系统软件会自动地分析出所需原材料，同时比较公司现有库存和供应商库存，创建一个供应商材料清单。而戴尔的供应商仅需要90分钟的时间用来准备所需要的原材料并将他们运送到戴尔的工厂，戴尔再花30分钟时间卸载货物，并严格按照制造订单的要求将原材料放到组装线上。由于戴尔仅需要准备手头订单所需要的原材料，因此工厂的库存时间仅为7个小时。这一切取决于戴尔的雄厚技术基础——装配线由计算机控制，条形码使工厂可以跟踪每一个部件和产品。在戴尔内部，信息流通过自己开发的信息系统和企业的运营过程及资金流同步，信息极为通畅。精密的直接结果是用户的体验，一位戴尔员工说：“我们跟用户说的不是‘机器可能周二或者周三到你们那里’，我们说的是‘周二上午9点到’。”

三、对我国企业的几点启示

1. 以渠道能力为目标

中国目前的经济形势是一个买方市场，换言之就是一个“渠道为王”的市场。对于中国企业来说，渠道尤其是销售渠道在整个供应链管理中非常突出。国外的供应链管理主要是面向生产领域，是以生产制造为核心的内向型模式，在功能设计和企业应用上往往以计划优化、排产计划等为核心。而中国的供应链管理主要是外向型的，是面向渠道尤其是销售渠道管理的应用，在功能设计和企业应用上往往以规范渠道行为、提升渠道业务协同效率等为核心。

2. 以外包租用模式为实现方式

通过DELL公司实施供应链管理的案例我们看到，DELL公司作为一个国际知名企业，本身有实力建设一个强大的供应链管理平台。而在中国，并不是每一家企业都能如DELL

公司一样，有实力、有必要去建设自己的供应链管理平台。在中国，中小型企业占据了绝对的主导地位，而中小型企业的 IT 环境、IT 技能和 IT 价值规律都比较缺乏。中国企业的供应链管理实践、经营管理水平、技术与资金实力与 DELL 公司相比存在巨大的差距，能够自建供应链管理平台的企业少之又少，就是联想这样优秀的企业，在自建供应链管理平台时也会碰到非常有挑战的困难。由此可见，完全复制 DELL 公司的供应链管理模式对于中国企业来说并不现实，但同样通过供应链管理来获取竞争优势，却是完全可能的。对于中国企业来说，利用第三方平台实现供应链管理，采取外包租用模式，能够非常有效地整合渠道资源，实现渠道流程优化，这种模式已成为众多企业的共同选择。

3. 以先固化后持续优化为实施策略

国外的供应链管理主要立足于内部资源的深度开发，而中国则主要立足于外部资源的宽度利用和横向整合。作为供应链上的核心企业，在目标设定、系统功能设计上不能一味地追求内部资源深度开发，不能单纯强调自身应用功能的强大和先进，最重要的是要考虑供应链上的其他伙伴。它们中间有的企业 IT 基础薄弱，管理基础不扎实，是供应链上最弱的一环，系统功能设计必须首先满足它们的需求，先真正将供应链运转起来。也就是说，企业在实施供应链管理的过程中，一定要考虑到供应链上合作伙伴的业务承受能力和管理承受能力，必须先固化渠道行为，再追求适度的持续的优化。其具体做法可以分解为以下几个方面.

首先，降低渠道成本。通过供应链管理平台，以智能、全程可视、实时响应的方式为渠道提供各种增值服务，并通过简单的界面、清晰的操作流程使各种增值服务的提供变得十分简洁，使企业能够利用渠道的行为惯性能够锁定渠道、规范渠道行为、降低渠道成本并提升渠道效率。

其次，整合渠道资源。基于供应链管理平台，实现整个渠道尤其是销售渠道上所有参与方的高度协同，减少整个供应链上的存货数量，加速对客户需求的反应能力，通过协同为最终客户创造价值，同时企业可以根据所掌握的全面、准确的信息，合理安排自己的生产和采购，又可以加强对时间的掌控。

最后，提升客户服务水平。基于供应链管理平台能够实现对合作伙伴行为的管理，包括客户信息的全面搜集、实时处理、客户的消费规律分析等，提出个性化的客户关怀、客户服务方案，全面提升客户服务水平。

未来企业之间的竞争不再是产品的竞争，而是供应链的竞争。我国企业应该借鉴国外经验，利用供应链管理的思想，立足于自身实际，以渠道管理为目标，以外包租用模式为实现方式，以先固化后持续优化为实施方法，建立一条具有国际竞争力的供应链。

问题：

1. 引起戴尔库存危机的根本原因是什么？
2. 该企业采取的零库存应对策略合理吗？核心优势是什么？

(资料来源：改编自何晖、蔡润英《浅析戴尔公司零库存的管理模式》，
景德镇高专学报，2007 年第 01 期)

任务二　美国密歇根大学医学院医疗设备管理体制分析

美国密歇根大学医学院创建于 1850 年，密歇根大学医院及医疗中心(University of

Michigan Hospitals and Health Centers，UMHHC)是该医学院的附属综合性医疗机构。该医疗机构下辖一家儿童医院和大学医疗中心和多家诊所，总共拥有 900 余张床位，年支出约 15 亿美元。

一、医疗设备管理委员会成员和职责

密歇根大学医院及医疗中心建立医疗设备管理方案的目标是保证所有诊断和治疗设备能被安全有效地使用，还保证医院所有设备能为临床工作者提供准确可靠的诊断和治疗信息，同时对于病人和操作人员都是安全的，都能发挥其最大能力，从而为病人提供最佳医疗服务。为了达到目标，需建立一个医疗设备管理委员会。

医疗设备管理委员会负责制订医疗设备管理计划。制订管理计划要充分借鉴厂家建议的操作规程和利用本院的资源优势，符合医院的规章制度以及国家的政策法规。委员会成员来自：生物医学工程部、固定资产管理部、设备维护部、风险管理部、病理科、租赁设备部、采购部、放射科和放射工程服务部。

医疗设备管理委员会负责监管六个部门的工作。每个部门负责密歇根大学医疗系统一部分设备的技术和工程支持。技术支持包括设备的入院检测、安装调试、监测、预防维护、故障查找、维修、改进，保障可靠性和安全性。工程支持包括设备的改进、可靠性、安全性，危险警告/产品召回的监测和通知，不良事件调查和科研活动。这六个部门的具体名称和职责如下。

① 生物医学工程部：负责医院所有医疗设备(除去下面五个部门负责的设备)的技术和工程支持。本部门由医学工程师、生物医学工程技师、工业电工和机修技工构成。这些人员将直接支持设备的维护或支持外部公司对设备的维护。

② 设备维护部：负责消毒器、洗涤器和反渗透系统的技术和工程支持。本部门由电气服务组、HVAC 组(建筑供热通风与空调设计，Heating Ventilation and Air Conditioning)、管道服务组和机修技工构成。这些人员将直接支持设备的维护或协调外部公司对设备的维护。

③ 病理科：负责实验室设备的技术和工程支持，协调外部公司对实验室设备的维护。

④ 租赁设备部：负责租赁的患者设备(如输液泵、注射泵等)的技术和工程支持，协调租赁公司对租赁设备的维护。

⑤ 肿瘤放射科：负责放射治疗设备的技术和工程支持，协调外部公司对放射治疗设备的维护。

⑥ 放射工程服务部：负责放射诊断设备的技术和工程支持。本部门主要由医学工程师和生物医学工程技师构成，这些人员将直接支持放射诊断设备的维护或支持外部公司对这些设备的维护。

所有医疗中心工作员必须遵守医疗设备管理委员会制定的各项规章制度。工作人员的职责包括：保证所有医院使用的设备在使用前必须经过检测，当设备发生故障时及时报告给有关部门，对不熟悉的设备提出培训需求。

二、医疗设备管理计划细则

1. 设备遴选和购置

六个部门中的每个部门都需积极地参与设备的遴选和购置。此项工作以确定更新设备的需求为中心，具体工作包括：按照设备的折旧程度有计划地提交设备需求，监督已批准的设备投资和建设项目，关注有关部门发出的有关设备危险警告和产品召回的通知，及时更换不可再维护的设备。

在遴选所需设备的过程中每个部门的职责包括：确认技术参数、撰写需求方案说明书、评审招投标信息、验证性能规格、协调临床试验，与其他同等机构进行标杆比较，向外部有关机构如美国医疗器械促进会(Association for the Advancement of Medical Instrumentation，AAMI)、紧急救助研究院(Emergency Care Research Institute，ECRI)、美国食品及药物管理局(Food and Drug Administration，FDA)等咨询有关设备的安全性信息，实地考察及与供应商进行谈判。在购置所需设备的过程中每个部门的职责包括：协调设备安放场地的建设、协调设备的安装、进行安装验收和协调对使用人员和维护人员的培训。

2. 设备评估

医院内所有设备，无论是不是诊断和治疗设备，不管设备归属哪个部门，都应该参与评估来决定是否被包括在设备管理系统中。设备管理委员会的六个职能部门应采用以下两种方法对设备进行评估。

① 方法一是以美国医院联盟的方法为蓝本而改进的，根据设备功能、临床应用、厂家建议预防维护、预防维护的效果和故障发生对客户的影响对设备进行评估。根据评分结果，设备被分为以下风险级别：1LS(高风险/生命支持)；1(高风险)；2(低风险)；3(无风险)中的一个。所有风险级别为1LS、1和2的设备都应被纳入设备管理系统。除设备维护部以外的另外五个部门都应采取这种方法。

② 方法二只被设备维护部所采用，采取与公告设施管理方案一样的记分方法，根据对公告设施的支持、公告设施故障导致的人身危险、公告设施的维护要求以及公告设施的故障历史对设备进行评估。根据评分结果，设备被给予一个分值，分值高于或等于12的设备或设施会被纳入公告设施管理系统和设备管理系统。

3. 入院检测

(1) 医院拥有的所有设备。

不管是直接用于病人诊断和治疗的设备还是其他设备，不管设备是如何被购置的，都必须经过入院检测才能投入使用。通过入院检测，设备在外表、功能、患者/使用者安全性、电器安全和技术资料等方面得到保障。放射设备和核医学设备还要通过注册物理学家和密歇根州的检测。所有设备都应附有统一的医院资产识别标签，并被录入到数字化的设备维护管理系统中。根据评定的风险级别，设备还应附有检测标签。用户手册和维护手册应保存在负责此设备技术和工程支持的部门。

(2) 租赁设备。

采购部门应挑选一定数量的优先合作租赁商。租赁商在将设备移交给医院前应对其进行电器安全检测，并负责所有维护和维修工作。在UMHHC提出要求时租赁商应提供书面维护历史记录。由非优先合作租赁商提供的租赁设备在投入使用前由生物医学工程师对其进行检测。

(3) 其他非医院拥有设备。

医院里被评估和进行临床测试的设备在投入使用之前必须由生物医学工程部门对其进行检测。将设备投入医院进行评估或临床测试的厂家或供应商应负责所有的维护和维修工作。

(4) 科研设备。

医院里用于进行科研的设备在投入使用之前必须由生物医学工程部门对其进行检测。使用此类设备进行科研活动的部门应负责所有的维护和维修工作。特别指出，租赁设备、其他非医院拥有设备、科研设备都应附有：褐色标签，表示此设备为非医院拥有设备；适当的设备风险分级标签，表示此设备在使用之前已通过生物医学工程部门的检测；如果此设备会在医院使用三个月以上，还要加资产识别标签。

(5) 病人拥有设备。

医院不鼓励但不禁止使用病人自己拥有的电动设备，特别是在重症监护区域。对病人进行治疗的医务工作者必须在考虑病人的实际情况和任何其他特殊情况后决定是否允许病人使用此类设备。如果病人无遭受电击的可能(例如设备不会穿透到皮肤以下)，在使用之前，医务工作者应检查设备是否有明显的缺陷(例如损毁的外壳和电源线等)。生物医学工程部门要对临床工作者提供此类设备检测的培训。如果病人有遭受电击的可能而临床工作者又推荐使用此类设备，在使用之前生物医学工程部门应对其进行电气安全测试。病人拥有设备应附有：褐色标签表示此设备为非医院拥有设备；适当的设备风险分级标签表示此设备在使用之前已通过生物医学工程部门的检测。

4. 预防性维护检测

在评估设备是否应被纳入设备管理系统的同时，对每一类设备都应建立其预防性维护检测策略和计划。虽然设备管理系统中的设备的预防维护检测通常都是周期性检测，但有些是基于对测量仪表的检测(注意：这些设备还要进行周期性预防维护检测以保障设备的仪表被检测)。周期性预防维护的频率的设定可参考厂家建议、设备的风险级别以及过往经验。预防维护检测工作单应每月发出并及时完成。额外的工作单应在出现下列情况时发出：错过上次预防维护检测的设备(如上次检测时设备找不到或在使用中)，在未到检测时间却需要维护时(如有测量仪表的设备的检测)。

5. 维修

所有维修工作都应及时计划和进行。为了在设备发生故障时能保证对病人继续进行诊断和治疗，大多数急救设备(如麻醉机、监护仪、除颤仪、呼吸机和输液泵等)都应配备备用设备。根据故障发生时的时间紧迫程度，备用设备可以放置在设备使用科室、生物医学工程部或租赁设备部。在发生内部和外部突发事件时，这些备用设备会帮助提高救治病人的能力。此外，每个部门应制定本部门关键设备和系统(如监护系统和护士呼叫系统)的应急计划，以确保在设备发生故障时对病人的诊断和治疗不会中断。

6. 产品危险警告和召回评估

产品危险警告和召回通知来自多个渠道(厂家、销售商、ECRI 和 FDA 等)。不管通知来自哪里，都应结合医院管理条例第 05-02-007 号“产品召回/危险警告处理方案”对其进行及时评估、处理和记录。医院已建立了一个电子邮件群来促进产品危险警告和产品召回信息在整个医院迅速传递。每个部门指定部门代表成为电子邮件群的成员，部门代表的职责是接受和评估危险警告、确认任何会给本科室带来不良后果的危害、向部门所有有关人员发布警告通知和改正措施、对任何给本科室带来不良后果的警告向医院安全管理部提供产品召回总结。医院安全管理部对所有危险警告和产品召回的资料进行统一管理，详细资料(如每个被影响设备的工作单)保存在各个部门。

7. 不良事件调查

根据医院管理条例 05-02-006“安全医疗设备行动(SMDA)纲领”，所有医疗设备不良事件都要通过医院不良事件报告系统进行汇报。除此之外，所有被怀疑有可能发生故障的植入器械都要通过医院植入器械报告系统进行汇报。生物医学工程部和医院危险管理部共同进行及时彻底的调查，隔离不良设备，记录调查结果，确认将来可以导致不良事件发生的缺陷，推荐校正措施消除发现的缺陷。SMDA 委员会应对所有不良事件的处理效果进行评估。如果对任何不良事件的调查显示某个医疗设备导致了或可能导致病人重伤或死亡，SMDA 委员会会按照 1990 年制定的安全医疗设备行动纲领将此不良事件报告给厂家或 FDA。SMDA 委员会还要向环境管理委员会进行汇报。

8. 数据收集和管理

医疗设备数字维护管理系统是收集和管理设备维护数据的中心。此系统包含设备清单、所有设备维护的历史资料、工作单系统、预防维护的计划和步骤。此系统应用于跟踪和查找设备、发布工作单、测量效益指标、确定设备故障趋势、发现培训需求和产生管理报告。

9. 培训和继续教育

① 设备使用者。

新雇用的员工、被赋予新的工作任务的员工、新设备到来时以及有特殊需要时，设备使用者都需要培训。对于新雇用的或被赋予新的工作任务的员工，每个部门负责向他们提供培训以保障他们具备在工作中安全使用这些设备的能力。一些部门设置了专门的课堂培训课程，另一些部门由员工的领导或导师在工作现场进行指导。在新设备到来时，每个部门要参考医院制度第 05-02-005 号“医疗设备培训”的规定，负责对新设备进行评估，然后为所有部门有可能使用此设备的员工制订相应的培训计划。培训计划应兼顾初始培训需求和继续培训需求。继续培训需求通常在科室年度能力计划中提出。如果在日常工作中某员工的领导发现此员工有进行培训的必要或设备维护人员在维修时发现使用者有操作错误，可以申请对此员工特别培训。

② 设备维护者。

新雇用的维护人员、被赋予新的工作任务的维护人员和新设备到来时，设备的维护者都需要培训。对于新雇用的或被赋予新的工作任务的维护人员，设备维护部门经理负责向他们提供培训以保障他们具备维护和维修这些设备的能力。培训可以采取下面几种方式的组合：导师在工作现场对维护人员进行指导，维护人员相互之间进行培训，参加维修学校的培训。在引进新设备后，设备维修部经理应确定获得必要的维护技能的最佳方法并安排适当的培训。对维护人员的培训通常包括在比较昂贵的设备培训中。

10. 维修服务合同的评估

US Counseling(一个设备维护管理集团)与临床部、设备维护部经理和固定资产部共同审核所有设备维修服务合同的提议。审核维修服务合同时应注意合同的实用性和性价比。

11. 新产品开发

生物医学工程部和临床工作者及厂家或销售商合作来改进诊断和治疗的技术。所有用于科研的设备都要经过 FDA 或者生物医学工程部的批准。生物医学工程部在临床条件下对原型技术进行安全和功能测试并准备书面测试报告。书面报告应发给医学伦理委员会(IRB)主席和首席研究员，表明该设备满足安全和功能要求或要求改进的建议。

三、管理系统的监测和评估

医疗设备管理委员会通过下面几种方式监测管理系统的表现。

① 每季度，设备管理系统的每个部门都应向设备管理委员会汇报：预防维护完成情况、对医院有影响的产品问题/警告、现有的质量改进和其他任何设备管理问题。设备管理委员会对所有报告进行评估以保证医院的运营管理遵循医院的各项政策、法规和标准，从中发现不足之处并实施改正措施。

② 每季度，SMDA 委员会的成员应向委员会汇报不良事件的调查工作。SMDA 委员会对报告摘要进行评估以保证医院的运营管理遵循医院的各项政策、法规和标准，从中发现不足之处并实施改正措施。

③ 设备管理委员会应进行年度总结并评估设备管理计划的实施情况，包括计划的目标、适用范围、效果和效率。计划的执行效率通过评估项目完成下列任务的能力得出：实现所有前一年计划订立的主要目标；在前一年年度评估中指出需要改进的地方都取得进步。

评估指标包括以下几方面。

① 人工操作误差。

医务工作人员的关于设备的操作和维修的知识水平是通过监测一个月内发生的人工误差的工作单数量占所有维修工作单的比例来进行评估。所要达到的标准是 4%。

② 登记入库设备。

登记入库设备的准确性是通过监测对一个从未登记入库的设备的维护请求的工作单的数量来进行评估。最佳标准是工作单数量为零。

监测评估完成后，应向医院环境保护委员会提交季度和年度总结，环境保护委员会将对其进行评估，批准后汇总到环境保护报告中。在确保医院医疗设备管理计划的制订遵循本院的所有规定、标准、制度和法律，经各方审查通过，由设备管理委员会主席签字，同时须有负责环境评估的环境管理委员会主席的签字，计划方能生效。

从以上分析介绍中可以看出，颇具代表性的 UMHHC 集中体现了美国大型医疗机构在实施医疗设备管理时，组织结构清晰，目标明确，实施细则具体，评估标准较为完善，已建立起了一套相对规范、全面的管理计划实施方案。

(资料来源：改编自徐璐宁，《美国大型医院医疗设备管理案例分析》，
中国医疗设备，2009 年第 8 期)

问题：

1. 密歇根大学医院及医疗中心所制定的医疗设备管理细则合理吗？为什么？
2. 医疗设备管理有何特点？与企业设备管理有何异同点？
3. 你如何评价该医学院的设备管理机制？

【项目小结】

本项目由《旅客和驴》引入，讨论了什么是物力资源管理、物力资源管理的内容，什么是物资管理、物资管理的任务、库存控制和库存管理，以及设备管理的要点和过程等内容。

本项目包括两个任务，分别从戴尔公司和美国密歇根大学医学院着手分析，认识物资

管理和设备管理的意义和任务，并对任务中企业制定的策略和细则进行深入分析，从而深化理论学习指导管理实践。

【基本练习】

1. 什么是物力资源？
2. 什么是物资管理？物资管理的任务有哪些？
3. 什么是库存管理？
4. 简述库存控制系统的特征。
5. 设备管理的要点有哪些？
6. 简述设备管理过程。

【拓展训练】

拓展任务一

ABC 库存量控制方法

ABC 分类法又叫物资重点管理法，是库存控制的重要方法。其基本原理是将企业库存的品种、规格繁多的物资，按其重要程度、消耗数量、价值大小、资金占用等情况，进行分类排列，分清主次，抓住重点，分别采用不同的控制方法。

这是抓住事物主要矛盾的一种定量的、科学的分类管理技术。实行 ABC 分类法，既可以加强对重点物资的控制，又可以简化物资管理工作。其具体实施过程如下。

具体分类时，主要是根据物资的品种和占用库存储备资金的比例来划分。即将库存物资的所有品种、规格，根据品种数和占有资金的大小顺序排列，并计算出累计金额，以及各品种、规格、金额累计数总品种、规格数、总金额的比例，然后制成下列表和图，如表 7-3 和图 7-4 所示。

表 7-3　ABC 分类表

物资分类	占全部品种比例/%	占全部资金比例/%	管理方法					
			消耗定额方法	检　查	统　计	控　制	安全库存量	是否允许缺货
A	10～15	约 80	技术计算	每天	详细	严格	较低	不允许
B	20～30	约 15	现场核定	每周	一般	一般	较大	允许偶尔
C	60～65	约 5	经验估算	季度/年度	按金额	按金额总量	较高	允许一定范围

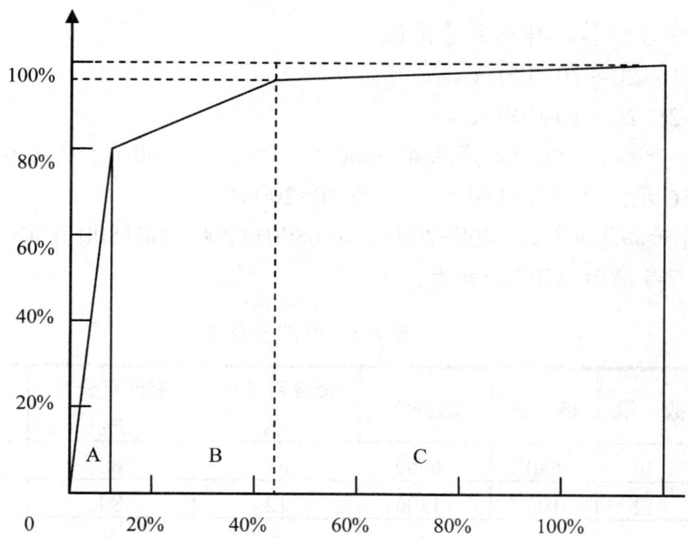

图 7-4 ABC 分类法示意图

A 类物资品种少而占用资金最多，是物资库存控制的重点，即关键的少数，对物资库存应严加控制，尽量缩短采购周期，增加采购次数，尽可能按经济批量组织订货采购，以利于加速资金周转。

在保证生产顺利进行的前提下，最大限度地节约和减少资金的占用，一般采取定期订货的库存控制方式。C 类物资占用资金不多，品种、规模很多，为了简化管理，可适当放宽控制，采购周期可以长一些，一般采用定量订购的库存控制方式。B 类物资介于 AC 两类之间，可根据品种和占用资金等情况，采用介于 A 类与 C 类之间，或近于 A 类或近于 C 类的方法进行控制。

应用举例：小王是某大学毕业生，毕业后到武汉某仓储公司担任仓库主管一职，刚进仓库，就有员工反映仓库内原材料不足，当小王看到仓库库存明细表，如表 7-4 所示，并得知仓库内所有物品均统一进货时，小王就发现仓库管理中存在的问题了。请你运用所学知识分析该仓库存在的问题。

表 7-4 仓库存货明细表

产品序号	数 量	单 价
1	20	20
2	20	10
3	20	10
4	10	680
5	12	100
6	10	20
7	25	20
8	15	10
9	30	5
10	20	10

根据产品序号计算每种产品总价值:

产品序号 1: 20 × 20=400 元。

产品序号 2: 20 × 10=200 元。

依此类推: 产品 3=200 元; 产品 4=6800 元; 产品 5=1200 元; 产品 6=200 元; 产品 7=500 元; 产品 8=150 元; 产品 9=150 元; 产品 10=200 元。

计算仓库中产品总金额为: 400+200+200+6800+1200+200+500+150+150+200=10000(元)。

得出如表 7-5 所示 ABC 分析表。

表 7-5 ABC 分析表

产品序号	数 量	单 价	总资金	资金百分比/%	累计百分比/%	累计数量百分比/%	分 类
4	10	680	6800	68	68	5.5	A
5	12	100	1200	12	80	13	A
7	25	20	500	5	85	26.7	B
1	20	20	400	4	89	37.6	B
6	10	20	200	2	91	48.5	C
2	20	10	200	2	93	59.4	C
3	20	10	200	2	95	64.9	C
10	20	10	200	2	97	75.8	C
8	15	10	150	1.5	98.5	83.9	C
9	30	5	150	1.5	100	100	C
合计	182		10 000	100	100	100	

请依据上述方法，对表中所列物品进行 ABC 分类，如表 7-6 所示。

表 7-6 物品 ABC 分类表

货 种	数 量	单 价
A	33	1055
B	106	80
C	190	23
D	98	120
E	410	9
F	80	90
G	260	11
H	41	630
I	40	710
J	40	200

拓展任务二

设备的经济评价

设备的选择是企业设备管理的首要环节。如果这项工作做好了，就可以使企业以较低的费用购得性能优良的设备。在选择设备时，应按照设备选择的总原则来选择设备。总原则就是要选择技术上先进、经济上合理、生产上可行的设备，以达到技术进步、效益提高和生产发展的目的。

在进行设备的经济评价时，常用的方法之一是投资回收期比较法。其原理是：在其他条件相同的情况下，投资回收期最短的设备方案就是最经济的设备方案。

$$设备投资回收期(年)=\frac{设备投资费用总额(元)}{采用该设备后年节约总额}$$

设备费用总额由设备原始费用和使用费用组成。原始费用包括：外购设备原价、设备及材料运杂费、成套设备业务费、备品备件购置费、安装调试费等。自制设备包括研究、设计、制造、安装调试费等。使用费用是指设备在整个寿命周期内所支付的能源消耗费、维修费、操作工人工资以及固定资产占用费、保险费等。

如表 7-7 所示为某类生产性能基本相同设备的投资额、年回收资金表。请依据上述方法，求设备的投资回收期，选择最佳设备。

表 7-7　设备投资额及年回收资金表

设备	A	B	C
总投资额/元	10000	12000	15000
年平均回收资金/(元/年) =(设备折旧额+年收益额)	2000	3000	4000

拓展任务三

决策树方案评价法

决策树是用树形分叉图来作为决策依据的一种图形工具，它可以直观、清晰地表达决策判断中的多个策略，而每个策略又和若干条件有关的逻辑功能。

决策树的组成形式为：左边结点为树根，称为决策结点；与决策结点相连的称为方案枝；最右方的方案枝端点表示收益情况；中间结点为分段决策结点。

应用举例：某企业计划生产一产品，经市场调查后预计该产品的销售前景有两种可能：销路好，其概率是 0.6；销路差，其概率是 0.4。可采用的方案有两个：一个是新建一条流水线，需投资 2000 万元;另一个是对原有设备进行技术改造，需投资 500 万元。两个方案的使用期均为 10 年，损益资料如表 7-8 所示。

表 7-8　损益资料表

方　案	投资/万元	年收益		使用期
		销路好(0.6)	销路差(0.3)	
甲 新建流水线	2000	700	−200	10 年
乙 技术改造	500	500	100	10 年

第一步：绘制决策树，如图 7-5 所示。

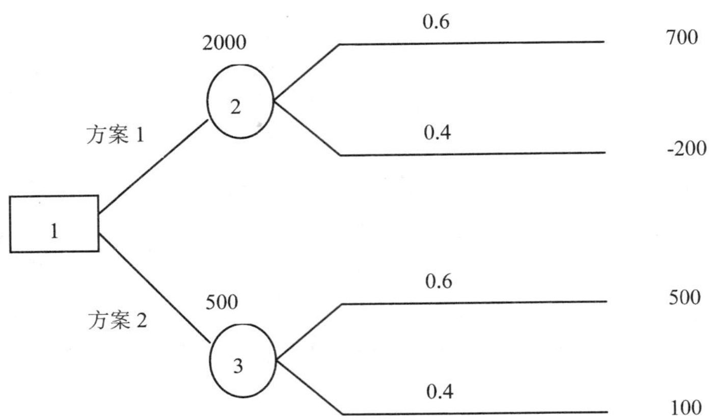

图 7-5　决策树分析图

第二步：计算期望值

结点 2 的期望值为[700×0.6+(−200)×0.4] ×10−2000=1400。

结点 3 的期望值为[500×0.6+100×0.4] ×10−500=2900。

因此，从期望值来看，第二种方案更好。

请用决策树法，依据下述描述作出方案选择。

某厂设备技术已落后，需要马上更新。厂内有人认为，目前产品销路增长，应在设备更新同时扩大生产规模；也有人认为，市场形势尚难判断，不如先更新设备，3 年后再根据形势考虑扩大规模的问题。这样该厂就面临着两个方案，决策分析按下列预测资料作为依据。

(1) 现在更新设备，需投资 35 万元，3 年后扩大生产规模另需投资 40 万元。

(2) 现在更新设备，同时扩大生产规模，总投资需要 60 万元。

(3) 如现在只更新设备，在销量情况良好时，每年可获利 6 万元；销售情况不好时，每年可获利 4.5 万元。

(4) 如果现在更新与扩产同时进行，若销售情况良好，前 3 年可获利 12 万元，后 7 年可获利 15 万元；若销售情况不好，每年可获利 3 万元。

每种自然状态的预测概率(P)如表 7-9 所示。

表 7-9　预测概率表

<table>
<tr><th colspan="2">前 3 年</th><th colspan="3">后 7 年</th></tr>
<tr><th rowspan="2">销售状况</th><th rowspan="2">概　率</th><th rowspan="2">销售情况</th><th colspan="2">前三年销售情况</th></tr>
<tr><th>好</th><th>不　好</th></tr>
<tr><td>好</td><td>0.7</td><td>好</td><td>0.85</td><td>0.1</td></tr>
<tr><td>不好</td><td>0.3</td><td>不好</td><td>0.15</td><td>0.9</td></tr>
</table>

项目八　人力资源管理

【任务引入】

瞎子选羊

市场上来了一个瞎子，据说他是来买羊的。所有人都等着看好戏，谁也不相信一个瞎子能从一大群羊中选出好的羊来，甚至有人恶作剧地把一只小狼放进去了。

瞎子被领到羊圈出口，卖羊人将羊赶到他的面前。瞎子一只一只地挑选小羊羔，奇怪的是，他虽然眼睛看不见，但挑出来的羊羔确实都是非常优良的。

这时，恶作剧的人故意把小狼递到他的手上，瞎子接过来，歪着头摸了一会儿，说："这不是一只羊，我也说不清楚这是什么，但我能肯定地说，这个动物不是什么好东西！"

周围的人大惊，便向他请教。瞎子说："你喜欢羊吗？你了解羊吗？你能像我这样不用眼睛而用心去'看'羊吗？这就是我的秘诀！"

【任务分析】

合格的人力资源管理者应具备哪些基本能力呢？首先是公正、忠信和坚定勇敢的意志力，然后是对人性正确、全面的了解以及广博的知识，最后是亲和力与优秀的人际关系处理技巧。一个优秀的人力资源管理者，就像是寻找千里马的伯乐一样，要具有天赋的才能、丰富的经验和全面的综合能力。因此，企业和组织必须重视对人力资源管理者的选拔并善待人力资源管理者，因为"千里马常有，而伯乐不常有"。

【任务说明】

工作任务	知识目标	能力目标	操作流程
任务一　麦当劳的人力资源管理	1. 人力资源； 2. 人力资源分类； 3. 人力资源管理	1. 能够依据企业的情况，分析出人力资源管理的具体职能； 2. 能够针对企业的具体情况作出人力资源的规划	1. 阅读案例； 2. 分组讨论； 3. 代表发言； 4. 总结案例
任务二　HP 公司员工的职业生涯管理	1. 员工的培训与发展的原则； 2. 员工培训的形式； 3. 员工职业发展管理	1. 能够指导企业选择适当的员工培训形式； 2. 能够根据职业发展的方向制定员工职业发展规划	1. 阅读案例； 2. 分组讨论； 3. 代表发言； 4. 总结案例
任务三　新联想的国际化薪酬架构	1. 绩效考核的程序； 2. 薪酬制度的设计	1. 熟悉常用的绩效考核方法； 2. 能够制定适合企业的薪酬管理制度	1. 阅读案例； 2. 分组讨论； 3. 代表发言； 4. 总结案例

【相关知识】

一、人力资源管理的含义及规划

1. 人力资源

1) 定义

人力资源的一般含义为：一个社会在一定范围内为社会制造物质财富和精神财富，推动整个经济和社会发展的具有体力劳动和智力劳动能力的人们的总称。人力资源包括数量和质量两个方面。

2) 人力资源分类

人力资源可以从不同的角度进行分类。在美国，传统分类法把人力资源分为白领和蓝领两类。白领包括：专业技术人员、经理和行政人员、销售人员和职员。蓝领包括：技工、操作工、非农业劳动力、服务业工人、农业工人和操作工。新的分类方案将人力资源分为行政长官、经理及行政管理人员、专业人员、职员、熟练工人及技工、非熟练工及半熟练工。

我国现行人力资源分类主要有两种体系：一种是人口统计体系；另一种是组织劳动统计体系，组织就业人员被分为工人、学徒、工程技术人员、管理人员、服务人员和其他人员六类。

3) 人力资源的基本特征

与其他资源相比，人力资源具有能动性、角色两重性、时效性、再生性和社会性等特征。

(1) 能动性。

能动性是人力资源区别于其他资源的本质所在。人力资源在被开发的过程中有思维与情感，能对自身行为作出抉择，能够主动地学习与自主地选择职业。最为重要的是人力资源能够发挥主观能动性，有目的、有意识地利用其他资源进行生产，推动社会和经济的发展。同时，人力资源具有创造性思维的潜能，能够在人类活动中发挥创造性的作用，既能创新观念、革新思想，又能创造新的生产工具、发明新的技术。

(2) 角色两重性。

人力资源具有生产者和消费者的角色两重性，它既是投资的结果，又能创造财富；或者说它既是生产者，又是消费者。

(3) 时效性。

作为生物有机体的个人，其生命是有周期的。无论哪类人，都有其才能发挥的最佳期、最佳年龄段。如果其才能未能在这一时刻充分利用开发，就会导致人力资源的浪费。因此，人力资源的开发与管理必须尊重人力资源的实现性特点，做到适时开发、及时利用、讲究实效，最大限度地保证人力资源的产出，延长其发挥作用的时间。

(4) 再生性。

人力资源的再生性是基于人口的再生产和劳动力的再生产，通过人口总体内个体的不断更替和“劳动力耗费——劳动力生产——劳动力再次耗费——劳动力再次生产”的过程得以实现。同时，人的知识与技能陈旧、老化也可以通过培训和再学习等手段得到更新。从这个意义上来说，人力资源要实现自我补偿、自我更新、持续开发，这就要求人力资源的开发与管理注重终身教育，加强后期的培训与开发。

(5) 社会性。

人处在一定的社会之中，人力资源的形成、配置、利用、开发是通过社会分工来完成的，是以社会的存在为前提条件的。所以，人力资源管理要注重组织文化建设，既要注重人与人、人与团体、人与社会的关系协调，又要注重组织中团队建设的重要性。

2. 人力资源管理

1) 定义

人力资源管理是指组织为了获取、开发、保持和有效利用在生产经营活动中必不可少的人力资源，通过运用科学、系统的技术和方法进行各种相关的计划、组织、领导和控制活动，以实现组织既定目标的过程。

2) 基本职能

(1) 获取。

人力资源管理工作的第一步就是获取人力资源。它主要包括人力资源规划、工作分析、员工招聘和录用。人力资源管理部门必须根据发展战略制订人力资源规划，明确组织中工作岗位的需求，提出人员补充计划，对有资格的求职人员提供均等的就业机会，采用招聘、选拔、录用及配置等活动，为组织获取所需的人力资源。

(2) 保持。

保持主要是指建立并维持有效的工作关系。它包括组织同化、组织文化传播、信息沟通、人际关系和谐、矛盾冲突的处理和化解。其目的一方面保持员工有效工作的积极性、主动性和创造性，并得以充分发挥；另一方面保持安全、健康、舒适的作业环境和良好的工作氛围。

(3) 开发。

开发是提高员工能力的重要手段。它包括组织和个人开发计划的制订、新员工的工作引导和业务培训、职业生涯设计、继续教育、员工的有效使用以及工作丰富化等。通过教育、培养、训练，促进员工知识、技巧、能力和其他方面素质的提高，不断保持和增强员工在工作中的竞争地位，最大限度地实现个人价值和人力资源对组织的贡献率。

(4) 奖酬。

奖酬是人力资源管理的核心。它主要包括制订公平合理的薪酬方案、提供福利与服务、经济性和非经济性报酬分配、各种激励的运用等。奖酬是根据公平性、经济性、效率性和发展性原则来行使的，其目的是增强员工的满意感，激发员工的积极性，提高工作效率和组织效率。

(5) 调控。

调控是指对员工适时合理、公平的动态管理的过程。它包括员工的绩效考核和素质评估，在此基础上决定员工的晋升、调动、奖惩、离退和解雇等。

3) 人力资源管理的基本内容

(1) 人力资源的规划。

人力资源规划是指把组织人力资源战略转化为中长期目标、计划和政策措施，包括对人力资源现状分析、未来人力资源供需预测与平衡，计算人力资源净需求、人力资源计划方案。人力资源规划是组织人力资源开发与管理活动重要指南，是组织发展战略的重要组成部分，也是组织发展战略实施的有效保障。

(2) 工作分析与设计。

工作分析是指通过观察和研究，确定关于某种特定职务性质的一种程序。工作设计就是对组织中每个工作职位的性质、结构、责任、流程，以及胜任该职位工作人员的素质、知识、技能等，在调查分析所获取相关信息的基础上编写出职务说明书和职位规范等人事管理文件。

(3) 员工招聘与选拔。

员工招聘与选拔是指根据人力资源规划和工作分析的要求，为组织招聘、选拔所需要人力资源并录用安排到一定岗位上的过程。它是人力资源管理的核心业务之一，由招募、甄选及录用等一系列活动组成。

(4) 员工培训与职业发展。

员工培训是组织人力资源开发的重要手段，它包括对员工的知识、技能、心理素质等各方面的培训。通过培训提高员工个人、群体和整个组织的知识、能力、工作态度和工作绩效，进一步开发员工的智力潜能，以增强人力资源的贡献率。员工职业发展是指鼓励和关心员工的个人发展，帮助员工制订个人发展规划，以进一步激发员工的积极性、创造性。

(5) 绩效考核。

绩效考核是指运用科学的方法和标准对员工完成的工作数量、质量、效率及员工行为模式等方面进行考核和评价，及时作出反馈，以便提高和改善员工的工作绩效，并为员工培训、晋升、计酬、岗位调整等人事决策提供依据。绩效考核是实施员工激励的重要基础。

(6) 员工薪酬管理。

薪酬管理是组织人力资源管理的一个极为重要的方面，它主要包括对基本薪酬、绩效薪酬、奖金、津贴以及福利等薪酬结构的设计与管理，以激励员工更加努力地为组织工作。

(7) 劳动关系管理。

劳动关系是指劳动者与用人组织在劳动过程和经济活动中发生关系。劳动关系管理就是指协调和改善组织与员工之间的劳动关系，进行组织文化建设，营造和谐的劳动关系和良好的工作氛围，保障组织经营劳动正常有序开展。

(8) 人力资源会计。

人力资源会计是指与财务部门合作，建立人力资源会计体系，开展人力资源投资成本与产出效益的核算工作，为人力资源管理与决策提供依据。

3. 人力资源规划

1) 定义

人力资源规划也叫作人力资源计划。它是一项系统的战略工程，是在组织发展战略和经营规划的指导下，科学地预测组织在未来环境变化中人力资源的供给和需求情况，制定必要的人力资源获取、利用、保证和开发策略，确保在特定的时间和岗位上获得适当数量、质量和种类的人才，保证组织和个人获得长远利益。

2) 人力资源规划的作用

(1) 人力资源规划是各项人力资源管理实践的起点和重要依据。它是组织发展战略的重要组成部分，同时也是实现组织战略目标的重要保证，不仅具有先导性和战略性，而且是其他各项人力资源管理活动的纽带。

(2) 人力资源规划能加强组织对环境的适应能力，确保组织在生存发展中对人力资源的需求。

(3) 人力资源规划有利于人力资源管理活动的有序化，有效控制人力资源成本。人力资源规划为管理活动提供可靠的信息和依据，进而保证管理活动的有序化，减少由此而产生的不必要的人力成本，把成本控制在合理的范围内。

(4) 人力资源规划有利于调动员工的积极性和创造性。人力资源管理要求在实现组织目标的同时，也要满足员工的个人需要，这样才能激发员工持久的积极性。借助合理的人力资源规划，员工能够有更多的机会预见自己的职业发展前景，能有更多的机会参加有利于提升自身素质和能力的培训，这样他们往往会在工作中表现出主动性和创造性。

3) 人力资源规划的内容

(1) 总体规划。

说明制订人力资源规划的意义和作用，规划的期限和范围，并阐述组织人力资源规划的总原则、总方针、总目标和总指导思想。

(2) 职务编制计划。

根据组织的性质、功能和特点，设置并陈述组织结构、职务设置、职务描述和职务资格等要求。

(3) 人员配置计划。

根据组织中长期目标、劳动生产率、技术设备工艺要求等情况，配置并陈述组织每个职务的人员数量、人员职务变动以及职务人员空缺数量等。

(4) 人员需求计划。

通过总体规划、职务编制计划、人员配置计划，得出人员需求计划。该需求计划包括职务名称、人员数量、计划到岗时间等。

(5) 人员供给计划。

人员供给计划主要陈述供给方式、人员内部和外部流动政策、人员获取的途径和获取的措施等。它是人员需求计划的对策性计划。

(6) 人员使用和晋升计划。

人员使用和晋升计划是指组织制定人员的晋升、解聘、补充政策，规定人员聘用、晋升时机，发布转换工作岗位情况等。

(7) 培训开发计划

培训开发计划是指确定规划期间内拟培训的目标、内容、人员对象、模式、方法及培训费用的投入等。其内容包括组织的培训政策、培训需求、培训内容、培训方式和培训评估等。

(8) 费用规划。

费用规划是指对组织人力资源管理费用的整体规划，包括人力资源费用的预算、核算、结算以及人力资源费用控制等。

4) 人力资源规划的程序

(1) 有关信息资料采集。

人力资源规划收集的信息包括组织内部和组织外部环境信息以及组织现有的人力资源信息。组织内部环境信息和组织外部环境信息及管理环境信息，前者包括组织的战略计划、战术计划、行动方案、本组织各部门的计划等；后者包括组织的管理风格、组织文化、组织结构等。组织外部环境信息主要包括宏观经济形势和行业经济形势、技术的发展情况、行业的竞争性、劳动力市场、人口和社会发展趋势、政府的有关政策等。组织现有人力资源信息主要有：人员调整情况，人员的经验、能力、知识、技能等要求，员工培训、教育等情况。

(2) 人力资源需求预测。

人力资源需求预测的主要工作是对组织现有的职位进行分析，从而较为准确地预测出未来所需要的人力资源的数量、质量和结构。其主要内容有：现实人力资源需求预测，未来人力资源需求预测，未来人力资源流失预测，得出的人力资源需求预测结果。

(3) 人力资源供给预测。

首先应从组织内部人力资源供给的情况和人员变动情况进行预测；其次预测组织外部人力资源供给；最后将组织内部人力资源供给预测数据和组织外部人力资源供给预测数据汇总，得出组织人力资源供给的总数据。

(4) 确定人力资源净需求。

在对员工未来的需求与供给的人力资源预测数进行对比分析，从比较分析中预测各类人员的净需求数。

(5) 编制人力资源规划。

根据组织的战略目标及本组织员工的净需求量编制人力资源规划，包括总体规划和各项业务计划。同时要注意总体规划和各项业务计划及各项业务计划之间的衔接和平衡，提出调整供给和需求的具体政策和措施。编制的人力资源规划一般包括：规划的时间段、计划达到的目标、情境分析、具体内容、制订者和制订时间。

(6) 实施人力资源规划。

人力资源规划的价值在于实施，人力资源规划的实施是一个动态过程，应及时进行审核、执行、控制等。审核是对人力资源规划的质量、水平和可行性进行的评价工作；执行就是落实规划的内容和要求；控制的对象涉及人力资源管理的方方面面，包括人员、预算、进度、信息等，有效控制的手段是检查、监督和纠正偏差。

(7) 人力资源规划评估与反馈。

组织人力资源规划付诸实施后，要根据实施的结果对人力资源的各个环节进行评估，发现问题及时总结，并将评估的结果反馈给相关部门和人员，以修正人力资源规划，使其更符合实际，更好地促进组织目标的实现。

二、工作分析

1. 基本概念

1) 定义

工作分析又称职务分析、工作岗位分析，是指对各类岗位的性质、任务、职责权限、岗位关系、劳动条件和环境，以及员工承担本岗位的任务应具备的资格条件所进行的系统研究，并制定职务说明书和工作规范(任职资源)的过程。

职务说明书是以书面形式描述有关工作的任务、职责、工作中所使用的设备和工作条件等信息的文件。

工作规范是用来说明对承担该项工作的员工所必须具有的特定技能、工作指示、能力、身体条件和个人特征的基本要求。

工作分析的主要内容包括职务说明书与工作规范，因此可以说工作分析就是为了制定正确的任职决策而收集有关的情况，并以这些情况为依据而编制成职务说明书与工作规范的过程。具体地说，工作分析就是全面收集某一职务的有关信息，对该工作从六个方面开展调查研究——工作内容(What)，责任者(Who)，工作岗位(Where)，工作时间(When)，如何从事该项工作(How)，以及为何要这样做(Why)等，然后再将该职务的任务要求进行书面描述、整理成文的过程。

2) 工作分析的作用

工作分析是组织人力资源管理的一项基础工作，其作用如下。

(1) 有助于整个组织确立明确的职责和工作范围，从而奠定组织结构和组织升级的基础。

(2) 有助于组织改进工作设计、优化劳动环境，提高工作效率。

(3) 有助于组织招聘、选拔、任用合格的人员。

(4) 有助于制定有效的人力资源规划，是组织进行各类人才供给和需求预测的重要前提。

(5) 有助于建立客观、公正的考评体系，是员工晋升、获取报酬的依据。

(6) 有助于加强对员工的培训和员工个人的职业生涯规划。

(7) 有助于组织规范管理，从整体上提高组织的管理水平。

3) 工作分析的原则

(1) 系统原则。

在对某一工作进行分析时，应从总体上把握该工作的特征及对人员的要求，明确该工作在整个组织中所处的地位，注意区分该工作与其他工作的关系。

(2) 动态原则。

根据战略调整、环境的变化以及业务的变动，适时地对工作分析的结果进行调整。

(3) 目的原则。

在工作分析中，既要明确工作分析的目的，又要随着工作分析的目的不同，确定工作分析的侧重点。

(4) 经济原则。

工作分析应围绕工作分析的目的采用合理的方法。

(5) 职位原则。

工作分析的出发点应从职位出发，分析职位的内容、性质、关系、环境以及人员胜任特征，从而确定完成这个职位工作的从业人员需要具备的资格与条件。

(6) 应用原则。

应用原则是指工作分析的结果，即职位描述与工作规范。工作分析一旦形成工作说明书后，无论是人员招聘、选拔培训，还是考核、激励，都需要严格按工作说明书的要求来做。

2. 步骤

工作分析的实施是一个完整的过程，组织在进行工作分析时必须确定搜集什么信息，如何搜集信息，怎样整理、分析所搜集的信息，最后将信息整理成文件。为此，工作分析一般按照以下步骤进行。

步骤 1：成立工作分析的工作组。一般包括数名人力资源专家、内部主管及工作人员，这是进行工作分析的组织保证。工作组的任务包括：对工作人员进行工作分析技术的培训，编制工作计划，明确工作分析的范围和主要任务，确定工作分析的目标和设计职位调查方案。

步骤 2：调查与工作相关的背景信息。背景信息涉及组织生产运营状况、组织机构和管理系统图、各部门工作流程图、各岗位办事细则以及质量体系论证资料等。

步骤 3：收集工作分工的信息。这是为正确编写工作说明书提供依据。其主要方法是运用访谈、问卷、实地观察等进行职位调查，收集有关工作活动、职责、工作特征、环境和任职要求等方面的信息。

步骤 4：整理和分析所获取的工作信息。这一阶段是工作分析的关键环节，主要任务有：剔除无效的访谈信息和调查问卷，并按照编写职位说明书的要求对各个职位的工作信息进行分类；把初步整理的信息让在职人员以及他们的直接主管进行核对；归纳和总结出工作分析的必须材料和要素；创造性地分析发现有关工作和有关工作人员的关键成分；修改并最终确定所收集的工作信息的准确性和全面性，作为编写职位说明书的基础。

步骤 5：编写职位说明书。职位说明书由工作说明和工作规范两部分组成。工作说明书就是对有关工作职责、工作活动、工作条件以及工作对人身安全危害程度等工作特性方面的信息所进行的书面描述。工作规范则是全面反映工作对从业人员的品质、特点、技能以及工作背景或经历等方面要求的书面文件。工作说明书和工作规范书可以分成两份文件来写，有时也可以合并在一份工作说明书之中。

3. 方法

工作分析的方法主要有以下几种。

(1) 观察法。

观察法是指工作分析人员通过直接观察，把有关工作的各部分内容、特点、方法、程度、目的等信息以文字或图表的形式记录下来的方法。观察法可分为直接观察法、阶段观察法和工作表演法。观察法比较适用于对体力工作者和事务性工作者。

(2) 访谈法。

访谈法是指工作分析人员通过与工作承担者进行面对面的交谈来获取有关信息资料的方法。访谈法可分为个别访谈、集体访谈和管理人员访谈。此法不能单独用于信息收集，只适合与其他方法一起使用。

(3) 试验法。

试验法是指分析人员通过亲身实践获取工作要求的第一手资料。这种方法可以了解工作的实际情况以及在体力、环境、社会方面的要求，特别适用于短期内可以掌握的工作。试验法一般分实验室试验法和现场试验法。

(4) 问卷调查法

问卷调查法是指工作分析中最常用的一种方法，是根据工作分析的目的、内容等编写结构性调查表，由工作执行者填写后收回整理再提取出工作信息的一种方法。问卷调查的形式要求选定的员工当场或在一定的时间内填写，以此来收集有关工作信息的方法。这种方法成败的关键在于问卷设计的质量。

(5) 典型事件法。

典型事件法又称为关键事件法，是指对执行工作者实际工作中具有代表性的工作行为进行描述。典型事件包括以下几个方面：导致事件发生的原因和背景；员工特别有效或多余的行为；关键事件的后果；员工自己能否支配或控制上述后果。关键事件的信息可以是静态信息，也可以是动态信息。

(6) 工作日志法。

工作日志法又称写实分析法，是指按时间顺序详细记录工作过程，然后经过归纳提炼取得所需工作信息的一种提取方法。这种方法使从事某项工作的员工按时间顺序记录在一段时期内所从事的各项工作活动或任务以及所耗费的时间等各种细节，来了解员工实际工作的内容、责任、权利、人际关系及工作负荷，可以获得一个比较完整的工作图景。

由于上述每一种方法都有其各自的优缺点，为了获得更为真实、完整的资料，通常将上述方法组合使用。

4. 工作说明书的编写

工作说明书是陈述某类职位的工作性质、任务、责任、权限、工作内容和方法、工作环境和条件，以及本职务任职人资料条件的一种书面文件。员工通过阅读工作说明书，可以确切地知道自己应做什么、怎么做以及应履行何种职责。工作说明书的编写无固定模式，一般包括以下内容。

(1) 工作标志。

工作标志主要包括工作名称、隶属部门或班组、工作地位、工作编号和编写日期、编写人与审核人，以及文件确认时间等项目。

(2) 工作概要。

工作概要是对工作内容、目的、要求、范围等作简短概述，使员工对该项工作有概括性的了解。

(3) 工作职责。

工作职责是关于工作责任和工作任务的详细罗列，包括所要完成的工作任务、职位责任、所使用的工具以及机器设备、工作流程、与其他人联系、所接受的监督以及所实施的监督等。

(4)　工作权限。

工作权限是指界定工作承担者的权限范围，包括决策的权限、对其他人员实施监督、对下属任用的权限以及审批财务经费和预算的权限等。

(5)　工作的绩效标准。

工作的绩效标准是指组织员工完成某些任务或工作量所要达到的标准或要求。

(6)　工作规范。

工作规范主要说明担任此任务的人员应具备的基本资格和条件，包括所需的最低学历和专业方面的要求、工作经验、健康状况、力量与体力、运动的灵活性、感觉器官的灵敏度、观察能力、学习能力、解决问题的能力、语言表达能力和人际交往能力等。

(7)　工作环境。

工作环境是指工作场所的软硬环境。硬环境包括工作地点的温度、湿度、光线、噪声程度、安全条件和地理位置等；软环境包括工作团队中的人数、完成工作所要求的人际交往的数量和程度、各部门之间的关系、工作现场内外的文化设施、社会习俗等。

三、员工的招聘、培训与发展

1. 员工招聘

员工招聘是指按照组织经营战略规划的要求把优秀、合适的人聘入公司，把合适的人放在合适的岗位。组织在员工招聘中必须符合国家有关法律、政策和组织利益，坚持公平原则，确保录用人员的质量，并且要根据公司人力资源规划工作需要的职务说明书中应职人员的任职资格要求，运用科学的技巧和程序开展招聘工作，努力降低招聘成本，注意提高招聘的工作效率。员工招聘分为组织内部招聘和外部招聘。

1)　组织内部招聘

组织现有员工是组织管理岗位的最大招聘来源。内部职员既可自行申请适当位置，又可推荐其他候选人。内部招聘能提高组织招聘的效益，因而大多数组织通常先考虑内部招聘。内部招聘主要有内部晋升、工作轮换和召回原职工等形式。

(1)　内部晋升。

组织的一些比较重要的岗位需要招聘人员时，让内部符合条件的员工从一个较低级的岗位晋升到一个较高级的岗位的过程就是内部晋升。这种方式建立在相互比较了解的基础上，往往更注重员工的实际能力。内部晋升给员工提供了发展的机会，能培养员工的奉献精神，激励员工奋发向上，对增强组织的凝聚力非常有利。内部晋升的缺点是：由于人员选择范围小，因而易导致自我封闭，使组织缺少活力。

(2)　工作轮换。

当组织中需要招聘的岗位与员工原来的岗位层次相同或略有下降时，把员工轮换到同层次或下一层次岗位上去工作的过程称之为工作轮换。工作轮换过程中实行能上能下，适当流动，可留住人才，自动淘汰多余的人。工作轮换应尽可能事前征得被调用者的同意，用人之所长，轮换后更能有利于工作。

内部招聘最常用的方式是职务招聘海报。组织内部招聘是经常发生的，当一个岗位需要招聘时，管理人员首先想到的是内部选拔是否能解决该问题。由于内部选拔费用低廉，手续简便，人员熟悉，因此，招聘少数人员时常常采用此方法。

2) 外部招聘

外部招聘是指所需要招聘的人员来自组织的外部。外部招聘的优点在于：能给组织带来新观念、新思想、新技术和新方法；因与组织成员无裙带关系，因而能较客观地评价组织工作，洞察问题所在；能聘用到已受过训练的员工，满足组织对人才的急需。组织外部招聘常见的方法如下。

(1) 广告招聘。

广告招聘是应用很广泛的一种方法，它可以比较容易地从人力资源市场中招聘到所需的人才。广告一方面将有关工作的岗位要求和雇员应该具备的资格等信息提供给潜在的申请人；另一方面让申请人获得组织优势等相关信息。一份优秀的招聘广告应充分显示出组织对人才的吸引和组织的自然魅力。招聘广告的内容包括广告标题、招聘岗位、组织简介、人事政策和联系方式等信息。

(2) 人才招聘会。

人才招聘会是为聚集用人单位的招聘人员和求职者而设计的现场招聘活动，是一种用来吸引大量求职者来应聘的招聘方法。各地每年都要组织若干次大型人才交流会，用人单位可花一定的费用在交流会上摆摊设点，应征者前来咨询应聘。这种途径的特点是时间短、见效快。

(3) 人员推荐。

人员推荐是指将有关工作空缺的信息告诉相关人员，请他们向组织推荐潜在的申请人。这种招聘方式的优点是，由于是熟人推荐，所以招聘应聘双方在事先已有所了解，可节约不少招聘程序和费用。尤其是对关键岗位、专业技术人员等常用此法。研究表明，通过这种方法招聘的人员比用其他方法招聘的人员跳槽率更低。

(4) 校园招聘。

校园招聘是指由组织派人到学校招聘毕业生中的求职者。大学的研究生、本科生和高职高专生是大多数专业管理人员和工程技术人员的主要来源。最常见、最节省的校园招聘方法是派人到学校开设就业讲座，介绍组织的情况和政策，让毕业生了解更多的组织信息，吸引毕业生应聘。为了让学生增进对组织的了解，最好发放组织简介的小册子。安排顶岗实习是一种特殊的校园招聘形式，它是指组织给学生安置一个临时性的工作，但不必承担永久性聘用学生的任务，学生毕业后也不必接受组织固定的职位，实行真正的双向选择。

(5) 委托各种职业介绍机构招聘。

职业介绍机构作为一种就业中介组织，承担着双重角色：既为组织择人，也为求职者择业。借助这些机构，组织和求职者均可获得大量信息，同时也可传播各自的信息。这种招聘方法具有选择面大、工作量少的特点。猎头公司是一种特殊的就业中介组织，专门为组织选拔中、高级管理人员和专业技术人员服务。

(6) 网上招聘。

网上招聘具有信息传播范围广、速度快、成本低、供需双方选择余地大，且不受时间空间的限制，因而被广泛采用。然而，网上招聘往往会因过多的应聘者，从而需要花费更多的时间进行筛选。部分网站还存在信息发布滞后、更新缓慢、信息失真等缺点，也制约了网上招聘的发展。

3) 员工招聘的一般程序

员工招聘包括制订招聘计划、发布招聘信息、应聘者提出申请接待和甄别应聘人员、发出录用通知书、评价招聘效益。

(1) 制定招聘计划。

此阶段应在人力资源计划基础上产生。其具体内容包括：确定本次招聘目的；描述应聘职务和人员的标准和条件；明确招聘对象的来源；确定传播招聘信息的方式；确定招聘组织人员、参与面试人员、招聘的时间和新员工进入组织的时间；确定招聘经费预算等。

(2) 发布招聘信息。

此阶段是指利用各种传播工具发布岗位信息，鼓励和吸引人员应聘。在发布招聘信息时应注意信息发布的范围、时间以及招聘对象的层次性。

(3) 应聘者提出申请。

此阶段是从应聘者的角度来考虑的。应聘者在获取招聘信息后，向招聘单位提出应聘申请。应聘申请通常有两种方式：一是通过信函向招聘单位提出申请；二是直接填写招聘单位应聘申请表(网上填写提交或到单位填写提交)。无论是哪种方式，应聘者都应提供以下个人资料：应聘申请表，且必须说明应聘的职位；个人简历，着重说明学历、工作经验、技能、成果、个人品格等信息；各种学历的证明包括获得的奖励、证明(复印件)；身份证(复印件)。

(4) 接待和甄别应聘人员。

此阶段实质是在招聘当中对职务申请人的选拔过程，具体又包括如下环节：审查申请表——初筛——与初筛者面谈、测验——第二次筛选——选中者与主管经理或高级行政管理人员面谈——确定最后合格人选——通知合格入选者做健康检查。此阶段一定要客观、公正，尽量减少面谈中各种主观因素的干扰。

(5) 发出录用通知书。

这是招聘单位与入选者正式签订劳动合同并向其发出上班试工通知的过程。通知中通常应写明入选者开始上班的时间、地点和向哪个部门报道。

(6) 对招聘活动的评估。

这是招聘单位的最后阶段。对本次招聘活动做总结和评价，并将有关资料整理归档。评价指标包括招聘成本的核算和对录用人员评估。这两类指标分别从招聘的成本和质量来衡量，若在招聘费用支出低的情况下能招聘到高质量的人才，则表明本次招聘效果好。

4) 测试、选拔和录用

招聘测试是评定应聘者素质与行为能力的重要手段，运用科学、有效的测试方法能保证组织招聘录用到所需要的人选，并将其安排到组织最合适的岗位上。常用的员工招聘测试的方法有笔试、面试、心理测试、情境模拟测试等。

(1) 笔试。

笔试也称知识测试，是指通过纸笔测试的形式，对应聘人的基本知识、专业知识、管理知识、综合分析能力和文字表达能力进行衡量的一种方法。笔试的类型有广度测试、结构测试和深度考试，依次分别是百科知识、相关知识和业务知识测试。通常笔试合格者才能取得面试和下一轮测试的资格。

(2) 面试。

面试是指通过主试与被试双方面对面地考察、交谈等双向沟通方式，了解应聘者的素质状况、能力特征及求职应聘动机的一种人员甄选技术。由于应聘申请表的人员资格与初选不能反映应聘者的全部信息，组织不能对应聘者做深层次的了解，个人也无法得到关于组织的更为全面的信息，因此需要通过面试使组织与个人得到各自所需的信息，以便组织进行录用决策，个人进行是否加入组织的决策。通过供需双方的正式交谈，组织能够客观地了解应聘者的业务知识水平、外貌风度、工作经验、求职动机、人际交往与沟通技巧、应变能力、分析判断能力、个人兴趣爱好、与职位匹配性等信息，应聘者也能更全面地了解组织的信息。

(3) 心理测试。

随着社会化大生产的发展，社会分工越来越精细，工作本身对人的素质和心理适应性的要求越来越高，这就要求在人员和工作之间选择最佳匹配。单凭个人经验的选拔方法无法对人的心理素质进行科学、准确的评估，心理测试的运用可以使人事决策更为科学、准确。心理测试主要包括职业能力倾向测试、个性测试、价值观测试、职业兴趣测试和情商测试等。

(4) 情境模拟测试。

情境模拟测试是根据被试者可能担任的岗位，编制一套与该岗位实际情况相似的测试题目，将被试者安排在模拟的、逼真的工作环境中，要求被试者处理可能出现的各种问题，用多种方法来测试其心理素质、实际工作能力、潜在能力等综合素质。情境模拟测试主要形式有公文处理与人谈话、角色扮演和即席发言等。

人员选拔就是从应聘者中遴选出组织需要的员工的过程。由于这一步将直接决定最后录用的人员，因而是招聘过程中最关键的一步，也是技术性最强的一步。在这一过程中需要运用到上述提到的测试方法。

员工录用过程主要包括：录用决策、背景调查和健康检查、通知录用者、办理录用手续、签订试用合同、新员工培训、正式录用。

2. 员工的培训与发展

1) 定义

员工培训是指组织为开展业务培育人才的需要，采用各种方式对员工进行有目的、有计划的培养和训练的管理活动，其目标是使员工不断地更新知识，开拓技能，改进员工的动机、态度和行为，使员工适应新的要求，更好地胜任现职工作或负担更高级别的职务，从而促进组织效率的提高和组织目标的实现。培训是保持员工适应工作要求的关键环节。

员工职业发展是人力资源管理与开发的新概念、新职能和新方法。它包括两层含义：一是科技进步和文化理念的渗透，发展的要求和满足感的愿望就会促使员工不断地追求理想的职业，设计着自己的职业目标和职业计划；二是人力资源部门应当根据员工的特点和要求，主动为员工设计职业发展计划，创造条件帮助员工实现职业发展计划，使员工的发展融入组织的发展之中，实现组织和个人共同发展。

2)　原则

为了有效增进员工的知识、技能和能力，保证培训与发展的方向不偏离组织预定的目标，员工的培训与发展必须制定基本原则，并以此为指导确定合适的训练计划，激励受训者。具体原则如下。

(1)　学以致用原则。

员工培训与发展应当有明确的目的性和针对性，要从实际工作的需要出发，充分考虑工作岗位的特点，结合员工的年龄、知识结构、能力结构、思想状况等因素，务求做出全面的规划，决定培训与发展的内容。只有这样的培训才能收到实效，真正实现提高工作效率和经济效益。

(2)　专业知识技能与组织文化并重原则。

员工培训与发展的内容，除了文化知识、专业知识、专业技能的提高外，还应包括理想、信念、价值观、道德观等方面的提升。而后者又要与组织的目标、文化、制度、优良传统等结合起来，以便培养员工的工作态度，使员工在各方面都能够符合组织的要求。

(3)　全员培训与重点提高相结合原则。

全员培训就是有计划、有步骤地对在职的所有员工进行培训，这是提高所有员工素质的必经之路。在资源的使用上，要按职级的高低安排培训的先后顺序：自上而下，先培训和发展对组织兴衰有着重大影响的管理干部和技术骨干，特别是中高层管理人员，以增强领导素质；继而培养有前途的梯队人员；最后培训基层员工。

(4)　培训效果的反馈与强化原则。

培训效果的反馈与强化是不可缺少的重要环节。前者是指在培训后对员工进行检验，其作用在于巩固员工学习的技能、及时纠正错误和偏差。一般来说，反馈的信息越及时、准确，培训的效果就越好。后者则是指由于反馈而对接受培训人员进行的奖励或处罚。其目的一方面是为了奖励接受培训并取得绩效的人员；另一方面是为了加强其他员工的培训意识，使培训效果得到进一步强化。

3)　有效员工培训体系的特征与培训需求分析

培训体系是否有效的判断标准是培训体系是否能够增强组织的竞争力、实现组织的战略目标。有效的培训体系应当具备以下特征。

(1)　有效的培训体系以组织战略为导向。

组织培训体系是根源于组织的发展战略、人力资源战略体系之下的，只有根据组织战略规划，结合人力资源发展战略，才能建立符合自己持续发展的高效培训体系。

(2)　有效的培训体系着眼于组织的核心需求。

有效的培训体系是深入发掘组织的核心需求，根据组织的发展目标预测对于人力资源的需求，提前为组织需求做好人才的培养和储备。

(3)　有效的培训体系是多层次、全方位的。

有效的培训体系应考虑员工教育的特殊性：针对不同的课程采用不同的训练技法，针对具体的条件采用多种培训方式，针对具体的个人能力和发展计划制订不同的训练计划。在效益最大化的前提下，多渠道、多层次地构建培训体系，达到全员参与、共同分享培训成果的效果，使得培训方法和内容适合被培训者。

(4) 有效的培训体系充分考虑了员工的自我发展需要。

培训工作的最终目的是为组织的发展战略服务，同时也要与员工的个人职业发展相结合，实现员工素质与组织经营战略的匹配。这个体系把员工个人发展纳入组织发展的轨道上，让员工在服务和推动组织战略目标实现的同时也能按照明确的职业发展目标，通过参加相应层次的培训，实现个人的发展需要。

建立有效的培训体系，需要对培训需求进行分析。培训需求分析通常在组织、业务和员工三个层次上进行。

(1) 组织分析。

对组织层面的分析主要是对照组织的目标和资源，对人力资源的培训和需求的必要性和适当性作出正确的判断，确定组织的培训框架、目标和实施步骤。培训要与组织的目标和战略、组织绩效、组织结构、内外部环境等内容联系起来，要实现上述目标，解决上述问题服务；否则培训就成为无源之水，达不到应有的效果。

(2) 业务分析。

组织的业务是不断发展的，随着科学技术的发展，组织的产品会不断地升级换代、技术含量不断提高，员工所在的工作岗位也会随之变化以适应新的趋势。通过探讨组织未来几年内业务发展方向及变革计划，对岗位要求、工作绩效、工作环境等进行重新评估，以确定业务重点，并配合组织整体发展策略，运用前瞻性的观点将新开发的业务事先纳入培训范畴。

(3) 员工分析。

员工分析的重点就是解决哪些员工需要培训及培训什么内容。培训需求反映了员工和组织对培训的期望，但是要将这些需求转化为计划，还需要对需求进行评估。不同的员工有不同的培训需求，应当放在优先考虑的地位。培训可以缩小和弥补员工实际工作绩效与标准工作绩效的差距。尽管员工的实际工作绩效已经达标，但因组织的工作需要，安排员工接受高一层次的培训，也是员工分析时应加以考虑的。

4) 员工的培训形式

组织培训的具体形式是多样化的，常见的员工培训形式如下。

(1) 传统讲授法。

组织安排一些自身主管或有经验师傅进行言传身教的讲授，有利于受训者成长和组织人才的交替和承接。这是一种传统的培训方式，其优点是运用起来方便，便于培训者控制整个过程；其缺点是单向信息传递，反馈效果差。

(2) 视听技术法。

通过现代多媒体技术对员工进行培训。其优点是运用视觉与听觉的感知方式，直观鲜明，易被学员接受，但缺少互动环节，且制作和购买的成本高，内容易过时。

(3) 案例分析法。

通过向培训对象提供相关的背景资料，让其寻找合适的解决方法。这一方式可以有效地训练学员分析和解决问题的能力，且使用费用低，反馈效果好。

(4) 角色扮演法。

授训者在培训教师设计的工作情况中扮演其中的角色，其他学员与培训教师在学员表演后做适当的点评。由于信息传递多样化，反馈效果好、实践性强、费用低，因而多用于人际关系能力的训练。

(5) 问题讨论法。

问题讨论法一般有小组讨论与研讨会两种形式。小组讨论法的特点是信息交流方式为多向传递，学员参与性高、费用较低。研讨会多以专题演讲为主，学员与演讲者进行互动交流，特点是信息可以多向传递，反馈效果较好，但费用较高。问题讨论法多用于巩固知识，训练学员分析、解决问题的能力与人际交往能力，但运用时对培训教师的要求较高。

(6) 网络培训法。

网络培训法是一种新型的计算机网络信息培训方式。这种培训方式信息量大，新知识、新观念传递优势明显，使用灵活，符合分散式学习的新趋势，节省学员集中培训的时间与费用。因此，特别为实力雄厚的组织所青睐，也是培训发展的一个必然趋势。

5) 员工职业发展原理

员工在组织中的职业发展途径通常有以下几种选择：一种是根据职业发展的领域可分为专业技术型与行政管理型。员工在专业技术领域的发展一般是通过职称或资格认证来达成的，因此，其领域不仅包括生产、科研与工程学等技术，也涵盖了类似财会、法律等专业技能。而员工在行政管理领域的发展是通过管理职位的晋升来达成的，晋升的前提通常是工作能力与工作绩效的体现。另一种是根据职业发展的方向可分为纵向性、横向型与核心型发展道路。纵向性发展是指组织内员工个人工作职位纵向的晋升。横向型发展是指员工在组织内各平行职能部门间的工作轮换。核心型发展是指员工由组织外围逐步向组织核心方向发展。

从组织的角度而言，员工职业发展的管理包括以下内容。

(1) 制订组织的职业计划。

组织的人力资源部门在充分了解员工个人在成长发展的方向和兴趣的基础上，把组织发展的需要同增强员工的满足感统一协调起来，制订出组织的职业计划。

(2) 评价员工个人能力和潜力。

组织能否恰当地评价每个员工个人能力和潜力是组织职业计划的关键。传统的方法是通过员工的绩效考核与评价来测定的，现在逐渐采用心理测试和评价中心等先进的科学方法来评测员工的个人能力和潜力。

(3) 引导员工制定和执行职业生涯规划。

组织应有效地对员工进行职业指导，帮助他们选择适合的岗位，帮助员工在个人目标与组织内存在的机会之间达到更好地结合。

(4) 提供员工职业发展平台。

员工实现职业理想和获取满意工作需要一个较好的发展平台。这就是说组织应为员工提供职业发展机会，或委以重任，或多岗位历练，或授以艰苦复杂工作，使其在实际工作中积累经验，增长才干。

(5) 疏通员工职业通道。

员工职业发展的障碍，既有来自职业自身，又可能产生于个人生物周期的问题，甚至来自家庭等社会因素。因此帮助员工疏通职业通道，从员工从生命空间中发现问题和解决问题是非常必要的。

四、绩效考核与薪酬管理

1. 绩效考核

1) 定义

绩效是指员工的工作行为、表现和结果。绩效具有多因性、多维性和变动性等特点。员工个人绩效的优劣及形成是多种因素综合作用的结果，而不是由某个单一的因素能够体现的，因此，必须从多维度或多方面分析考察员工的工作绩效。员工个人的绩效也不是固定不变的，随着时间的推移和主客观条件的变化，绩效也会发生变化。

绩效考核是指组织根据既定的员工绩效目标，收集与员工绩效相关的各种信息，借助一定的方法，定期对员工完成绩效目标的情况进行考察、评价和反馈，从而促进员工绩效目标的实现，并促进组织整体绩效目标的实现的管理活动。

绩效考核是一项系统工程，涉及战略目标体系及其目标责任体系、指标评价体系、评价标准及评价方法等内容，其核心是促进组织获利能力的提高及综合实力的增强，其实质是做到人尽其才，使人力资源的作用发挥到极致。绩效考核具有管理、激励、导向、沟通、监控、增进绩效等多方面的功能。绩效考核在组织内部创造了一种优胜劣汰的压力环境，它必然会强化组织员工的竞争意识和自强意识，促使其设法提高自己的知识、技能及综合素质，努力工作，从而提高工作效率。同时，绩效考核将员工个人的发展目标和组织的发展目标结合并统一起来，也必然对组织整体绩效的提高发挥积极作用。

2) 绩效管理系统

绩效管理把绩效作为一个系统来看待，就如同为组织的各种管理系统搭建了一个管理平台，它是各种管理系统的纽带，透过它来验证各管理系统的运作效果。这个系统是开放的，既有工作说明来确定绩效考核的权重，运用科学、简练的评价方法，使员工有一个明确的努力方向。在引进和开发绩效管理系统的过程中，有些组织已经取得了一定的成功经验，但不同组织的发展状况、组织文化、组织气氛、组织结构和管理风格是不同的。在具体实施绩效考核中，一方面，要对照评价内容和权重；另一方面，要把组织文化、组织战略、组织人力资源政策等宏观因素渗透其中，使绩效考核的目的与组织的发展方向和要求趋于一致。绩效考核的结果应与员工培训、开发紧密结合起来，使员工的个人发展与实现组织目标相结合，进而达到提高绩效的目的。

3) 绩效考核原则

(1) 公平透明原则。

公平是确立和推行人员考绩制度的前提，不公平就不可能发挥考核应有的作用。透明是实现客观公正的必要条件。制定标准时应广泛听取员工的意见，在执行考核时更要保障受评者申诉与解释的权利，考核标准与程序要向员工交底，考核结论要向被评者反馈。

(2) 严格可靠原则。

要有严肃、认真的考核态度和明确的考核标准，同时还要有严格的考核制度与科学、严格的程序及方法，否则绩效考核就会流于形式，不但不能全面地反映员工的真实情况，而且还会产生消极的后果。考核的标准应一视同仁，不能区别对待，也不能经常变动，以确保考核结果有很高的可信度。

(3) 全面相关原则。

全面相关原则是由绩效考核的多维性特点带来的要求，只有把影响工作绩效的各个方面综合起来进行考核，才能避免片面性。值得一提的是，全面性是指与工作相关的考核内容而不包括生活方面的琐碎内容，否则很难保障考核的必要信度。

(4) 客观可操作原则。

考核的标准必须能直接操作，尽可能进行量化，即使有不能量化的绩效，也应有明确规定的考核细则，针对客观考评资料进行评价，避免掺入主观性和感情色彩。

(5) 恰当稳定原则。

绩效考核的项目在一定数量上应注意合理、恰当，使考核工作既全面又不烦琐。考核标准制定后要保持相对稳定，切不可朝令夕改，即使情况发生变化也应依据一定的程序进行调整和修改。

(6) 差别奖惩原则。

绩效考核的等级之间应当有鲜明的差别界限，针对不同的考评评语在工资、晋升、使用等方面体现明显差别，使考核带有刺激性，鼓励职工的上进心。依据考核的结果，应根据工作成绩的大小、好坏，有赏有罚，有升有降，而且这种赏罚、升降不仅与精神激励相联系，而且还必须通过工资、奖金等方式同物质利益相联系，让被考核人震撼。

4) 绩效考核方法

绩效考核的方法很多，常见的有如下几种。

(1) 图尺度考核法。

图尺度考核法是简单而又运用最普遍的绩效考核技术之一，一般采用图尺度表填写打分的形式进行。它一般从德、能、勤、绩四个方面来确定考核项目，给予不同的权重，再将评价项目分为若干等级予以量化，建立考核尺度和量表。这种考核对被考评者是同一尺度考核且可量化，便于操作。

(2) 分级排序法。

按照分级排序的不同可分为简单排序法和交替排序法。简单排序法就是在全体被考核员工中挑选出绩效最出色者列于序首，再找出次优者列于第二，以此类推，直至最差的一个列于序尾。交替排序法就是分别挑选、排列的“最优的”与“最劣的”，然后挑选出“次优的”与“次劣的”，如此依次进行，直到将所有的被考核人员排列完为止，从而以优劣排序作为绩效考核的结果。交替排序法在操作时也可以使用绩效排序表。

(3) 配对比较法。

配对比较法是一种通过系统排序来考核绩效水平的方法，它的特点是每一个考核要素都要进行人员间的两两比较和排序，使得在每一个考核要素下，每一个人都和其他所有人进行了比较，所有被考核者在每一个要素下都获得了充分的排序。

(4) 强制分布法。

强制分布法是指按预先规定的比例将被考核者分配到各个绩效类别中去。此法是根据事物“两头小，中间大”的正态分布规律，先确定好各等级在总数中所占的比例。这种方法可以防止滥评优秀或被评者的得分十分接近而分不出优劣的弊端发生。

(5) 关键事件法。

关键事件法是一种通过员工的关键行为和行为结果来对其绩效水平进行绩效考核的方

法。考评者在较长的一段时间内，不间断地用“工作日志”的方式把员工在工作表现出来的非常优秀的行为事件或者非常糟糕的行为事件记录下来，然后在考核时与该员工进行面谈，根据记录共同讨论来对其绩效水平作出考核。这种方法要求记录情况具体、客观，而不是主观地描述或评语。

(6) 行为锚定考核法。

这是基于对被考核者的工作行为进行观察、考核，从而评定绩效水平的方法。它为每一职务的各考核维度都设计出一个评分量表，并有一些典型的行为描述性说明词与量表上的一定刻度(评分标准)相对应和联系(即锚定)，对被考核者实际表现评分时可作参考依据。

(7) 目标管理法。

目标管理法是指上级和员工一起讨论，共同制定工作目标，在实施过程中上级给予员工指导并相互探讨完成工作目标情况，在评价阶段时上级和员工共同检查目标是否达到，在此基础上，提出下一轮的目标措施。在目标管理法下，每个员工都确定有若干具体的指标，这些指标是其工作成功开展的关键目标，他们的完成情况可以作为评价员工的依据。

(8) 360度考核法。

360度考核法又称为全方位考核法，最早被英特尔公司提出并加以实施运用。员工通过自己、上司、同事、下属、顾客等不同主体来了解其工作绩效，知晓各方面的意见，清楚自己的长处和短处，达到提高自己的目的。这种方法的优点是评估比较全面，易于作出比较公正的评价，同时通过反馈可以促进工作能力，也有利于团队建设和沟通；其缺点是评估来自各方面，工作量比较大，评价的公正性很难把握。

5) 绩效考核的程序

组织的绩效考核一般分为六个具体的行动步骤来组织实施。

(1) 确定考核目标。

将年度计划分解到个人，上级与下属就个人计划达成一致。其具体活动有：确定下属职责、主要任务；确定任务完成的时间指标和绩效指标；按照预先设定的计分要求，确定各项考核内容的分值权重。

(2) 成立考核组织。

成立由行政负责人以及各部门主要负责人组成的绩效考核领导小组，明确考核职责，同时对有关人员进行考核方法和考核技能的培训。

(3) 校正量效化指标。

绩效考核强调要求重点工作的开展和完成必须设置量效化指标，量化指标是数据指标，效化指标是成效指标。在实际的操作中，并不是所有的工作结果或成效都可以用数据指标进行量化的，而效化指标则比较难以设置和确定，需要一定的专业素质和及时的信息沟通。因此，考核人员应会同考核对象，对重点工作的量效化指标进行认真校正并最终确定，保障重点工作的完成质量。

(4) 实施绩效考核。

采取季度考核、下级评价、自评、年度综合考核、同级考核、客户考核等方式客观评价被考核者的业绩。考核人员应把被考核者在工作中存在的不确定性因素考虑在内，然后对工作计划和考核指标作出及时、适当的调整改进。

(5) 验收工作成效。

在每个考核时段，考核执行人应依据预置或调整的阶段性工作计划，对考核对象的重点工作完成情况进行成效验收。按照每项工作设置的量效化指标和考核分值，逐项核实工作成效并进行评分计分，累计计算考核对象该考核阶段重点工作完成情况的实际得分，并就工作的绩效改进作出点评。

(6) 考核结果运用。

考核的目的是改进绩效、推进工作、提高效率。考核对象重点工作完成情况的实际得分即为考核结果。如何运用考核结果，会直接影响考核的激励作用。要切实结合组织管理资源的实际情况，充分考虑组织文化的负载能力，将考核结果与薪资收入、职位晋升等挂钩，兑现奖惩。同时将考核信息与资源配置、岗位设置、管理损耗、工作问题以及人才信息等进行整合，为组织决策、管理运转和人才的培养使用提供重要的信息支持。

2. 薪酬管理

有效的薪酬制度对于员工的工作态度、行为和绩效会产生积极影响。薪酬制度在设计和推行上需要和组织的经营战略相互配合才能有效。薪酬管理可以说对组织发挥自己的竞争优势，实现战略目标，吸引、留住和用好人才具有重要的作用，也是人力资源管理中最复杂的环节。

1) 定义

薪酬是指组织所付出的人力成本，即组织对员工提供的劳务和所做的贡献而付出的报酬。薪酬分为货币性薪酬和非货币性薪酬两大类。货币性薪酬包括直接货币薪酬、间接货币薪酬和其他货币薪酬。其中，直接薪酬包括工资、福利、奖金、奖品、津贴、股权等；间接货币薪酬包括养老保险、医疗保险、失业保险、工作保险、住房公积金、餐饮等；其他货币薪酬包括有薪假期、休假日、病事假等。非货币性薪酬体现在工作、社会和其他方面。其中，工作方面包括工作成就、工作有挑战感、责任感、优越感；社会方面包括社会地位、个人成长、实现个人价值等；其他方面如友谊、关怀、舒适的工作环境、弹性工作时间等。

2) 基本工资制度

基本工资制度也称工资等级制度。在组织薪酬管理实践中，根据薪酬支付依据的不同有岗位工资、职务工资、技能工资、绩效工资、工龄工资、薪酬工资等薪酬构成元素。选择并确定工资制度形式是很关键的，这体现着组织的价值导向。

(1) 岗位工资制。

岗位工资制是依据任职者在组织中的岗位确定工资等级和工资标准的一种工资制度。岗位工资的理念是：不同岗位将创造不同价值，因此，不同的岗位将给予不同的工资报酬；同时组织应该将合适的人放在合适岗位上，使人的能力素质与岗位要求相匹配，对于超过岗位任职要求的能力不给予额外的报酬；岗位工资制鼓励员工通过岗位晋升来获得更多的报酬。岗位工资制的特点是员工只能根据目前的职位取得报酬，职位变化，报酬也随之变化。职位通常与员工的资历、能力相联系。

(2) 技能工资制。

技能工资制是根据员工所拥有的与工作相关的技能与知识水平来决定员工报酬的一种

工资制度。技能等级不同，薪酬支付标准不同。技能通常包括三类：深度技能、广度技能和垂直技能。深度技能是指从事岗位工作有关的知识和技能，强调员工在某项能力上不断提高，鼓励员工成为专家；广度技能是指从事相关岗位工作有关的知识和技能，提倡员工掌握更多的技能，鼓励员工成为通才；垂直技能是指员工进行自我管理，掌握与工作有关的计划、领导、团队合作等技能，垂直技能鼓励员工成为更高层次的管理者。技能工资制的特点是员工的基本报酬是基于技术而不是资历来支付的，工资增长，先要证明已掌握其要求精通掌握的技术。

(3) 绩效工资制。

绩效工资制是根据员工的表现或绩效来决定员工报酬的一种工资制。绩效工资制的核心在于建立公平、合理的绩效评估系统。绩效工资制可以应用在任何领域，适用范围很广，在销售、生产等领域更是得到大家的认可。计件工资制、提成工资制也是绩效工资制。这种工资制最能体现收入与贡献挂钩的经济利益原则，有利于个人和组织绩效提升，实现薪酬内部公平和效率目标，降低人工成本。

(4) 结构工资制。

结构工资制是综合岗位、技能、绩效三种工资制的特点来决定员工工资的一种薪资制度。它是目前较为合理的、兼顾面较广的工资制度。实施这种工资制度的难点在于制定工资标准的复杂程度。

此外，还有对组织董事长、总经理等高管实行经营者年薪制。它是以年度为单位确定经营者的基本收入，并视经营成果评分来浮动发放风险收入的工资制度。

3) 薪酬制度设计的原则

薪酬管理的目标是吸引和留住组织需要的优秀员工，调动员工提高工作所需要技能和能力的积极性，鼓励员工高效率地工作。薪酬制度设计应该坚持以下基本原则。

(1) 战略导向原则。

组织的薪酬不仅仅是一种制度，它更是一种机制，应该将薪酬体系构建与组织发展有机结合起来，使薪酬在实现组织发展战略方面发挥重要作用。在薪酬设计中，应驱动和鞭策那些有利于组织发展战略实现的因素得到成长和提高，使不利于组织发展战略实现的因素得到有效的遏制、消退和淘汰。薪酬的作用是通过制定恰当的薪酬策略来实现的，薪酬策略包括薪酬水平策略、薪酬结构策略、薪酬构成策略、薪酬支付策略、薪酬调整策略等。

(2) 相对公平原则。

公平是决定薪酬制度的最重要因素，这里的公平包括三个层次，即分配公平、过程公平和机会公平。分配公平有自我公平、内部公平、外部公平三个层面。内部公平和外部公平是薪酬设计应该注意的问题，因为只有实现内部公平和外部公平，才不会导致员工不满意。薪酬制度本身的设计就是为了实现过程公平，应该保证制度得到切实有效执行，保证制度的权威性和严肃性，因此在薪酬设计和薪酬分配过程中要体现过程公平。机会公平是最高层次的公平，组织在薪酬决策前应该与员工互相沟通，对涉及员工切身利益问题的决策应该考虑员工的意见，主管应该考虑员工的立场，应该建立员工申诉机制等。需要指出的是，公平是相对的，绝对的公平是不存在的。

(3) 有效激励原则。

组织内部各类、各级职位之间的薪酬标准要适当拉开距离，避免平均化。有效激励主要体现在激励内容和激励方式要符合个体实际情况。在激励内容上，一方面，应该详细分析固定收入与浮动收入的比例关系，在固定收入满足员工生活基本需要的前提下，应加大绩效工资、奖金等激励薪酬的比重；另一方面，在重视物质激励作用的同时，不能忽视精神激励的重要作用。在激励方式上，首先，应该加强激励的及时性和提高奖金分配过程中的透明度，否则将导致员工不会将工作努力与奖金多少建立直接关系，这样大大降低了奖金的激励作用；其次，要恰当使用正激励和负激励。

(4) 有利竞争原则。

组织的薪酬标准应有吸引力和竞争力，对关键的管理人员和核心技术人员的薪酬水平要高于同类组织相当一部分，对一般员工的薪酬标准可以略高于市场行情。

(5) 经济合理原则。

薪酬设计必须充分考虑组织自身的发展特点以及支付能力，平衡股东和员工的利益关系，平衡组织的短期和长期发展。薪酬过高，则成本上升，影响组织的竞争力；薪水过低，难以配置合适的人力资源。因此，在进行薪酬设计时要进行人工成本测算，将人工成本控制在一个合理的范围内，寻找最佳平衡点。

(6) 守规合法原则。

薪酬设计要遵守国家法律、法规、和政策规定，反对不正当竞争，这是薪酬设计最基本的要求。特别是有关的国家强制性规定，组织在薪酬设计中是不能违反的，比如，最低工资制度、加班加点工资支付问题、员工养老保险等福利问题，组织必须遵守。

4) 薪酬制度设计的程序

(1) 工作分析。

工作分析是确定薪酬的基础。组织管理层要在结合经营目标的前提下对业务和人员进行分析，明确部门职能和职位关系，人力资源部门和各部门主管合作编写工作说明书。

(2) 工作评价。

工作评价重在解决薪酬的对内公平性问题。它有两个目的：一是比较组织内部各个职位的相对重要性，得出职位等级序列；二是为进行薪酬调查建立统一的职位评估标准，使不同职位之间具有可比性，为确保工资的公平性奠定基础。

(3) 薪酬调查。

薪酬调查重在解决薪酬的对外竞争力问题。组织在确定工资水平时，需要参考人力资源市场的工资水平。薪资调查的途径有：国家和地区统计部门、人力资源部门公开发布的统计资料；管理咨询机构发布的薪资调查资料；相关组织招聘信息中提供的资料；从新招聘的员工或应聘员工了解信息。

(4) 薪酬定位。

在分析有关薪酬数据后，需要做的是根据组织的不同状况选用不同的薪酬水平。这一程序包括薪资总额的计算、薪资标准的确定以及薪酬体系和薪酬结构的选择。薪资总额的计算通常要考虑市场行情、组织的支付能力和员工的基本生活费用。确定有价值差异的薪资标准的目的是体现按劳取酬的原则和内部公平的原则，保护所有员工的积极性。合适的薪酬体系和薪酬结构的选择是保证薪酬制度得以顺利实施的关键环节。

(5) 设计出薪酬制度。

通过上述程序，确定本组织薪酬的基本管理办法，把这些办法规范化、制度化，最终形成的文件就是薪酬制度。

(6) 薪酬制度的实施和修正。

在实施薪酬制度过程中，及时沟通、必要的宣传或培训是保证薪酬制度成功实施的重要原因之一。从本质意义上讲，薪酬制度是对人力资源成本与员工需求之间进行权衡的结果。人力资源部可以利用薪酬制度问答、员工座谈会、满意度调查、内部刊物甚至BBS论坛等形式，充分介绍薪酬制度制定的依据。为保证薪酬制度的实用性，组织要对薪酬的定期调整进行规定。

5) 薪酬结构分析

良好的薪酬管理有助于组织的发展，薪酬结构分为显性薪酬和隐性薪酬。显性薪酬主要包括基本工资、加班费、奖金、津贴和补贴、股权、福利，而隐性薪酬则主要包括工作环境、学习成长机会等。

【任务实施】

任务一　麦当劳的人力资源管理

一、不用天才与花瓶

麦当劳不用所谓的“天才”，因为“天才”是留不住的。在麦当劳里取得成功的人，都得从零开始，脚踏实地工作，炸薯条、做汉堡包是在麦当劳走向成功的必经之路。这对那些不愿从小事做起，踌躇满志想要大展宏图的年轻人来说，是难以接受的。但是，他们必须懂得，麦当劳请的是最适合的人才，是愿意努力工作的人，脚踏实地从头做起才是在这一行业中成功的必要条件。在麦当劳餐厅，女服务员的长相也大都是普通的，还可以看到既有年轻人也有年纪大的人。与其他公司不同，人才的多样化是麦当劳的一大特点。麦当劳的员工不是来自一个方面，而是从不同渠道请人。麦当劳的人才组合是家庭式的，年纪大的可以把经验告诉年轻人，同时又可被年轻人的活力所带动。因此，麦当劳请的人不一定都是大学生，而是什么人都有。麦当劳不讲究员工是否长得漂亮，只在乎她工作负责、待人热情，让顾客有宾至如归的感觉，如果只是个中看不中用的花瓶，是不可能在麦当劳待下去的。

二、没有试用期

一般企业试用期要3个月，有的甚至6个月，但麦当劳3天就够了。麦当劳招工先由人力资源部门去面试，通过后再由各职能部门面试，合适则请来店里工作3天，这3天也给工资。麦当劳没有试用期，但有长期的考核目标。考核，不是一定要让你做什么。麦当劳有一个360度的评估制度，就是让周围的人都来评估某个员工：你的同事对你的感受怎么样？你的上司对你的感受怎么样？以此作为考核员工的一个重要标准。

三、培训模式标准化

麦当劳的员工培训也同样有一套标准化管理模式，麦当劳的全部管理人员都要学习员工的基本工作程序。培训从一位新员工加入麦当劳的第一天起，与有些企业选择培训班的做法不同，麦当劳的新员工直接走向工作岗位：每名新员工都由一名老员工带着进行一对一的训练，直到新员工能在本岗位上独立操作。尤其重要的是，作为一名麦当劳新员工，从进店伊始，就在日常的点滴工作中边工作边培训，在工作和培训合二为一中贯彻麦当劳Q.S.C&V黄金准则，Q.S.C&V分别是质量(Quality)、服务(Service)、清洁(Clean)和价值(Value)。这就是麦当劳培训新员工的方式，在他们看来，边学边用比学后再用的效果更好，在工作、培训一体化中将企业文化逐渐融入麦当劳每一位员工的日常行为中。

四、晋升机会公平合理

在麦当劳，晋升对每个人都是公平合理的，适应快、能力强的人能迅速掌握各个阶段的技术，从而更快地得到晋升。面试合格的人先要做4～6个月的见习经理，其间他们以普通员工的身份投入到餐厅的各个基层工作岗位，如炸薯条、做汉堡包等，并参加BOC课程(基本营运课程)培训，经过考核的见习经理可以升迁为第二副理，负责餐厅的日常营运。之后还将参加BMC(基本管理课程)和IOC(中间管理课程)培训，经过这些培训后已能独立承担餐厅的订货、接待、训练等部分管理工作。表现优异的第二副理在进行完IOC课程培训之后，将接受培训部和营运部的考核，考核通过后，将被升迁为第一副理，即餐厅经理的助手。以后他们的培训，全部由设在美国及海外的汉堡大学完成，汉堡大学都配备有先进的教学设备及资深的具有麦当劳管理知识的教授，并提供两种课程的培训：一种是基本操作讲座课程；另一种是高级操作讲习课程(AOC)。美国的芝加哥汉堡大学是对来自全世界的麦当劳餐厅经理和重要职员进行培训的中心，另外，麦当劳还在香港等地建立了多所汉堡大学，负责各地重要职员的培训。一个有才华的年轻人升至餐厅经理后，麦当劳公司依然为其提供广阔的发展空间。经过下一阶段的培训，他们将成为总公司派驻其下属企业的代表，成为"麦当劳公司的外交官"，其主要职责是往返于麦当劳公司与各下属餐厅，沟通传递信息。同时，营运经理还肩负着诸如组织培训、提供建议之类的重要使命，成为总公司在这一地区的全权代表。

五、培训成为一种激励

麦当劳的培训理念是：培训就是让员工得到尽快发展。麦当劳的管理人员都要从基层员工做起，升到餐厅经理这一层时就该知道怎样去培训自己的团队，从而对自己的团队不断地进行打造。麦当劳公司的总经理每3个月就要给部门经理做一次绩效考核，考核之初，先给定工作目标，其中有两条必须写进目标中，那就是如何训练你的下属——什么课程在什么时候完成，并且明确告诉部门经理，一定要培训出能接替你的人，你才有机会升迁。如果事先未培养出自己的接班人，那么无论谁都不能提级晋升，这是麦当劳一项真正实用的原则。由于各个级别的麦当劳管理者会在培训自己的继承人上花相当的智力和时间，麦当劳公司也因此成为一个发现和培养人才的大课堂，并使麦当劳在竞争中长盛不衰。

(资料来源：改编自麦当劳的人力资源管理，中国人力资源网，http://blog.hr.com.cn/html/61/n-4861.html)

问题：

1. 麦当劳在人力资源管理中的独到之处的核心是什么？

2. 如果你是麦当劳在中国分部的人力资源主管，你将在哪些方面加强人力资源开发与管理工作？

任务二　HP公司员工的职业生涯管理

美国惠普是世界知名的高科技大型企业，它的被称为"惠普之道"的独特而有效的管理模式为人所称道。该公司聚集了大量素质优秀而训练良好的技术人才，是惠普最宝贵的财富，是其发展与竞争力的主要根源。惠普能吸引来、保留住和激励起这些高级人才，不仅靠丰厚的物质待遇，更重要的是靠向这些员工提供良好的提高、成长和发展机会，其中帮每位员工制订令他们满足的、有针对性的职业发展计划，是其中的一个重要因素。

该公司的科罗拉罗泉城分部开发出一种职业发展自我管理的课程，要 3 个月才能学完。这门课程主要包含两个环节：先是让参加者用各种信度的测试工具及其他手段进行个人特点的自我评估；然后将评估中的发现结合其工作环境，编制出每人自己的一份发展途径图来。

把自我评估当作职业发展规划的第一步并不是什么新方法，自我帮助的书籍已在书店泛滥成灾多年了。不过这些书本身却缺乏一种成功的要素，那就是在一种群体(小组或班组)环境中所具有的感情支持，在这种环境里大家可以共享激动和喜悦，并使之长盛不衰。

这家公司从哈佛 MBA 班第二学年的职业发展课里搞到六种工具，用在这门课程的学习里，来取得每人个人特点资料。这些工具如下。

① 一份书面的自我访谈记录。给每位参加者发一份提纲，其中有 11 道问及他们自己情况的问题，要他们提供有关自己生活(有关的人、地、事件)、他们经历过的转折以及未来的设想，并让他们在小组中互相讨论。这篇自传摘要体裁的文件将成为随后的自我分析所依据的主要材料。

② 一套“斯特朗—坎贝尔个人兴趣调查问卷”，这份包含有 325 项的问卷填答后，就能据此确定他们对职业、专业领域、交往的人物类型等的喜恶倾向，为每人跟各种不同职业中成功人物的兴趣进行比较提供依据。

③ 一份“奥尔波特—弗农—林赛价值观问卷”。此问卷中列有多种相互矛盾的价值观，每人需对之做出 45 种选择，从而测定这些参加者对多种不同的关于理论、经济、美学、社会、政治及宗教价值观接受和同意的相对强度。

④ 一篇 24 小时活动日记，参加者要把一个工作日及一个非工作日全天的活动如实而无遗漏地记下来，用来对照其他来源所获同类信息是否一致或相反。

⑤ 对另两位“重要人物”(指跟他们的关系对自己有较重要意义的人)的访谈记录。每位参加者要对自己的配偶、朋友、亲戚、同事或其他重要人物中的两个人，就自己的情况提出一些问题，看看这些旁观者对自己的看法。这两次访谈过程需要录音。

⑥ 生活方式描述。每位参加者都要用文字、照片、图或他们选择任何其他手段，把自己的生活方式描绘一番。

这项活动的关键之处就在于所用的方法是归纳式的而非演绎式的。一开始就让每位参加者搞出有关自己的新资料来，而不是先从某些一般规律去推导出每人的具体情况。这个过程是从具体到一般，而不是从一般到具体。参加者观察和分析了自己搞出的资料，才从中认识到一些一般性规律。他们先得把六种活动所获资料一种一种地分批研究，分别得出初步结论，再把六种活动所得资料合为一体，进行综合分析研究。

每人都做好了自我评估后，部门经理们逐一采访参加过此活动的下级，听取他们汇报自己选定的职业发展目标，并记录下来，还要写出目前在他们部门供职的这些人的情况与职位。这些信息便可供高层领导用来制定总体人力资源规划，确定所要求的技能，并拟定一个时间进度表。当公司未来需要的预测结果与每位学习参加者所制定的职业发展目标对照后相符时，部门经理就可据此帮助他的部下绘制出自己在本公司内发展升迁的路径图，标明每一升迁前应接受的培训或应增加的经历。每位员工的职业发展目标还得和绩效目标与要求结合起来，供将来绩效考评时用。部门经理要监测他的部下在职业发展方面的进展，作为考绩活动的一部分，并需要负责对他们提供尽可能的帮助与支持。

(资料来源：道客巴巴，http://www.doc88.com/p-379881427034.html)

问题：

1. 惠普公司员工的职业生涯设计与管理有什么特点？预计这套方法在保留和激励惠普的人才方面会不会有效？为什么？

2. 如果将这套办法运用到中国企业中能否行得通？为什么？如果想运用它到你的单位来，应做哪些修改以适应国情与厂情？

任务三　新联想的国际化薪酬架构

自联想 2004 年 12 月 8 日以 12.5 亿美元收购 IBM 全球 PC 业务之后，一家中国本土企业如何设计一种兼顾本土和国际行情的国际薪酬体系受到人们的关注。

已在联想从事人力资源工作 6 个年头的联想集团华东区域总部人力行政总监曹金昌对此不无感慨：“并购 IBM-PC 部门之后，我们采取‘软着陆’方式，逐步过渡达成中国员工和海外员工薪酬政策和结构的一致性。”

一、并购前各有利弊

联想自 1998 年就开始了和世界接轨的薪酬体系规划和设计。联想所倡导的以 3P 为基础的薪酬理念，即 Pay for position(为岗付酬)、Pay for person(为人付酬)、Pay for performance(为绩效付酬)，与 IBM-PC 部门的理念比较接近。但双方在具体的薪酬内容上存在一些差异。

在并购后进行双方薪酬设计方案整合的项目中，作为华东区 HR 总监的曹金昌在与原来 IBM-PC 部门的销售人员沟通后发觉对方激励制度设计和管理方面有待改善。“我们当时问了一些诸如你们以前的考核方案是什么、你觉得对此是否清晰、你目前做的工作与你的报酬是否相一致等问题时，他们的回答是：我们也不是很清楚。”曹金昌说，这主要是由于绩效考核指标设置过多过高、考核方案过于复杂和不清晰、绩效沟通面谈的沟通和反馈不够等原因造成的。

相比而言，联想在激励方面做得比较好。首先，会根据很多细化的指标，例如各地生活指数、百户人口电脑拥有率等数据来测算某一区域今年的增长率是多少，保证设定一个既相对有挑战又可以达到的目标。使得 20%的人员能够大大超过目标，70%能够达到中等，10%达不到。此外，以财务指标为主的具体指标设定也很简单，一般不超过 4 个。

同时，联想对与员工的沟通面谈也非常重视，每次方案出来后，HR 会就该方案跟各个团队成员沟通，同时还以电子版等各种形式去通知员工本人，并给员工一页纸的任务书，由员工本人签字确认，从而保证员工能够明确了解自己当前所做的任务与所得到奖金之间的关系。

在长期激励方面，原来的联想基本上是全员持股，后来发觉市场大势不好时，期权对基层员工的激励作用相对较弱，于是便将股权计划覆盖的范围缩小了。结果，原来所分配的股权现在继续执行，而新的股权则只分配给很少一部分的高管。曹金昌说：“对基层员工激励更多强调基薪和奖金。”而这种变化与 IBM-PC 部门基本一致。

除了薪酬激励方面的差异外，曹金昌认为双方第二个差异表现在基薪方面，而 IBM-PC 部门的优势就体现在基薪的确定上，比如用等级确定基薪、薪酬调查与国际调查相匹配、能力体系与薪酬的嫁接等，这些方面都是联想欠缺的。

二、0.5+0.5 能否等于 1?

2005 年 5 月 1 日交割完毕后，美国一位薪酬管理专家 Ezara 加盟联想成为专管薪酬的副总裁，Ezara 上任后曾在中国巡查并了解当地的薪酬现状以及中国的文化。在美国总部，联想设立了由 Ezara 领导的薪酬福利项目组，负责设置全球薪酬体系，其中也包括一名中国员工。

“我看到很多核心的内容都继承了原来联想的东西。”曹金昌说，融合后新的薪酬架构要将原来联想的 3P 改为“P Three”，即 Priority(KPI 的优先性)、Performance(绩效沟通和反馈)、Pay(报酬)，根据 KPI 优先指标的达成，对员工的绩效进行反馈，然后据此支付其薪酬和奖金。

在此过程中，曹金昌从 2005 年 8 月开始主要负责华东区的员工薪酬调查，收集华东区各部门对待方案的反馈及向总部提交当地薪酬和绩效管理制度的实际运行情况。说到操作薪酬调查项目，曹金昌回忆曾经在摩托罗拉做薪酬管理时所参与的薪酬调查一直让他印象深刻：“对岗位做重新梳理、把公司的岗位与调查公司所要求的岗位匹配、薪酬水平如何定位、结构如何调整，摩托罗拉在这些方面都做得很成熟。”

在与员工的沟通和薪酬调查之后，曹金昌了解到中国和美国两边员工的不同疑问：中国员工普遍感觉并购后公司前景更好，因而对薪酬也抱有更高预期；而国外员工则担心自己是否会被降薪。

为此，联想对国内员工的基薪和福利都有所调整和补充，比如增加年金、养老金、补充医疗保险。而对国际员工，基薪不降，但在激励上更兼顾挑战性和可实现性。联想原来所实行的部门考核和个人考核相结合的员工绩效考核方式也将在联想全球中逐步推行，将考核绩效分为优、中、尚待改进三等，比例分别为 20%、70%、10%，每年会有 5%的末位优化，对于这 5%的员工，会考虑给予换岗或不再续签劳动合同。

对于联想目前的薪资水平，曹金昌表示不便于透露。大体上来说，职能部门员工的基薪高、奖金少；销售人员的基薪相对低一些，奖金和业绩挂钩；研发人员的基薪高一些，奖金更多地和员工的发明专利、完成项目的情况挂钩。中国和美国两边的员工互相都会外派，外派员工的薪酬按照各国的国际惯例执行。

“新的薪酬体系出来后，国内和国外员工的薪酬水平肯定还是有差别。”曹金昌解释说，这与不同国家的生活水平相关，同时也在考虑市场的竞争性。比如某个岗位是全球性的，则该岗位的薪酬制定就参照全球性的调查数据；如果只是一个地域性的岗位，则只在该地域去比较。此外，还会选定一些公司做参照，过去的联想会圈定一些国内比较知名的 IT 公司，新联想则会更多地圈定一些直接竞争对手的薪酬进行调查。

新的薪酬体系到目前一直没有最终确定，去年 12 月 21 日，联想任命了新的全球总裁兼 CEO 威廉 • J. 阿梅里奥(William. J. Amelio)，新 CEO 对原史蒂夫 • 沃德(CEO Stephen M. Ward)，Jr 在任时所进行的薪酬融合做了重新回顾，尽管这对新体系的正式推出进程多少会有些影响，但曹金昌表示，基本的理念和大致框架都差不多，只是就具体细节再做考虑和权衡。

新体系公布后会全面推行开，“不需要做试点，在联想就是直接推下去，很顺畅，大家已经习惯于这种变化。”曹金昌说，但每个财季都会根据推行效果即执行的情况及执行过程中所反映的方案本身的问题，对体系进行修正和调整。“薪酬是刚性的，一旦定了之后，会对员工心态有影响，因此以后只能是根据具体情况进行调整，不可能完全推倒重来。”

曹金昌指出，新联想的薪酬体系推行成功的关键取决于沟通好、执行到位。

要保证这样一个规模大、跨地域多、业务多的公司像一个小公司那样高效的执行力，难度很大。“还需要一段时间的努力。”曹金昌坦率地表示，这跟各国的文化差异和思维方式有关，联想中国员工可能习惯于加班加点，但在美国可能更强调工作与生活的平衡。为此，联想正在做一个“Knowledge Exchange”(知识交换)的项目，国内外员工互相外派，加强彼此文化的理解，力图找到恰当的执行点来有力地推动未来新体系的良好运作。

无疑，“执行”成为新联想未来薪酬体系融合的最大挑战。多年的 HR 从业经历使曹金昌明白，要想挑战成功，高层管理者的支持和 HR 的争取尤其重要。同时，能够把复杂的东西简单化，以及进行持续的监督和反馈，也缺一不可。

对于本土公司向跨国企业发展中进行国际化薪酬设计时，曹金昌根据自己多年的实践体会给出建议：一是谨慎、平稳过渡，因为薪酬有刚性，而且是敏感性的话题；二是要有充分的调查和研究，要很清楚双方的优势、劣势，以及当地的文化背景和员工的心态变化等；三是要形成一个跨国的国际化团队，能够充分交流，有序地推进。

(资料来源：中国人力资源开发网，
http://www.chinahrd.net/management-planning/birds-eye-view/2006/0412/150972.html)

问题：

1. 联想的薪酬制度合理吗？其构建原则有哪些？
2. 联想的薪酬体系结构包括哪些部分？

【项目小结】

本项目由《瞎子选羊》寓言故事引入，讨论人力资源及人力资源管理的概念及内容，人力规划的内容，工作分析的内容，员工选拔培训的基本方法，以及绩效考核、薪酬管理等内容。

本项目包括三个任务，分别从麦当劳、惠普公司和联想公司着手分析，认识上述企业人力资源管理的基本内容和基本方法，以及引导企业做出适合企业自身的规划和策略。

【基本练习】

1. 人力资源管理的重要职能有哪些？为什么说人力资源管理是企业管理的一项重要职能？
2. 人力资源规划的内容包括哪些？
3. 常用的工作分析方法有几种？各有什么特点？
4. 为什么说员工培训是一项十分重要的工作？员工培训的形式有哪些？

5. 员工的职业发展的定义是什么？员工的职业发展管理包括哪些内容？
6. 绩效考核方法有哪些？试比较其中的优点和缺点。
7. 薪酬体系包括哪些内容？

【拓展训练】

拓展任务一

企业岗位评价

某企业岗位评价表如表8-1所示。

表8-1　岗位评价表

薪酬要素	权　重	等　级				
		一	二	三	四	五
1. 知识经验	10	2	4	6	8	10
2. 对决策的影响	15	2	5	8	11	15
3. 监督管理	20	2	6	11	16	20
4. 职责	15	3	6	9	12	15
5. 解决问题的能力	15	2	6	10	15	—
6. 沟通	10	2	6	10	—	—
7. 工作环境	15	4	8	15	—	—
合计	100	—	—	—	—	—

说明：

(1) 岗位评价总点值为800分。

(2) 表8-1中的权重是指薪酬要素占总点值的权重。

(3) 薪酬要素占总点值的权重。

(4) 岗位A经过评价结果为：知识经验4等，对决策的影响3等，沟通1等，监督管理1等，职责4等，解决问题的能力4等，工作环境1等。

(5) 岗位B经过评价结果为：知识经验2等，对决策的影响1等，沟通1等，监督管理2等，职责2等，解决问题的能力2等，工作环境3等。

请你计算岗位A、B的岗位评价结果。

拓展任务二

潜质测试题

职业测试：你认识你自己吗？

本心理测试是以著名的美国兰德公司(战略研究所)拟制的一套经典心理测试题为蓝

本，根据中国人心理特点加以适当改造后形成的心理测试题，目前已被一些著名大公司作为对员工心理测试的重要辅助试卷，效果很好。试着测试一下，认识一下也许你不知道的自己！

注意：每题只能选择一个答案，且应为你第一印象的答案，把相应答案的分值加在一起即为你的得分。

1. 你更喜欢吃哪种水果？
   A. 草莓 2 分　B. 苹果 3 分　C. 西瓜 5 分
   D. 菠萝 10 分　E. 橘子 15 分
2. 你平时休闲经常去的地方？
   A. 郊外 2 分　B. 电影院 3 分　C. 公园 5 分
   D. 商场 10 分　E. 酒吧 15 分　F. 练歌房 20 分
3. 你认为容易吸引你的人是？
   A. 有才气的人 2 分　B. 依赖你的人 3 分　C. 优雅的人 5 分
   D. 善良的人 10 分　E. 性情豪放的人 15 分
4. 如果你可以成为一种动物，你希望自己是哪种？
   A. 猫 2 分　B. 马 3 分　C. 大象 5 分
   D. 猴子 10 分　E. 狗 15 分　F. 狮子 20 分
5. 天气很热，你更愿意选择什么方式解暑？
   A. 游泳 5 分　B. 喝冷饮 10 分　C. 开空调 15 分
6. 如果必须与一个你讨厌的动物或昆虫在一起生活，你能容忍哪一个？
   A. 蛇 2 分　B. 猪 5 分
   C. 老鼠 10 分　D. 苍蝇 15 分
7. 你喜欢看哪类电影、电视剧？
   A. 悬疑推理类 2 分　B. 童话神话类 3 分　C. 自然科学类 5 分
   D. 伦理道德类 10 分　E. 战争枪战类 15 分
8. 以下哪个是你身边必带的物品？
   A. 打火机 2 分　B. 口红 2 分　C. 记事本 3 分
   D. 纸巾 5 分　E. 手机 10 分
9. 你出行时喜欢做什么交通工具？
   A. 火车 2 分　B. 自行车 3 分　C. 汽车 5 分
   D. 飞机 10 分　E. 步行 15 分
10. 以下颜色你更喜欢哪种？
   A. 紫 2 分　B. 黑 3 分　C. 蓝 5 分
   D. 白 8 分　E. 黄 12 分　F. 红 15 分
11. 下列运动中挑选一个你最喜欢的(不一定擅长)？
   A. 瑜伽 2 分　B. 自行车 3 分　C. 乒乓 5 分
   D. 拳击 8 分　E. 足球 10 分　F. 蹦极 15 分
12. 如果你拥有一座别墅，你认为它应当建立在哪里？
   A. 湖边 2 分　B. 草原 3 分　C. 海边 5 分

D. 森林 10 分　　　E. 城中区 15 分

13. 你更喜欢以下哪种天气现象？

A. 雪 2 分　　　B. 风 3 分　　　C. 雨 5 分

D. 雾 10 分　　　E. 雷电 15 分

14. 你希望自己的窗口在一座 30 层大楼的第几层？

A. 七层 2 分　　　B. 一层 3 分　　　C. 二十三层 5 分

D. 十八层 10 分　　　E. 三十层 15 分

15. 你认为自己更喜欢在以下哪一个城市中生活？

A. 丽江 1 分　　　B. 拉萨 3 分　　　C. 昆明 5 分

D. 西安 8 分　　　E. 杭州 10 分　　　F. 北京 15 分

下面是分值分析，请对号入座。

180 分以上：意志力强、头脑冷静，有较强的领导欲，事业心强，不达目的不罢休。外表和善，内心自傲，对有利于自己的人际关系比较看重，有时显得性格急躁，咄咄逼人，得理不饶人，不利于自己时顽强抗争，不轻易认输。思维理性，对爱情和婚姻看法很现实，对金钱的欲望一般。

140～179 分：聪明，性格活泼，人缘好，善于交朋友，心机较深，事业心强，渴望成功，思维较理性，崇尚爱情，但当爱情与婚姻发生冲突时会选择有利于自己的婚姻，金钱欲望强烈。

100～139 分：爱幻想，思维较感性，以是否与自己投缘为标准来选择朋友，性格显得较孤傲，有时较急躁，有时优柔寡断，事业心较强，喜欢有创造性的工作，不喜欢按常规办事，性格倔强，言语犀利，不善于妥协，崇尚浪漫的爱情，但想法往往不合实际，金钱欲望一般。

70～99 分：好奇心强，喜欢冒险，人缘较好，事业心一般，对待工作随遇而安，善于妥协，善于发现有趣的事情，但耐心较差，敢于冒险，但有时较胆小，渴望浪漫的爱情，但对婚姻的要求比较现实，不善理财。

40～69 分：性情温良，重友谊，性格踏实稳重，但有时也比较狡黠，事业心一般，对本职工作能认真对待，但对自己专业以外实务没有太大兴趣，喜欢有规律的工作和生活，不喜欢冒险，家庭观念强，比较善于理财。

40 分以下：散漫，爱玩，富于幻想，聪明机灵，待人热情，爱交朋友，但对朋友没有严格的选择标准，事业心较差，更善于享受生活，意志力和耐心都较差，我行我素，有较强的异性缘，但对爱情不够坚持认真，容易妥协，没有财产观念。

拓展任务三

HI 公司的工作分析

赵珍大学刚毕业就顺利进入了 HI 信息服务公司，赵珍学的是国际企业管理专业，因此公司将她安排在人力资源部工作。在应聘和面谈过程中，她了解到这是一家中外合资企业，主要的经营业务是为企业和个人提供软件和硬件。公司自 1994 年创办以来，发展迅速，通过灵活的经济手段、高质量的产品、优良的售后服务，在信息激烈的竞争中保持了领先地位。HI 管理层深知，作为一个知识密集型的企业，公司的发展将主要依赖于它所拥有的人力资源，企业间的竞争实质是对高质量人力资源的竞争。因此，HI 非常注重通过提高员工的工作满意度来留住他们。迄今为止，它的人员流动率接近于行业的平均水平。

但是在听了人力资源部张经理的一番话后，赵珍原来乐观的想法改变了。张经理告诉她，尽管从表面上看，HI 有骄人的经营业绩和良好的发展势头，但是事实上公司内部的管理制度有很多不完善的地方，这些方面将严重阻碍 HI 的进一步发展。张经理举例说，作为人力资源管理基础工作之一的工作分析，在 HI 就没有得到很好的贯彻落实，随着公司规模的扩大，新的工作不断增加，但是相应的工作描述和工作规范却没有制定，原有的一些工作描述和工作规范的内容也与实际情况不完全匹配了。张经理交给赵珍一份旧的工作说明书(见表 8-2 所示)。造成这种状况的原因在于，初创时期 HI 的员工较少，公司内部的局域网可以使上下级之间和同事之间非常通畅地沟通，相对平坦的组织结构也使公司各个层次的员工很容易接近。同部门的工作经常由员工们共同协力完成，职位在 HI 被定义成是员工之间关于特定技术、专业能力和兴趣的竞赛。有超常能力和成就的员工常被录用，接着很快获得晋升。正因为如此，HI 并不注重为每个工作制定工作说明书，因为从某种意义上来说，这只是一纸空文。

表 8-2　一个旧的助理程序员工作说明书

职　位	助理程序员
基本目的	在项目经理的监督下进行编码、测试、调试程序
具体任务	根据总体的程序设计，编码、测试、调试程序，开发程序的文件资料。在使用系统时培训用户，为用户提供帮助，按要求向管理者汇报服务管理信息
任职资格	至少在相关领域里具有学士学位或相当的经验和知识；具有 FORTRAN(公式翻译器)语言编程知识；在经营和财务应用方面具有较好的工作知识。 希望具有在分时环境下计算机编程经验；在 COBOL、PLI 或者装配语言方面受到培训或教育

但是这种忽视工作分析的做法，随着 HI 的规模日益扩大，显示出越来越多的对人力资源管理工作的负面影响。张经理坦率地告诉赵珍，在 HI，人力资源部被认为是一个低效率的团队。比如说本来通过绩效评估发现员工绩效不符合标准的原因，并安排各种培训和锻炼机会以提高这部分员工的技能，增强他们的信心，这应该是人力资源部门的职责，但是由于缺乏准确的工作说明书，人力资源部门就没有确切的标准来衡量员工的工作绩效，因而也无从发现员工究竟哪些方面需要改进和提高，更别提为员工制订适宜的培训计划了。因此在 HI，没有部门认为人力资源部的员工有这方面的能力和经验。另外，公司主要的奖励系统也似乎和人力资源部没有太大关系，甚至公司的年度职工表彰会也被认为是来自外方总经理的奖赏，而与人力资源部无关。而按惯例，员工的薪酬奖励计划应该是由人力资源部根据工作说明书判断每个工作岗位的相对价值以后，再以此为依据制定的。

正是由于缺乏细致的工作分析，HI 的人力资源部在开展工作时显得力不从心。近期，HI 又将大规模招聘新员工，张经理决定先从工作分析这一环节抓起，彻底改变人力资源部以往在人们心中的形象。他将此重任交给赵珍，要求她在 6 个月的时间内修正所有的工作说明书。

(资料来源：360doc 个人图书馆，http://www.360doc.com/content/11/0327/10/4631822_105023377.shtml)

问题：

1. 如果你是赵珍，你如何看待工作分析在人力资源职能中的作用？

2. 为了修改旧的工作说明书，制订新的工作说明书，你将通过哪些具体步骤开展这一工作？

3. 你将采用哪些方法收集必要的工作分析信息？

4. 请尝试修改助理程序员的工作说明书。

拓展任务四

职业锚测评量表

美国著名的职业指导专家、麻省理工斯隆商学院的施恩教授，领导专门小组对斯隆商学院44名MBA毕业生进行长达12年的职业跟踪研究，包括面谈、跟踪调查、公司调查、人才测评、问卷等多种方式，最终分析总结出了职业锚(职业定位)理论。

职业定位在一段时间内会保持稳定，但随着外界环境、个人、工作和生活因素的变化，职业定位可能需要调整，修正职业规划。

测试题

说明：下面有40个关于职业的描述，请为每题选择一个代表你真实想法的分数。除非你非常明确，否则不需要作出极端的选择，例如：1或6。

选“1”代表这种描述完全不符合你的想法；选“2”或“3”代表你偶尔(或者有时)这么想；选“4”或“5”代表你经常(或者频繁)这么想；选“6”代表这种描述完全符合你的日常想法。

1. 我希望做我擅长的工作，这样我的内行建议可以不断被采纳。
2. 当我整合并管理其他人的工作时，我非常有成就感。
3. 我希望我的工作能让我用自己的方式，按自己的计划去开展。
4. 对我而言，安定与稳定比自由和自主更重要。
5. 我一直在寻找可以让我创立自己事业(公司)的创意(点子)。
6. 我认为只有对社会作出真正贡献的职业才算是成功的职业。
7. 在工作中，我希望去解决那些有挑战性的问题，并且胜出。
8. 我宁愿离开公司，也不愿从事需要个人和家庭作出一定牺牲的工作。
9. 将我的技术和专业水平发展到一个更具有竞争力的层次是成功职业的必要条件。
10. 我希望能够管理一个大的公司(组织)，我的决策将会影响许多人。
11. 如果职业允许自由地决定自己的工作内容、计划、过程时，我会非常满意。
12. 如果工作的结果使我丧失了自己在组织中的安全稳定感，我宁愿离开这个工作岗位。
13. 对我而言，创办自己的公司比在其他的公司中争取一个高的管理位置更有意义。
14. 我的职业满足来自于我可以用自己的才能去为他人提供服务。
15. 我认为职业的成就感来自于克服自己面临的非常有挑战性的困难。
16. 我希望我的职业能够兼顾个人、家庭和工作的需要。
17. 对我而言，在我喜欢的专业领域内做资深专家比总经理更具有吸引力。
18. 只有在我成为公司的总经理后，我才认为我的职业人生是成功的。
19. 成功的职业应该允许我有完全的自主与自由。

20. 我愿意在能给我安全感、稳定感的公司中工作。

21. 当通过自己的努力或想法完成工作时，我的工作成就感最强。

22. 对我而言，利用自己的才能使这个世界变得更适合生活或居住，比争取一个高的管理职位更重要。

23. 当我解决了看上去不可能解决的问题，或者在必输无疑的竞赛中胜出，我会非常有成就感。

24. 我认为只有很好地平衡个人、家庭、职业三者的关系，生活才算是成功的。

25. 我宁愿离开公司，也不愿频繁地接受那些不属于我专业领域的工作。

26. 对我而言，做一个全面管理者比在我喜欢的专业领域内做资深专家更有吸引力。

27. 对我而言，用我自己的方式不受约束地完成工作，比安全、稳定更加重要。

28. 只有当我的收入和工作有保障时，我才会对工作感到满意。

29. 在我的职业生涯中，如果我能成功地创造或实现完全属于自己的产品或点子，我会感到非常成功。

30. 我希望从事对人类和社会真正有贡献的工作。

31. 我希望工作中有很多的机会，可以不断地挑战我解决问题的能力(或竞争力)。

32. 能很好地平衡个人生活与工作，比达到一个高的管理职位更重要。

33. 如果在工作中能经常用到我特别的技巧和才能，我会感到特别满意。

34. 我宁愿离开公司，也不愿意接受让我离开全面管理的工作。

35. 我宁愿离开公司，也不愿意接受约束我自由和自主控制权的工作。

36. 我希望有一份让我有安全感和稳定感的工作。

37. 我梦想着创建属于自己的事业。

38. 如果工作限制了我为他人提供帮助或服务，我宁愿离开公司。

39. 去解决那些几乎无法解决的难题，比获得一个高的管理职位更有意义。

40. 我一直在寻找一份能最小化个人和家庭之间冲突的工作。

测试说明

上面 40 道题代表了八种职业锚，如表 8-3 所示为职业锚评分表。现在重新看一下你给分较高的描述，从中挑出与你日常想法最为吻合的三个，给这三个题目额外各加 4 分(例如：原来得分为 5，则调整后的得分为 9)。然后，计算每一种职业锚对应的题号总分。最高分代表最符合你的职业锚。

表 8-3　职业锚评分表

职业锚	题　号	总分	说　明
TF	1，9，17，25，33		**技术/职能型职业锚** 这种定位的人会发现自己对某一特定工作很擅长并且很热衷。真正让他们感到自豪的是他们所具备的专业才能。他们倾向于一种“专家式”的生活，一般不喜欢成为全面的管理人员，因为这将意味着他们放弃在技术/职能领域的成就
GM	2，10，18，26，34		**管理型职业锚** 这种定位的人对管理本身具有很大的兴趣，具有成为管理人员的强烈愿望，并将此看成职业进步的标准； 他们有提升到全面管理职位上所需要的相关能力，并希望自己的职位不断得到提升，这样他们可以承担更大的责任，并能够作出影响成功或失败的决策

续表

职业锚	题　号	总分	说　明
AU	3，11，19，27，35		**自主/独立型职业锚** 这种定位的人追求自主和独立，不愿意接受别人的约束，也不愿受程序、工作时间、着装方式以及在任何组织中都不可避免的标准规范的制约
SE	4，12，20，28，36		**安全/稳定型职业锚** 安全与稳定是这种类型的人选择职业最基本、最重要的需求。他们需要“把握自己的发展”，只有在职业的发展可以预测、可以达到或实现的时候，他们才会真正感觉放松
EC	5，13，21，29，37		**创造/创业型职业锚** 这种定位的人，最重要的是建立或设计某种完全属于自己的东西；建立或投资新的公司；收购其他的公司，并按照自己的意愿进行改造。创造并不仅仅是发明家或艺术家所做的事，创业者也需要创造的激情和动力
SV	6，14，22，30，38		**服务/奉献型职业锚** 这种定位的人希望职业能够体现个人价值观，他们关注工作带来的价值，而不在意是否能发挥自己的才能或能力。他们的职业决策通常基于能否让世界变得更加美好
CH	7，15，23，31，39		**挑战型职业锚** 这种定位的人认为他们可以征服任何事情或任何人，并将成功定义为“克服不可能的障碍，解决不可能解决的，或战胜非常强硬的对手”。随着自己的进步，他们喜欢寻找越来越强硬的“挑战”，希望在工作中面临越来越艰巨的任务
LS	8，16，24，32，40		**生活型职业锚** 这种定位的人是喜欢允许他们平衡并结合个人的需要、家庭的需要和职业的需要的工作环境。他们希望将生活的各个主要方面整合为一个整体。正因为如此，他们需要一个能够提供足够的弹性让他们实现这一目标的职业环境，甚至可以牺牲他们职业的一些方面，如提升带来的职业转换，他们将成功定义得比职业成功更广泛。他们认为自己在如何去生活、在哪里居住、如何处理家庭矛盾，以及在组织中的发展道路是与众不同的

(资料来源：百度文库，http://wenku.baidu.com/link?url=0bfpXnHIuPIO5WaBJ0winthLcVJ2mtmZS2aawRo4zsYwP3qzSMviLIHjtDUvJ1GmshNAHVZ5gjOc6-ES8ocBuEQL94m8k8gKNn9ROtizvqO)

项目九　信息管理

【任务引入】

蜻蜓和蚂蚁

蜻蜓在和煦的晚风中修建自己的爱巢，它的巢建筑在最柔美、最细嫩的芦苇上。蜻蜓非常得意，向蚂蚁夸耀自己美丽的家。它得意扬扬地说要把所有的昆虫都邀请来参观它美丽的家。

蚂蚁摇摇头说“老兄，请听我一句话，我是一个粗人，不像你那么浪漫。不过，我知道你的身体很柔弱，经不起狂风暴雨；我也知道你的孩子很多，需要一个更宽敞的地方。所以你需要在粗壮的树枝下面搭建一个牢固的大巢，那样的巢可能比较难看，但是我想更适合你。”

蜻蜓看着自己美丽的巢，满心陶醉，没有把蚂蚁的话放入心上。不过，它很快就知道了：巢是用来住的，而不是用来夸耀的。

【任务分析】

企业管理信息系统就好比蜻蜓的房子，必须使用有效，而不是用来向朋友夸耀的装饰品。由于企业在经营管理的不同阶段，需要内容丰富、数量庞大的不同信息，最终的使用方向、社会经济效益会有所不同。所以，企业必须根据自身的需要，去寻求对自己最有用的信息。

【任务说明】

工作任务	知识目标	能力目标	操作流程
任务一　梅赛德斯-奔驰：信息环境下的高效服务提升企业价值	1. 信息的定义； 2. 管理信息系统的组成； 3. 管理信息系统的功能	1. 能够明确管理信息系统的总体结构； 2. 能够进行管理信息系统的结构设计	1. 阅读案例； 2. 分组讨论； 3. 代表发言； 4. 总结案例
任务二　海尔集团：信息化助力创造世界名牌	1. 管理信息系统的定义； 2. 管理信息系统的结构； 3. 管理信息系统的技术基础	1. 能够进行管理信息系统的总体规划； 2. 能够完成管理信息系统的具体实现	1. 阅读案例； 2. 分组讨论； 3. 代表发言； 4. 总结案例
任务三　百货商店业务管理信息系统的开发	1. 管理信息系统的开发步骤； 2. 系统分析的内容； 3. 系统设计的内容	1. 能够进行业务流程分析、数据流程分析； 2. 能够完成系统总体架设、处理流程及模块功能的设计等	1. 阅读案例； 2. 分组讨论； 3. 代表发言； 4. 总结案例

【相关知识】

一、信息

1. 定义

从信息的观点来看，人类的活动离不开信息，自然界也充满着信息的运动。信息概念的重要性在于，它是一切社会活动的一个基本条件。随着人类社会进入信息时代，大家越来越清晰地认识到了信息的重要性，信息已经逐渐成为人类赖以生存与发展的战略资源之一，在社会生产和人类生活中发挥着日益显著的作用，从而使人类生活、生产中的资源除了物质资源之外还有信息，人们称之为信息资源或第三资源。

一般认为，信息是反映客观事物运动变化的、能够被人们所接收和理解的，是对人类的行为决策有用的各种消息、情报、数据、指令、图像、信号等资料的总称。

2. 信息的特征

信息特征主要有以下几方面。

1) 真实性

真实性是信息的核心价值，是信息反映客观事物的属性。信息必须真实、准确、如实地反映客观实际。不符合事实的信息不仅没有价值，而且可能成为负值。

2) 时效性

信息的时效是指信息资料被提供和利用的时间与信息的实用价值之间存在的比例关系，这种比例关系在大多数情况下表现为一种正比例关系，即信息提供和利用的时间越早，信息的价值就越大，反之则越小。

3) 不完全性

从人类的认识规律看，关于客观事实的知识是不可能全部得到的，从效益观念看也没有必要全部得到。而且，不同的人由于感受能力、理解能力和目的性的不同，从同一事物中获得的信息也不相同。人们没有能力收集一个事物的全部信息，也没有能力和必要存储越来越多的信息，只有正确地舍弃信息，才能正确地使用信息。

4) 扩散性

信息的扩散性是其本性。信息的浓度越大，信息源和接收者之间的信息梯度越大，信息的扩散力度越强。信息的扩散性具有两面性：一方面它有利于知识的传播；另一方面可以造成信息的贬值，甚至可能危害企业和国家的利益。

5) 可压缩性

信息可以被人们依据各种特定的需要进行收集、筛选、整理、概括和归纳，而不丧失其基本应用价值。信息的这一特性使得人们可以对同一信息进行多次加工、利用，还可以改变信息的表现形式，从而节省存储空间和费用。

6) 传输性

传输性是信息的本质特征。信息可以借助于载体脱离其信息源进行传输。信息在传输过程中可以转换载体而不影响信息的内容。利用现代通信设备，如电话、电报、电子邮件等，信息的传输既快捷又便宜，我们应当尽可能地用信息的传输代替物质的传输，利用信息流减少物流。

7) 价值性

信息是指经过加工并对生产经营活动产生影响的数据，是劳动创造的，是一种资源，因而是有价值的。

信息价值的衡量有两种方法。

第一种是从信息提供者的角度来确定，也就是按所花的社会必要劳动时间来计算：

$$V=C+P$$

其中，V 是产品的价值；C 是生产该信息所花的社会必要劳动时间；P 是该信息的利润。

第二种是从信息使用者的角度来确定，其价值是通过使用信息的最优方案及其方案的综合比较后得到的：

$$P=P_{\max}-\sum P_i/n$$

其中，P 是因为使用该信息而增加的收益；$P_{\max}$ 为使用信息后获得最好方案后的收益；$\sum P_i/n$ 为没有使用信息前，原来多个方案的平均收益。

8) 共享性

信息作为一种无形的资源，与有形的物质资源相比具有共享性。也就是说，信息产品的使用价值可以被若干个用户共享，任何一个用户也不会因为信息资料的提供而失去它。有的信息涉及商业的、政治的、军事的秘密，扩大对这类信息的享有者可能影响某些享用者对这类信息的利用，但不会改变信息本身的内容。

9) 再生性

随着时间的推移、环境的变化、应用目的的变化，同一信息可能失去原有的价值，也可能产生新的价值。例如，天气预报信息，在预报期内对指导普通人生产、生活有重要价值，预报期过了就丧失该价值，而对于气象部门总结大气变化规律、提高预报准确性，其价值性又得以再生。再生性告诉我们，不能以短期功利主义观念对待信息，应注意保存历史上的信息，善于从过去的信息中提炼有用信息，挖掘其新的价值。

10) 转换性

信息、物质和能源是人类现在利用的三项重要的宝贵资源。三者有机地联系在一起，互相不能分割，但又可以相互转化：能源、物质能换取信息，信息也能转化为物质和能源。

3. 信息的度量

信息和长度、重量一样，是可以度量的。不同的数据中包含的信息量可能差别很大。

1) 定性度量

数据资料中所含信息量的大小取决于信息对事物认识的“不确定程度”来决定的。消息的不确定程度大，则发出的信息量大；反之则信息量小。事先就确切地知道消息的内容，则信息量为零。

通常可以利用概率的负对数来度量信息量的大小。如已知事件 X_i 已发生，则表示 X_i 所含有或所提供的信息量

$$H(X_i)=-\log_a P(X_i)$$

例题：若估计在一次国际象棋比赛中谢军获得冠军的可能性为 0.1(记为事件 A)，而在另一次国际象棋比赛中她得到冠军的可能性为 0.9(记为事件 B)。试分别计算当你得知她获得冠军时，从这两个事件中获得的信息量各为多少？

$$H(A)=-\log_2 P(0.1)\approx 3.32(\text{比特})$$

$$H(B)=-\log_2 P(0.9)\approx 0.152(\text{比特})$$

只要可能性范围缩小了，获得的信息总量总是正的；如果可能性范围没有变化 $-\log_2 1=0$，获得的信息量就是 0；如果可能性范围扩大了，信息量便是负值，人们对这一事件的认识就变得更模糊了。

2) 定量度量

信息量可以用比特(bit)作为度量单位，1 比特的信息量是指含有两个独立均等概率状态的时间所具有的不确定性能被全部消除所需要的信息。信息量的定义公式如下：

$$H(x)=-\sum P(X_i)\log_2 P(X_i)\ (i=1,2,3,\cdots,n)$$

其中，X_i 表示第 i 个状态(共 n 个状态)；$P(X_i)$是第 i 个状态出现概率；H(x)为消除不确定性所需的信息量。单位为比特(bit)。

例如：投掷硬币时，下落的可能有正面和背面两种状态，出现这两种状态的概率各占 1/2，即 $P(X_i)=0.5$，则 $H(x)=-[P(X_1)\log_2 P(X_1)+P(X_2)\log_2 P(X_2)]=-(-0.5-0.5)=1\text{bit}$

同样方法，可以计算出来投掷正六面体骰子的 $P(X_i)=1/6$ $H(x)=2.6\text{bit}$

二、管理信息系统

1. 概念

管理信息系统(Management Information System，MIS)的概念起源很早,但是管理信息系统到了 20 世纪 80 年代才逐渐形成一门学科。

1985 年管理信息系统的创始人，明尼苏达大学卡尔森管理学院的著名教授高登•戴维斯给管理信息系统下了一个比较完整的定义：“它是一个利用计算机硬件和软件，手工作业，分析、计划、控制和决策模型，以及数据库的用户——机器系统。它能提供信息，支持企业或组织的运行、管理和决策功能。”

管理信息系统一词在中国出现于 20 世纪 70 年代末 80 年代初，我国权威的管理信息系统专家薛华成教授给管理信息系统下的定义得到了很多人的认同，他认为：“管理信息系统是一个以人为主导，利用计算机硬件、软件、网络通信设备以及其他办公设备，进行信息的收集、传输、加工、储存、更新和维护，以企业战略竞优、提高效益和效率为目的，支持企业高层决策、中层控制、基层运作的集成化的人机系统。”从这个定义中可以看出：管理信息系统不只是一个技术系统，而且还是一个把人包括在内的人机系统，因此它是一个管理系统，是一个社会技术系统。

2. 总体概念图

管理信息概念图如图 9-1 所示。

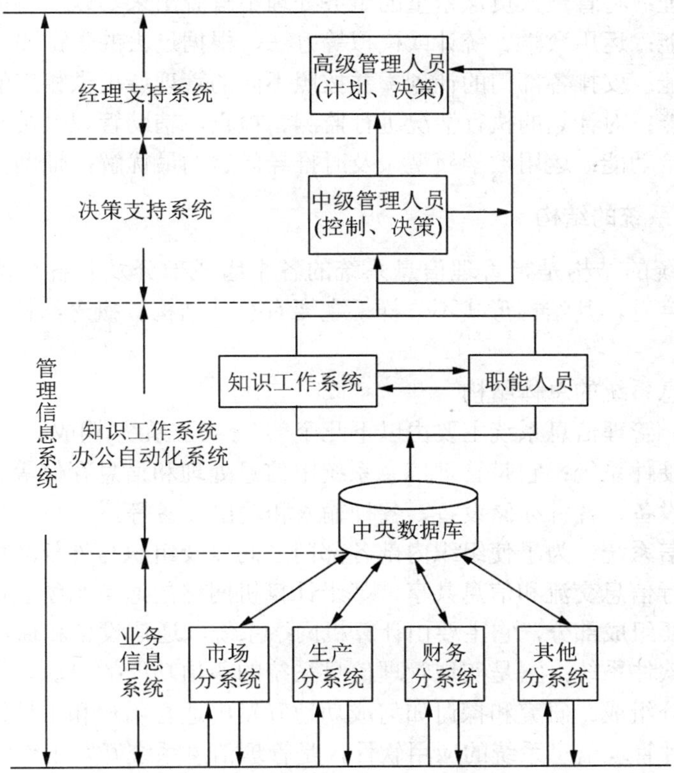

图 9-1　管理信息系统概念图

从图 9-1 可以看出，管理信息系统是一个人机一体化的系统，其中的机器包括各种办公机械、通信设备、计算机硬件和计算机软件，软件包括业务信息系统、知识工作系统、决策支持系统和精力支持系统等；人员包括高层决策人员、中层职能人员和基层业务人员，由这些人和机器组成一个和谐的配合默契的人机系统。系统设计者应当很好地分析：把什么工作交给计算机做比较合适，把什么工作交给人做比较合适，人和机器如何联系从而能充分发挥人和机器各自的特长。

3. 管理信息系统的组成与功能

1)　管理信息系统的组成

一般来说，管理信息系统由以下三个部分组成。

(1)　数据处理部分：完成数据的采集、输入、处理、存储、查询、运算、输出等。

(2)　数据分析部分：在数据处理的基础上，对数据进行深加工，如利用各种管理模型、定量定性分析方法、程序化方法等，对组织的生产经营情况进行分析。

(3)　管理决策部分：管理信息系统的决策模型多限于以解决结构化的管理决策问题为主，其结果是要为高层管理者提供一个最佳的决策方案。

2)　管理信息系统的功能

一个完整的管理信息系统应该具有以下功能。

(1)　数据处理：完成数据的收集、输入、传输、存储、加工处理和输出。

(2) 事务处理：将管理人员从繁重的事务处理中解脱出来，以从事创造性劳动。

(3) 预测功能：运用数学、统计或模拟等方法，根据过去的数据预测未来的情况。

(4) 计划功能：安排各部门的计划，并按照不同的管理层提供相应的计划报告。

(5) 控制功能：对计划的执行情况进行监测、检查，辅助管理人员及时加以控制。

(6) 辅助决策功能：运用数学模型，及时推导问题的最优解，辅助管理人员决策。

4. 管理信息系统的结构

管理信息系统的结构是指管理信息系统的各个组成部分及其各个部分之间的相互关系。从不同的角度看，其结构形式不一样，主要有总体结构、概念结构、层次结构、功能结构和综合结构。

1) 管理信息系统的总体结构

从总体上看，管理信息系统主要由以下几个部分(或子系统)构成。

(1) 计算机硬件系统：它是管理信息系统中信息处理和信息存储等工作的物理基础，主要包括计算机设备、各种存储设备、各种输入和输出设备等。

(2) 网络通信系统：为了使组织内部各部门之间以及组织与外部环境之间能够及时、方便、快捷地进行信息交流和信息共享，基于计算机网络的通信系统已成为现代管理信息系统中的一个重要组成部分，它主要由计算机网络系统、通信设备和通信软件等构成。

(3) 计算机软件系统：它是实现管理信息系统的各项功能的灵魂，主要由系统软件和应用软件两大部分组成。研究和探讨如何成功地开发出适合用户和市场需求、能够高效支持管理决策和各种管理信息系统的应用软件，是管理信息系统开发工作的主要内容。

(4) 数据组织及存储：如果将管理信息系统比作一个“信息加工厂”，则数据组织及其存储就相当于该“加工厂”的原材料仓库，只有好的“原材料”和好的“仓库管理”，才能加工出“好的信息产品”。因此，如何将数据和信息按一定的方式或结构科学合理地组织和存储，以大大提高管理信息系统的工作效率和使用效益，是管理信息系统开发中要解决的重要问题。

(5) 系统中的工作人员：包括管理信息系统中的计算机及其相关设备的操作人员、系统维护人员、系统分析和系统设计人员、数据库管理人员及信息系统的用户等有关人员。

(6) 各种相关的规章制度：一个运转良好的管理信息系统必须要有一套完善的规章制度来支持，主要包括管理信息系统应用中各类人员的职责、权力、操作规范、工作程序，以及他们之间的相互协调关系及奖惩办法等说明文件，还有有关信息处理的各种技术标准、工作规范，各种设备的操作与维护规定，以及信息安全和保密的规章制度等。

总之，管理信息系统是一个高度集成化的人机系统，它由人、程序、数据及计算机硬件、网络系统所组成，其目的是为了及时地提供和传递决策所需的信息。

2) 管理信息系统的概念结构

管理信息系统从概念上看由四大部件组成，即信息源、信息处理器、信息用户和信息管理者，它们之间的关系如图 9-2 所示。

图 9-2 中，信息源是信息的产生地；信息处理器是进行信息的传输、加工、保存等任务的设备；信息用户是信息的使用者，它应用信息进行决策；信息管理者负责信息系统的设计实现，并在实现以后负责信息系统的运行和协调。

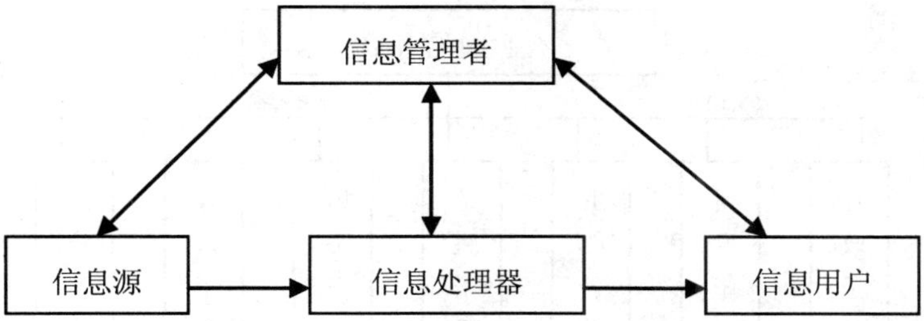

图 9-2　管理信息系统概念结构

3)　管理信息系统的层次结构

管理信息系统是为管理决策服务的，而管理一般是分层次的。纵向可以分为基层(作业管理)、中层(战术管理)和高层(战略管理)三个管理层次，那么管理信息系统相应可以分解为三层子系统。同时，管理也可以按职能分类进行。每个子系统都支持从基层管理到高层管理的不同层次的管理需求。由于基层的系统处理的数据量很大，高层的系统处理量很小，因此就组成了纵横交织的金字塔结构，塔的底层表示结构明确的管理过程和决策，顶层表示非结构化的处理工作和决策，如图 9-3 所示。

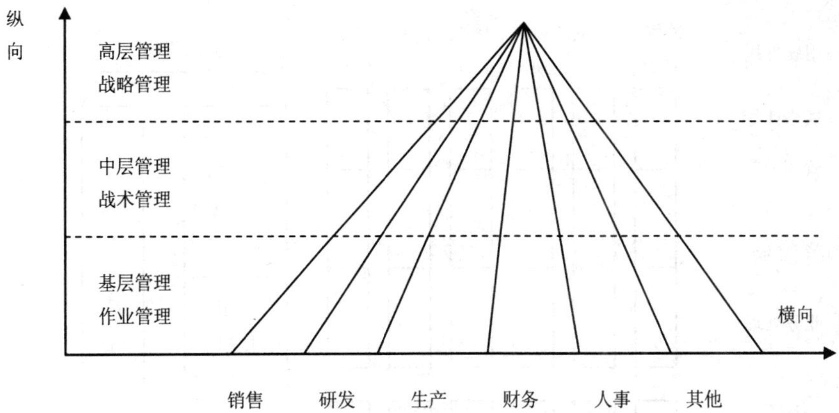

图 9-3　管理信息系统层次结构

从纵向看，作业管理系统记录、处理并报告企业中所有重复性的日常活动和组织活动，包括销售、生产、财务和会计、人力资源管理等。它产生的描述过去活动的事务性数据，具有重复性、描述性、可预测性及客观性等特点。它能有规律地产生详细的、高结构化的准确信息。这些信息来自企业内部信息源。自动化的作业处理系统，能够降低成本，提高速度、准确度和服务水平，增加辅助决策的数据，大大提高了系统的效率。

战术管理信息系统主要对业务处理数据进行概括、集中和分析，产生一系列不同的报表，为中层管理人员监督和控制业务活动、有效地分配资源提供所需的信息。战略管理信息系统提供辅助高层管理人员制定长期策略的信息。

4)　管理信息系统的职能结构

一个管理信息系统通常具有多种功能，以满足不同层次的需要，各种功能之间又有各种信息联系，构成一个有机的、系统的功能结构，如图 9-4 所示。

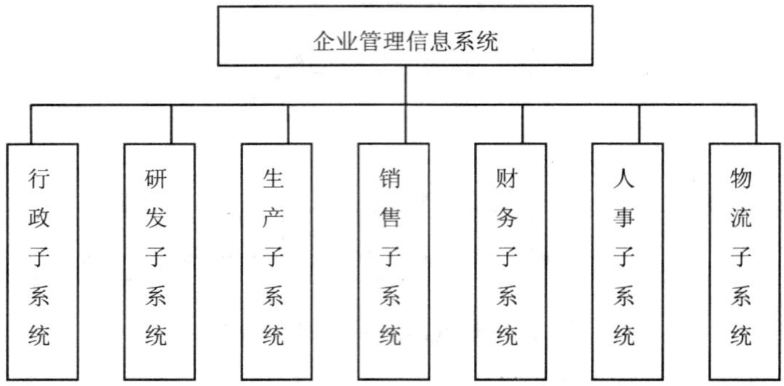

图 9-4　管理信息系统职能结构

5)　管理信息系统的综合结构

管理信息系统的综合结构是基于组织职能的各个职能子系统的联合体，每个子系统又分三个层次，即战略计划层次、战术管理层次和作业管理层次的信息系统。每个职能子系统都有自己的专用数据文件，还有各个职能子系统共同使用的公用数据库、模型库和公用程序及数据库管理系统等，管理信息系统综合结构如图 9-5 所示。

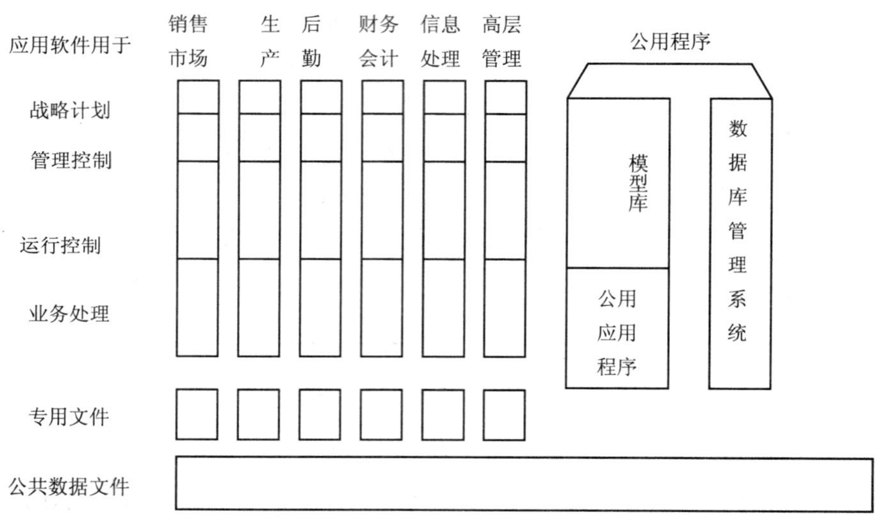

图 9-5　管理信息系统综合结构

5. 管理信息系统的具体实现

一个单位要实现管理信息系统，除了需要分析其功能外，还要做好许多基础工作，包括组织建立、制度建设、信息存储、硬件平台搭建和软件系统安装，结构如图 9-6 所示。

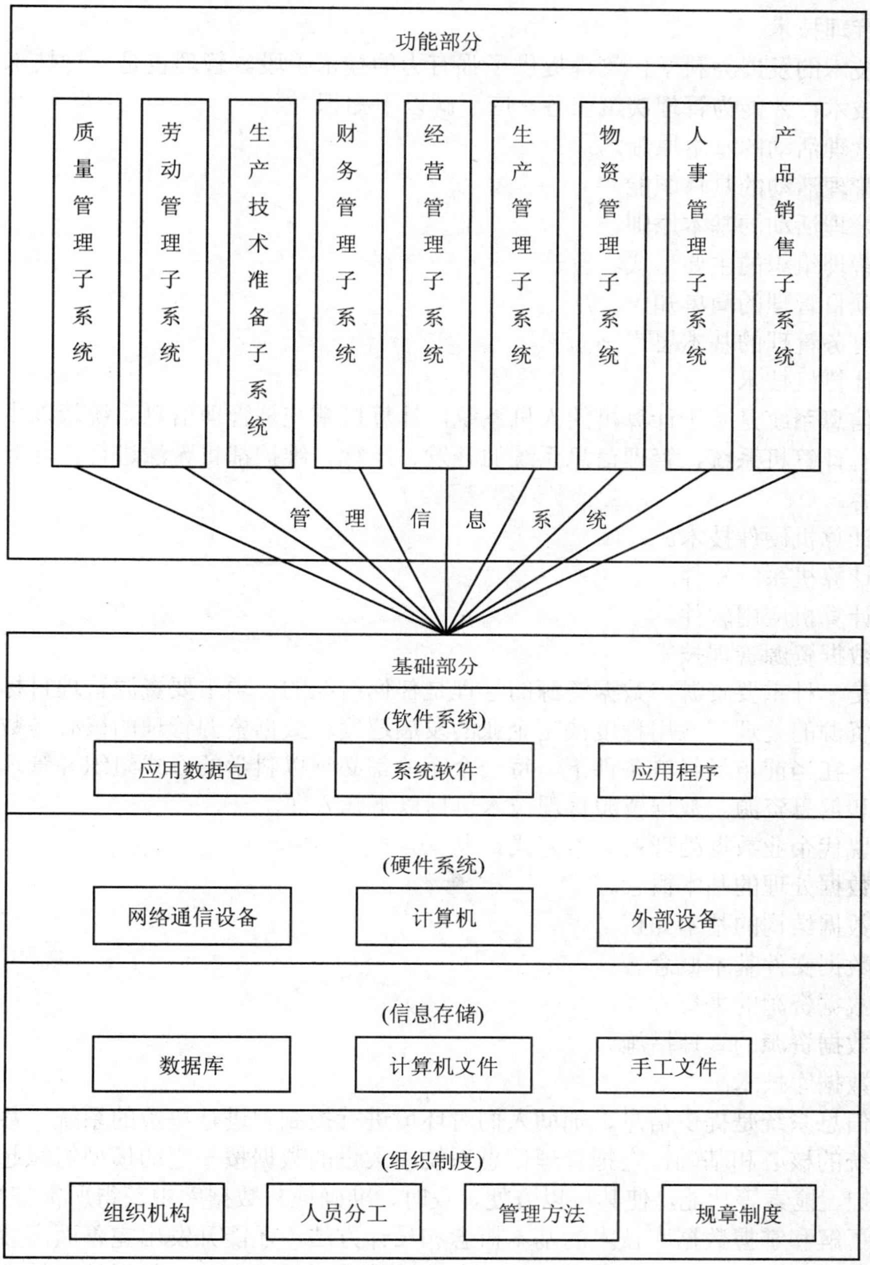

图 9-6　管理信息系统的具体实现

6. 管理信息系统的技术基础

管理信息系统是一个社会系统，更是一个技术系统，因此，开发管理信息系统必须具备相关的技术知识。管理信息系统的技术基础包括管理技术、计算机技术、数据资源管理技术、数据库技术和计算机网络技术等几个方面的内容。

1) 管理技术

信息技术的发展为科学化管理提供了强有力的技术手段。管理也是一种技术，熟练地运用管理技术，才能为管理决策服务。应了解以下知识。

(1) 管理活动的基本原理。

(2) 管理活动的具体职能。

(3) 管理活动的基本原则。

(4) 管理组织的主要形式。

(5) 项目管理的简单知识。

(6) 财务管理的基本思想。

2) 计算机技术

管理信息系统是基于计算机的人机系统，计算机系统是管理信息系统赖以生存的物理环境，没有计算机系统，管理信息系统的开发、运行、维护都将无法进行。计算机技术包括以下内容。

(1) 计算机硬件技术。

(2) 计算机系统软件。

(3) 计算机应用软件。

3) 数据资源管理技术

数据是一种重要资源，数据资源的管理是任何组织的一项主要资源管理目标。也可以说，数据资源的处理与应用程度决定企业的发展速度。数据资源管理的核心是数据采集与数据管理。在当前市场经济条件下，每一个企业都必须以科学的方式组织并管理好自己的相关数据和信息资源。数据资源管理技术包括以下几方面。

(1) 现代企业数据处理的基本方式。

(2) 数据处理的基本概念。

(3) 数据结构的基本知识。

(4) 数据文件基本概念。

(5) 数据资源的采集方式。

(6) 数据资源的管理措施。

4) 数据库技术

管理信息系统是提供信息、辅助人们对环境进行控制和进行决策的系统。数据库是管理信息系统的核心和基础，它把管理信息系统中大量的数据按一定的模型组织起来，提供存储、维护、检索等功能，使其可以方便、及时、准确地从数据库中获得所需信息。因此，只有全面了解和掌握数据库技术的基本概念和设计方法，才能开发出完善而高效的管理信息系统。数据库技术是管理信息系统开发和建设的重要组成部分。数据处理技术包括以下内容。

(1) 数据库技术的发展。

(2) 数据库系统的组成。

(3) 数据库系统的三级模式结构，包括：数据库系统的三级模式、数据库系统的二级映象。

(4) 数据模型，包括：层次数据模型、网状数据模型、关系数据模型、面向对象数据模型。

(5) 数据库的设计，包括：实体-联系(E-R)模型、规范化理论。

(6) 数据的安全。

(7) 数据处理技术的新发展，包括：数据仓库技术、数据挖掘技术、联机数据处理、联机数据分析等。

5) 数据通信技术和计算机网络技术

数据通信技术和计算机网络技术是管理信息系统赖以存在的物理环境基础技术，在信息技术迅猛发展的今天，可以说，没有数据通信技术和计算机网络技术，就没有管理信息系统。所以，要开发与建设高效的管理信息系统，必须掌握数据通信技术和计算机网络技术的基本内容，具体如下。

(1) 数据通信的基本概念。

(2) 数据通信系统的组成。

(3) 数据通信的基本形式和过程。

(4) 计算机网络的基本概念。

(5) 计算机网络的分类。

(6) 计算机网络的体系结构。

(7) 计算机网络的软件系统。

三、管理信息系统的开发

1. 组织系统性队伍

由于信息系统耗资巨大、历时长、涉及面广，因此主要领导参与是管理信息系统开发的先决条件。因为主要领导者最清楚企业的问题，最能合理地确定企业目标，能决定投资、机构调整等。领导者推动管理信息系统的第一步是设置系统开发领导小组，并建立有领导参加的组织开发队伍，在领导小组下应设置几个专业组。系统开发领导小组和各个专业小组的成立为系统的顺利开发做好组织保障。

总体而言，管理信息系统开发与应用所需技术人员，一般需要以下几类：系统分析员、系统设计员、系统程序员、硬件维护人员、软件维护人员、数据录入员、系统操作员、系统管理员，如表 9-1 所示。

表 9-1　信息系统建设中各类人员职责及其知识结构

职　位	职　责	知识结构
系统分析员	明确使用单位要求；确定可行方案；确定可行系统的需求及逻辑模型	企业管理系统知识；系统分析和设计技术；计算机基础；数据处理理论
系统设计员	设计系统逻辑模型	数据结构；数据库理论；系统开发；系统软件；计算机语言；企业管理
系统程序员	为物理模型编制正确的程序	程序设计技术；数据结构；计算机知识；管理知识；系统开发及软件
硬件维护人员	计算机机房、计算机及辅助设备等硬件的维护与管理工作	计算机原理；无线电基础；汇编语言操作系统

续表

职　位	职　责	知识结构
软件维护人员	应用软件的维护	企业管理知识；数据库技术；数据结构；系统开发与程序设计
数据录入员	系统日常运行；打印输出；简单故障排除；数据录入	汉字输入技术；计算机使用
系统操作员	录入数据	汉字输入技术；计算机使用
系统管理员	参与系统开发；系统运行管理	企业管理知识；系统开发；计算机知识；数据处理知识；项目管理

信息系统的开发方式是指企业组织获得应用系统服务的方式，主要解决由谁来承担系统开发任务、建设所需信息系统的问题。目前主要的开发方式有自行开发、委托开发、联合开发、利用软件包开发等。

1)　自行开发

自行开发是指由用户依靠自己的力量独立完成系统开发的各项任务。根据项目预算，企业自行组织开发队伍，完成系统的分析和设计方案，组织实施，进行运行管理。一些组织和单位有较强专业开发分析与设计队伍和程序设计人员、系统维护使用队伍的，就可以自行开发，完成新系统的建设。

2)　委托开发

委托开发是指由使用单位(甲方)委托给富有开发经验的机构或专业开发人员(乙方)，按用户的需求承担系统开发的任务。用户首先要明确自己的需求，然后选择委托单位，签订开发合同，并预付部分资金；开发方(乙方)根据合同的要求，独立完成系统分析、设计、实施，用户对系统验收通过后直接投入运行。

3)　合作开发

合作开发由使用单位(甲方)和有丰富开发经验的机构或专业开发人员(乙方)共同完成开发任务，双方共享开发成果，实际上是一种半委托性质的开发工作。合作开发一般由用户负责开发投资，根据项目要求组建开发团队，建立必要的规划，分清各方权责，以合同方式明确下来，协助完成新系统的开发。这样可以利用企业的业务优势与合作方信息技术优势互补，开发出适用性较强、技术水平较高的应用系统。

4)　利用现成的应用软件包开发

所谓应用软件包，就是预先编制好的、能完成一定功能的、供出售或出租的成套软件系统。信息技术的发展促使软件的开发向专业化方向发展，软件开发的标准化和商品化成为软件发展的趋势。一批专门从事管理信息系统开发的公司已经开发出一大批使用方便、功能强大的应用软件包。

上述方法各有优点和不足之处，如表 9-2 所示，在实际开发中，需要根据实际情况进行选择，也可以综合使用各种开发方式。

表 9-2 开发方式比较

特点比较 \ 方式	自行开发	委托开发	联合开发	利用现成应用软件包开发
分析和设计能力的要求	较高	一般	逐渐培养	较低
编程能力的要求	较高	不需要	需要	较低
系统维护的难易程度	容易	较困难	较容易	较困难
开发费用	少	多	较少	较少

2. 系统工程的开发步骤

系统队伍组建以后，下一步要进行系统规划，根据规划的要求组织项目的开发，每个项目开发又有四个阶段来完成，即系统分析、系统设计、系统实现和系统评价。这四个阶段完成后就完成了一个生命周期，每个周期完成后，通过评价找出经验和不足，转入下一个周期，周而复始地运行。

1) 系统规划

管理信息系统战略规划是管理信息系统的长远发展计划。制定管理信息系统战略规划的目的是使其能为企业战略提供必要的信息支持，有助于企业战略目标的实现。另一方面，制定管理信息系统战略规划是其开发成功的条件，管理信息系统开发周期长、投资大且复杂，制定管理信息系统战略规划可以降低开发风险，避免人力、物力和财力资源的浪费。其具体内容包括： 总目标、总体结构、现行信息系统状况、对相关信息技术的预测、近期计划等。进行战略规划一般包括以下步骤。

(1) 规划基本问题的确定：明确规划的年限、规划的方法和规划的方式。

(2) 收集相关信息：从总体上了解企业的外部环境、企业概况、企业目标和发展战略、信息需求，现行信息系统状况、存在的问题和薄弱环节，国内外计算机应用的发展和水平。

(3) 现存状态的评价分析：包括目标、系统开发方法、设备和软件的质量、信息部门情况、安全措施等。

(4) 定义约束条件：通过对企业的人员、硬件、软件、资金等资源情况的调查和分析，定义管理信息系统的资源约束条件。

(5) 明确战略目标：根据相关信息的分析和企业资源限制，从企业战略目标出发，确定 MIS 的战略目标；明确管理信息系统应具备的功能、服务范围和质量等。

(6) 明确总体方案：在管理信息系统战略目标的基础上，给出它的总体框架，包括子系统的划分。

(7) 提出系统开发方案：确定系统开发方法和开发策略，设定项目开发优先级。

(8) 制订项目实施计划：主要包括设定项目的时间进度、费用预算及完成期限。

(9) 形成战略规划：把长期战略规划书写成文，并经批准后生效。

2) 系统分析

系统分析是指信息系统开发工作中最重要的一环，其内容主要包括对企业内部整体管理状况和信息处理过程(侧重于具体业务全过程角度)进行分析，其目的是将用户的需要及解决的方法确定下来。其主要内容如下。

(1) 需求分析。

在总体规划时所做的初步调查只是为了总体规划和进行可行性分析的需要，相对来说是比较粗糙的。现在则应在初步调查的基础上，进一步收集和了解、分析用户需求，调查用户的有关详细情况。

(2) 组织结构分析。

组织结构分析是将调查中所了解的组织结构用图描绘出来，它反映组织内部的隶属关系，利用系统调查中所掌握的资料来着重反映管理业务过程与组织结构的关系，反映组织内部各部分的联系程度，以及组织各部分的业务职能。

(3) 业务流程分析。

业务流程分析是按照业务的实际处理步骤和过程进行的，用一些规定的符号及连线来表示某个具体业务处理过程。业务流程图是一种系统分析人员都懂的共同语言，用来描述系统组织结构、业务流程。

(4) 数据及数据流程分析。

数据是信息的载体，是系统要处理的主要对象，所以必须对系统调查中所收集的数据及统计和处理数据的过程进行分析和整理。其主要包括：数据的收集、数据的分析、数据字典、数据流程分析等。

(5) 新系统逻辑方案的建立。

建立现行系统逻辑模型的任务是通过对现行系统“物理模型”的分析，删除非本质的东西，找出本质性的因素，即消除高层数据流图中的具体细节，抽象系统流程图，从而获得反映现行系统本质的满足现行系统各种性能要求的逻辑模型，即用数据流程图来描述现行系统业务流程。

3) 系统设计

系统设计是信息系统开发过程中另一个重要阶段。在这一阶段中我们将要根据前一阶段系统分析的结果，在已经获准的系统分析报告的基础上进行新系统设计。系统设计包括两个方面，首先是总体结构的设计，其次是具体物理模型的设计。系统设计阶段的主要任务是：在科学、合理的设计和总体模型的基础上，尽可能提高系统的运行效率、可变性、可控性和工作质量，主要包括以下内容。

(1) 系统总体结构设计。

系统设计工作应该自顶向下的进行。首先设计总体结构，然后再逐层深入，直至进行每一个模块的设计。总体设计主要是指在系统分析的基础上，对整个系统的划分(子系统)、机器设备(包括软、硬设备)的配置、数据的存贮规律以及整个系统实现规划等方面进行合理的安排。

(2) 代码设计。

代码是用来表示事物名称、属性和状态等的符号。在管理信息系统中，代码是人和机器的共同语言，是系统进行信息分类、校对、统计和检索的依据。代码设计就是要设计出一套能为系统各部门公用的、优化的代码系统，这是实现计算机管理的一个前提条件。

(3) 输入、输出设计。

系统的详细设计过程是根据管理和用户的需要先进行输出设计，然后反过来根据输出所要求获得的信息来进行输入设计。输出信息的使用者是用户，故输出的内容与格式等是用户最关心的问题之一，因此，在设计过程中开发人员必须深入了解并与用户充分协商。

输出设计完成以后，就可进行输入设计。输入设计的重要性可以用这样一句话来形容：“进去的是垃圾，出来的也还是垃圾！”即要求输出高质量的信息，首先就要求输入高质量的信息。输入设计的目标是：在保证输入信息正确性和满足输出需要的前提下，应做到输入方法简便、迅速、经济。

(4) 数据库设计。

数据库设计是指在管理信息系统中对数据按一定的组织方式存放在存储介质上的同类记录的集合。数据库设计就是根据数据的使用要求、处理方式、存储的数据量、数据的活动性及所能提供的设备条件等，确定数据类别、选择数据媒体、决定数据组织方法、设计记录格式，并估算文件容量。

4) 系统实现和运行

在系统分析与系统设计的阶段中，开发人员为新系统设计了它的逻辑模型和物理模型。系统实施阶段的目标就是把系统设计的物理模型转换成可实际运行的新系统。系统实施阶段既是成功地实现新系统，又是取得用户对新系统信任的关键阶段，主要内容如下。

(1) 程序设计。

程序设计的任务是为新系统编写程序，即把详细设计的结果转换成某种计算机编程语言写成的程序。该阶段相当于机械工程中图纸设计完成的“制造”阶段，程序设计的好坏直接关系到能否有效地利用电子计算机来圆满地达到预期目的。

(2) 系统调试。

调试的目的在于发现其中的错误并及时纠正，所以在调试时应想方设法使程序的各个部分都投入运行，力图找出所有错误。错误多少与程序质量有关。即使这样，调试通过也不能证明系统绝对无误，只不过说明各模块、各子系统的功能和运行情况正常，相互之间连接无误，系统交付用户使用以后，在系统的维护阶段仍有可能发现少量错误并进行纠正，这也是正常的。

(3) 系统运行。

系统运行包括系统的日常操作、维护等。任何一个系统都不是一开始就很好的，总是经过多重的开发、运行、再开发、再运行的循环不断上升的。开发的思想只有在运行中才能得到检验，而运行中不断积累问题是新的开发思想的源泉。

(4) 系统维护。

系统维护是指在管理信息系统交付使用后，为了改正错误或满足新的需要而修改系统的过程。管理信息系统是一个复杂的人机系统，系统内外环境以及各种人为的、机器的因素都不断地在变化着。为了使系统能够适应这种变化，充分发挥软件的作用，产生良好的社会效益和经济效益，就要进行系统维护的工作。

【任务实施】

任务一　梅赛德斯-奔驰：信息环境下的高效服务提升企业价值

近年来，中国汽车保有量逐年增加，保守估计，在我国汽车保有量达到 4.9 亿辆时，需求才会趋于稳定。届时，汽车的普及率也将大大提高，将达到每千人300辆。巨大的市场潜力吸引着越来越多的国际知名汽车制造企业纷纷在中国设厂，以降低成本，提高市场占有率。与此同时，直接购买进口整车的数量增长迅速。随着整车的跨国销售，带来了配套的零配件供应以及售后维修中的各种问题，这些问题如何得到有效解决成为国外汽车出口企业拓展中国市场的壁垒。

作为欧美最大的汽车制造企业之一，梅赛德斯-奔驰公司近年来加大了在中国市场的投入和控制力度。2003年，该企业与北京一家有着近50年发展历史的知名汽车制造企业合资建厂，在中国生产该国外品牌两个系列的轿车，而其他系列的轿车及商用车目前都通过进口进入中国市场。为使客户体验到真正的“星徽理念”，该公司对原有的零配件供应和售后维修服务体系进行重大调整，借助信息化手段将服务不仅落实到单车、单店，更可以对数据进行横向分析并作出预测。

该公司的信息化建设重点为IT架构与核心业务应用程序。公司最主要的核心业务系统是基于SAP系统开发的整车销售系统和基于ADP Kerridge Autoline平台的经销商管理系统(Dealer Management System)，进口商管理系统(Importer Management System)。

一、IT基础架构

随着公司的业务在中国的迅速发展，信息部门面临着巨大的挑战：如何将IT技术与企业经营发展相结合，塑造一个良好的、可持续发展的IT管理模式，并且与公司的运营绑在一起，让公司比竞争对手更灵活，更能适应市场的快速变化。

4年前公司在中国约有150名雇员，信息部只有4名员工。当时新上任的CIO高瞻远瞩，预见到公司近几年在中国的迅速发展，提前改造，扩容了数据中心，同时壮大了IT的队伍。目前，公司在北京的总部约有700名员工，信息部有近40人支持着公司的各类核心业务系统，同时负责对合资厂、分支机构、经销商和其下汽车金融公司、东北亚采购公司的业务支持。为了满足更大容量的数据要求和建立更安全可靠的IT系统，北京总部计划于2007年建立一个新的数据中心，该数据中心将使用专线把公司在中国所有的合资工厂、经销商、维修车间连接起来。为公司的各类业务运转提供更加安全的保护，并加强对数据的冗余备份和灾难恢复能力。公司设在新加坡的亚太区IT总部人员协助建立数据中心，实施方案都严格按照公司在全球的IT架构的各项标准和规定。据悉，公司对各种IT系统在全球范围内都有严格统一的管理，比如路由器、交换机、服务器，直至每一台网络打印机和PC机在全球都有统一的命名规则。

二、核心业务系统

作为一个生产制造型企业，从产品研发、生产、物流配送到市场与销售、售后服务以及在此过程中产生的大量财务信息，都需要各种功能强大的IT系统的支持。如果想将各种应用系统在全球进行统一的标准化管理绝非易事。一套能满足公司各类复杂的业务流程的IT系统往往需要很多年的完善与发展。每年花在IT应用程序方面的投资也是相当可观的。IT管理层倡导在所有国家，针对相同或相似的业务需求整合IT资源，应用相同的IT系统来满足业务的需要。针对公司的主营业务：汽车销售和零配件销售，汽车保修，公司在整个亚太地区所有国家都采用相同的IT解决方案。

在整车销售方面，公司采用了基于SAP系统开发的车辆管理销售系统；对于经销商的汽车零售业务，公司在整个亚太地区对所有的经销商提供了基于ADP Kerridge Autoline平台的经销商管理系统(Dealer Management System，DMS)；在零配件销售、汽车保修方面，公司采用了进口商管理系统(Importer Management System，IMS)，该系统的开发商同样是ADP Kerridge。各系统之间有接口，如IMS产生的财务分类账可以传送至SAP的财务模块，SAP的车辆数据可以自动导入到IMS系统的CRM模块，以供今后售后服务记录车辆维修服务历史。

历经多年的研发与改进，IT部提供了在SAP平台上运行的车辆批发系统模板，其核心模块为车辆管理系统(Vehicle Management System，VMS)。

VMS中记录着车辆的主数据，如底盘号码、车辆配置信息、车主信息等。同时它和SAP的标准模块如MM(material management)物料管理，PP(production planning)生产计划，SD(sales & distribution)销售分发有着紧密的联系：在整个车辆物流过程各阶段产生的费用，销售收入都实时地体现在SAP的财务模块中，公司的财务控制部门可快速地为管理层提供各类财务报表，如按不同的利润中心产生资产负债表，损益表；通过成本中心分析在车辆物流销售过程中如何进一步降低运营费用；公司不同车型的销售利润分析，投资控制等。

通过DFE(Dealer Front End)系统，经销商可通过互联网访问VMS的信息，如查询车辆库存及车辆物流情况等。

SAP车辆批发系统实现了整个车辆生产、运输、进口、销售等多个环节的无缝整合。通过在整个亚太地区的实施，实现了IT投资回报最大化。同时，车辆物流速度的提升也带来了更高的客户满意度。

1. 经销商管理系统(DMS)

该公司在全球使用了基于ADP Kerridge Autoline平台的经销商管理系统：该系统的核心为市场模块(CRM)，CRM中记录着所有的车主和车辆信息。通过销售管理、零配件管理、财务管理、车间调度、汽车保修等六大业务模块帮助公司对其经销商按区域进行有效且全面的管理。通过这些业务模块，企业的销售与市场部门能够了解各经销点的销售状况，有效控制资金流及全国库存，使之合理分配，以最短的时间满足客户购买需求，将渠道政策最快传达到每个分销点，并保证其有效执行。

对于经销商来讲，DMS为其所有业务流程，如整车销售、零件销售与采购、汽车维修及保修、财务管理等提供了完整的IT解决方案，DMS与IMS(进口商管理系统)有着强大的接口，如经销商可直接通过DMS向厂商下订单采购零配件，还可以直接向厂商的IMS提交车辆保修索赔请求。通过DMS，经销商与汽车厂商具备了一个完整的信息交互及管理平台。

2. 进口商管理系统(IMS)

ADP Kerridge的Autoline同样优化了进口商的管理解决方案。类似于DMS，IMS主要有三个模块：零配件管理、汽车保修和财务管理。IMS增加了零配件物流过程中的关税处理、货币汇率转换等功能，以满足进口业务的需求。

该企业在德国的全球零配件物流中心(Global Logistic Center)向各国家进口批发商供应配件，经销商则从进口商采购零件；经销商的车辆保修索赔通过IMS处理后再传输到总部工厂去审批和赔付。IMS的财务模块会收集所有零配件交易和车辆保修产生的财务数据，然后通过接口程序导入到SAP系统中。

IMS最主要的模块是零件系统，它有四个子模块构成：库存管理、零件销售、采购控制和库存盘点。

库存管理记录着所有库房的零配件主数据，如配件号、数量、价格、全面的库存流动记录等。Autoline 在安全库存方面的管理功能强大。系统基于以下参数生成每个零件最大/最小库存值：平均每月需求、交货期、订货周期、基于安全系数的重订购类别等。系统最多可记录每一个配件过去 3 年每个月的需求数量、次数；考虑到配件价格和订货周期，系统可为整个零件库房自动计算建议的采购数量，使库房在保证较低库存数量的同时，又满足所有经销商的配件供应；有效地为企业减少库存商品所投入的资金。

销售点模块与财务紧密集成，支持零件价格和折扣的设定：根据不同的产品组和客户类型，零件来源等设定不同折扣；打印账单前检查信用额度；当库存不足时，经销商的订单会自动转入采购模块；支持不同子公司间的内部调拨零件等功能。

采购控制可创建零件采购订单，通过与供应商的接口实现订单的传输，通过外币采购时也可以将发生的运费、关税等都输入系统，系统在收货时，可自动计算每个零件的成本，接收货物后校验供应商的发票。

库存盘点可为一年一次或一年二次，可以选择盘点的零件范围、仓位范围，并进行差异分析，其流程如下。

公司还在库房建立无线局域网，库房人员使用手持无线条形码扫描器，在零配件包装箱外扫描就知道箱内的配件和应该放置的库房仓位。目前，这套系统只有泰国分公司在使用，计划从今年开始在亚太地区全面推广。

保修模块的主要功能是处理经销商通过 DMS 传输的车辆保修索赔，索赔数据经过 IMS 处理后还要传送到德国总部的保修系统做进一步的检查。保修赔付最终结果再通过 IMS 传回 DMS，同时 IMS 为经销商打印退款单。相应的财务数据会每天自动导入到 SAP 财务模块中。系统的报表查询功能也能帮助管理层作出决策。比如，在 2004 年，公司曾收到一份报告，报告显示了全球各主要汽车制造厂家的首次维修成功率，当时公司所在的排名不很理想，车辆重复维修率较高，导致客户满意度降低。通过 IMS 系统中对经销商提交的车辆保修记录进行分析，很容易发现高重复维修率发生在哪一辆车、哪一家经销商，于是可以对 4S 店进行有针对性的业务培训。对普遍首次维修成功率较低的，可以对车辆故障进行分析，从而改进设计。该公司希望更好地了解到汽车的维修情况，提高首次维修成功率，他们的目标是达到 95%。

公司在中国一直致力于长期发展，这也是其亚洲战略的重要组成部分。北京的新工厂也努力全面提升汽车在品牌、质量、服务、制造能力方面的形象。并以国际标准的四大工艺，精益管理，严格的质量控制，卓越的生态环境和高素质的技术工人五大特征，成为北京市产业高端化的新起点。公司从信息化建设入手，利用信息技术手段固化和提升服务质量。

有了强大的 IT 系统的帮助，公司业务部门可以更专注于对客户的服务，以信息系统作为支撑，使服务理念落到实处，努力实现“完善的客户服务”这一首要目标。

当服务成为企业在新竞争时代中决胜的重要筹码，满足消费者需求的重要手段时，通过公司对落实服务理念的重视可以看到，中国消费者在获得德国知名品牌汽车带来的高品质驾乘体验的同时，也能感受到国际化的星级服务体验。

(资料来源：改编自深圳新闻网，http://sztqb.sznews.com/html/2011-05/10/content_1561312.htm)

问题：

1. 在本任务中CIO是如何进行企业信息化管理的？

2. 如果你是一名汽车制造企业的CIO，你将从哪些方面进行企业的信息化管理？

任务二　海尔集团：信息化助力创造世界名牌

海尔集团成立于1984年，30年的发展历程使海尔集团由一个亏损147万元的集体企业成长为国家特大型企业集团，成为中国家电行业销售额最大、生产的产品品种和规格最多、出口量最大的企业集团，是名副其实的中国家电行业的排头兵。海尔集团在发展的过程中之所以能够一年一个新台阶，是和海尔集团高度重视、运用、推广、发展信息化工作分不开的。

一、海尔信息化：三个阶段上三个台阶

海尔的信息化建设从最初起步到现在，大致经历了基础应用、总体构架和优化调整三个发展阶段，其中每个阶段都会根据当时企业的实际需求而有不同的侧重点。

第一个阶段是基础应用阶段：企业自发地提出了信息化应用的需求，搭建海尔集团的骨干网络和基础的办公应用，主要代表是构建的基础网络和OA应用。从1997年到现在，海尔集团已经构建了千兆为骨干的企业内部网，覆盖40多个销售公司和30个电话中心，实现数据、视频、IP电话三网合一。

第二个阶段是总体构架阶段：进入WTO之后，由于在中国市场上国际化竞争对手的大量进入，中国的制造业面临着越来越多的挑战。为了应对激烈的市场竞争和企业内外部的各种挑战，海尔开始实施以市场链为纽带的业务流程再造，同时改造海尔集团的信息化应用系统，提高企业的整体管理水平。1998—2003年，海尔内部进行了40多次结构调整，企业在发展过程中不断探索业务流程再造的最佳模式。为了适合集团的战略发展需求，突出了流程再造成果，加速了企业管理的现代化，海尔集团系统地设计和建立了信息化应用框架和系统，配合业务管理的需求，主要实施了以下几个方面的应用。

(1) 建成电子商务平台，形成以信息流带动物流和资金流的业务应用平台，使海尔的供应链运行在信息化高速公路上。海尔是国内首家发布和建立B2C电子商务平台并实现网上支付的企业。

(2) 建立全球领先的网上协同交易平台(B2B)：海尔集团已经建立了的电子协同商务平台。

(3) 集成的同步供应链管理平台：在集团范围内实施了销售、生产、采购、仓储、财务与成本等应用。

(4) 生产的跟踪与控制：在集团各产品事业部实施了MES全程跟踪生产质量。

(5) 一站到位的顾客服务系统：构建了集中的海尔顾客服务管理系统，主要包括覆盖全国的超过500个坐席的呼叫中心、超过10000个服务网点和全国42个大中城市的备品备件管理。

(6) 具有国际水平的产品设计与模具加工系统：应用了业界领先的PRO/E、UGII、Cimatron、C-Mold等，可以为用户提供从产品概念设计到制造的全过程服务。

(7) 先进的第三方物流管理系统：海尔集团构建了第三方物流管理系统，为海尔及其他知名品牌提供服务。

第三个阶段是优化调整阶段：海尔集团的业务流程再造阶段，目标是对人的再造，是定义每个 SBU(策略事业单位)的买入、卖出、成本、费用、增值和损失。为了满足企业的流程再造、市场链和 SBU 的需求，必须以采用信息化的手段来实现，也就是企业如何应用电子商务手段来体现出 SBU 的经营效果。信息化的目标是推进 SBU 的电子损益表，是搭建一个集团化业务绩效平台。

总而言之，海尔集团通过采用信息化的手段，不仅提高了生产效率，更重要的是提高了管理流程化、业务标准化的水平，最终提高了企业的竞争力。

二、海尔信息化——向“零标准”看齐

作为对传统企业管理的革命，海尔的企业全面信息化管理已实施以市场链为纽带的业务流程再造为基础，以先进的信息化技术为手段，以订单信息流为中心，带动物流和资金流的运动，通过整合全球供应链资源和全球用户资源，实现零库存、零运营资本以及与用户的零距离的目标。

海尔之所以实施企业全面信息化管理，主要是针对目前网络经济的巨变，加入 WTO 的挑战以及海尔作为国际名牌运营商的要求。基于国际化发展思路，海尔过渡到市场链管理模式，形成了以订单信息流为中心的业务流程，如图 9-7 所示。

该流程的具体做法是：把原来各事业部的财务、采购和销售业务全部分离出来，整合成商流推进本部、物流推进本部和资金流推进本部，实行全集团统一营销、采购和结算，这是海尔市场链的主流程；对集团原来的职能管理资源进行整合，形成创新订单支持流程 3R(R&D 即研发、HR 即人力资源开发、CR 即客户管理)以及保证订单实施完成的基础支持流程 3T(TCM 即全面预算、TPM 即全面设备管理、TQM 即全面质量管理)，3R 和 3T 支持流程是以集团的职能中心为主体，注册成立独立经营的服务公司；海尔市场链还有两个非常重要的基础，即“海尔文化”和“OEC”管理法。

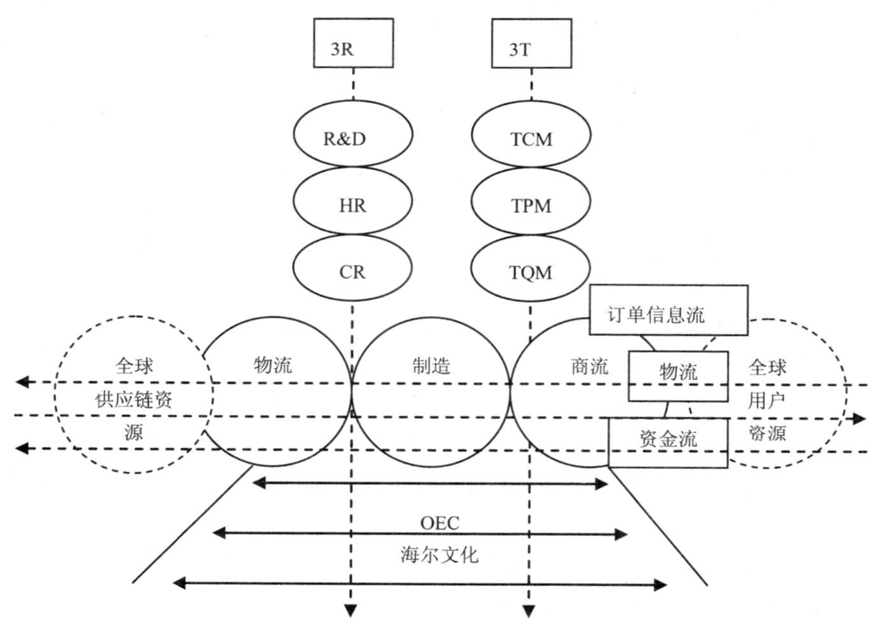

图 9-7　海尔业务流程示意图

整合后的海尔业务流程运作如下：全球的商流(商流本部、海外推进本部)负责搭建全球的营销网络，从全球的用户资源中获取订单；产品本部在 3R 开发支持流程的支持下，通过新产品的研发、市场研发以及提高服务竞争力，不断地创造用户新的需求和新的订单；产品事业部在 3T 基础支持流程的支持下，对商流获取的订单和产品本部创造的订单执行实施，海尔流程再造下的制造从过去的大批量生产变为大批量定制，采用 CIMS(计算机集成制造系统)辅助，实现柔性化生产；物流本部利用全球供应链资源搭建全球采购配送网络，实现 JIT 订单加速流；资金流搭建全面预算系统。这样就形成横向网络化的同步的业务流程，实现了企业内部和外部网络相连，使企业形成一个开放的而不是封闭的系统。

海尔集团早已投资成立了海尔电子商务有限公司，全面开展面对供应商的 B2B 业务和针对消费者个性化需求的 B2C 业务。海尔通过电子商务采购平台和定制平台与供应商和销售终端建立起紧密的互联网关系，建立起动态企业联盟，并使企业和供应商、消费者实现互动沟通，使信息增值。在业务流程再造的基础上，海尔形成了“前台一张网，后台一条链”(前台的一张网是海尔客户关系管理网站(haiercrm.com)，后台的一条链是海尔的市场链)的闭环系统，构筑了企业内部供应链系统、ERP 系统、物流配送系统、资金流管理结算系统、遍布全国的分销管理系统以及客户服务响应 Call Center 系统，并形成了以订单信息流为核心的各子系统之间无缝连接的系统集成。

海尔信息化最大的创新是电子商务化，包括内部流程咬合的市场链，也包括与用户、业务伙伴之间的供应链。信息化建设为信息化管理服务，并提升信息化管理的效果，最终实现三个“零”标准的目标。

三、信息化建设为海尔插上腾飞的翅膀

目前，海尔通过企业流程再造实现企业信息化，已实现了三个“零”的目标。“零”距离：实现用空间缩短时间，从大批量生产到大批量定制，快速满足用户的个性化需求。“零”库存：实现用时间缩小空间，以过站式物流解决库存采购和生产的问题，把仓库建立在高速公路上。“零”资金占用：实现产品的即时变现，形成有现金流支持的利润。

此外，信息化同时为海尔带来了以下几个方面的效果。

(1) 遏制价格战，卖出有价值的产品：过去各产品事业部各自为战，现在应用电子商务平台，实现了资源共享，统一营销运作平台，直接降低了交易费。此外还遏制了价格战，消除了产品价格越卖越低、降低附加值的问题。

(2) 缩短市场响应时间，提高客户满意度：企业内外部终端都能做到信息即时上网，并根据预算要求自动生成所要的数据，而终端也可从网上分享信息并能得到订单的指令，以便对市场作出最快的反应。使订单时间由原来的 36 天缩短为目前的 10 天，大大地提升了对市场的响应速度。

(3) 仓库的减少：减去 43 个足球场大的仓库，降低了供应链成本，呆滞物资降低 73.8%，周转天数降低 60%，库存资金降低 67%。

(4) 零部件价格降低，质量上升：用电子商务平台集中采购，发挥集体采购优势，降价幅度逐年增加。

(5) 吸引供应商建厂并参与前端设计：请世界优秀的供应商参与前端设计，获取有价值的订单。目前很多国际化的供应商在海尔周边设厂，以快速满足市场的要求，如爱默生、三洋等。

(6) 赢得了更多的客户，提升了海尔在国内外的品牌形象。

根据2012年中怡康公司统计的数字，海尔在中国家电市场的整体份额已达21%，大大领先于竞争对手。白色家电市场份额为34%，已经大大超过国际公认垄断线。另据2004年市场统计显示，海尔小冰箱、酒柜在美国市场占据第一的市场份额，海尔洗衣机在伊朗占据第一的市场份额，海尔空调在塞浦路斯占据第一的市场份额……

四、海尔信息化成功背后的秘诀

看海尔信息化成功的秘诀，首先是海尔集团把IT作为整个集团业务流程和体系中的基础之一，没有企业信息化，海尔的业务流程再造和品牌的国际化就不可能实现。在中国家电行业无序竞争加剧的情况下，海尔集团能取得优异的成绩，和海尔率先实施企业信息化工程分不开的。

海尔自1995年就成立了信息中心，专门负责推进企业信息化工作，一直到现在，海尔有专业队伍负责信息化的推进、管理和服务工作。海尔已成功实现了从传统的家电制造企业向现代信息化企业转变。而在总结信息化应用方面，海尔主要有以下几个方面的经验。

(1) 企业高层的支持：企业最高领导的理解和对信息化工作的重视起到了信息化成败的决定性作用。

(2) 战略与管理目标：信息化应用是为了完成企业的战略目标，是以管理业务需求为中心的，需要结合行业先进的管理理念才能有效地实现。

(3) 总体规划与分步实施：信息化是企业不可缺少的，但不是万能的。在实际应用过程中，为了更好地做到预算的投入和有效的产出，要从系统上对一个应用进行跨流程的规划，并以模块化的方式分步实施，按部就班达到逾期目标。

(4) 基础工作和数据的准确性是系统成败的关键性因素之一。

(5) 重视人才培养，重视知识转移：信息化不仅仅是IT人员的，而是全员的。

此外，海尔和政府推动信息化的部门之间互动非常融洽，也是海尔信息化迈向成功的关键要素之一。对此，海尔信息化相关负责人称，国家和地方政府多次召开会议，重点强调企业信息化带动工业化的发展思路，并在各种领域树立标杆，组织国际的专业和行业的交流会，同时介绍了很多行业领先者，通过专家讲座等形式传授了他们的经验和做法。同时，政府为企业信息化提供了很多机会，如863课题项目、各种政府贷款和免息项目，并授予了很多奖励，如信息化成果奖等。在各种申报项目中，政府部门非常重视海尔的重点项目投入，特别是作为全国有突出示范意义的超前项目，从国家到省市都给予了很多支持，都能够与海尔进行互动交流。分析这些项目的代表意义，特别是将国家的重点发展方向、行业的重点发展方向都能够及时介绍给海尔，使海尔能够及时调整战略思路和发展重点。

五、海尔信息化：再上新征程

谈到未来，海尔将在信息化建设上继续引进国际先进的应用管理经验，实现企业的国际化，在国民经济和社会发展中发挥越来越多的作用。为此，海尔将申报“十一五”计划的信息化重大项目，主要包括RFID和HR应用。

众所周知，自Wal-Mart提出了前100家供应商必须使用RFID标签的要求后，全球掀起了RFID热，同时也加速了该产业的普及化。海尔为了提高物流过程的精细化管理与国际接轨，也制订了RFID计划，计划实现在成品下线、入库、出库和运输等全过程的透明化管理，提高管理效率并降低管理成本。另外，鉴于21世纪是国际化竞争的社会，企业提高竞争力的核心基础是提高人的竞争力，因此海尔从人员的需求定义、招聘、培训、绩效管理等全过程进行管理，目标是能够吸引人才、留住人才、用好人才。通过人力资本管理应用的实施，满足集团人力资源战略的需求。

海尔的IT建设成果有目共睹，但海尔集团首席执行官张瑞敏宣布，要渐渐将IT，外包给可信任的IT服务商，而且要让IT产品提供商，尤其是硬件提供商回购他们的机器，以后海尔只按年付租用费。通过这一战略，海尔节省了大量资金，而且，海尔和IT企业就此可形成一个彼此共融共同成长的合作过程，这对海尔今后的信息化建设大有裨益。

(资料来源：百度文库，http://wenku.baidu.com/link?url=cemoILLDMC66c4Jnm2GO_G0dLQp_Ftza9PPWmcctWMdw8Uoj-_GPobyGQXYUvUsSh_V3anw6gGTFBBQh9m6tufY2vaH_pdGwiV0kfbBpptm)

问题：

1. 海尔的信息化与海尔集团发展战略的关系如何？
2. 海尔是如何借助信息化进行业务流程重组的？
3. 海尔信息化成功的关键要素是什么？
4. 就张瑞敏提出的海尔要渐渐将IT外包。您认为海尔的IT外包是否可行？若可行，如何进行外包？若不可行，为什么？

任务三　百货商店业务管理信息系统的开发

一、系统开发背景与调查结果

1. 开发背景

某百货商店是一个商业销售组织，该商店的主要业务是从批发或制造厂商处进货，然后再向顾客销售。按照有关规定，该百货商店在每月需向税务机关缴纳一定的税款。该百货商店的全部数据处理都由人工操作。由于经营的商品品种丰富，每天营业额很大，因此业务人员的工作量十分艰巨。

最近，百货商店大楼翻建，营业面积扩大，从而经营品种、范围和数据处理的工作量大大增加，需要建立一个计算机管理信息系统，以减轻工作人员的劳动强度，提高业务管理水平，适应新的发展。

2. 系统调查结果

(1) 现行系统的组织结构及工作任务。

现行系统在商店经理的领导下，设有销售科、采购科和财务科。

销售科的任务是接受顾客的订货单，并进行校验，将不符合要求的订货单退还给顾客。如果是合格的订货单且仓库有存货，那么就给顾客开发货票，通知顾客到财务科交货款，并修改因顾客购买而改变的库存数据。如果是合格的订货单但是缺货，那么先留底，然后向采购科发出缺货单。当采购科购买到货后，核对到货单和缺货单，再给顾客开出发货票。

采购科的任务是将销售科提供的缺货单进行汇总，根据汇总情况和各厂商供货情况向有关厂商发出订购单。当供货厂商发来供货单时，对照留底的订购单加以核对。如果正确则建立进货账和应付款账，向销售科发到货通知单并修改库存记录；如果供货单与留底订购单不符，则把供货单退还给供货厂商。

财务科(会计科)的任务是接到顾客的货款时给顾客开出收据及发票，通知销售科付货；根据税务局发来的税单建立付款账，并付税款；根据供货厂商发来的付款通知单和采购科记录的应付款明细账，建立付款明细账，同时向供货厂商付购货款。无论是收款还是付款之后都要修改商店的财务总账财务科在完成以上日常账务工作的同时，还要定期编制各种报表向经理汇报，以供经理了解有关情况并据此制订下阶段的业务计划。

(2) 现行系统业务流程及概况。

现行系统的业务流程情况如图 9-8 所示。各项业务数据的输入、处理、存储和输出概况如表 9-3 所示。

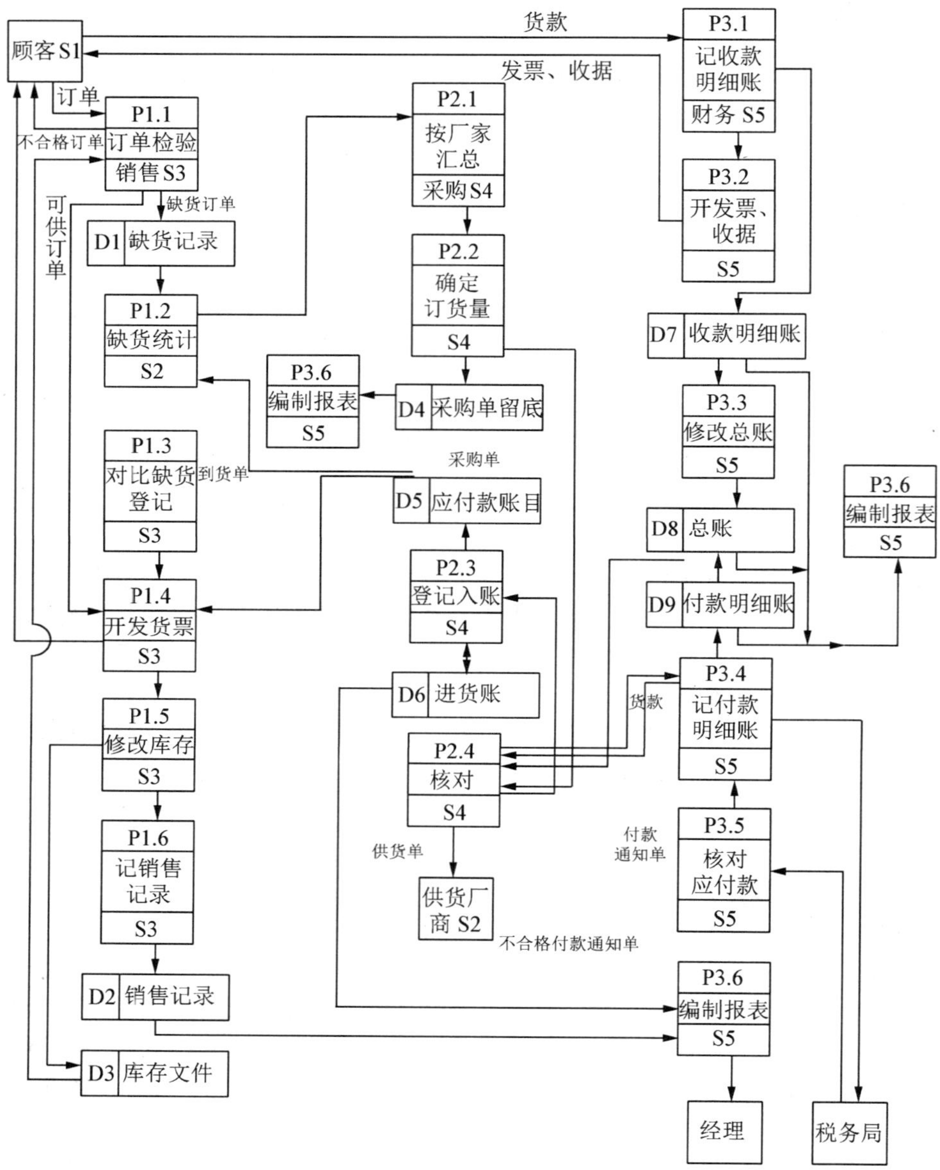

图 9-8 现行系统业务流程图

3. 系统规划

(1) 实现整个百货商店业务信息流程的计算机管理。

(2) 销售子系统的订货单处理、缺货处理全部由计算机完成，增加自动登记新顾客数据的功能；货物售出后，自动建立售货历史记录和修改库存记录。

(3) 采购子系统的缺货单汇总、缺货货物统计和编发订货单由计算机完成，核对订货单和修改库存也用计算机进行。

(4) 会计子系统的全部数据汇总计算工作由计算机自动完成，报表的编制、打印也由计算机完成。

表 9-3　百货商店现行系统概况表

<table>
<tr><td>输入：
顾客订货单(顾客)
货款(顾客)
供货单(供货厂商)
货物(供货厂商)
发票或付款单(供货厂商)
税单(税务局)</td><td rowspan="2">处理：
检验顾客订单，将不合格的订单退还给顾客
对合格的可供订单，直接开票供货，建立销售记录，修改库存
如果到货单到，则也可开票供货
对缺货订单，则留底后向采购科发缺货单
缺货统计，确定订货量向厂商发订单
到货时核对供货单，建立进货账、应付款账、修改库存、开到货单收款，开收据和发票，付货款、税款，修改总账，统计汇总</td></tr>
<tr><td rowspan="2">数据存储：
顾客档案
缺货记录
销售记录
货物单价记录
订货单
购货应付款明细账
销售应收款明细账
付款明细账
进货登记账
厂商记录
总账
库存记录</td></tr>
<tr><td>输出：
发货单(顾客)
付款收据发票(顾客)
采购订货单(供货厂商)
货款(供货厂商)
税款(税务局)
各种统计报表(经理)
不合格订单(顾客)</td></tr>
</table>

二、系统分析

1. 系统目标

(1) 实现登记、整理数据，处理核对顾客订货单。

(2) 向经理提供各种业务统计报表。

(3) 提供各级查询。

(4) 销售、采购、会计各部门的业务数据处理实现自动化。

2. 数据流程图

百货商店业务管理系统的顶层数据流程图如图 9-9 所示，该图表示了百货商店业务信息处理系统与外部实体之间的信息输入、输出关系，即标定了系统与外界的界面。顶层数据流程图的第一级分解如图 9-10 所示。

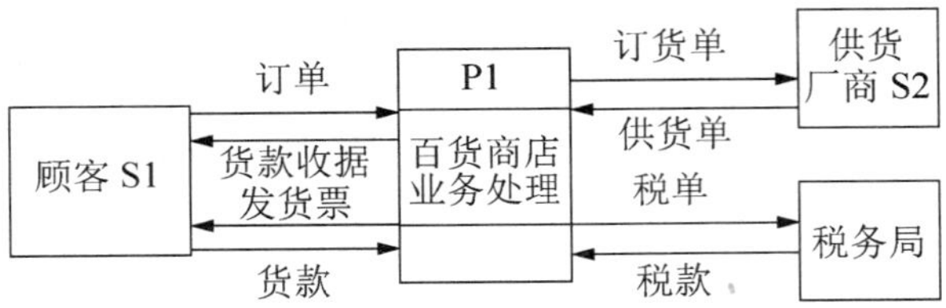

图 9-9　新系统顶层数据流程

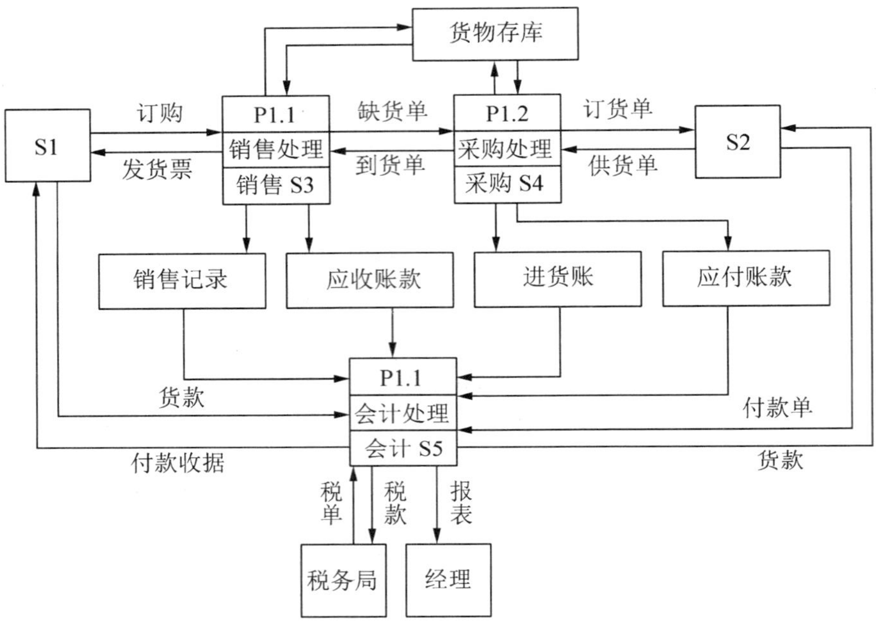

图 9-10　系统数据流程图一级分解

三、系统设计

1. 系统硬、软件配置

(1) 系统处理方式。

百货商店业务管理信息系统采用分布式处理。采购、销售、会计三个部门各配置一台微机，三台微机联成网络，相互通信。采购、销售、会计三个部门各自独立地进行业务处理，各部门之间的数据通信由网络完成。

(2) 系统硬件配置。

① 三台微机(包括主机、显示器及磁盘驱动器)。

② 打印机。

③ 适配器、电缆等其他网络配件。

(3) 软件配置。

① 汉字多用户操作系统。

② 汉字 dBASE—Ⅲ数据库系统。

③　其他应用软件。

2. 系统功能结构图与控制结构图

百货商店业务管理信息系统共分成销售、采购和会计三个子系统，其功能模块结构如图 9-11 所示。

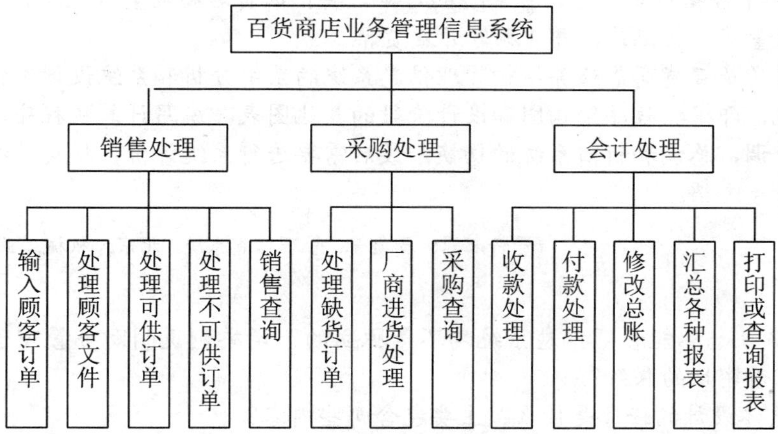

图 9-11　百货商店业务管理信息系统功能模块结构

这里仅对销售子系统见图 9-12 进行部分解释。

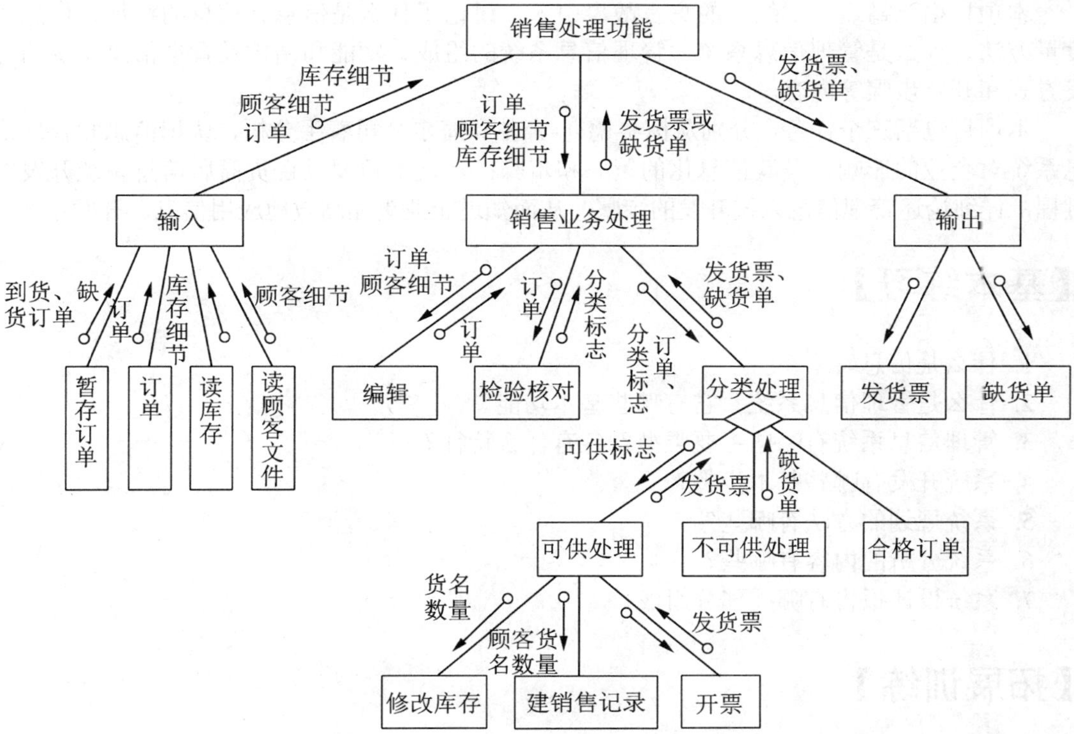

图 9-12　销售子系统控制结构

在图 9-12 中，通过输入功能模块得到订单、顾客细节、库存细节信息，然后进行销售处理。在销售业务处理中，首先对订单、顾客细节进行编辑，并反馈出编辑后的订单，然后对编辑过的订单再进行检验核对，并且加载分类标志。订单、顾客细节、库存细节经过编辑、检验核对后进行分类处理。根据订单加载的分类标志，将订单划分为不可供货处理(反馈出缺货单)和不合格订单。对于可供货的订单，要根据货名和数量修改库存，根据顾客细节、货名和数量建销售记录，并为顾客开发货票。

以上完成的是百货商店业务结构管理信息系统的系统分析和系统设计工作。接着还要进行系统实施，即根据程序结构图和设计阶段的其他图表，编写计算机程序，并进行程序调试、系统分调、总调和新旧系统的切换。最后需要进行系统评价，提交系统评价文档和系统操作手册等文档。

(资料来源：周贺来. 管理信息系统. 北京：机械工业出版社，2006)

问题：

1. 为什么每个职能管理信息系统均不是独立的？请举例说明财务管理子系统和其他哪些子系统有着密切的联系？

2. 系统总体设计的任务是什么？主要包含哪些内容？

【项目小结】

本项目由《蜻蜓和蚂蚁》的寓言故事引入，讨论了什么是信息、信息的特征、信息的度量方法、什么是管理信息系统、管理信息系统的组成、功能和结构及管理信息系统的开发方式和开发步骤等内容。

本项目包括三个任务，分别从梅赛德斯-奔驰和海尔公司着手分析，认识信息和管理信息系统对企业的影响，及其信息化的策略和步骤；从技术角度以百货商店信息系统开发的过程，详细论述管理信息系统开发的步骤，从而知道企业更加高效地应用信息、开发系统。

【基本练习】

1. 什么是信息？
2. 什么是管理信息系统？它有哪些基本功能？
3. 管理信息系统有哪些主要类型？各有什么特征？
4. 系统开发有哪些基本步骤？
5. 系统规划的方法有哪些？
6. 系统分析的内容有哪些？
7. 系统设计报告有哪些部分组成？

【拓展训练】

拓展任务一

关键成功因素法是信息系统战略规划的重要方法，它通过目标分解和识别、关键成功因素识别、性能指标识别产生数据字典。关键成功因素就是要识别联系于系统目标的主要数据类及其关系，识别关键成功因素所用的工具是树枝因果图。 如图 9-13 所示，某企业有一个提高产品竞争力的目标，可以用树枝图画出影响它的各种因素，以及影响这些因素的子因素。

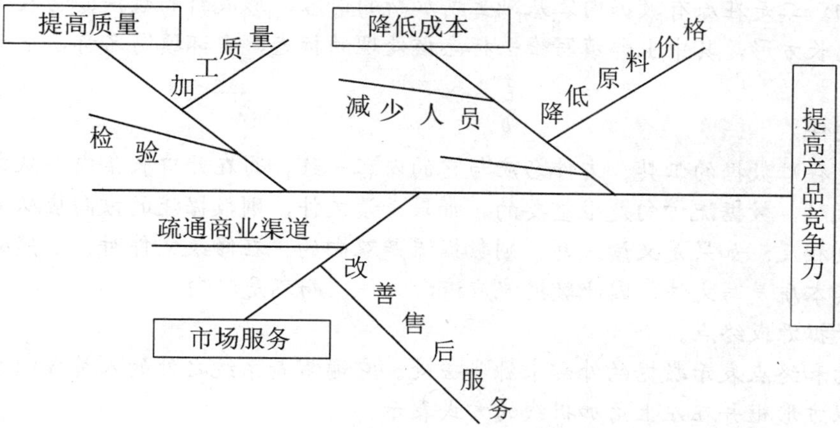

图 9-13　树枝因果图

请依据实际情况，找出影响大学生就业的关键成功因素，并用树枝因果图来表示。

拓展任务二

由于数据是信息的载体，是系统处理的主要对象，因此必须对系统调查所收集的数据以及统计和处理数据的过程进行分析和整理。作为系统分析重要的环节，数据流程调查就是尽可能详细地收集企业的详细资料，从数据传递和加工的角度，以数据流程图的形式表示出来。

数据流程图是一种能全面地描述信息系统逻辑模型的主要工具，它用少数几种符号综合地反映出信息在系统中的流动、处理和存储情况。数据流程图由四种基本符号组成，如图 9-14 所示。

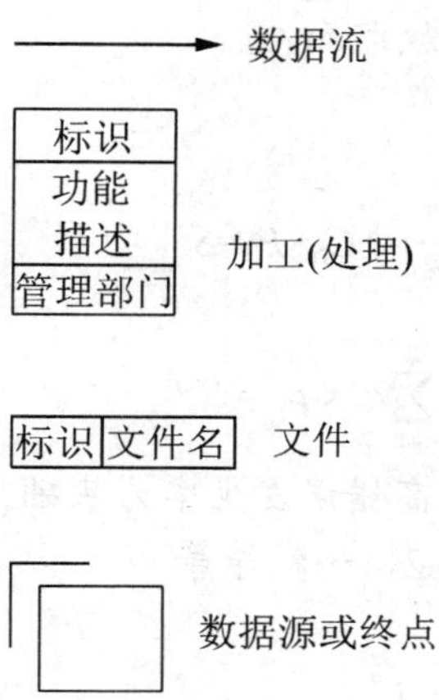

图 9-14　数据流程图基本符号

(1) 数据流。

用箭头线及其上的数据表示数据流动的方向，由一组数据项组成。

(2) 加工(处理)。

加工表示在业务流程中对数据进行的某种处理过程，它包括两方面的内容：一是改变数据的结构；二是在原有数据内容基础上增加新的内容，形成新的数据。它表示使用一个中间画线的长方形，其中上部填写唯一标志该处理的标志，中部填写名称，下部填写完成部门。

(3) 文件。

文件是存贮数据的工具。文件名应与它的内容一致，写在开口长条内。从文件流入或流出数据流时，数据流方向是很重要的。如果是读文件，则数据流的方向应从文件流出，写文件时则相反；如果是又读又写，则数据流是双向的。在修改文件时，虽然必须首先读文件，但其本质是写文件，因此数据流应流向文件，而不是双向。

(4) 数据源或终点。

数据源和终点表示数据的外部来源和去处。它通常是系统之外的人员或组织，不受系统控制，以方形框并在左上角加折线的方式表示。

请根据上述提示，按描述绘出某学院购置设备的数据流程图：由需购置设备的部门填写申请表格并将此表格送交设备科，设备科填写预算表格送财务处，财务处核对后，将资金返回设备科，设备科利用资金购买设备，购得设备送需购设备的部门，将收据送财务处。

拓展任务三

代码设计是信息系统开发中的一项重要内容，而代码的正确性直接影响计算机处理的质量，因此需要对输入计算机中的代码进行校验。当人们重复抄写或人工传输代码时，发生错误的可能性更大。

校验代码的一种常用方法是设校验位。即设计代码结构时，在原有代码基础上另外加上一个校验位，使其成为代码的一个组成部分，校验值通过事先规定的数学方法计算出来。当代码输入后，计算机会以同样的数学方法按输入的代码计算出校验值，并将它与输入的校验值进行比较，以证实是否有错。其步骤如下。

第一步：对原代码中的每一位加权求和 S。

N 位代码为：$C_1 \quad C_2 \quad C_3 \cdots C_n$

权因子为：$P_1 \quad P_2 \quad P_3 \cdots P_n$

加权和为：$C_1 \times P_1 + C_2 \times P_2 + C_3 \times P_3 + \cdots + C_n \times P_n = S$

即：

$$C_1 \times P_1 + C_2 \times P_2 + C_3 \times P_3 + \cdots + C_n \times P_n = \sum_{i=1}^{n} c_i \times p_i = S$$

其中，权因子可任意选取，以提高错误发生率为基础。常用的有：全取 1；几何级数 2^0，2^1，2^2，…；摆动数列 1，2，1，2，…；等等。

第二步：求余数 R。

用加权和 S 除以模数 M 可得余数 R。

即：$S/M=Q \cdots R$(Q 为商数)。

其中，模数 M 也可任意选取，同样以提高错误发生率为基础。常用的模数为 10 和 11。

最后，选择校验值。

可选用下述方法中的一种获得校验值：余数 R 直接作为校验值，或把模数 M 和余数 R 之差(即 M-R)作为校验值，取 R 的若干位作为校验值。把获得的数校验值放在原代码的最后作为整个代码的组成部分。

例如：为原代码 5186 生成一校验值。

校验值生成过程：

(1) 首先选取加权值：1，2，1，2。

(2) 然后加权求和 S=5×1+1×2+8×1+6×2=27。

(3) 求余数：S/M=27/10=2……7(R)。

(4) 加上校验值 7 以后的代码：5186[7]。

请依据上述方法，用几何级数法设计代码校验位：原代码共 5 位，从左到右取权 2，4，8，16，32，以 11 为模，把模 11 减余数作为校验位，试求出 19881 的校验码。

拓展任务四

某化工厂开发管理信息系统的经验教训

某化工厂是一个生产硼化物的企业，该厂占地面积 10 万平方米，在册职工 500 人。改革开放以来，建立了厂长负责制，改变了经营方式，搞活了企业，经济效益明显增长。1990 年该厂为了进一步提高企业管理水平，决定与某大学合作，以委托开发方式为主研究管理信息系统。该厂对此进行了可行性分析，认为根据当时企业条件，还不适于立即开始管理信息系统的全面开发，最好先研制一些子系统。原因是该厂技术力量薄弱，当时只能从车间中抽调出三名中专生和一名大专程度的技术人员组成计算机小组，管理人员对于应用微型计算机也缺乏认识，思想上的阻力较大。但是，厂长决定马上开始中等规模的管理信息系统开发。他认为，做个试验，即使失败了也没有关系，于是开发工作在 1991 年 1 月就全面上马了，学校抽调了教师和研究生全力投入。

整个项目的研制工作开展得较有条理。首先是系统调研、人员培训，规划了信息系统的总体方案，并购置了以太局域网软件和五台 IBM-PC 机。在系统分析和系统设计阶段绘制数据流程图和信息系统流程图的过程中，课题组和主要科室人员在厂长的支持下多次进行了关于改革管理制度和方法的讨论。他们重新设计了全厂管理数据采集系统的输入表格，得出了改进成本核算，将产量、质量、中控指标由月末统计改为统计核算。整个系统由生产管理、供销及仓库管理、成本管理、综合统计和网络公用数据库五个子系统组成。各子系统在完成各自业务处理及局部优化任务的基础上，将共享数据和企业高层领导所需数据通过局域网传送到服务器，在系统内形成一个全面的统计数据流，提供有关全厂产量、质量、消耗、成本、利润和效率等 600 多项技术经济指标，为领导做决策提供可靠的依据。在仓库管理方面，通过计算机掌握库存物资动态，控制最低、最高储备，并采用 ABC 分类法，加强库存管理。

原计划从 1991 年 1 月开始用 1 年时间完成系统开发，但实际上课题组夜以继日地工作，软件设计还是一直到 1992 年 9 月才开始进入系统转换阶段(即人工系统和基于计算机的信息系统并行运行阶段)。系统转换阶段是系统开发过程最为艰难的阶段，许多问题在这个阶段开始暴露出来，下面举一些具体的表现。

(1) 手工系统和计算机应用系统同时运行，对于管理人员来说，是加重了负担，在这个阶段，管理人员要参与大量原始数据的输入和计算机结果的校核。特别是仓库管理系统，需要把全厂几千种原材料的月初库存一一输入，工作量极大，而当程序出错、修改时间较长时，往往需要重新输入，引起了管理人员的极大不满。

(2) 仓库保管员不愿意在库存账上为每一种材料写上代码，他们认为这太麻烦，而且理解不了为什么非要这样做。

(3) 计算机打印出来的材料订购计划比原来由计划员凭想象编写的订购计划能产生明显的经济效益，计划员面子上过不去，到处说计算机系统不好使，而且拒绝使用新的系统。

(4) 厂长说："我现在要了解本厂欠人家多少钱，人家欠我厂多少钱，系统怎么显示不出来？"

以上这些问题，经过努力逐一得到解决，系统开始正确运行并获得上级领导和兄弟企业的好评。但同时企业环境却发生了很大的变化。一是厂长奉命调离；二是厂外开发人员移交后撤离，技术上问题时有发生；三是原来由该厂独家经营的硼化物产品，由于原材料产地崛起不少小厂而引起市场变化，无暇顾及信息系统发展中产生的各种问题。与此同时，新上任的厂长认为计算机没有太大用途，不再予以关心。这时，原来支持计算机应用的计划科长也一反常态，甚至在工作调整中不给计算机人员涨工资，结果是已掌握软件开发和维护技术的主要人员调离工厂，整个系统进入瘫痪状态，最后以失败而告终。

试根据上述问题结合所学知识回答下列问题：

1. 依据系统观点，该公司只开发成本管理系统而不进行整个财务系统的开发，对不对？为什么？
2. 该公司可行性分析进行哪些内容，意义何在？
3. 该厂关于开发项目规模的决策是否符合诺兰阶段模型？为什么？
4. 管理信息系统系统设计应遵循的原则是什么？
5. 该公司采取的是哪种开发方法？其优缺点有哪些？

【我的感悟】

____

____

____